编审委员会

“十四五”高等职业教育城市轨道交通机电技术专业系列教材

城市轨道交通传感器与检测技术
（第二版）

吴晓华◎主　编
闫毅平　胡经纬◎副主编

中国铁道出版社有限公司
CHINA RAILWAY PUBLISHING HOUSE CO., LTD.

内 容 简 介

本书在编写中贯穿"以职业标准为依据，以企业需求为导向，以职业能力为核心"的理念，整合了高等职业教育城市轨道交通机电技术专业所需掌握的基本理论知识，以轨道交通机电设备中的常见参数检测为主线，将知识点贯穿于各章节中。全书共分十章，包括温度、压力、流量、液位、运动量、成分与含量检测，检测系统信号转换与处理，检测系统抗干扰技术，仪表日常维护等内容。

本书适合作为高等职业教育机电类、自动化类、仪器仪表类专业的教材，也可供其他相关专业技术人员参考。

图书在版编目(CIP)数据

城市轨道交通传感器与检测技术 / 吴晓华主编. 2版. -- 北京 ：中国铁道出版社有限公司，2024.11.
("十四五"高等职业教育城市轨道交通机电技术专业系列教材). -- ISBN 978-7-113-31558-0

Ⅰ. U284.47

中国国家版本馆 CIP 数据核字第 2024B9E127 号

书　　名：城市轨道交通传感器与检测技术
作　　者：吴晓华

策划编辑：李中宝　　　　**编辑部电话：**(010)83527746
责任编辑：李中宝
封面设计：刘　莎
责任校对：安海燕
责任印制：樊启鹏

出版发行：中国铁道出版社有限公司(100054，北京市西城区右安门西街8号)
网　　址：https://www.tdpress.com/51eds
印　　刷：河北宝昌佳彩印刷有限公司
版　　次：2014年8月第1版　2024年11月第2版　2024年11月第1次印刷
开　　本：787 mm×1 092 mm 1/16　**印张：**18.75　**字数：**450千
书　　号：ISBN 978-7-113-31558-0
定　　价：56.00元

第二版前言

传感器技术作为现代科技的前沿技术，它与通信技术和计算机技术构成了信息技术的三大支柱，是现代信息系统和各种装备不可缺少的信息采集手段，也是国内外公认的最具发展前途的高技术产业，在城市轨道交通领域也得到了极为广泛的应用。“传感器技术强，则自动化产业强”的观点已为业界所公认。传感器技术水平高低不但直接影响信息技术水平，而且还影响信息技术的发展与应用。目前，传感器技术已渗透到国民经济的各个领域，在工农业生产、科学研究及改善人民生活等方面，起着越来越大的作用。许多尖端科学和新兴技术更是需要新型传感器技术来装备，新型传感器与计算机相结合，不但使计算机的应用进入了崭新时代，也为传感器技术展现了一个更加广阔的应用领域和发展前景。

现代轨道交通系统，包括大量的以计算机处理技术为核心的各种自动化控制系统，如电梯系统、自动售检票(AFC)系统、环境与设备监控(BAS)系统、火灾自动报警(FAS)系统、安全门系统、给排水系统、低压配电与照明系统、人防系统、数据采集与监视控制(SCADA)九大系统，在运营控制中心(OCC)的统一指挥和控制下，发挥各自不同的作用，确保城市轨道交通系统的正常运营。而保证这些系统和设备稳定运行的基础是大量自动化检测设备的应用。无论是BAS系统，还是FAS系统，每一类机电设备系统都是以检测技术为基础的。检测技术是这些机电设备控制系统的基础性技术，是实现轨道交通自动化、智能化的基础和前提。而每一类机电控制系统中各类传感器的大量应用，实现了各种工艺参数和运行状态的及时准确检测，为各类控制系统提供了“眼睛”，使所有的机电控制系统有条不紊地按照预先确定的控制策略和要求精确控制、准确调节，满足地铁车站整体的控制要求，保证良好的运行秩序。

第一版自出版以来，先后6次印刷。本书在第一版的基础上，不仅在内容上作了适当修改，而且增加了部分动画(索取资源邮箱：wuxiaohua2100@126.com)，使得内容更实用，可读性更强。

本书共分为十章，包括温度、压力、流量、液位、运动量、成分与含量检测，检测系统信号转换与处理，检测系统抗干扰技术，仪表日常维护等内容。

本书具有如下特点：

(1)在总内容的安排上，以轨道交通机电设备中的常见参数检测为主线，将知识点贯穿于各章节中；

(2)在内容的组织上，结合传感器的原理、结构、技术参数及特点，突出传感器的具体应用来加深对以上内容的理解；

(3)在内容的承载方式上，增加了大量直观的图形、波形和实物，力求图文并茂，从而提高教材的可读性；

(4)为适应现代职业教育人才培养的特点和规律，简化了理论，不做过多的电路分析和公式推导；

(5)为满足轨道交通机电设备专业技术人员的基本技能要求，教材的每一章都把轨道交通的典型传感器及其维护保养的方法和故障处理的方法作为重要的一部分来进行说明，更适应于岗位的需求。

本书由北京交通运输职业学院吴晓华任主编，北京市工贸技师学院闫毅平、北京交通运输职业学院胡经纬任副主编。其中，吴晓华编写第1章至第5章，闫毅平编写第6章至第8章，胡经纬编写第9章和第10章，全书由吴晓华统稿。在编写过程中，编者参考了大量文献资料和网络资料，在此向所有参考文献的作者表示衷心的感谢。

由于编者水平所限，加之时间仓促，书中疏漏和不妥之处在所难免，恳请广大专家和读者批评指正。

编　者

2024年8月

目 录

第1章 绪论

1.1 城市轨道交通与传感器和检测技术

现代轨道交通系统,包括大量的以计算机处理技术为核心的各种自动化控制系统,如电梯系统、AFC(automatic fare collection,自动售检票)系统、BAS(building automation system,环境与设备监控)系统、FAS(automatic fire alarm system,火灾自动报警)系统、安全门系统、给排水系统、低压配电与照明系统、人防系统和 SCADA(supervisory control and data acquisition,数据采集与监视控制)系统九大系统,这些机电控制系统发挥各自不同的作用,在 OCC(operation control center,运营控制中心)的统一指挥和控制下,确保城市轨道交通系统能够正常运营。而保证这些系统和设备稳定运行的基础是大量自动化检测设备的应用。无论是 BAS 系统,还是 FAS 系统,每一类机电设备系统中都是以检测技术为基础的。检测技术是这些机电设备控制系统的基础性技术,是实现轨道交通自动化、智能化的基础和前提。而检测系统最核心的单元就是传感器单元,任何参数的成功检测均离不开优良的传感器,它是检测技术实现的基础。每一类机电控制系统中各类传感器的大量应用,实现了各种工艺参数和运行状态的及时准确检测,为各类控制系统提供了"眼睛",使所有的机电控制系统有条不紊地按照预先确定的控制策略和要求精确控制、准确调节,满足地铁车站整体的控制要求,保证良好的运行秩序和舒适的地铁环境。

1. 传感器与检测技术在地铁空调系统中的应用

空调系统监控的目的是既要提供温湿度适宜的环境,又要求节约能源。其监控范围为制冷机、热力站、空气处理设备(空气过滤、热湿交换)、送排风系统、变风量末端(送风口)等。其原理框图如图 1.1 所示。现代空调系统均具有完整的制冷、制热、通风功能,它们都在传感器和计算机的监控下工作。

在制冷机和热力站的进出口管道上,均需要设置温度传感器和压力传感器,系统根据外界气温的变化控制它们的工作;在新风口和回风口处,需要安装差压传感器。当它们的过滤网堵塞时,压差开关动作,给系统发出报警信号;在送风管道上,需要安装空气流量传感器,当风量探头

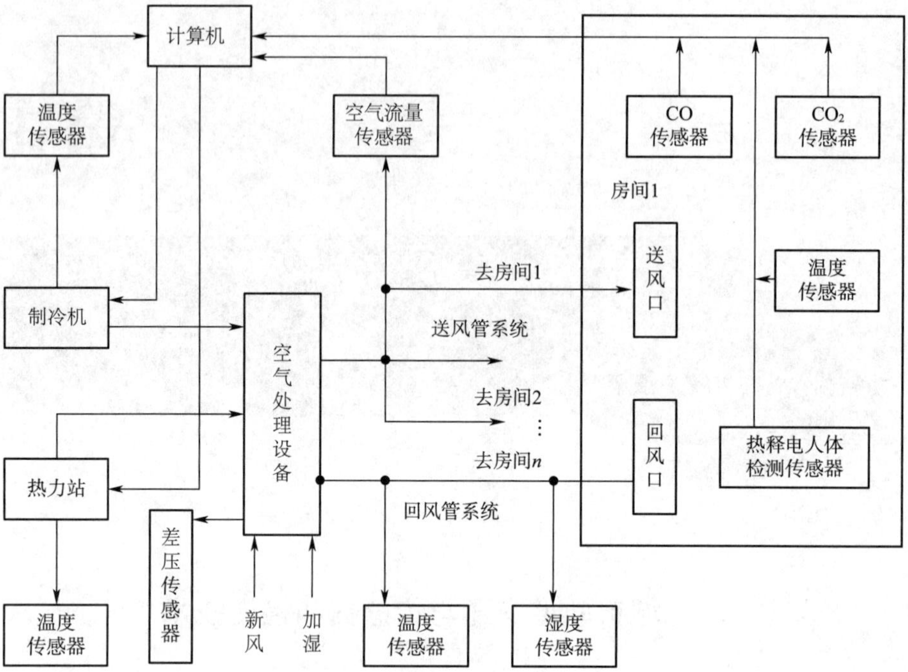

图 1.1　空调系统监控原理框图

在空气处理设备开动后仍未测得风量时，将给系统发出报警信号；在回风管上，需要安装湿度传感器，当回风湿度高于设定值时，系统将开启去湿装置；在各个房间内须安装 CO 传感器和 CO_2 传感器，当房间内的空气质量趋于恶劣时，将向 OCC 控制中心发出报警信号，以防事故发生；在各个办公室内还可以安装热释电红外传感器，当该房间内长时间没有人活动的迹象时，自动关闭空调系统。

2. 传感器与检测技术在地铁给排水系统中的应用

给排水系统的监控和管理由现场监控站和管理中心来实现，其最终目的是实现管网的合理调度。也就是说，无论水量怎样变化，管网中各个水泵都能及时改变其运行方式，保持适当的水压，实现泵房的最佳运行；监控系统还随时监视排水系统，并自动排水；当系统出现异常情况或需要维护时，系统将产生报警信号，通知管理人员处理。

给排水系统的监控主要包括水泵的自动启停控制、水位、流量、压力的测量与调节；用水量和排水量的测量；污水处理设备运转的监视、控制、水质检测；节水程序控制；故障及异常状况的记录等。现场监控站内的控制器按预先编制的软件程序来满足自动控制的要求，即根据水箱和水池的高、低水位信号来控制水泵的启、停及进水控制阀的开关，并且进行溢水和停水的报警等。当水泵出现故障时，备用水泵则自动投入工作，同时发出报警信号。给排水系统监控的原理如图 1.2 所示。

3. 传感器与检测技术在地铁供配电与照明系统中的应用

城市轨道交通的重要特点之一是节能，而照明系统在整个地铁中的用电量中占有很大的比例。供配电系统对如下参数进行监视：电压、电流、视在功率、功率因数、频率等指标，并自动进行功率因

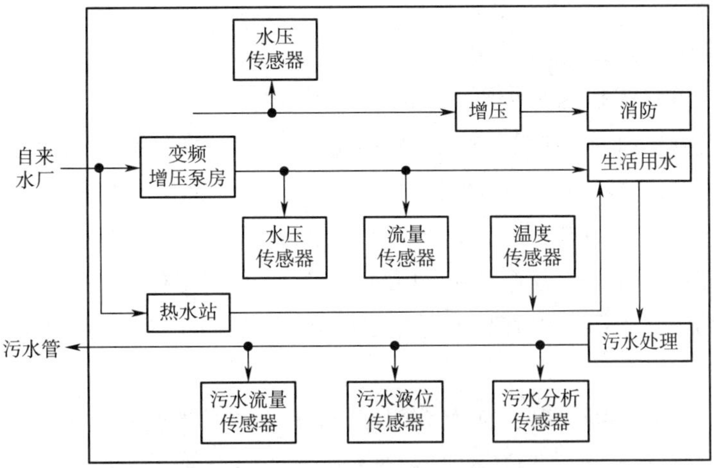

图 1.2 给排水系统监控原理框图

数补偿;为了节电,当传感器长期感应不到有人走动时,会自动关闭该区域的灯光照明。

当地铁内的供配电出现故障时,传感器和计算机必须在极短的时间里向 OCC 控制中心报告故障的部位和原因,供电系统将立即启动 UBS 或自备发电机,向重要供电对象(例如计算机系统)提供电力,以免系统崩溃。

4. 传感器与检测技术在地铁 FAS 系统中的应用

地铁 FAS 系统的火情、火灾报警传感器主要有感烟传感器、感温传感器以及紫外线火焰传感器。从物理作用上区分,可分为离子型、光电型等;从信号方式区分,可分为开关型、模拟型及智能型等。在重点区域必须设置多种传感器,同时对现场加以监测,以防误报警,还应及时将现场数据经控制网络向控制系统汇总。获得火情后,系统就会自动采取必要的措施,经通信网络向有关职能部门报告火情,并对地铁内的防火卷帘门、电梯、灭火器、喷水头、消防水泵、电动门等联动设备下达启动或关闭的命令,以使火灾得到及时控制,还应启动公共广播系统,引导人员疏散。

5. 传感器与检测技术在地铁门禁系统中的应用

出入口控制系统又叫门禁管理系统。在地铁内的主要管理区、电梯厅、主要设备控制中心机房等重要部位的通道口,安装门禁控制装置,由中心控制室监控。

整个门禁系统由车站、主变电所、车辆段的电子读卡器、电控锁、门状态传感器、门禁控制器、综合监控系统工作站、综合监控为 ACS 系统提供的网络和现场设备组成。ACS 系统负责监控高度/中度保安等级的门状态、报警按钮的报警状态,遥控开启指定的专用门。

6. 传感器与检测技术在地铁站台门系统中的应用

地铁是一种重要的出行方式,地铁安全是一个很重要问题。将接近传感器大量投入到站台门系统中,以使地铁事故降到最低。

常用的接近开关传感器有涡流式、霍尔式、光电式、光栅式等。由于接近开关传感器能够以非接触方式进行检测,所以不会磨损和损伤检测对象,这也是它适合在地铁上安装的一个重要原因。

随着接近传感器性能进一步提高,它将应用于更多的场合,未来不仅仅是地铁门站台门系统,在公交等其他站台门系统上都会有广泛的应用。

7. 传感器与检测技术在地铁电梯控制系统中的应用

电梯有垂直升降式和自动扶梯两大类。轿厢是乘人、运货的设备。人、货进入轿厢后,随轿厢而到达所要求的楼层。轿厢的上下运动是由电动机、曳引机、曳引轮和配重等装置配合完成的。电梯中设置了多个传感器用于电梯控制,如选层控制、电梯的平层控制、门系统控制等。

电梯门有层门和轿门之分,层门设在每层的入口处,在层门旁有指示往上、往下的按钮;轿门设在轿厢靠近层门的一侧。层门和轿门的开启、关闭是同步进行的,在电梯门的入口处都安装有安全保护装置。

多数电梯采用光电式保护装置。在轿门边上安装两道水平光电装置,选用对射式红外光电开关,对整个开门宽度进行检测。在轿门关闭的过程中,只要乘客或货物遮断任一道光路,门都会重新开启,待乘客进入或离开轿厢后才继续完成关闭动作。

电梯即将到达层门位置时,进入平层减速运行状态。经过多段减速,安装在轿厢外侧面的"楼层位置感应器"(也称作平层感应器)开始进入"隔磁板"的区域。感应器可采用干簧管式、霍尔式、光电式等传感器。隔磁板的典型长度为 250 mm。安装时,取中点距离为 125 mm,称为"125 mm 爬行",如图 1.3 所示。

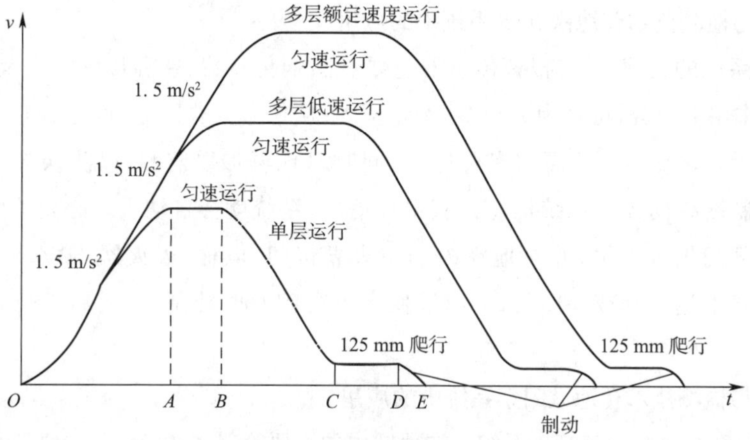

OA—1.5 m/s² 加速段;AB—匀速段;BC—减速段;CD—125 mm 爬行段;DE—制动段。

图 1.3 电梯平层运行曲线

以电梯下行为例,PLC 将所预设的 125 mm 距离对应的角编码器脉冲数值与爬行开始的初始值进行比较,待两数值等同时,爬行停止,PLC 令制动装置动作,使轿厢准确地停止,进入开门状态。上行时的工作过程与下行相同。安装时,平层感应器和隔磁板必须上下微调,使电梯轿厢的踏板恰好与楼层的地面齐平,并紧固。电梯平层装置原理示意图如图 1.4 所示,当干簧管与永久磁铁靠得较近(例如 3 mm 左右)时,干簧管中的两根簧片被磁化,镀金触点处的极性恰好相反,异性相吸而接通,继电器 KA 得电。当软铁片向下运动,到达干簧管与永久磁铁之间时,继电器 KA 失电。

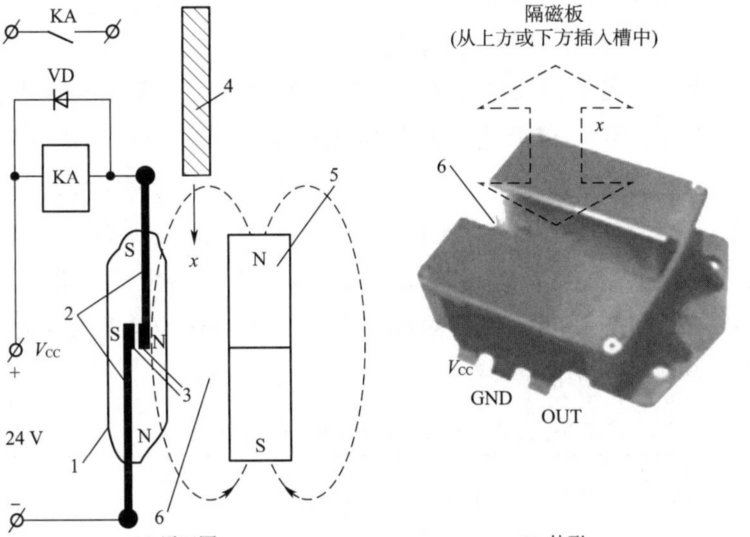

(a) 原理图　　(b) 外形

1—干簧管玻壳；2—铁磁性簧片；3—镀金触点；4—安装在轿厢外壁的软铁片(隔磁板)；
5—永久磁铁；6—隔磁板插槽。

图 1.4　电梯平层装置原理示意图

1.2　传感器和检测技术的概念与作用

1. 传感器的概念和作用

国家标准 GB/T 7665—2005 对传感器的定义为“能感受被测量并按照一定的规律转换成可用输出信号的器件或装置，通常由敏感元件和转换元件组成”。这一概念包含以下四方面的含义：

(1)传感器是测量装置，能完成信号获取任务；

(2)它的输入量是某一被测量，可能是物理量，也可能是化学量、生物量等；

(3)它的输出量是某种物理量，这种量要便于传输、转换、处理、显示等，这种量可以是气、光、电量，但主要是电量；

(4)输出与输入之间应该有稳定的单值函数关系，且应有一定的精确度。

广义地说，传感器是指将被测量(一般为非电量)转换为另一种与之有确定对应关系并便于测量的量(一般为电量)的器件，它又叫探测器、换能器等。如温度、压力、流量等典型非电物理量通过相应的传感器都可以变换为标准电流信号(一般为 0～10 mA 或 4～20 mA)或者标准电压信号(一般为 0～5 V 或 1～5 V)，可以用图 1.5 所示的框图简单表示。

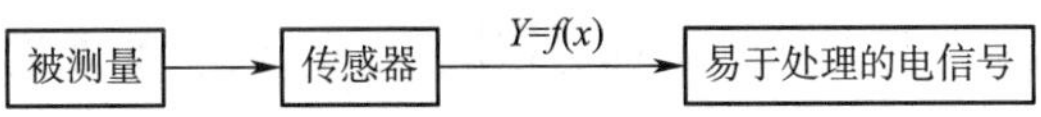

图 1.5　传感器的定义

人们为了从外界获取信息，必须借助于感觉器官。而单靠人们自身的感觉器官，在研究自然现象和规律以及生产活动中它们的功能就远远不够了。为适应这种情况，就需要传感器。因此可以说，传感器是人类五官的延长，又称作“电五官”。

传感器起源于仿生研究。每一种生物在其生命周期内都需要经常与周围环境交换信息，因此，所有生物都有感知周围环境或自身状态的器官或组织。如人的眼、耳、口、鼻、皮肤等，能够获取视觉、听觉、味觉、嗅觉、触觉等信息，见表 1.1。传感器位于研究对象与测控系统之间的接口位置，是感知、获取与检测信息的窗口。一切科学实验和生产过程，特别是自动控制系统中要获取的信息，都要首先通过传感器获取并转换为容易传输和处理的电信号。传感器与计算机、通信和自动控制技术等一起构成一条从信息采集、处理、传输和应用的完整信息链。因此，传感器在信息技术领域具有十分重要的基础性地位和作用。

表 1.1　五官与传感器的比较

感官	传感器	物理基础	备注
视觉（眼）	光传感器	光电效应、光子放电	功能化、集成化
听觉（耳）	压力传感器 磁力传感器	压电效应、光穴效应、扰变效应	集成化
触觉（皮肤）	力传感器 温度传感器	压电效应、热电效应、扰变效应、热敏效应	
嗅觉（鼻）	气体传感器 温度传感器	吸附效应	
味觉（舌）	味觉传感器	研发中	生物器官

2. 检测技术的概念和作用

检测技术是指利用各种物理、化学效应，选择合适的方法与装置，将生产、科研、生活等各方面的有关信息通过检查与测量的方法赋予定性或定量结果的过程。能够自动地完成整个检测处理过程的技术称为自动检测技术。

检测技术是自动化技术支柱之一。从信息科学的角度考察，检测技术的任务是寻找与自然信息具有对应关系的种种表现形式的信号，以及确定二者间的定性、定量关系。从反映某一信息的多种信号表现中挑选出在所处条件下最为合适的表现形式，以及寻求最佳的信息采集、信息变换、信息处理、信息传输、信息存储和信息显示等的方法和相应的设备。

检测技术中的信息采集是指从自然界诸多被测量（物理量、化学量与生物量等）中提取有用的信息。信息变换是将所提取出的有用信息进行电量形式的幅值、功率等的转换。信息处理的任务，视输出环节的需要，可将变换后的电信号进行数值运算（求均值、极值等）、模拟量—数字量变换等处理。信息传输的任务是在排除干扰的情况下，经济地、准确无误地把信息进行远、近距离的传递。

自动检测技术已成为最重要的热门技术之一，它可以给人们带来巨大的经济效益并促进科学技术飞跃发展，因此在国民经济中占有极其重要的地位和作用。

1.3 传感器的组成、分类与特性

1. 传感器的组成

传感器的功能是一感二传，即感受被测信息，并传送出去。传感器一般由敏感元件、转换元件和测量转换电路三部分组成，如图 1.6 所示。

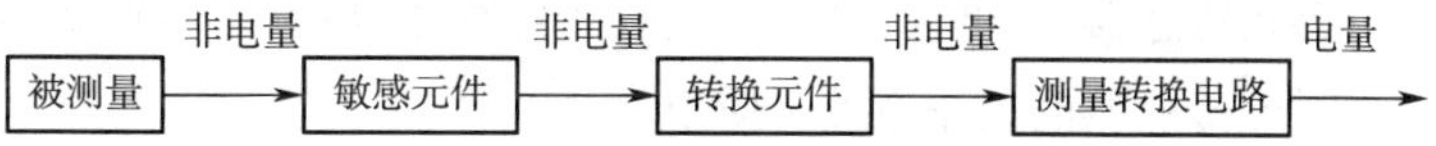

图 1.6 传感器的组成框图

1)敏感元件

敏感元件直接与被测量接触，转换成与被测量有确定关系、更易于转换的非电量(如压力转化成位移、流量转化成速度)。理想敏感元件应满足的要求如下：

(1)传感器的输入与输出之间应该有稳定的单值函数关系；

(2)敏感元件应该只对被测量的变化敏感，而对其他一切可能的输入信号不敏感；

(3)在测量过程中，敏感元件应该不干扰或尽量少干扰被测介质的状态。

2)转换元件

转换元件再将这一非电量转换成电参量(如电阻、电容、电感)。对转换元件的要求为性能稳定，精确度高，使信息损失最小。

3)测量电路

转换元件输出的信号幅度很小，而且混杂有干扰信号和噪声，测量电路能够起到滤波、线性化、放大作用，转化成易于测量、处理的电信号，如电压、电流、频率等。

应该指出，不是所有传感器都有敏感元件和转换元件之分，有些传感器的敏感元件可以直接将非电量转化成电参量的变化。如铂电阻式温度传感器，其敏感元件能够将由于温度变化引起电阻值的变化，经测量电路直接转化成电压信号或电流信号。也不是所有传感器都包含测量电路，有些传感器因测量环境恶劣，测量电路不能正常工作或误差较大，将传感器和测量电路分开。如温度传感器，电子元器件的工作温度最高为 125 ℃，当所测温度较高时，温度传感器不能包含测量电路。

2. 传感器的分类

目前对传感器尚无一个统一的分类方法，但比较常用的有如下三种：

1)按传感器的输入量(即被测参数)进行分类

按输入量分类的传感器以被测物理量命名，如位移传感器、速度传感器、温度传感器、湿度传感器、压力传感器等。这种分类方法通常在讨论传感器的用途时使用。

2)按传感器的输出量进行分类

传感器按输出量可分为模拟式传感器和数字式传感器两类。

模拟式传感器是指传感器的输出信号为连续形式的模拟量，数字式传感器是指传感器的输出信号为离散形式的数字量。

目前，模拟式传感器占绝大多数，现在设计的测控系统往往要用到微处理器，因此，通常需要将模拟式传感器输出的模拟信号通过 A/D(模/数转换器)转换成数字信号；数字式传感器输出的数字信号便于传输，具有重复性好、可靠性高的优点。虽然数字式传感器的种类目前还不太多，但却是一个重要的发展方向。

3)按传感器的工作原理进行分类

根据传感器的工作原理(物理定律、物理效应、半导体理论、化学原理等)，可以分为电阻式传感器、电容式传感器、电感式传感器、压电式传感器、磁敏式传感器、热电式传感器、光伏式传感器等。这种分类方法通常在讨论传感器的工作原理时使用。

其中，按输入量和工作原理的分类方式应用较为普遍。

3. 传感器的基本特性

传感器的基本特性是指传感器的输入/输出关系特性，是传感器的内部结构参数作用关系的外部特性表现。

输入量的状态(静态和动态)不同，传感器所表现出的 I/O 特性不同。因此有静态特性和动态特性之分。不同的传感器有不同的内部结构参数，这些内部结构参数决定了它们具有不同的外部特性。因此，从分析传感器的外部特性入手，分析其工作原理、I/O 特性与内部参数的关系、误差产生的原因、规律和量程关系是传感器研究的重要内容。

1)静态特性

静态特性是指传感器的输入信号不随时间变化时，传感器的输入与输出之间所对应的关系。表征传感器静态特征的技术指标主要有线性度、灵敏度、分辨率、迟滞、重复性和漂移等。

(1)线性度

人们总希望传感器的输入与输出成唯一的对应关系，而且最好呈线性关系，便于仪表显示。但一般情况下，受外界环境的各种影响，传感器输入—输出不会完全符合线性关系。

线性度又称非线性误差，是指传感器的输入—输出特性曲线与拟合直线之间最大偏差和满量程输出的百分比，如图 1.7 所示。它常用相对误差 δ_L 来表示，即

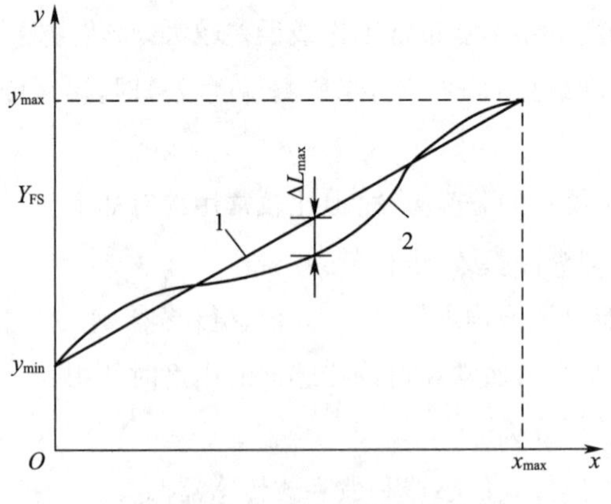

1—拟合直线；2—实际特性曲线。

图 1.7 线性度示意图

$$\delta_L = \pm \frac{\Delta L_{max}}{Y_{FS}} \times 100\% \tag{1.1}$$

式中 ΔL_{max}——实际测量曲线与理论直线(拟和直线)间的最大偏差值;

Y_{FS}——传感器最大输出范围。

理论直线(拟合直线)的获得方法有多种。如将传感器特性曲线的零点和满量程点相连所成的直线作为理论直线;或用最小二乘法拟合直线作为理论直线。

(2)灵敏度

灵敏度是传感器在稳态下输出量变化对输入量变化的比值,用 S_n 来表示,即

$$S_n = \frac{输出量的变化}{输入量的变化} = \frac{dy}{dx} \tag{1.2}$$

对于线性传感器,它的灵敏度就是它的静态特性的斜率,如图1.8(a)所示;非线性传感器的灵敏度为一变量,如图1.8(b)所示。很明显曲线越陡峭,灵敏度越大;越平坦,则灵敏度越小。灵敏度实质上是一个放大倍数,它体现了传感器将被测量的微小变化放大为显著变化的输出信号的能力,即传感器对输入变量微小变化的敏感程度,但要注意灵敏度越高,就越容易受外界干扰的影响,系统的稳定性就越差。

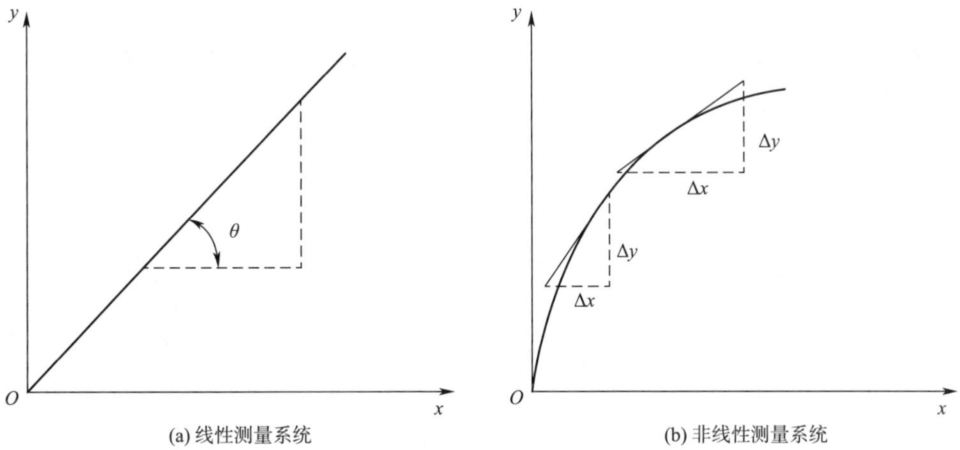

图1.8 灵敏度示意图

如果输入和输出的变化量有不同的量纲,则灵敏度也是有量纲的。例如,某温度传感器,在温度变化1 ℃时,输出电压变化为20 mV,则其灵敏度应表示为20 mV/℃。如果输入量和输出量是同类量,则灵敏度是无量纲的,此时也可把灵敏度理解为放大倍数。

(3)分辨力

分辨力是指传感器能感受到的被测量最小变化的能力。输入量从某个任意值(一般为非零值)缓慢增加,直到可以测量到输出的变化为止,此时的输入量就是该测量仪表的分辨力。

也就是说,如果输入量小于分辨力时,传感器的输出不会发生变化,即传感器对此输入量的变化是分辨不出来的。只有当输入量的变化超过分辨力时,其输出才会发生变化。通常传感器在满量程范围内各点的分辨力是不相同的。

分辨力可用绝对值表示，也可用量程的百分数表示。一般模拟式仪表的分辨力规定为最小刻度分度值的一半；数字式仪表的分辨力一般可以认为是该表最后一位的一个字。有时也可把仪表的最大绝对误差看作该仪表的分辨力。

分辨力说明检测仪表响应与分辨输入量微小变化的能力，分辨力越好，其灵敏度越高。

(4)迟滞

迟滞，也叫回程误差，是指在相同测量条件下，对应于同一大小的输入信号，传感器正(输入量由小增大)反(输入量由大减小)行程的输出信号大小不相等的现象。

产生迟滞的原因：传感器机械部分存在不可避免的摩擦、间隙、松动、积尘等，引起能量吸收和消耗。

迟滞特性表明传感器正、反行程期间输出—输入特性曲线不重合的程度，如图 1.9 所示。

迟滞的大小一般由实验的方法来确定。用正反行程间的最大输出差值 ΔH_{max} 与满量程输出 Y_{FS} 的百分比来表示：

$$\gamma_H = \frac{\Delta H_{max}}{Y_{FS}} \times 100\% \tag{1.3}$$

迟滞会引起传感器的分辨力变差，或造成测量盲区。

(5)重复性

重复性表示传感器在输入量按同一方向做全量程多次测试时所得的输入—输出特性曲线的一致程度，如图 1.10 所示。实际特性曲线不重复的原因与迟滞的产生原因相同。

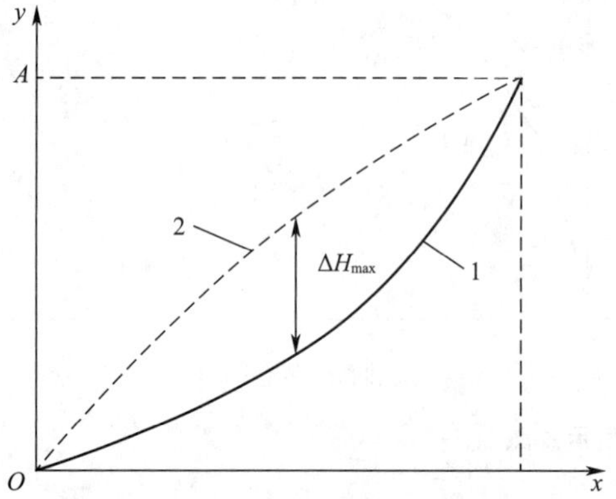

1—正向特性；2—反向特性。

图 1.9　迟滞特性

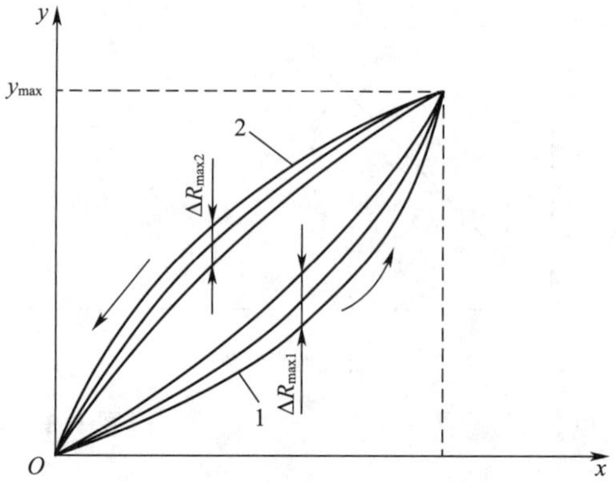

1—正行程特性；2—反行程特性。

图 1.10　重复性特性

重复性指标一般采用输出最大不重复误差 ΔR_{max} 与满量程输出 Y_{FS} 之比的百分数表示：

$$\gamma_R = \pm \frac{\Delta R_{max}}{Y_{FS}} \times 100\% \tag{1.4}$$

2)动态特性

在实际测试工作中，大量的被测信号是随时间变化的动态信号，对动态信号的测量不仅需要精确地测量信号幅值的大小，而且需要测量和记录反映动态信号变化过程的波形，这就要求传感器能迅速准确地测出信号幅值的大小和无失真地再现被测信号随时间变化的波形。

传感器的动态特性是指传感器对动态激励(输入)的响应(输出)特性，即其输出对随时间变化的输入量的响应特性。一个动态特性好的传感器，其输出随时间变化的规律(输出变化曲线)，将能再现输入随时间变化的规律(输入变化曲线)，即具有相同的时间函数。但实际上由于制作传感器的敏感材料对不同的变化会表现出一定程度的惯性(如温度测量中的热惯性)，因此输出信号与输入信号并不具有完全相同的时间函数，这种输入与输出间的差异称为动态误差，动态误差反映的是惯性延迟所引起的附加误差。

传感器的动态特性可以从时域和频域两个方面分别采用瞬态响应法和频率响应法来分析。由于输入信号的时间函数形式是多种多样的，在时域内研究传感器的响应特性时，只研究几种特定的输入时间函数，如阶跃函数、脉冲函数和斜坡函数等。在频域内研究动态特性一般采用正弦函数。为了便于比较和评价，常常采用阶跃信号和正弦信号作为输入信号，对应的传感器动态特性指标分为与阶跃响应有关的指标和与频率响应特性有关的指标两类。

对传感器的动态特性分析，通常是先建立传感器的数学模型，通过拉氏变换找出传递函数表达式，再根据输入条件得到响应的频率特性，并以此来描述传感器的动态特性。

1.4 常见工业检测内容

现代检测技术涉及的内容广泛，常见的工业检测涉及的内容见表1.2。

表1.2 常见的工业检测

被测量类型	被测量	被测量类型	被测量
热工量	温度、热量、比热容、热流、热分布、压力(压强)、压差、真空度、流量、流速、物位、液位、界面	物体的性质和成分量	气体、液体、固体的化学成分、浓度、黏度、湿度、密度、酸碱度、浊度、透明度、颜色
机械量	直线位移、角位移、速度、加速度、转速、应力、应变、力矩、振动、噪声、质量(重量)	状态量	工作机械的运动状态(启停等)、生产设备的异常状态(超温、过载、泄漏、变形、磨损、堵塞、断裂等)
几何量	长度、厚度、角度、直径、间距、形状、平行度、同轴度、粗糙度、硬度、材料缺陷	电工量	电压、电流、功率、电阻、阻抗、频率、脉宽、相位、波形、频谱、磁场强度、电场强度、材料的磁性能

随着自动化、现代化的发展，工业生产将对检测技术提出越来越多的新要求，需要检测的量远不止以上所举的项目，本教材只介绍非电量的检测。

1.5 自动检测系统构成

一个完整的检测系统或检测装置通常由电源、传感器、信号处理电路、显示记录装置、传输通道等几部分组成，有时还有数据处理仪器及执行机构等部分，分别完成信息获取、转换、显示和处理等功能，自动检测系统的组成如图1.11所示。

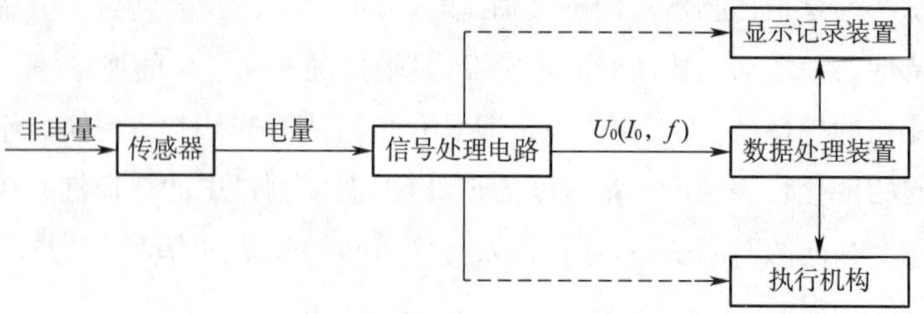

图 1.11　自动检测系统的组成

1. 传感器

传感器外形如图 1.12 所示，它使检测系统与被测对象直接发生联系，处于被测对象和检测系统的接口位置，是信息输入的主要窗口，它为检测系统提供必要的原始信息。它是整个检测系统极其重要的环节，其获得的信息正确与否，关系到整个检测系统的精度。

2. 信号处理电路

通常传感器输出的信号是微弱的，还不能满足显示记录装置或执行机构的要求。信号处理电路的作用就是将传感器的输出信号转换成易于测量、具有一定功率的电压、电流或频率等电信号。根据需要和传感器的类型，信号处理电路不仅能进行信号放大，还能进行阻抗匹配、微分、积分、线性化补偿等信号处理工作。随着半导体器件与集成技术在传感器中的应用，已经实现了将传感器的敏感元件与传导调理转换电路集成在同一芯片上的传感器模块和集成电路传感器。

3. 显示记录装置

显示记录装置是检测人员和检测系统联系的主要环节。检测人员通过显示记录装置了解和掌握数据大小及变化的过程。目前常用的显示装置有模拟显示、数字显示和图像显示。

模拟显示是利用指针对标尺的相对位置来表示读数的，常见的有毫伏表、微安表、模拟光柱等，如图 1.13 所示。

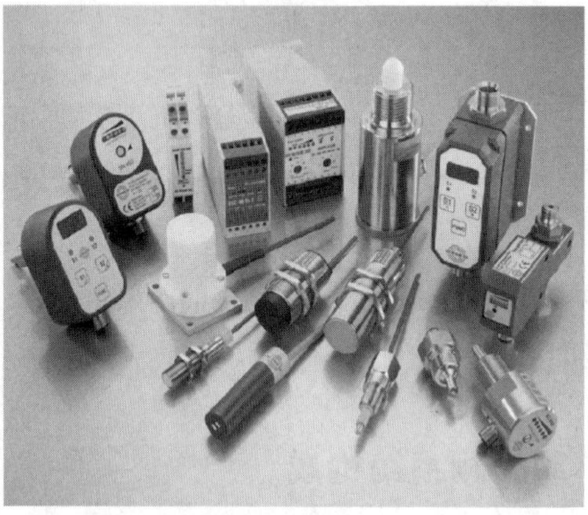

图 1.12　各种典型传感器

图 1.13　指针式仪表

数字显示目前多采用发光二极管(LED)和液晶(LCD)等，以数字的形式来显示读数。前者亮度高、耐震动、可适应较宽的温度范围；后者耗电省、集成度高。还研制出了带背光板的 LCD，便于在夜间观看 LCD 的内容，如图 1.14 所示。

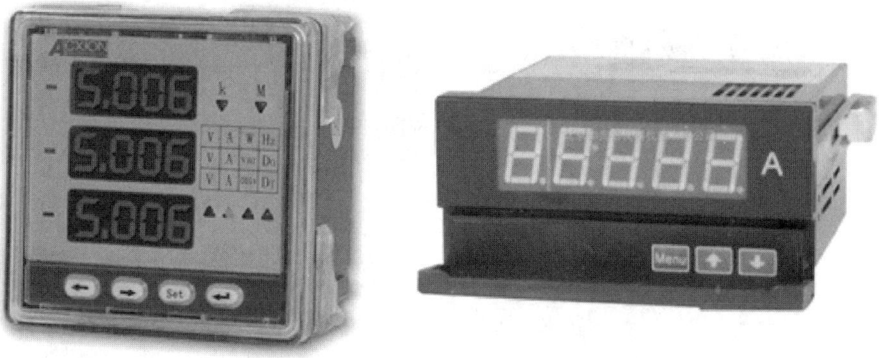

图 1.14 数字显示式仪表

图像显示是用 CRT 或点阵 LCD 来显示读数或被测参数的变化曲线、图表或彩色图等形式来反映整个生产线上的多组数据，如图 1.15 所示。

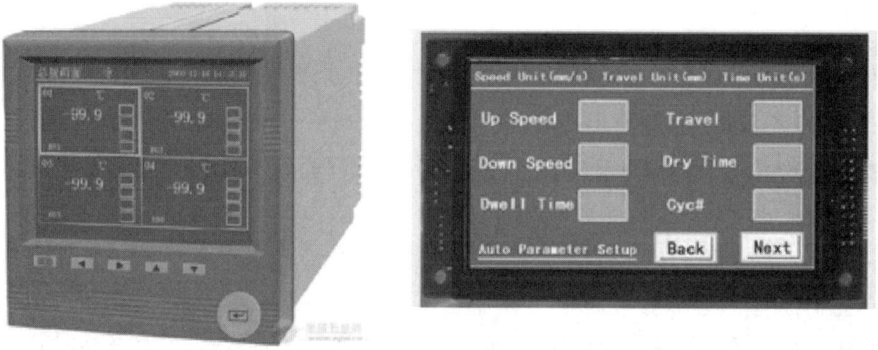

图 1.15 图像显示式仪表

记录仪的主要作用是记录被测量的动态变化过程，常用的记录仪有无笔记录仪、线示波器、磁带记录仪、快速打字机等，如图 1.16 所示。

图 1.16 无笔记录仪

4. 数据处理装置

数据处理装置是用来对检测结果进行处理（如 A/D 转换）、运算、分析。可利用计算机完成数据处理和控制执行机构的工作。

5. 执行机构

所谓执行机构通常是指各种继电器、电磁铁、电磁阀门、电磁调节阀、伺服电动机等，它们在电路中是起通断、控制、调节、保护等作用的电器设备。许多检测系统能输出与被测量有关的电流或电压信号，作为自动控制系统的控制信号，去驱动这些执行机构。常见的仪表执行机构如图 1.17 所示，分别为气动调节阀和电动执行机构。

(a) 气动调节阀　　(b) 电动执行机构

图 1.17　仪表执行机构

1.6　传感器和检测技术的发展

随着科学技术的迅猛发展和应用需求的不断增加，一方面，传感器技术在科学研究、工农业生产、日常生活等许多方面发挥着越来越重要的作用；另一方面，人们的应用需求对传感器技术又提出了越来越高的要求，这推动着传感器技术不断地向前发展。总体上说，传感器技术的发展趋势表现为以下六个方面。

1. 提高与改善传感器的技术性能

改善传感器性能的技术途径目前主要集中于：

差动技术是传感器中普遍采用的技术，其应用可显著减小温度变化、电源波动以及其他外界干扰对传感器测量精度的影响，抵消共模误差，减小非线性误差等。差动技术还有助于传感器灵敏度的提高。

平均技术可产生平均效应，即利用若干个传感单元同时感受被测量，其输出是这些单元输出的平均值，平均技术有助于传感器减小误差、增大信号量(相应增加传感器的灵敏度)。

补偿与修正技术的应用主要针对两种情况：①针对传感器本身特性。可找出误差的规律，或测出其大小和方向，采用适当的方法加以补偿或修正。②针对传感器的工作条件或外界环境，找出环境因素(如温度、压力等)对测量结果的影响规律，然后引入补偿措施。这种措施可以是利用电子电路等硬件来解决，也可以采用手工计算或计算机软件来实现。

对于电磁干扰，可采用屏蔽、隔离措施，也可引入滤波等方法进行抑制。对于温度、湿度、机械振动、气压、声压、辐射、气流等，可采用相应的隔离措施，如隔热、密封、隔振等，或在变换为电量后对干扰信号进行分离或抑制，减小其影响。

随着时间的推移和环境条件的变化，组成传感器的各种材料与元器件的性能会发生变化，导致传感器的性能不稳定。为了提高传感器的稳定性，应对材料、元器件或传感器的整体进行必要的稳定性处理，如结构材料的时效处理、冰冷处理，永磁材料的时间老化、温度老化、机械老化及交流稳磁处理、电气元件的老化筛选等。

2. 开展基础理论研究

人们寻找新原理、开发新材料、采用新工艺、探索新功能所取得的成果将产生更多品质优良的新型传感器，如光纤传感器、液晶传感器、以高分子有机材料为敏感元件的压敏传感器、微生物传感器等。各种仿生传感器和检测超高温、超低温、超高压、超高真空等极端参数的新型传感器，也是今后传感器技术研究和发展的重要方向。

3. 传感器的集成化

向着高精度、小型化和集成化方向发展是传感器技术的一个重要发展方向。

传感器的集成化分为两种情况：一是具有同样功能的传感器集成化，即将同一类型的单个传感元件用集成工艺在同一平面上排列起来，形成一维的线性传感器，从而使一个点的测量变成对一个面或一个空间的测量；二是不同功能的传感器集成化，即将具有不同功能的传感器一体化，组装成一个器件，从而使一个传感器可以同时测量不同种类的多个参数。

除了传感器自身的集成化外，还可以把传感器和相应的测量电路(包括放大、运算、温度补偿等环节)集成化，这有助于减小干扰、提高灵敏度且方便使用。

4. 传感器的智能化

传感器与微处理器、模糊理论与知识集成等技术的结合，使其不仅具有检测功能，还具有信息处理、逻辑判断、自诊断以及“思维”等人工智能，这就是传感器的智能化。

传感器的智能化表现为它用微处理器作控制单元，利用计算机可编程的特点，使仪表内各个环节自动地协调工作，使传感器兼有检测、判断、数据处理和故障诊断功能，将检测技术提高到一个新的水平。如美国霍尼韦尔公司的 ST-3000 型智能传感器，采用半导体工艺在同一芯片上制作了CPU 和静压、差压、温度等敏感元件。一般来说，智能化传感器具有提高测量精度、增加功能和提高自动化程度三方面的作用。

5. 传感器的网络化

随着现场总线技术在测控领域的广泛应用和测控网与信息网融合的强烈应用需求，传感器的网络化得以快速发展。主要表现为两个方面：一是为了解决现场总线的多样性问题，IEEE 1451.2 工作组建立了智能传感器接口模块(STIM)标准，该标准描述了传感器网络适配器和微处理器之间的硬件和软件接口，为传感器和各种网络的连接提供了条件和方便；二是以 IEEE 802.15.4(Zigbee)为基础的无线传感器网络技术得以迅速发展，它具有以数据为中心、极低的功耗、组网方式灵活、低成本等诸多优点，在军事侦测、环境监测、智能家居、医疗健康、科学研究等众多领域具有广泛的应用前景。

6. 传感器的微型化

随着 MEMS(微电子机械系统)技术的迅速发展，微传感器得以迅速发展。微传感器利用集成电路工艺和微组装工艺，基于各种物理效应将机械、电子元器件集成在一个基片上。在传感器技术应用的许多领域，如国防、汽车、航空航天、信息技术、通信产品、分析化学、生物、医疗等方面得到广泛关注，特别在航空航天和兵器工业，微传感器由于具有体积小、重量轻、功耗低和可靠性高等非常优越的技术指标而被广泛使用。

随着传感器技术的不断发展，对检测技术提出了更新、更高的要求，同时，又为检测技术的发展创造了条件。检测技术的发展趋势主要表现以下几个方面：

(1)不断提高检测系统的测量精度、量程范围、延长使用寿命、提高可靠性等；

(2)应用新技术和新的物理效应，扩大检测领域；

(3)采用微型计算机技术，使检测技术智能化；

(4)不断开发新型、微型、智能化传感器，如智能传感器、生物传感器、高性能集成传感器等；

(5)不断开发传感器的新型敏感元件材料和采用新的加工工艺，提高仪器的性能、可靠性，扩大应用范围，使测试仪器向高精度和多功能方向发展；

(6)不断研究和发展微电子技术、微型计算机技术、现场总线技术与仪器仪表、传感器相结合的多功能融合技术，形成智能化测试系统，使测量精度、自动化水平进一步提高；

(7)不断研究开发仿生传感器，主要是指模仿人或动物的感觉器官的传感器，如视觉传感器、听觉传感器、嗅觉传感器、味觉传感器、触觉传感器等；

(8)参数测量和数据处理的高度自动化。

1.7 测量误差及消除方法

1. 测量误差的概念

由于检测系统(仪表)不可能绝对精确，测量原理的局限、测量方法的不尽完善、环境因素以及外界干扰的存在，使得测量过程会影响被测对象的原有状态，使得测量结果不能准确地反映被测量的真值而存在一定的偏差，这个偏差就是测量误差。

测量的目的是希望通过测量求取被测量的真值。在分析测量误差时，采用的被测量真值是指在确定条件下被测量客观存在的实际值。

判断真值的方法有三种：一是理论设计和理论公式的表达值，称理论真值。例如，三角形内角之和为 180°。二是由国际计量学确定的基本计量单位称约定真值。例如，在标准条件下水的冰点和沸点分别是 0 ℃和 100 ℃。三是精度高一级或几级的仪表与精度低的仪表相比，把高一级仪表的测量值称为相对真值。相对真值在测量中应用最为广泛。

2. 误差的表示方法

检测系统(仪器)的基本误差通常有以下几种表示形式。

1)绝对误差

检测系统的指示 X 与被测量的真值 X_0 之间的代数差值称为检测系统测量值的绝对误差，表示为

$$\Delta x = X - X_0 \tag{1.5}$$

式中真值 X_0 可以是约定真值也可以是由高精度标准仪器所测得的相对真值。绝对误差说明了系统示值偏离真值的大小，其值可能为正值或负值，具有和被测量相同的量纲单位。

2)相对误差

检测系统测量值(即示值)的绝对误差 Δx 与被测参量真值 X_0 的比值，称作检测系统测量(示值)的相对误差 δ，常用百分数表示，即

$$\delta=\frac{\Delta x}{X_0}\times100\%=\frac{X-X_0}{X_0}\times100\% \tag{1.6}$$

这里的真值可以是约定真值，也可以是相对真值（工程上常用），在无法得到本次测量的约定真值和相对真值时，常在被测参数（已消除系统误差）没有发生变化的条件下重复多次测量，用多次测量的平均值代替相对真值。

用相对误差通常比用绝对误差更能说明不同测量的精确程度，一般来说相对误差值小，其测量精度就高。

在评价检测系统的精度或测量质量时，有时利用相对误差作为衡量标准也不很准确。例如，用任一确定精度等级的检测仪表测量一个靠近测量范围下限的小量。计算得到的相对误差通常比测量接近上限的大量（如 2/3 量程处）得到的相对误差大得多。故引入引用误差的概念。

3)引用误差

检测系统指示值的绝对误差 Δx 与系统量程 L 之比值，称作检测系统测量值的引用误差。引用误差 γ 通常以百分数表示。

$$\gamma=\frac{\Delta x}{L}\times100\% \tag{1.7}$$

比较式(1.6)和式(1.7)可知：在 γ 的表达式中用量程 L 代替了真值 X_0，使用起来虽然更为方便，但引用误差的分子仍为绝对误差 Δx，当测量值为检测系统测量范围的不同数值时，各示值的绝对误差 Δx 也可能不同。因此，即使是同一检测系统，其测量范围内的不同示值处的引用误差也不一定相同。为此，可以取引用误差的最大值，既能克服上述的不足，又更好地说明了检测系统的测量精度。

4)最大引用误差（或满度最大引用误差）

所有测量值中最大绝对误差（绝对值）与量程比值的百分数，称为该系统的最大引用误差，由符号 γ_{max}，可表示为

$$\gamma_{max}=\frac{|\Delta x_{max}|}{L}\times100\% \tag{1.8}$$

最大引用误差是检测系统基本误差的主要形式，故也常称作检测系统的基本误差，它是检测系统最主要的质量指标，能很好地表征检测系统的测量精确度。

5)精度等级

工业检测仪器（系统）常以最大引用误差作为判断精度等级的尺度。

取最大引用误差百分数的分子作为检测仪器（系统）精度等级的标志，即用最大引用误差去掉正负号和百分号后的数字来表示精度等级，精度等级用符号 G 表示。

我国规定的允许误差大小分成几个等级。其中工业仪表精度等级有：0.005、0.02、0.05、0.1、0.2、0.35、0.4、0.5、1.0、1.5、2.5、4.0 等，其中，等级级数越小，所代表的精度等级也就越高。一般情况下，工业仪表的精度等级为 0.5～4 级，仪表出厂时其精度通常会被标记在仪表刻度标尺或其铭牌上。

工业过程测量和控制用检测仪表和显示仪表精确度等级有 16 个级别：0.01、0.02、(0.03)、0.05、0.1、0.2、(0.25)、(0.3)、(0.4)、0.5、1.0、1.5、(2.0)、2.5、4.0、5.0。其中括号里的五个级别

一般不被推荐使用，具体依据标准以 GB/T 13283—2008《工业过程测量和控制用检测仪表和显示仪表精确度等级》为准。

例 1.1 被测电压实际值约为 21.7 V，现有四种电压表：1.5 级、量程为 0～30 V 的 A 表；1.5 级、量程为 0～50 V 的 B 表；1.0 级、量程为 0～50 V 的 C 表；0.2 级、量程为 0～360 V 的 D 表。请问选用哪种规格的电压表进行测量所产生的测量误差较小？

解：根据式(1.8)，分别用四种表进行测量可能产生的最大绝对误差如下：

A 表：$|\Delta x_{\max}| = \gamma_{\max} \times L = 1.5\% \times 30 = 0.45(\mathrm{V})$

B 表：$|\Delta x_{\max}| = \gamma_{\max} \times L = 1.5\% \times 50 = 0.75(\mathrm{V})$

C 表：$|\Delta x_{\max}| = \gamma_{\max} \times L = 1.0\% \times 50 = 0.50(\mathrm{V})$

D 表：$|\Delta x_{\max}| = \gamma_{\max} \times L = 0.2\% \times 360 = 0.72(\mathrm{V})$

四者比较，选用 A 表进行测量所产生的测量误差较小。

由上例不难看出，检测仪表产生的测量误差不仅与所选仪表精度等级 G 有关，而且与所选仪表的量程有关。

通常量程 L 和测量值 X 相差愈小，测量准确度较高。所以在选择仪表时，应选择测量值尽可能接近的仪表量程。

3. 误差的分类及消除方法

为了便于误差的分析和处理，可以按误差的规律性将其分为三类，即系统误差、随机误差和粗大误差。

1)系统误差

在相同条件下，多次重复测量同一被测参量时，其测量误差的大小和符号保持不变，或在条件改变时，误差按某一确定的规律变化，这种测量误差称为系统误差。误差值恒定不变的又称为定值系统误差，误差值变化的则称为变值系统误差。

系统误差可分为定值系统误差和变值系统误差。数值和符号都保持不变的系统误差称为定值误差，数值和符号均按某一确定规律变化的系统误差称为变值系统误差。

系统误差的来源包括仪表制造、安装不正确、测量设备的基本误差以及环境误差等。系统误差是一种有规律的误差，消除或减小系统误差的方法有以下两种：

(1)从产生原因上消除，对测量装置要定期检定和维修，并在使用前调整到工作状态。要防止测量过程中仪器零位的变动，测量开始和结束都要检查零位。同时，必须在规定的条件下测量，否则条件改变时，应停止测量。

(2)用修正值方法消除，修正值是指为消除系统误差用代数法加到测量结果上的值。此法是将测量器具的绝对误差检定出来，取与误差值大小相同，而符号相反的值作为修正值。

2)随机误差

在相同条件下多次重复测量同一被测参量时，测量误差的大小与符号均无规律变化，这类误差称为随机误差。

随机误差产生的原因比较复杂，虽然测量是在相同条件下进行的，但测量环境的温度、湿度、压力、振动、电磁场等总会发生微小变化，因此，随机误差是大量对测量值影响微小、变化且又不相关的因素所引起的综合结果。

存在有随机误差的测量结果中，虽然随机误差就个体而言并无规律可循，但其总体却服从统计规律。因此可以通过增加测量次数，利用概率论的一些理论和统计学的一些方法，可以掌握看似毫无规律的随机误差的分布特性，并进行测量结果的数据统计处理。

3)粗大误差

明显超出统计规律预期值的误差称为粗大误差。

粗大误差一般是由于操作人员粗心大意、操作不当或实验条件没有达到预定要求就进行实验等造成的，如未按规程操作、读错读数或单位、记录或计算错误等。含有粗大误差的测量值为坏值或异常值，所有的坏值在数据处理时应剔除掉。

例 1.2 下列误差属于哪类误差？

(1)用一块普通万用表测量同一电压，重复测量 20 次后所得结果的误差(随机误差)。

(2)观测者抄写记录时错写了数据造成的误差(粗大误差)。

(3)在流量测量中，流体温度、压力偏离设计值造成的流量误差(系统误差)。

4)测量精度

测量精度是从另一角度评价测量误差大小的量，它与误差大小相对应，即误差大，精度低；误差小，精度高。测量精度可细分为准确度、精密度和精确度。

(1)准确度

对同一被测量进行多次测量，测量值偏离被测量真值的程度称为测量的准确度。它反映系统误差的影响，系统误差越小，准确度越高。

(2)精密度

对同一被测量进行多次测量，测量值重复一致的程度，或者说测量值分布的密集程度，称为测量的精密度。它反映随机误差的影响，随机误差越小，精密度越高。

(3)精确度

精密度与准确度的综合指标称为精确度，或称精度。它反映随机误差和系统误差的综合影响。精密度高的，准确度不一定高；准确度高的精密度不一定高；但精确度高的，则精密度与准确度都高。

例 1.3 若靶心为真实值，图 1.18 中黑点为测量值，则 1.18(a)表示准确，但精密度差；图 1.18(b)表示精密度虽好，但准确度差；图 1.18(c)才表示精密度和准确度都很好。

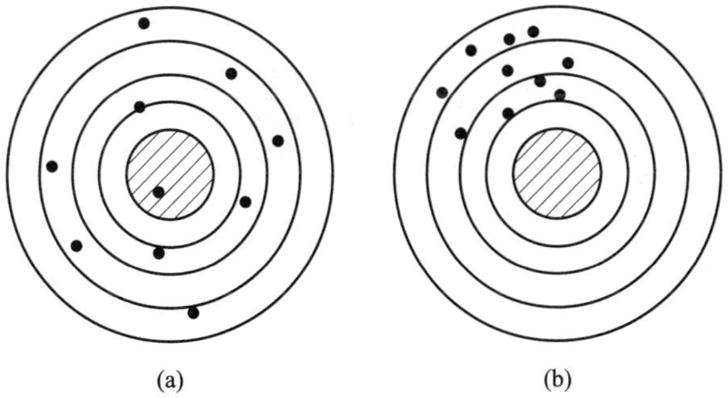

图 1.18 测量的准确度和精密度

第 2 章

温度检测

无论是在城市轨道交通车站的站厅、站台还是在具体的某一个机电设备系统，温度通常是需要测量和控制的重要参数之一。热电式传感器是一种能将温度变化转换为电量变化的元件。在各种热电式传感器中，以将温度转换为电动势或电阻的方法最为普遍，对应的元件分别称作热电偶、热电阻和热敏电阻。热电偶是将温度变化转换为电动势变化的测温元件；热电阻和热敏电阻是将温度变化转换为电阻值变化的测温元件。典型的热电偶如图 2.1 所示，热电阻如图 2.2 所示，热敏电阻如图 2.3 所示。

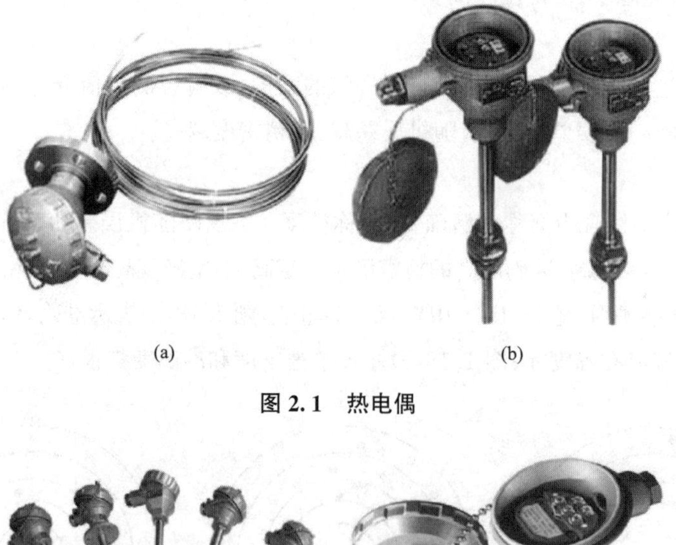

图 2.1　热电偶

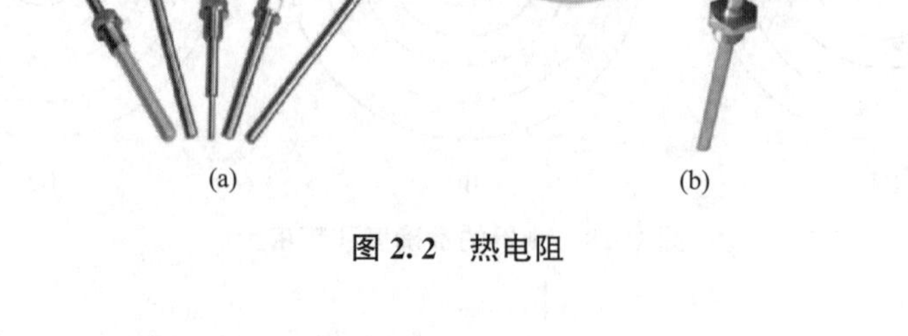

图 2.2　热电阻

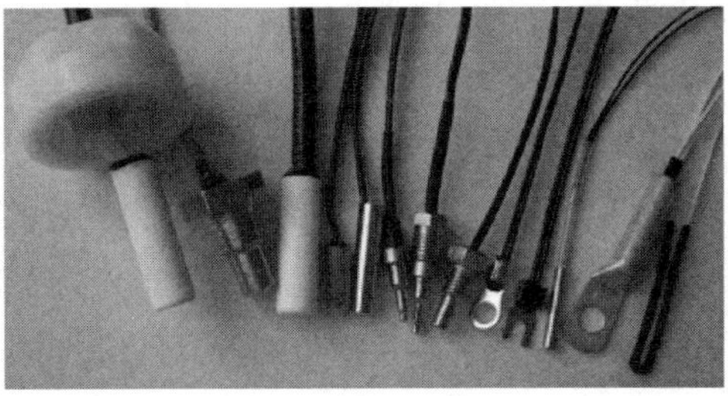

图 2.3 热敏电阻

2.1 温标及测温方法

2.1.1 温标

1. 温度

温度是国际单位制七个基本量之一，是衡量物体冷热程度的物理量，温度的冷热由物体内部分子运动快慢来决定。从微观上讲，物体温度的高低标志着组成物体的大量分子无规则运动的剧烈程度，即对其分子平均动能大小的一种量度。

2. 温标

温度的数值表示方法称作温标。它规定了温度读数的起点(即零点)以及温度的单位。各类温度计的刻度均由温标确定。国际上规定的温标有：摄氏温标、华氏温标、热力学温标、国际温标等。

3. 常用的温标种类

(1)摄氏温标

摄氏温标把在标准大气压下冰的熔点定为零摄氏度(0 ℃)，把水的沸点定为 100 摄氏度(100 ℃)，在这两个温度点间划分 100 等份，每一等份为 1 摄氏度(℃)，符号为 t。

(2)华氏温标

华氏温标规定在标准大气压下冰的熔点为 32 °F，水的沸点定为 212 °F，两固定点划分 180 个等分，每等分为 1 华氏温度(°F)，符号为 θ。

华氏温标与摄氏温标的关系式为

$$[\theta]_{°F}=[1.8(t)_{℃}+32] \tag{2.1}$$

例如最舒适的温度是 20 ℃，此时的华氏温度为 68 °F。西方国家在日常生活中经常使用华氏温标。

(3)热力学温标(物理学中的绝对温度)

热力学温标是由开尔文在 1848 年提出的，是国际单位制的基本温标。单位为开尔文(K)，符号为 T。热力学温标以水的固、液、气三态平衡共存时的温度为基本定点，并规定其温度为 273.15K，把从绝对零度到水的三相点之间的温度均匀分为 273.15 等分，每等分为 1K。

热力学温标与摄氏温标存在着下述的关系：

$$[t]=[(T)_K-273.15] \tag{2.2}$$

例如，100 ℃时的热力学温度 T 为 373.15 K。

(4)国际实用温标

为了解决国际上温度标准的统一及实用问题，国际上协商决定，建立一种既能体现热力学温度（即能保证一定的准确度），又使用方便、容易实现的温标，这就是国际实用温标，又称国际温标。

与热力学温标基本吻合。它不仅定义了一系列温度的固定点，而且规定了不同温度段的标准测量仪器，因此复现精度高（全世界用相同的方法测量温度，可以得到相同的温度值）。

国际计量委员会 1990 年开始贯彻实施国际温标 ITS-90。我国自 1994 年 1 月 1 日起全面实施 ITS-90 国际温标。

2.1.2 温度检测的方法及分类

温度检测方法一般可以分为两大类，即接触测量法和非接触测量法。接触测量法是测温敏感元件直接与被测介质接触，使被测介质与测温敏感元件进行充分的热交换，使两者具有同一温度，达到测量的目的。非接触测量法是利用物质的热辐射原理，测温敏感元件不与被测介质接触，通过辐射和对流实现热交换，达到测量的目的。

各种温度检测方法各有自己的特点和各自的测温范围，常用的测温方法、类型及特点见表 2.1。

表 2.1 常用的测温方法、类型及特点

测温方式	类别	原理	典型仪表	测温范围/℃
接触式测温	膨胀类	利用液体、气体的热膨胀及物质的蒸汽压变化	玻璃液体温度计	−100～600
			压力式温度计	−100～500
		利用两种金属的热膨胀差	双金属温度计	−80～600
	热电类	利用热电效应	热电偶	−200～1800
	电阻类	固体材料的电阻随温度而变化	铂热电阻	−260～850
			铜热电阻	−50～150
	其他电学类	半导体器件的温度效应	热敏电阻	−50～300
		晶体的固有频率随温度而变化	石英晶体温度计	−50～120
非接触式测温	光纤类	利用光纤的温度特性或作为传光介质	光纤温度传感器	−50～400
			光纤辐射传感器	200～4 000
	辐射类	利用普朗克定律	光电高温计	800～3 200
			辐射传感器	400～2 000
			比色温度计	500～3 200

2.2 热 电 偶

热电偶可以将温度信号转换成热电动势信号，通过电气仪表（二次仪表）转换成被测介质的温度。热电偶测温的基本原理是两种不同成分的材质导体组成闭合回路，当两端存在温度差时，回路中就会产生电压，电压的大小和温度相关。

热电偶根据采用的金属(分度号)不同,被广泛用于测量−200～1 800 ℃范围内的温度。根据需要还可以用来测量更高或更低的温度。它具有结构简单、制作容易、精度高、温度测量范围宽、动态响应特性好、输出信号便于远传等优点。热电偶是一种有源传感器,测量时不需要外加电源,使用方便,常用于测量炉子或管道内气体、液体的温度或固体的表面温度。

2.2.1　热电偶测温原理

1. 热电效应

热电偶测温是基于热电效应。将两种不同材料的导体两端相互紧密地连接在一起,组成一个闭合回路。当两接点温度不等时(设 $T>T_0$),回路中就会产生大小和方向与导体材料及两接点的温度有关的电动势,从而形成电流,这种现象称为热电效应或塞贝克效应,该电动势称为热电动势。把这两种不同材料的导体组成的回路称为热电偶,称 A、B 两导体为热电极。两个接点,一个为工作端或热端(T),测温时将它置于被测温度场中;另一个称为自由端或冷端(T_0),一般要求它恒定在某一温度,如图 2.4 所示。

实际上,热电动势来源于两个方面:一部分由两种导体的接触电动势构成,另一部分是单一导体的温差电动势。

2. 两种导体的接触电动势

不同导体的自由电子密度是不同的。当两种不同的导体 A、B 连接在一起,由于两者内部单位体积的自由电子数目不同,因此,在 A、B 的接触处就会发生电子的扩散,且电子在两个方向上扩散的速率不相同。设导体 A 的自由电子密度大于导体 B 的自由电子密度,那么在单位时间内,由导体 A 扩散到导体 B 的电子数要比导体 B 扩散到导体 A 的电子数多,这时导体 A 因失去电子而带正电,导体 B 因得到电子而带负电,在接触处形成了电场。该电场的存在阻碍了电子的继续扩散,当电子扩散达到动态平衡时,就在接触区形成一个稳定的电位差,即接触电动势。如图 2.5 所示,导体 A、B 两种材料在温度场 T 中产生接触电动势 E_{AB}(T)。

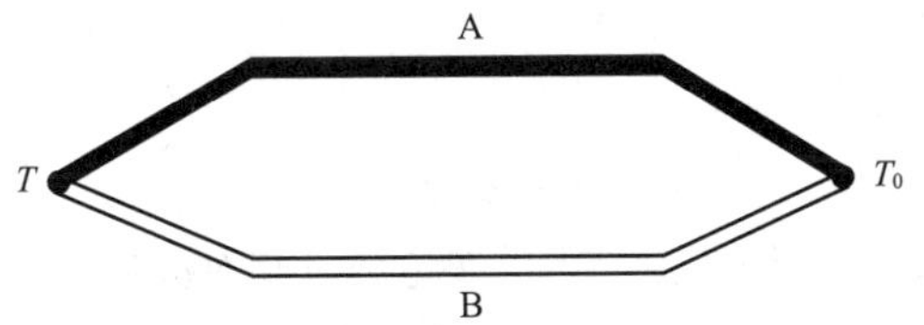

图 2.4　热电偶原理图

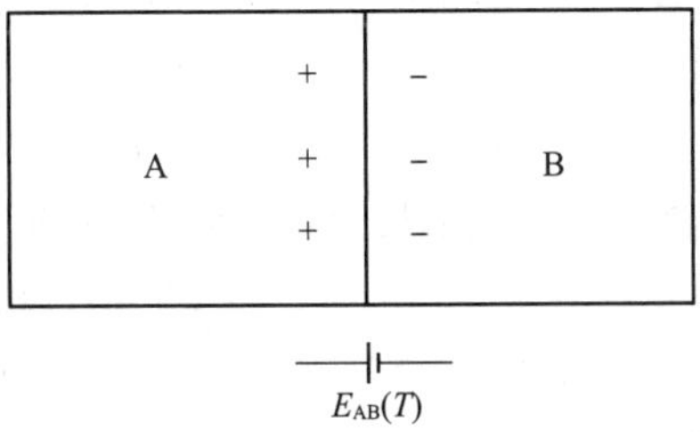

图 2.5　接触电动势

这种由于两种导体自由电子密度不同,而在其接触处形成的接触电动势,它的大小与导体的材料、接点的温度有关,而与导体的直径、长度、几何形状等无关。

3. 单一导体的温差电动势

对单一金属导体,如果将导体两端分别置于不同的温度场 T 和 T_0 中($T>T_0$),在导体内部,热端的自由电子具有较大的动能,将向冷端移动,导致热端失去电子带正电,冷端得到电子带负电。

这样，导体两端将产生一个热端指向冷端的静电场。该电场阻止电子从热端继续向冷端转移，并使电子反方向移动，最终达到动态平衡状态。这样在同一导体两端产生的电位差称作温差电动势。如图 2.6 所示，导体 A 两端温度为 T、T_0 时形成了温差电动势 $E_A(T,T_0)$。温差电动势的大小取决于导体材料和两端的温度。

4. 热电偶回路的总电动势

根据前面的分析可知，热电偶回路总共存在四个电动势：两个接触电动势、两个温差电动势，如图 2.7 所示。但实践证明，热电偶回路中所产生的热电动势主要是由接触电动势引起的，温差电动势所占比例极小，可以忽略不计；又因为 $E_{AB}(T)$ 和 $E_{AB}(T_0)$ 的极性相反，假设导体 A 的电子密度大于导体 B 的电子密度，且 A 为正极、B 为负极，因此回路的总电动势为

$$\begin{aligned} E_{AB}(T,T_0) &= E_{AB}(T)+E_A(T,T_0)-E_B(T,T_0)-E_{AB}(T_0) \\ &\approx E_{AB}(T)-E_{AB}(T_0) \end{aligned} \tag{2.3}$$

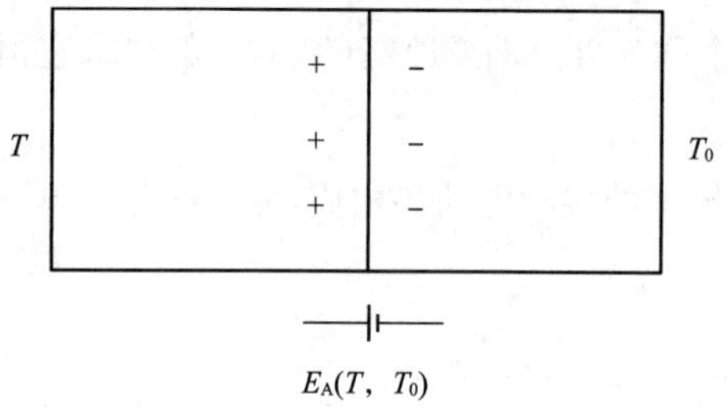

图 2.6　温差电动势

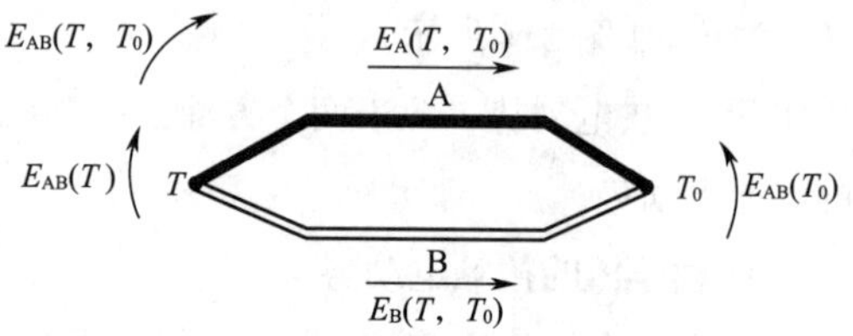

图 2.7　热电偶的总电动势

由此可见，热电偶总电动势与两种材料的电子密度以及两接点的温度有关，可得出以下结论：

(1)如果热电偶两电极的材料相同，则无论两接点温度如何，总热电动势始终为零，因此必须由两种不同的材料才能构成热电偶。

(2)如果热电偶两接点温度相同，尽管 A、B 材料不同，回路中总电动势依然为零。

(3)热电偶产生的热电动势大小与材料和接点温度 (T,T_0) 有关，与其尺寸、形状等无关。实践证明，在热电偶回路中起主要作用的是两个接点的接触电动势。

当热电极 A、B 选定后，热电动势 $E_{AB}(T,T_0)$ 就是两接点温度 T 和 T_0 的函数差，即

$$E_{AB}(T,T_0)=f(T)-f(T_0) \tag{2.4}$$

如果自由端的温度保持不变，即 $f(T_0)=C$（常数），即

$$E_{AB}(T,T_0)=f(T)-f(T_0)=f(T)-C=\varphi(T) \tag{2.5}$$

可见，E_{AB} 与 T 之间有唯一对应的单值函数关系，因此由测得的热电势可知对应的温度值 T。热电偶电势的大小，只与导体 A 和 B 的材料和冷暖两端的温度有关，而与导体的长短粗细及两导体的接触面积无关。

式(2.5)在实际测温中得到了广泛应用。当保持热电偶自由端温度 T_0 不变时，只要用仪表测出总电动势，就可以求得工作端温度 T。在使用中常把自由端温度保持在 0 ℃。

2.2.2　热电偶基本定律

根据热电偶的测温原理，热电偶有如下的基本定律。

1. 均质导体定律

如果组成热电偶的两个热电极的材料相同，无论两接点的温度是否相同，热电偶回路中的总热电动势均为 0。

根据这个定律，可以检验两个热电极材料成分是否相同(称为同名极检验法)，也可以检查热电极材料的均匀性。

2. 中间导体定律

利用热电偶进行测温，必须在回路中引入连接导线和仪表，接入导线和仪表后会不会影响回路中的热电动势呢？在热电偶回路中接入第三种材料的导体，只要中间导体的两端温度相同，热电偶回路总电动势不受中间导体接入的影响，这个规律称为中间导体定律，如图 2.8 所示。

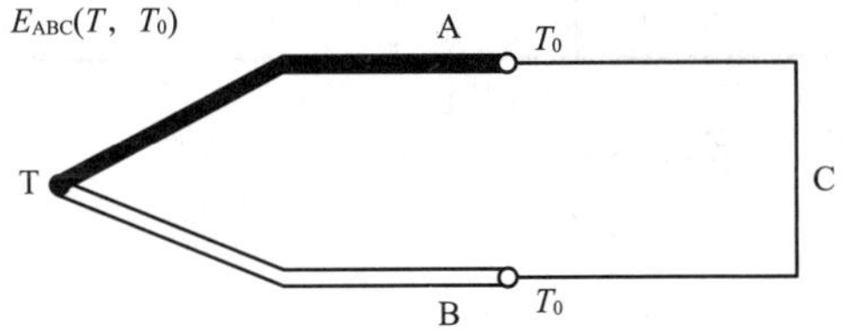

图 2.8　具有中间导体的热电偶回路

回路中的总热电动势等于各接点的接触电动势之和，即

$$E_{ABC}(T,T_0)=E_{AB}(T)+E_{BC}(T_0)+E_{CA}(T_0) \tag{2.6}$$

当 $T=T_0$ 时，式(2.6)$E_{ABC}(T,T_0)=0$，因此有：

$$E_{BC}(T_0)+E_{CA}(T_0)=-E_{AB}(T_0) \tag{2.7}$$

将式(2.7)代入式(2.6)有：

$$E_{ABC}(T,T_0)=E_{AB}(T)-E_{AB}(T_0)=E_{AB}(T,T_0) \tag{2.8}$$

同理，当加入第 4 种、第 5 种或更多种导体后，如果保证加入的导体两端的温度相等，同样不影响回路中的总热电动势。

中间导体定律的意义在于：在实际的热电偶测温应用中，测量仪表(如动圈式毫伏表、电子电位差计等)和连接导线可以作为第三种导体对待，仪表的接入不会引起回路热电势的变化。

3. 中间温度定律

中间温度定律也称为连接导体定律。如果在热电偶回路中分别引入与导体材料 A、B 具有相同热电特性的材料 A′、B′，如图 2.9 所示，即所谓的补偿导线。只要 T 和 T_0 不变，接入 A′、B′后不管接点温度 T_n 如何变化，都不影响热电偶回路的总热电势。热电偶回路的总热电动势 $E_{AB}(T,T_0)$等于它在接点温度 T、T_n 和 T_n、T_0 时的热电动势 $E_{AB}(T,T_n)$和 $E_{AB}(T_n,T_0)$的代数和，这就是中间温度定律。即

$$E_{AB}(T,T_0)=E_{AB}(T,T_n)+E_{AB}(T_n,T_0) \tag{2.9}$$

中间温度定律的实用价值在于：

(1)在实际测量中，利用热电偶的这一性质，还可对参考端温度不为 0 ℃的热电动势进行修正。

例 2.1　用镍铬—镍硅热电偶测温，冷端温度为 20 ℃，若热电偶输出热电势为 30.382 mV，则

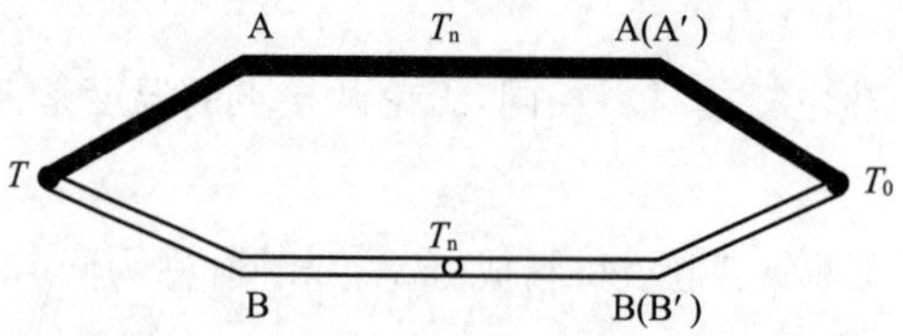

图 2.9　采用连接导体的热电偶回路

被测介质的实际温度 T 为多少？

附：分度表如下。

热端温度/℃	710	720	730	740	750	760	770	20
热电势/mV	29.548	29.965	30.382	30.798	31.180	31.628	32.041	0.798

答：$E(T,T_0)=E(T,T_n)+E(T_n,T_0)$

在 $E(T_n,T_0)$ 中 $T_n=20$ ℃，$T_0=0$ ℃

查分度表有 $E(20,0)=0.798$ mV

$E(T,T_n)=30.382$ mV

$E(T,0)=E(T,20)+E(20,0)=30.382+0.798=31.180$ mV

反查分度表有 $T=750$ ℃，测量端实际温度为 750 ℃。

(2)中间温度定律为补偿导线的使用提供了理论依据。它表明如果热电偶的两个电极通过连接两根导体的方式来延长，只要接入的两根导体的热电特性与被延长的两个电极的热电特性一致，且它们之间连接的两点间温度相同，则回路总的热电动势只与延长后的两端温度有关，与连接点温度无关。

实际测温时，由于热电偶长度有限，冷端温度将直接受到被测物温度和周围环境温度的影响。采用补偿导线，可将热电偶的自由端延伸到远离高温区的地方，从而使自由端的温度相对稳定，而且由于补偿导线均为多股廉价金属制造，且所用绝缘一般又都是有机材料，因此单位长度的电阻很小，柔软易弯便于使用。由此可见，使用补偿导线可以节约大量的贵金属，减小热电偶回路的电阻，而且便于敷设安装，但必须指出，使用补偿导线仅能延长热电偶的自由端，对测量电路不起任何温度补偿作用。

使用补偿导线必须注意两个问题：

①两根补偿导线与热电偶两个热电极的接点必须具有相同的温度；

②各种补偿导线只能与相应型号的热电偶配用，而且必须在规定的温度范围内使用，极性切勿接反。

4. 标准电极定律

标准电极定律也称为参考电极定律，如图 2.10 所示。

如果两种导体 A、B 分别与第三种导体 C 组成的热电偶所产生的热电动势已知，则由这两个导体 A、B 组成的热电偶产生的热电动势可由下式来确定：

$$E_{AB}(T,T_0)=E_{AC}(T,T_0)+E_{CB}(T,T_0) \tag{2.10}$$

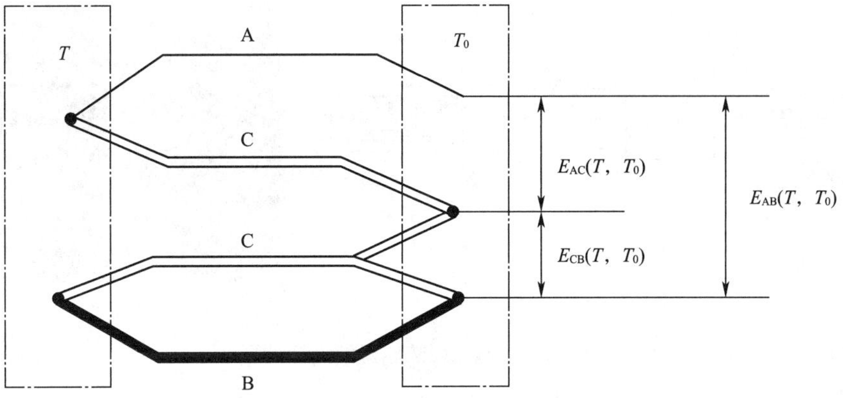

图 2.10　标准电极结构图

由式(2.10)可知:任意几个热电极与一标准电极组成热电偶产生的热电动势已知时,就可以很方便地求出这些热电极彼此任意组合时的热电动势。

标准电极定律的意义在于:纯金属的种类很多,合金的种类更多,要得出这些金属间组成热电偶的热电动势是一件工作量极大的事。在实际处理中,由于铂的物理化学性质稳定,通常选用高纯铂丝作标准电极,只要测得它与各种金属组成的热电偶的热电动势,则各种金属间相互组合成热电偶的热电动势就可根据标准电极定律计算出来。

例 2.2　热端为 100 ℃,冷端为 0 ℃时,镍铬合金与纯铂组成的热电偶的热电动势为 2.95 mV,而康铜与纯铂组成的热电偶的热电动势为−4.0 mV,则镍铬和康铜组成的热电偶所产生的热电动势应为

$$2.95\ \text{mV}-(-4.0\ \text{mV})=6.95\ \text{mV}$$

2.2.3　热电偶的结构与种类

1. 热电偶的结构

为了适应不同测量对像的测温条件和要求,热电偶的结构形式有普通型热电偶、铠装型热电偶和薄膜型热电偶。

1)普通型热电偶

普通型热电偶如图 2.11 所示。它一般由热电极、绝缘管、保护管和接线盒等几个主要部分组成,在工业上使用最为广泛。

(1)热电极

热电偶常以热电极材料种类来命名,例如,铂铑−铂热电偶,镍铬−镍硅等。热电极是热电偶的基本组成部分,使用时有正、负极性之分。热电极的直径大小由材料价格、机械强度、导电率、热电偶的用途和测量范围等因素决定。普通金属做成的热电极,其直径一般在 0.5～3.2 mm,贵重金属做成的热电极,其直径一般为 0.35～0.65 mm。热电极的长度则取决于应用需要和安装条件,装条件,通常为 350～2 000 mm,常用长度为 350 mm。热电极的工作端是焊接在一起的。

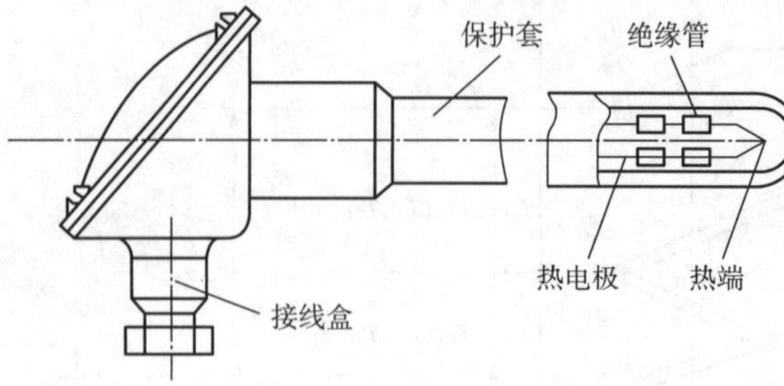

(a) 结构

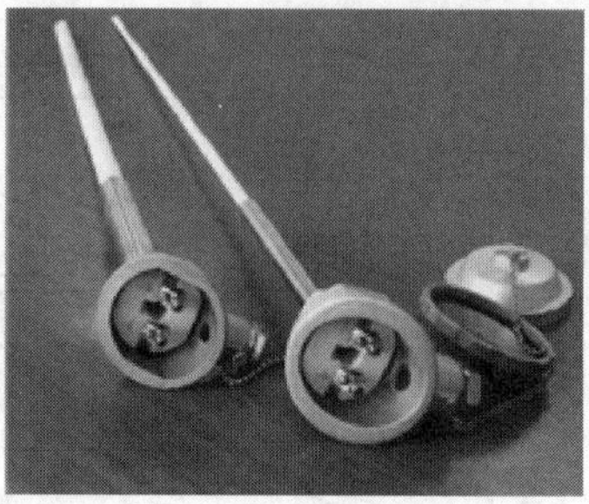

(b) 外形

图 2.11　普通型热电偶结构及外形

(2)绝缘管

绝缘管用于热电极之间及热电极与保护管之间进行绝缘保护，防止两根热电极短路，其形状一般为圆形或椭圆形，如图 2.12 所示，中间开有 2 个、4 个或 6 个孔，热电极穿孔而过。制作绝缘管的材料一般为黏土、高铝或刚玉等，要求在室温下绝缘管的绝缘电阻应在 5 MΩ 以上，最常用的是氧化铝管和耐火陶瓷。

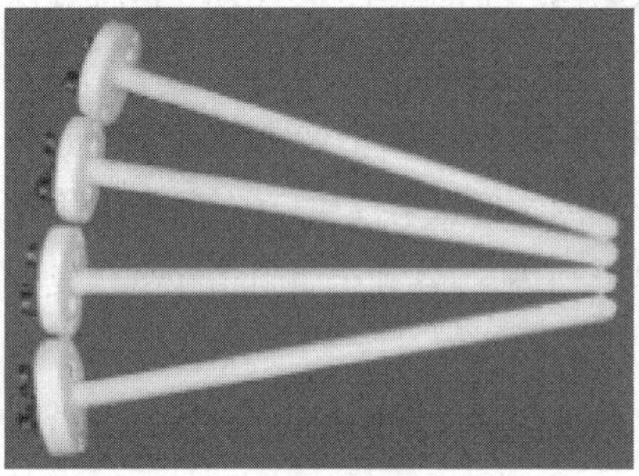

图 2.12　热电偶的绝缘管

(3)保护管

保护管是用来使热电极与被测温介质隔离，保护热电偶感温元件免受被测温介质化学腐蚀和机械损伤的装置。一般要求保护管应具有耐高温、耐腐蚀的特性，且导热性、气密性好。制作保护管的材料分为金属、非金属两类。

(4)接线盒

接线盒供热电偶与补偿导线连接之用。根据被测对象和现场环境条件，可分为普通式、防溅式(密封式)两种结构。

2)铠装型热电偶

铠装型热电偶也称缆式热电偶。它是由热电极、绝缘材料和金属保护套管一起拉制加工而成的坚实缆状组合体，如图 2.13 所示。它可以做得很细很长，使用中可随需要任意弯曲；测温范围通常在 1 100 ℃以下。优点：测温端热容量小，因此热惯性小、动态响应快；寿命长、机械强度高、弯曲性好，可安装在结构复杂的装置上。

3)薄膜型热电偶

薄膜型热电偶是将两种薄膜热电极材料用真空蒸镀、化学涂层等办法蒸镀到绝缘基板(云母、陶瓷片、玻璃及酚醛塑料纸等)上制成的一种特殊热电偶。薄膜热电偶的接点可以做得很小、很薄(0.01～0.1 μm)，具有热容量小，响应速度快(ms 级)等特点。适用于微小面积上的表面温度以及快速变化的动态温度的测量，测温范围在 300 ℃以下。薄膜型热电偶的结构如图 2.14 所示。

2. 热电偶的种类

目前，国际电工委员会(IEC)向世界各国推荐了八种标准化热电偶。表 2.2 是我国采用的符合 IEC 标准的六种热电偶的主要性能和特点。目前工业上常用的有四种标准化热电偶，即铂铑

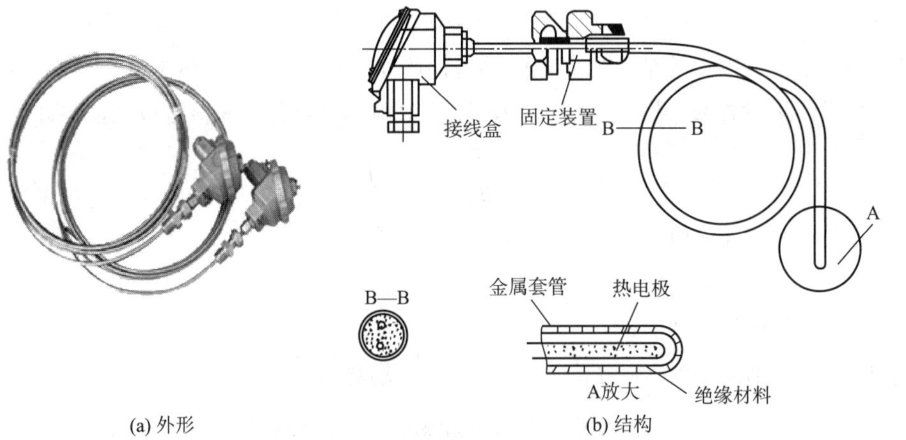

(a) 外形　　(b) 结构

图 2.13　铠装型热电偶结构及外形

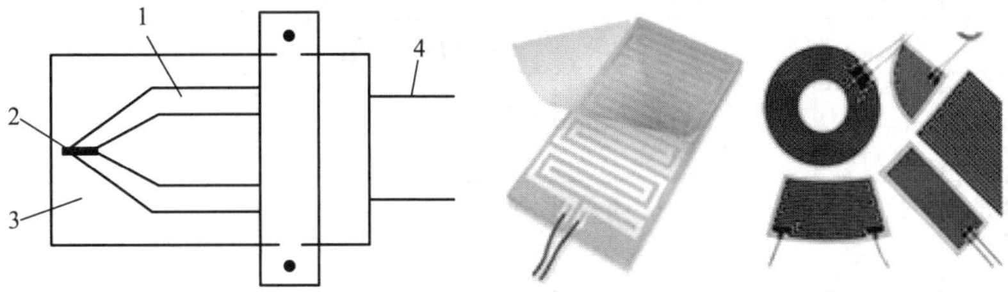

1—热电极；2—热接点；3—绝缘基板；4—引出线。

图 2.14　薄膜型热电偶的结构

30—铂铑 6(B 型)，铂铑 10—铂(S 型)，镍铬—硅(K 型)，镍铬—铜镍(E 型)热电偶。其性能和特点见表 2.2。

表 2.2　标准化热电偶的主要性能和特点

热电偶名称	正热电极	负热电极	分度号	测温范围/℃	特　点
铂铑30—铂铑6	铂铑30	铂铑6	B	0～1 700 (超高温)	适用于氧化性气氛中测温，测温上限高，稳定性好。在冶金、钢水等高温领域得到广泛应用
铂铑10—铂	铂铑10	纯铂	S	0～1 600 (超高温)	适用于氧化性、惰性气氛中测温，热电性能稳定，抗氧化性强，精度高，但价格贵、热电动势较小。常用作标准热电偶或用于高温测量
镍铬—镍硅	镍铬合金	镍硅	K	−200～1 200 (高温)	适用于氧化和中性气氛中测温，测温范围很宽，热电动势与温度关系近似线性，热电动势大，价格低。稳定性不如 B、S 型热电偶，但是非贵金属热电偶中性能最稳定的一种
镍铬—康铜	镍铬合金	铜镍合金	E	−200～900 (中温)	适用于还原性或惰性气氛中测温，热电动势较其他热电偶大，稳定性好，灵敏度高，价格低
铁—康铜	铁	铜镍合金	J	−200～750 (中温)	适用于还原性气氛中测温，价格低，热电动势较大，仅次于 E 型热电偶。缺点是铁极易氧化
铜—康铜	铜	铜镍合金	T	−200～350 (低温)	适用于还原性气氛中测温，精度高，价格低。在 −200～0 ℃可制成标准热电偶。缺点是铜极易氧化

对于不同金属组成的热电偶，温度与热电动势之间有不同的函数关系，一般通过实验方法来确定，并将不同温度下所测得的结果列成表格，编制出针对各种热电偶的热电动势与温度的对照表，称作分度表，供使用时查阅，见表 2.3。表中温度按 10 ℃分挡，其中间值可按内插法计算，即

$$T_M = T_L + \frac{E_M - E_L}{E_H - E_L}(T_H - T_L) \tag{2.11}$$

式中 T_M——被测温度值；

T_H——较高的温度值；

T_L——较低的温度值；

E_M、E_H、E_L——分别为温度 T_M、T_H、T_L 对应的热电动势。

表 2.3 铂铑10—铂热电偶(S 型)分度表

（参考端温度为 0℃）

温度/℃	0	10	20	30	40	50	60	70	80	90
	热电动势/mV									
0	0.000	0.055	0.113	0.173	0.235	0.299	0.365	0.432	0.502	0.573
100	0.645	0.719	0.795	0.872	0.950	1.029	1.109	1.190	1.273	1.356
200	1.440	1.525	1.611	1.698	1.785	1.873	1.962	2.051	2.141	2.232
300	2.323	2.414	2.506	2.599	2.692	2.786	2.880	2.974	3.069	3.164
400	3.260	3.356	3.452	3.549	3.645	3.743	3.840	3.938	4.036	4.135
500	4.234	4.333	4.432	4.532	4.632	4.732	4.832	4.933	5.034	5.136
600	5.237	5.339	5.442	5.544	5.648	5.751	5.855	5.960	6.065	6.169
700	6.274	6.380	6.486	6.592	6.699	6.805	6.913	7.020	7.128	7.236
800	7.345	7.454	7.563	7.672	7.782	7.892	8.003	8.114	8.255	8.336
900	8.448	8.560	8.673	8.786	8.899	9.012	9.126	9.240	9.355	9.470
1 000	9.585	9.700	9.816	9.932	10.048	10.165	10.282	10.400	10.517	10.635
1 100	10.754	10.872	10.991	11.110	11.229	11.348	11.467	11.587	11.707	11.827
1 200	11.947	12.067	12.188	12.308	12.429	12.550	12.671	12.792	12.912	13.034
1 300	13.155	13.397	13.397	13.519	13.640	13.761	13.883	14.004	14.125	14.247
1 400	14.368	14.610	14.610	14.731	14.852	14.973	15.094	15.215	15.336	15.456
1 500	15.576	15.697	15.817	15.937	16.057	16.176	16.296	16.415	16.534	16.653
1 600	16.771	16.890	17.008	17.125	17.243	17.360	17.477	17.594	17.711	17.826
1 700	17.942	18.056	18.170	18.282	18.394	18.504	18.612	—	—	—

2.2.4 热电偶的冷端温度补偿

由热电偶的测温原理可以知道，热电偶产生的热电动势大小与两端温度有关，热电偶的输出电动势只有在冷端温度不变的条件下，才与工作端温度成单值函数关系。但在实际测温中，由于热电偶冷端离工作端很近，且又处于大气中，其温度受到测量对象和周围环境温度波动的影响，因而冷端温度难以保持恒定，这样会带来测量误差。在实际应用中，各种热电偶温度对应的分度表是在相

对于冷端温度为 0 ℃的条件下测出的，因此在使用热电偶时，若要直接应用热电偶的分度表，就必须满足 $T_0=0$ ℃的条件。为此可采用以下几种方法，以保证冷端温度 T_0 保持恒定。

1. 补偿导线法

热电偶的长度一般只有 1 m 左右，要保证热电偶的冷端温度不变，可以把热电极加长，使自由端远离工作端，放置到恒温或温度波动较小的地方，但这种方法对于由贵金属材料制成的热电偶来说将使投资增加。解决办法是采用一种称为补偿导线的特殊导线，将热电偶的冷端延伸出来，如图 2.15 所示。补偿导线实际上是一对与热电极化学成分不同的导线，在 0～150 ℃温度范围内与配接的热电偶具有相同的热电特性，但价格相对便宜。利用补偿导线将热电偶的冷端延伸到温度恒定的场所（如仪表室），且它们具有一致的热电特性，相当于将热电极延长，根据中间温度定律，只要热电偶和补偿导线的两个接触点温度一致，就不会影响热电动势的输出。常用补偿导线见表 2.4，根据表中数据可知，补偿导线主要用于贵金属制成的热电偶的补偿，对于非贵金属通常用制作热电极的材料本身进行补偿。

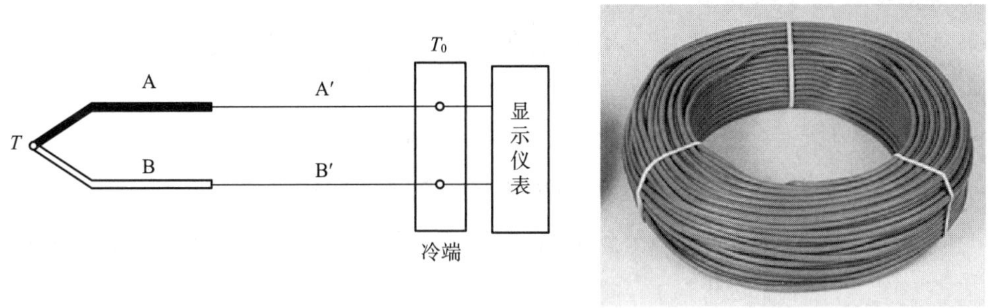

(a) 连接图　　(b) 外形

图 2.15　补偿导线连接图及外形

表 2.4　热电偶补偿导线类型

热电偶类型	补偿导线类型	补偿导线	
		正极	负极
铂铑10—铂	铜—铜镍合金	铜	铜镍合金（镍的质量分数为 0.6%）
镍铬—镍硅	Ⅰ型：镍铬—镍硅	镍铬	镍硅
镍铬—镍硅	Ⅱ型：铜—康铜	铜	康铜
镍铬—康铜	镍铬—康铜	镍铬	康铜
铁—康铜	铁—康铜	铁	康铜
铜—康铜	铜—康铜	铜	康铜

2. 冷端恒温法

就是把热电偶的冷端置于某些温度不变的装置中，以保证冷端温度不受热端测量温度的影响。恒温装置可以是电热恒温器或冰点槽（槽中装冰水混合物，温度保持在 0 ℃），前者的温度不为 0 ℃，还需要对热电偶进行冷端温度校正；后者为了避免冰水导电引起两个连接点短路，必须把连接点分别置于两个玻璃试管里，浸入同一冰点槽，使相互绝缘，如图 2.16 所示。这种方法仅限于科学实验中使用。

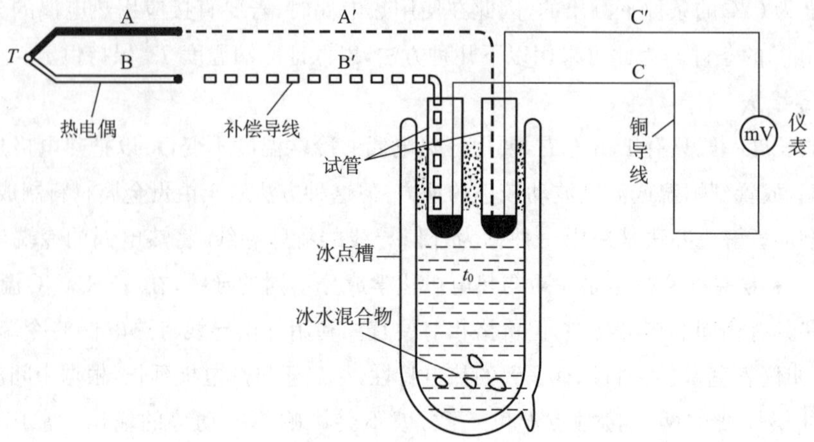

图 2.16　冰点槽冷端恒温法

3. 计算修正法

如果热电偶的冷端温度偏离 0 ℃，但稳定在 T_0℃，则按中间温度定律对仪表指示值进行修正，即

$$E(T,0)=E(T,T_0)+E(T_0,0) \tag{2.12}$$

式中　　$E(T,T_0)$——热电偶工作在 T 与 T_0 时，仪表测出的热电动势值。

$E(T,0)$和 $E(T_0,0)$——冷端温度为 0 ℃，工作端温度为 T 和 T_0 时的电动势值（由热电偶分度表中查得）。

例 2.3　镍铬—镍硅热电偶，工作时其冷端温度为 $T_0=30$ ℃，测得热电动势 $E(T,T_0)=39.17$ mV，求被测介质实际温度。

解：由热电偶分度表查得 $E(30,0)=1.203$ mV

则 $E(T,0)=E(T,30)+E(30,0)=(39.17+1.203)\text{mV}=40.373$ mV

再从表中查得 $E(970,0)=40.096$ mV，$E(980,0)=40.488$ mV

因此，利用式(2.11)可得被测介质实际温度。

$$T=\left[970+\frac{40.373-40.096}{40.488-40.096}\times(980-970)\right]℃=977\ ℃$$

4. 电桥补偿法

电桥补偿法是在热电偶与仪表间加上一个补偿电桥，当热电偶冷端温度升高，导致回路总电动势降低时，这个电桥感受自由端温度的变化，产生一个电位差，其数值刚好与热电偶降低的电动势相同，两者互相补偿。这样，测量仪表上所测得的电动势将不随自由端温度变化。电桥补偿法解决了冷端温度校正法不适合连续测温的问题。

如图 2.17 所示。补偿电桥是一个直流不平衡电桥，它由三个电阻温度系数较小的锰铜丝绕制的电阻 R_1、R_2、R_3 和电阻温度系数较大的铜丝绕制的电阻 R_{Cu} 和稳压电源组成。补偿电桥与热电偶参考端处在同一环境温度，设计时使电桥在 20 ℃（或 0 ℃）处于平衡状态，此时电桥的 A、B 两端无电压输出，电桥对仪表无影响。当环境温度变化时，热电偶冷端温度随之变化，这将导致热电动势发生改变，但此时 R_{Cu} 的阻值也随温度变化而变化，电桥平衡被破坏，电桥 A、B 两端将有不平衡电压输出，不平衡电压与热电偶的热电动势叠加在一起输入测量仪表。如果适当选择桥臂电阻和桥路电流，就可以使电桥产生的不平衡电压 U_{AB}。正好补偿由于参考端温度变化引起的热电动势 $E_{AB}(T,T_0)$ 的变化量，从而达到自动补偿的目的。

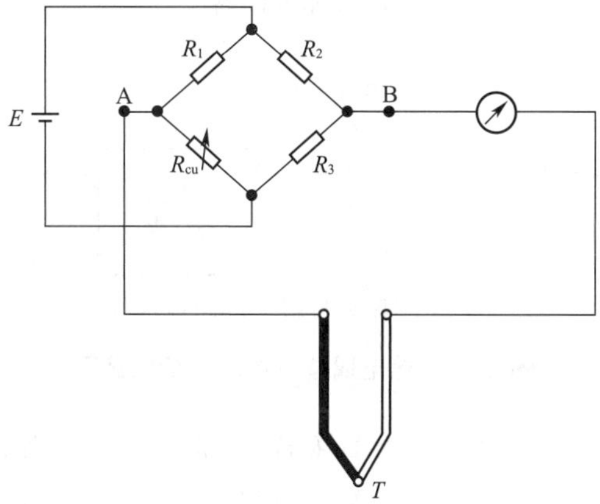

图 2.17 补偿电桥

电桥的补偿目标是：

$$T_0\uparrow\begin{cases}E_{AB}(T,T_0)\downarrow\\ R_{Cu}\uparrow\rightarrow U_{AB}\uparrow\end{cases}\Big\}E_{AB}(T,T_0)+U_{AB}=\text{恒定} \tag{2.13}$$

电桥不平衡输出电压为

$$U_{AB}=E\,\frac{R_2R_{Cu}-R_1R_3}{(R_{Cu}+R_1)(R_2+R_3)}=E\,\frac{R_2-\dfrac{R_1R_3}{R_{Cu}\uparrow}}{\left(1+\dfrac{R_1}{R_{Cu}\uparrow}\right)(R_2+R_3)}=\frac{\uparrow}{\downarrow}=\uparrow \tag{2.14}$$

式中 E——加在电桥上的电压。

需要注意的是，如果电桥是在 20 ℃平衡，采用电桥补偿法时需要把仪表的机械零位调整到 20 ℃。另外，不同型号规格的补偿电桥应与热电偶配套。与热电偶相配的仪表(最好是直流电位差计)必须是高输入阻抗的，保证不从热电偶取电流，否则测出的是端电压而不是电动势。

2.2.5 热电偶常用测温电路

根据热电偶的测温原理和温度补偿的原理，在使用热电偶进行实际测温时，根据不同的测量任务主要有以下几种测温电路：

1. 单点测温

图 2.18 所示是一个热电偶直接和仪表配用的测量单点温度的测量电路，图中 A、B 组成热电偶。热电偶在测温时，也可以与温度补偿器连接，转换成标准电流信号输出。

2. 两点温差测量(反极性串联)

如图 2.19 所示，将两个同型号的热电偶配用相同的补偿导线，其接线应使两热电偶反向串联

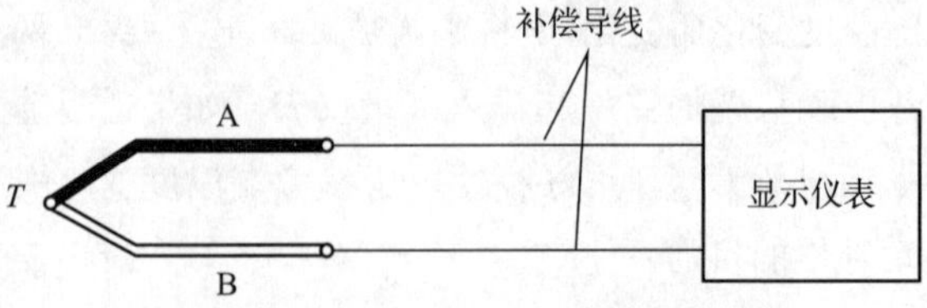

(a) 普通测温线路

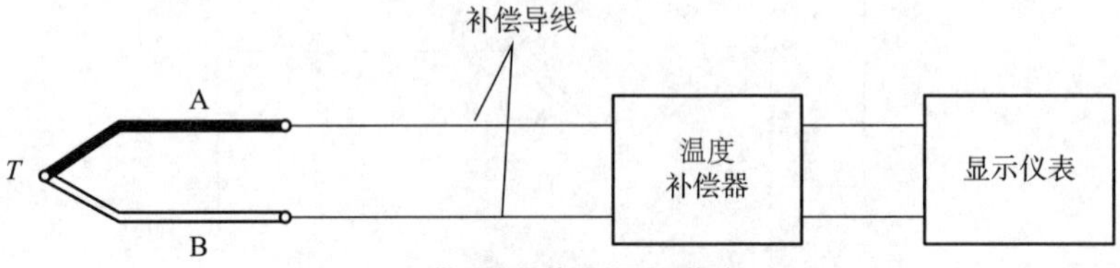

(b) 带温度补偿器的测温线路

图 2.18　热电偶单点温度测量电路图

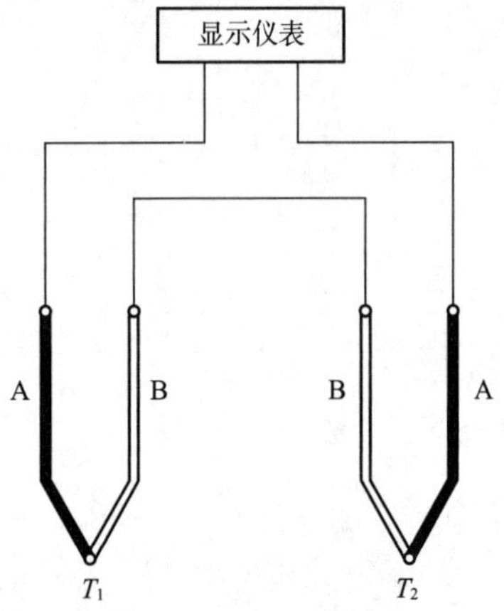

图 2.19　热电偶测量两点温度差电路图

（A 接 A、B 接 B），使得两热电动势方向相反，故输入仪表的是其差值，这一差值反映了两热电偶热端的温度差，从而仪表便可测得 T_1 和 T_2 间的温度差值。为了减少测量误差，提高测量精度，应保证两热电偶的冷端温度相同（T_0）。

3. 多点温度的平均温度（同极性并联或串联）

需要测量多点（两点或两点以上）的平均温度时，可以通过将多支同型号的热电偶同极性并联或串联的方式来实现。

（1）热电偶的并联

将多支同型号热电偶的正极和负极分别连接在一起的电路称为热电偶的并联，并在每一支热电偶电路中分别串联均衡电阻 R，如图 2.20 所示。当仪表的输入电阻很大时，并联测量电路的总热电动势等于三支热电偶热电动势的平均值。

热电偶并联测温电路的特点是当有一支热电偶烧断时，不易察觉，且不会中断整个测温系统的工作。

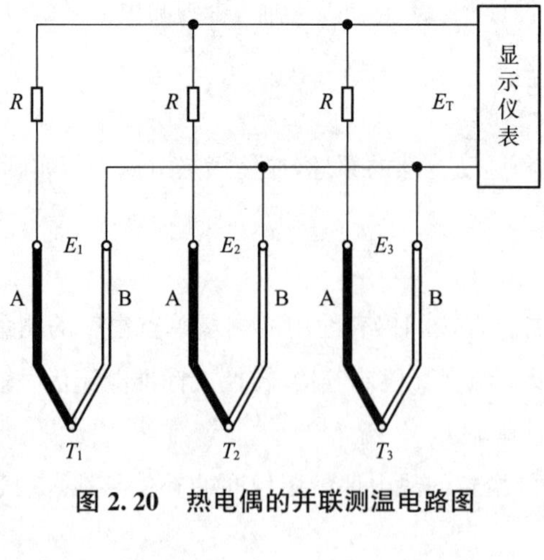

图 2.20　热电偶的并联测温电路图

(2)热电偶的串联

将多支同型号热电偶的正负极依次连接形成的电路称为热电偶的串联,如图 2.21 所示。此时,热电偶串联回路的总热电动势等于三支热电偶的热电动势之和,如果将总热电动势值除以 3,就得到三点的平均温度。

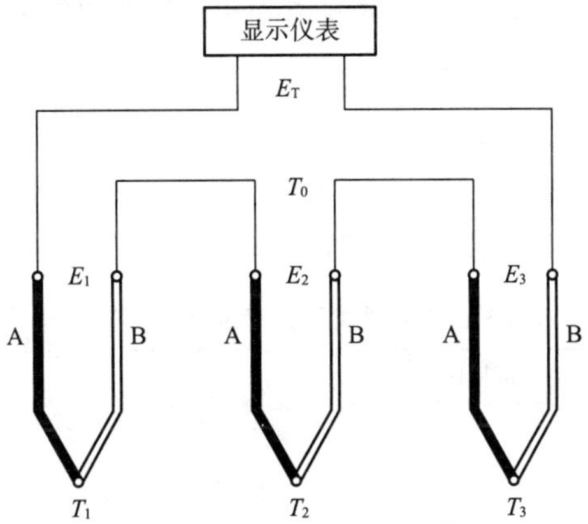

图 2.21 热电偶的串联测温电路图

热电偶串联电路的主要优点是热电动势大,仪表的灵敏度大大增加,且避免了热电偶并联电路存在的缺点,只要有一支热电偶断路,总的热电动势消失,立即可以发现有断路。缺点是只要有一支热电偶断路,整个测温系统将停止工作。

2.2.6 热电偶的选用与安装

应根据被测介质的温度、压力、介质性质、测温时间长短来选择热电偶和保护套管。其安装位置要有代表性,安装方法要正确,图 2.22 所示是热电偶在管道上安装的常用方法。在工业生产中,热电偶常与温度变送器或者具有变送器功能的温度显示仪表配套使用。另外也可经温度变送器将信号放大后再接指示仪表,或作为控制用的信号。

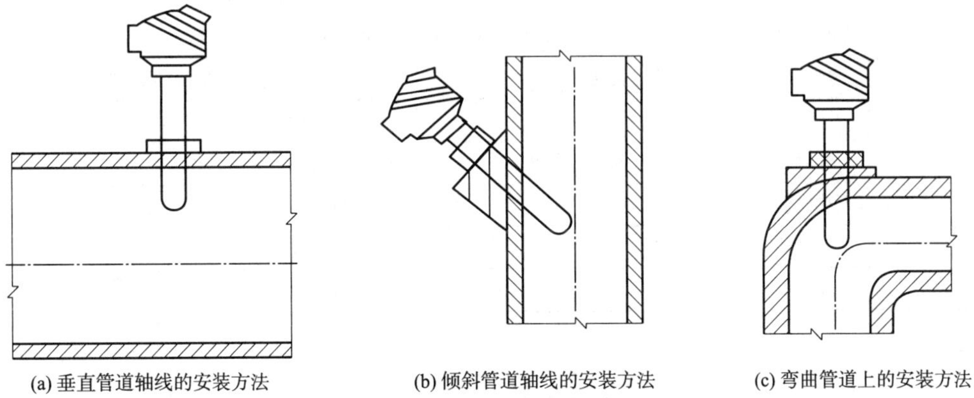

(a) 垂直管道轴线的安装方法　(b) 倾斜管道轴线的安装方法　(c) 弯曲管道上的安装方法

图 2.22 热电偶的安装示意图

热电偶安装注意事项:

①插入深度要求。测量端应有足够的插入深度，应使保护套管的测量端超过管道中心线 5～10 mm。

②注意保温。为防止传导散热产生测温附加误差，保护套管露在设备外部的长度应尽量短，并加保温层。

③防止变形。应尽量垂直安装，在有流速的管道中必须倾斜安装，若需水平安装时，则应有支架支撑。

2.2.7 热电偶常见故障及其处理

热电偶常见故障原因及处理方法见表 2.5。

表 2.5 热电偶常见故障原因及处理方法

故障现象	可能原因	处理方法
热电势比实际值小（显示仪表指示值偏低）	热电极短路	找出短路原因，如因潮湿所致，则需进行干燥；如因绝缘子损坏所致，则需更换绝缘子
	热电偶的接线柱处积灰，造成短路	清扫积灰
	补偿导线间短路	找出短路点，加强绝缘或更换补偿导线
	热电偶热电极变质	在长度允许的情况下，剪去变质段重新焊接，或更换新热电偶
	补偿导线与热电偶极性接反	重新接正确
	补偿导线与热电偶不配套	更换相配套的补偿导线
	热电偶安装位置不当或插入深度不符合要求	重新按规定安装
	热电偶冷端温度补偿不符合要求	调整冷端补偿器
	热电偶与显示仪表不配套	更换热电偶或显示仪表使之相配套
热电势比实际值大（显示仪表指示值偏高）	热电偶与显示仪表不配套	更换热电偶或显示仪表使之相配套
	补偿导线与热电偶不配套	更换补偿导线使之相配套
	有直流干扰信号进入	排除直流干扰
热电势输出不稳定	热电偶接线柱与热电极接触不良	将接线柱螺钉拧紧
	热电偶测量线路绝缘破损，引起断续短路或接地	找出故障点，修复绝缘
	热电偶安装不牢或外部震动	紧固热电偶，消除震动或采取减震措施
	热电极将断未断	修复或更换热电偶
	外界干扰（交流漏电，电磁场感应等	查出干扰源，采用屏蔽措施
热电偶热电势误差大	热电极变质	更换热电极
	热电偶安装位置不当	改变安装位置
	保护管表面积灰	清除积灰

2.3 热 电 阻

热电阻是基于电阻的热效应进行温度测量的，即电阻体的阻值随温度变化而变化的特性。因此，只要测量出感温热电阻的阻值变化，就可以测量出温度，它是中低温区（$-200\sim500$ ℃）最常用的一种温度检测器。作为测温用的热电阻具有特点如下：

①电阻值与温度变化具有良好的线性关系。

②电阻温度系数大，以便对温度变化敏感，便于精确测量。

③电阻率高，热容量小，从而具有较快的响应速度。

④在测量范围内具有稳定的物理、化学性质。

⑤容易加工，价格尽量便宜。

热电阻大都由纯金属材料制成，目前应用最多的是铂和铜，其中铂热电阻的测量精确度是最高的，它不仅广泛应用于工业测温，而且被制成标准的测温仪。

2.3.1　铂热电阻

铂热电阻主要作为标准电阻温度计，被广泛应用于温度基准、标准的传递。铂热电阻是利用铂丝的电阻值随着温度的变化而变化这一基本原理设计和制作的，按 0 ℃时的电阻值 R 的大小为 10 Ω（分度号为 Pt10）和 100 Ω（分度号为 Pt100）等，测温范围均为 $-200\sim850$ ℃。10 Ω 铂热电阻的感温原件是用较粗的铂丝绕制而成，耐温性能明显优于 100 Ω 的铂热电阻，主要用于 650 ℃以上的温区；100 Ω 铂热电阻主要用于 650 ℃以下的温区。

铂热电阻的优点是在氧化性介质中，甚至在高温下，其物理、化学性能稳定，电阻率大，精确度高，能耐较高的温度。铂是一种贵金属，很容易提纯，复现性好，具有良好的工艺性，可制成很细的铂丝（0.02 mm 或更细）或极薄的箔。与其他材料相比，铂具有较高的电阻率，因此普遍认为铂是一种较好的热电阻材料。铂电阻的缺点是电阻温度系数比较小，价格贵。常见的铂热电阻如图 2.23 所示。

铂热电阻值与温度的关系在 $0\sim850$ ℃范围内为

$$R_t=R_0(1+At+Bt^2) \tag{2.15}$$

在 $-200\sim0$ ℃范围内：

$$R_t=R_0[1+At+Bt^2+C(t-100\ ℃)t^3] \tag{2.16}$$

式中　R_t——温度 t℃时的电阻值；

　R_0——温度 0 ℃时的电阻值；

温度系数 $A=3.908\ 02\times10^{-3}/℃$，$B=-5.802\times10^{-7}/(℃)^2$，$C=-4.273\ 50\times10^{-12}/(℃)^4$。

从式（2.15）和式（2.16）可以看出：

（1）热电阻的阻值 R_t 与 t 之间并不完全呈线性关系，在工程中，若不考虑线性度误差的影响，有时也可以利用温度系数 α 来近似计算热电阻的阻值 R_t。即

$$R_t=R_0(1+at) \tag{2.17}$$

（2）热电阻在温度 t 时的电阻值与 R_0（标称电阻）有关。

我国规定工业用铂热电阻有 $R_0=10$ Ω 和 $R_0=100$ Ω 两种，它们的分度号分别为 Pt10 和 Pt100，后者较常用。分度号为 Pt100 的铂热电阻分度表（即 R_t-t 关系表）见表 2.6。实际测量中，

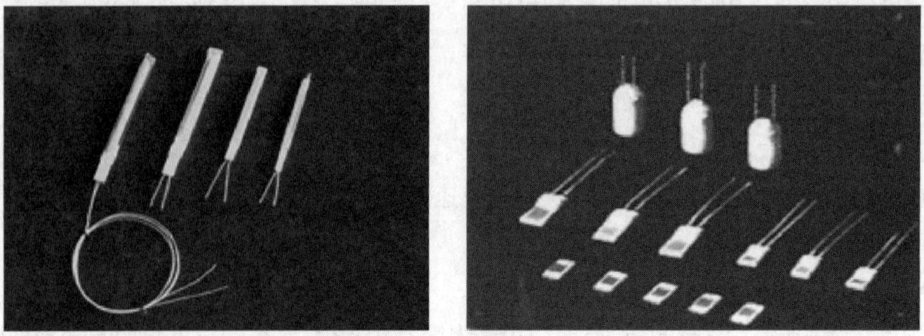

(a) 小型铂热电阻

(b) 防爆型铂热电阻

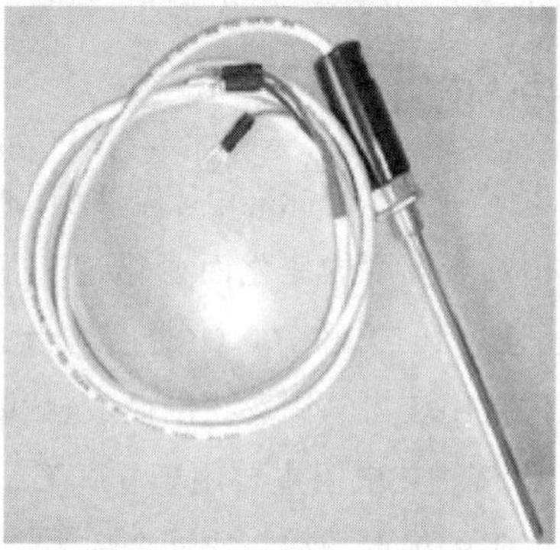

(c) 铠装式铂热电阻

图 2.23　常见的铂热电阻

只要测得热电阻的阻值 R_t，便可从表中查出对应的温度值。对于分度号为 Pt10 的铂热电阻，可由表 2.6 中查得的电阻值除以 10 得到；对于分度号为 Pt50 的，则将表中的电阻值减半即可。

表 2.6　铂热电阻分度表

分度号 Pt100　　　　R_0 = 100 Ω

温度/℃	0	10	20	30	40	50	60	70	80	90
	电阻/Ω									
−200	18.49									
−100	60.25	56.19	52.11	48.00	43.87	39.71	35.53	31.32	27.08	22.80
0	100.00	96.09	92.16	88.22	84.27	80.31	76.33	72.33	68.33	64.30
0	100.00	103.90	107.79	111.67	115.54	119.40	123.24	127.07	130.89	134.70
100	138.50	142.29	146.06	149.82	153.58	157.31	161.04	164.761	68.46	172.16
200	175.84	179.51	183.17	186.82	190.45	194.07	197.69	201.292	04.88	208.45
300	212.02	215.57	219.12	222.65	226.17	229.67	233.17	236.65	240.13	243.59
400	247.04	250.48	253.90	257.32	260.72	264.11	267.49	270.86	274.22	277.56
500	280.90	284.22	287.53	290.83	294.11	297.39	300.65	303.91	307.15	310.38
600	313.59	316.80	319.99	323.18	326.35	329.51	332.66	335.79	338.92	342.03
700	345.13	348.22	351.30	354.37	357.37	360.47	363.50	366.52	369.53	372.52
800	375.51	378.48	381.45	384.40	387.34	390.26	—	—	—	—

2.3.2　铜热电阻

铂热电阻虽然优点多，但价格昂贵，在测量精度要求不高且温度较低的场合，铜热电阻得到广泛应用，如图 2.24 所示。

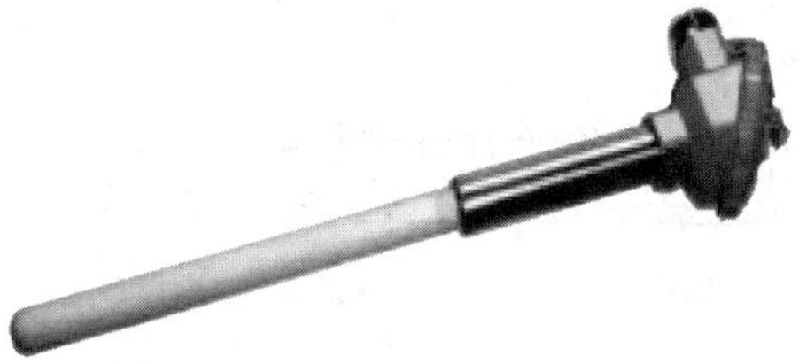

图 2.24　铜热电阻

在 −50～150 ℃的温度范围内，铜热电阻与温度近似呈线性关系，可用下式表示：

$$R_t = R_0(1+\alpha t) \tag{2.18}$$

式中　$\alpha = 4.28\times10^{-3}$/℃，为 0 ℃时铜热电阻温度系数。

铜热电阻的优点是电阻温度系数较大、线性好、价格便宜。其缺点是电阻率较低、热惯性较大、稳定性较差、电阻体的体积较大，在 100 ℃以上时容易氧化，因此只能用于低温及没有侵蚀性的介质中。

铜热电阻常用的有两种分度号：Cu50（R_0 = 50 Ω）和 Cu100（R_0 = 100 Ω），Cu100 较常用。分度号为 Cu50 铜热电阻的分度表见表 2.7。对于分度号为 Cu100 的铜热电阻，可将表中的电阻值加倍。

表 2.7　铜热电阻的分度表

分度号：Cu50　　　　R_0 = 50 Ω

温度/℃	0	10	20	30	40	50	60	70	80	90
	电阻/Ω									
0	50.00	47.85	45.70	43.55	41.40	39.24	—	—	—	—
0	50.00	52.14	45.28	56.42	58.56	60.70	62.84	64.98	67.12	69.26
100	71.40	73.54	75.68	77.83	79.98	82.13	—	—	—	—

2.3.3　金属热电阻的结构

金属热电阻由电阻体、保护套管和接线盒等部件组成，如图 2.25(a)所示。金属热电阻丝是绕在骨架上的，骨架采用石英、云母、陶瓷或塑料等材料制成，可根据需要将骨架制成不同的外形。为了防止电阻体出现电感，热电阻丝通常采用双线并绕法，如图 2.25(b)所示。

铜热电阻的结构如图 2.26 所示，它是直径约为 0.1 mm 的绝缘电阻丝绕在圆柱形塑料支架上。

铂热电阻的结构如图 2.27 所示，一般由直径 0.05～0.07 mm 的铂丝绕在片形云母骨架上，铂丝的引线采用银线。

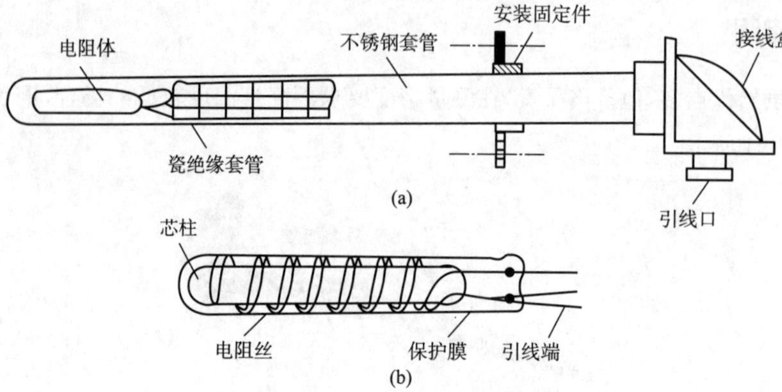

图 2.25　普通热电阻结构图

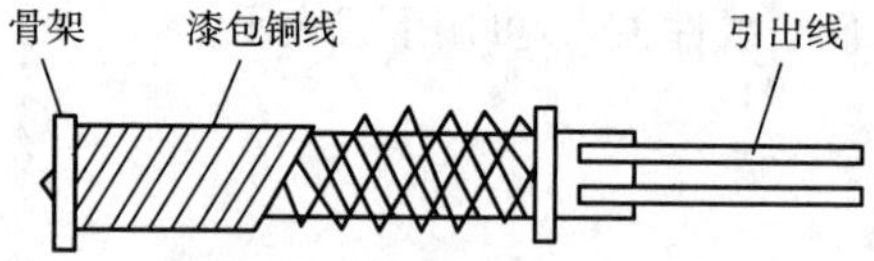

图 2.26　铜热电阻结构示意图

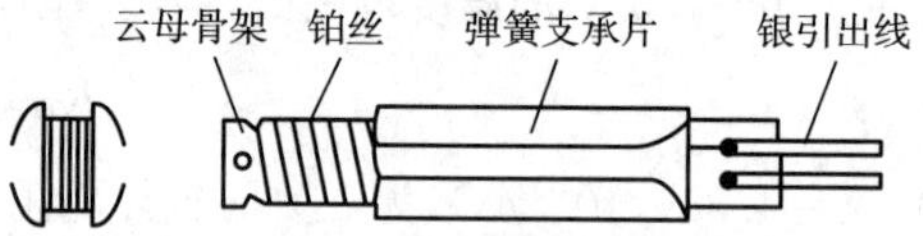

图 2.27　铂热电阻结构示意图

感温元件骨架的材质也是决定铂热电阻使用温区的主要因素，常见的感温元件有陶瓷元件、玻璃元件、云母元件，它们是由铂丝分别绕在陶瓷骨架、玻璃骨架、云母骨架上再经过复杂的工艺加工而成，如图 2.28 所示。由于骨架材料本身的性能不同，陶瓷元件适用于 850 ℃以下温区，玻璃元件适用于 550 ℃以下温区。

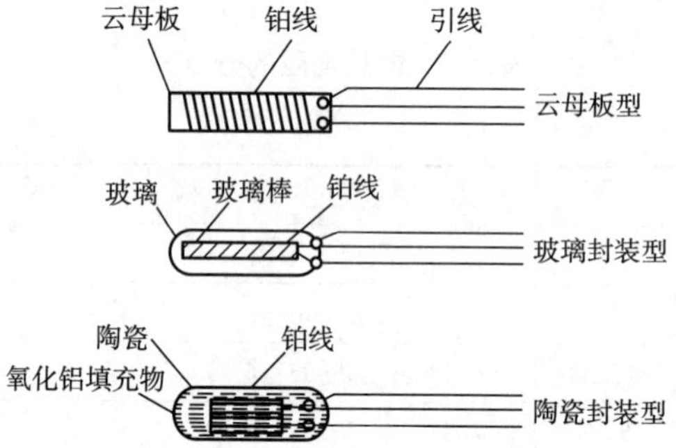

图 2.28　热电阻的电阻芯

Pt100 的典型结构如图 2.29 所示，铂热电阻还可以分为工业铂热电阻和铠装铂热电阻。工业铂热电阻也叫装配铂热电阻，即是将铂热电阻感温元件焊上引线组装在一端封闭的金属管或陶瓷管内，再安装上接线盒而成；铠装铂热电阻是将铂热电阻元件、过渡引线、绝缘粉组装在不锈钢管内再经模具拉实的整体，具有坚实、抗震、可绕、线径小、使用安装方便等优点。

2.3.4　金属热电阻的应用电路

热电阻传感器主要用于测量温度以及与温度有关的物理量，例如，压力（真空度）、流量、气体和液

图 2.29　铂热电阻结构

体的成分分析等。此外,可作温度补偿、过负荷保护、火灾报警以及温度控制等。其应用是十分广泛的。

金属热电阻的优点是精度高、性能稳定、适于测低温。缺点是热惯性大,需辅助电源。流过热电阻丝的电流不要过大,否则会产生较大的热量,影响测量精度,此电流值一般不宜超过 6 mA。

由于金属热电阻的阻值不高,而且工业用金属热电阻安装在生产现场,离控制室较远。因此,金属热电阻的引线电阻对测量结果有较大的影响。金属热电阻引线方式有两线制、三线制和四线制三种。内部引线方式如图 2.30 所示。

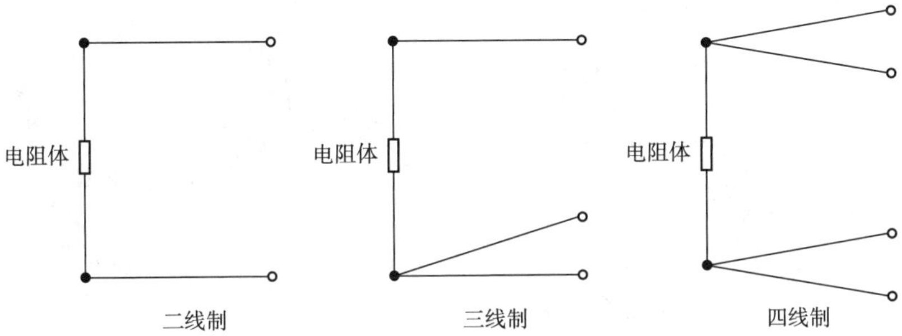

图 2.30　金属热电阻的内部引线方式

1. 两线制(用于引线不长,精度较低)

两线制的接线方式如图 2.31 所示,在热电阻感温体的两端各连一根导线。这种引线方式简单、费用低,但是引线电阻以及引线电阻的变化会带来附加误差,因此,两线制适于引线不长、测温

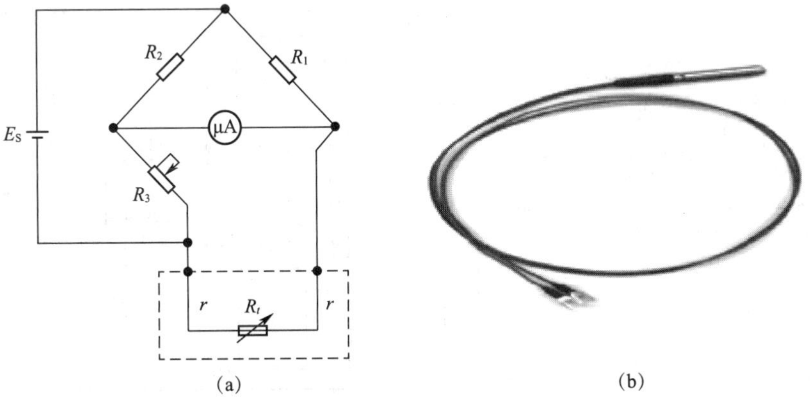

图 2.31　两线制接法

精度要求较低的场合，确保引线电阻值远小于热电阻值。

2. 三线制接法（用于工业测量，一般精度）

由于热电阻的阻值很小，因此导线的电阻值不能忽视。如 $R_0=100\ \Omega$ 的铂电阻，1 Ω 的导线电阻可能产生 3 ℃左右的误差。为解决导线电阻的影响，工业热电阻大多采用三线制电桥连接法，如图 2.32 所示。图中 R_t 为热电阻，其三根引出导线相同，阻值都是 r。其中一根与电桥电源相串联，它对电桥的平衡没有影响；另外两根分别与电桥的相邻两臂串联，当电桥平衡时，可得下列关系：

$$(R_t+r)R_2=(R_3+r)R_1 \tag{2.19}$$

所以有：

$$R_t=\frac{(R_3+r)R_1-rR_2}{R_2} \tag{2.20}$$

如果使 $R_1=R_2$，则式(2.20)就和 $r=0$ 时的电桥平衡公式完全相同，即说明此种接法导线电阻 r 对热电阻的测量毫无影响。注意：以上结论只有在 $R_1=R_2$，且只有在平衡状态下才成立。为了消除从热电阻感温体到接线端子间的导线对测量结果的影响，一般要求从热电阻感温体的根部引出导线，且要求引出线一致，以保证它们的电阻值相等。

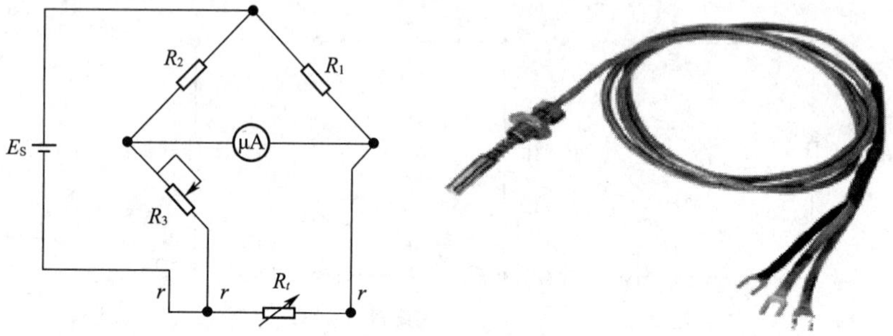

图 2.32　三线制接法

如图 2.33 所示为 Pt100 三线制测温电路，三线制测温电路不仅可以消除导线电阻值对测温的

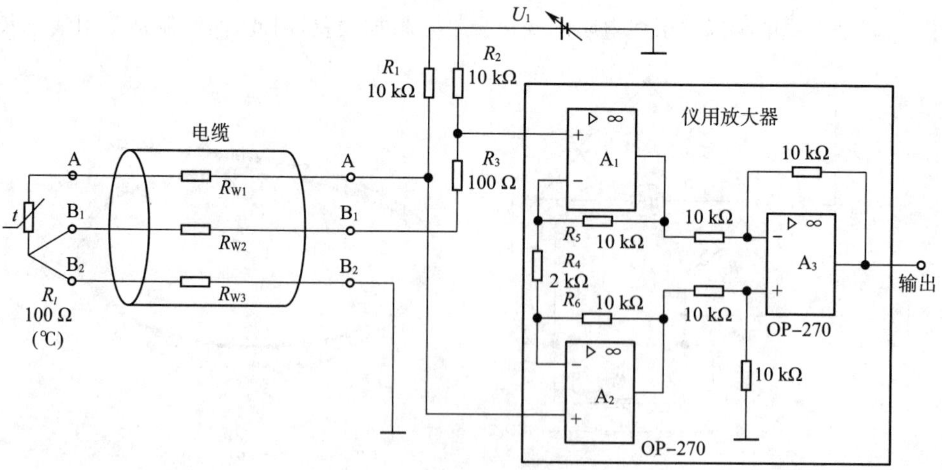

图 2.33　Pt100 三线制测温电路

影响，而且巧妙地克服电阻随温度的变化而对整个电路产生的影响，它适合于远距离的测量。

3. 四线制接法（实验室用，高精度测量）

三线制接法是工业测量中广泛采用的方法。在高精度测量中，可设计成四线制的测量电路，如图 2.34 所示。

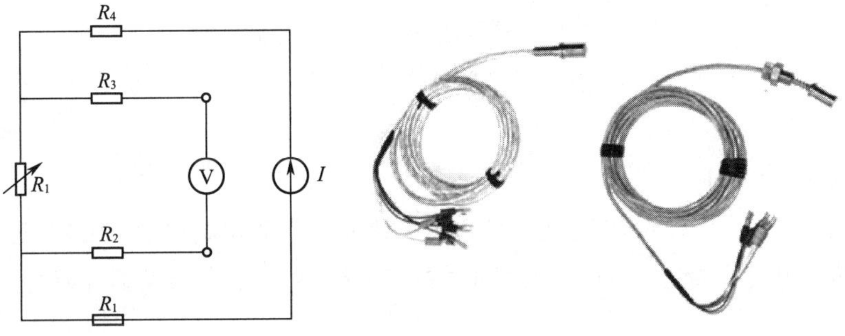

(a)　　(b)

图 2.34　四线制接法

图中 I 为恒流源，测量仪表 V 一般用直流电位差计，热电阻上引出各为 R_1、R_4 和 R_2、R_3 的四根导线，分别接在电流和电压回路，电流导线上 R_1、R_4 引起的电压降，不在伏特表的测量范围内，而电压导线上虽有电阻但无电流（电位差计测量时忽略电流，认为内阻无穷大），所以四根导线的电阻对测量都没有影响。

热电阻的阻值可由测得的电压和恒流源的电流求出，即

$$R_t = \frac{U}{I} \tag{2.21}$$

如图 2.35 所示为铂热电阻的四线制接法。四线制测量电路的测量精度高，但是需要导线多，它也适合远距离测量。

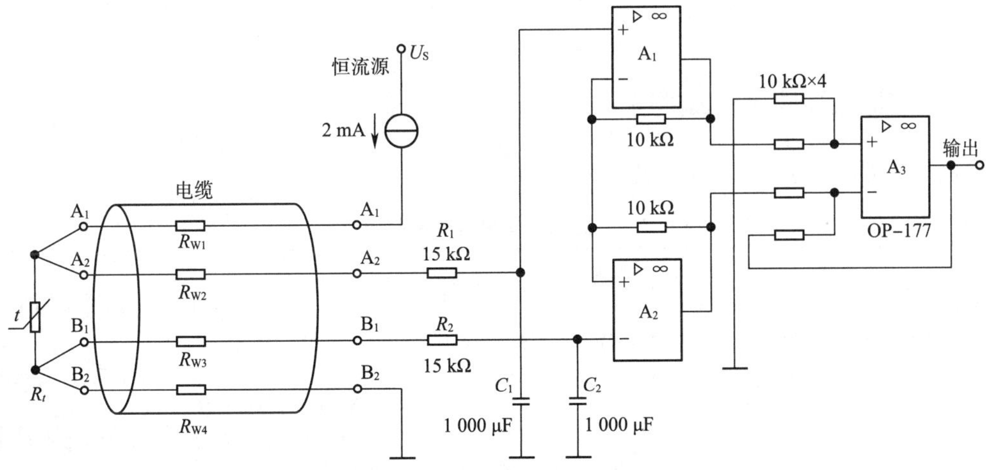

图 2.35　铂热电阻的四线制接法

2.3.5 热电阻的选用与安装

1. 热电阻的选用原则

(1)根据测量的范围和对象，选择适当的工业热电阻型号以及保护管材料，热电阻的“最高使用”压力不可超过在该工作温度下保护管所能承受的压力。

(2)选用工业热电阻的分度号必须与显示仪表的分度号一致。

(3)除双支式的工业热电阻外，在不使用切换开关的情况下，每支工业热电阻不可同时和两支显示仪表连接使用。

2. 热电阻的安装要求

(1)工业热电阻的安装地点，应避免安装在炉门旁边和避免与加热物体距离过近之处。

(2)工业热电阻的接线盒不可碰到被测介质的容器壁，接线盒的温度不宜超过 100 ℃，并尽可能地保持稳定不变。

(3)工业热电阻的插入深度，浸入被测介质中的长度应不小于保护管外径的 10 倍。

3. 使用注意事项

热电阻在使用过程需要注意事项包括：

(1)连接导线应采用绝缘(最好是屏蔽)铜线，截面积视工业热电阻与显示仪表间的距离而定，但一般不得小于 1.5 mm^2。导线的电阻值应按显示仪表技术条件规定的数据配准(一般为 5～15 Ω)，导线的电阻值可用惠斯顿电桥来调整。

(2)增加被测介质的循环，使工业热电阻与被测介质间的对流传热增加。

(3)当工业热电阻用来测量变化的温场时，常有动态误差的存在，请注意选用具有适当热响应时间的工业热电阻，因为热响应时间的大小是决定动态误差大小的主要因素，并与之成正比，它对温度的自动调节和控制起着相当重要的作用。

(4)在安装使用工业热电阻前，应保存在不受震动和碰撞的地方。最合适的存放场所条件为环境温度为－20～＋40 ℃。相对湿度不大于 80％的通风室内。且不含有对工业热电阻起腐蚀作用的有害杂质。

2.3.6 热电阻常见故障及其处理

热电阻常见故障原因及处理方法见表 2.8。

表 2.8 热电阻常见故障和处理方法

序号	故障现象	可能原因	修理方法
1	显示仪表指示值比实际值低或示值不稳定	保护管或接线盒内有水、金属屑、灰尘或热电阻短路	(1)倒出水或消除灰尘，并将潮湿部分加以干燥处理(不得用火烤)、提高绝缘性能。 (2)用万能表检查短路部位，并消除之，如系感温元件短路，应尽修复或更换
2	显示仪表指示值无限大	热电阻引出线短路或接线端子松开	(1)用万用表检查短路部位，确定是连接导线还是感温元件短路。 (2)如系连接导线短路，可以更换或修复。 (3)如系感温元件短路，应进行更换

续上表

序号	故障现象	可能原因	修理方法
3	显示仪表为负值	(1)热电阻短路(2)与现实表接线接错	(1)用万用表确定短路部位,并消除之,如系感温元件短路,应进行修复或更换。 (2)重新连接导线
4	热电阻值与温度关系有变化	热电阻丝材料腐蚀变质	更换热电阻

2.4　热敏电阻

热敏电阻是利用半导体的电阻值随温度显著变化这一特性制成的一种热敏元件,其特点是电阻率随温度显著变化。它是由某些金属氧化物(如 NiO、MnO_2、CuO、TiO_2 等),采用不同比例配方,经高温烧结而成的。它主要由敏感元件、引线和壳体组成。根据使用要求,可制成珠状、片状、杆状、垫圈状等各种形状,其直径或厚度约为 1 mm,长往往不到 3 mm,如图 2.36 所示。热敏电阻的符号如图 2.37 所示,热敏电阻外形如图 2.38 所示。

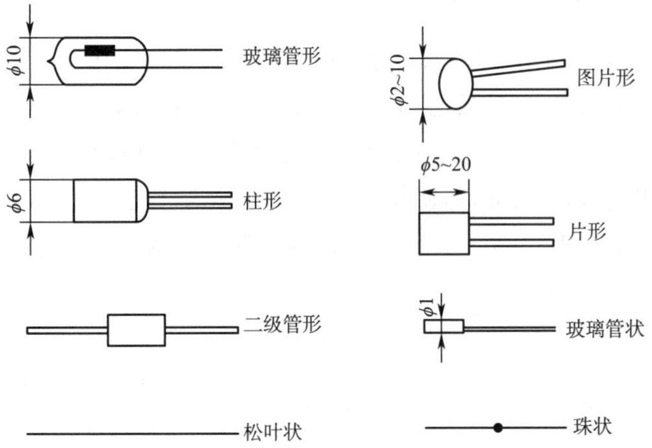

图 2.36　热敏电阻的结构形式(单位:mm)

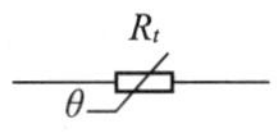

图 2.37　热敏电阻的符号

热敏电阻与金属热电阻相比,具有电阻值和电阻温度系数大、灵敏度高;体积小、结构简单;热惯性小、响应速度快;使用方便、寿命长、易于实现远距离测量等优点,得到了广泛的应用。它的主要缺点:互换性较差,同一型号的产品特性参数有较大差别;稳定性较差;非线性严重,且不能在高温下使用。但随着技术的发展和工艺的成熟,热敏电阻的缺点将逐渐得到改进。

热敏电阻的测温范围一般为−50～300 ℃。可用于液体、气体、固体、高空气象、深井等方面的温度相关量的测量。

2.4.1　热敏电阻的特性

根据半导体的电阻—温度特性,热敏电阻可分为三类,即负温度系数热敏电阻(NTC)、正温度系数热敏电阻(PTC)和临界温度系数热敏电阻(CTR)。大多数热敏电阻具有负温度系数。CTR

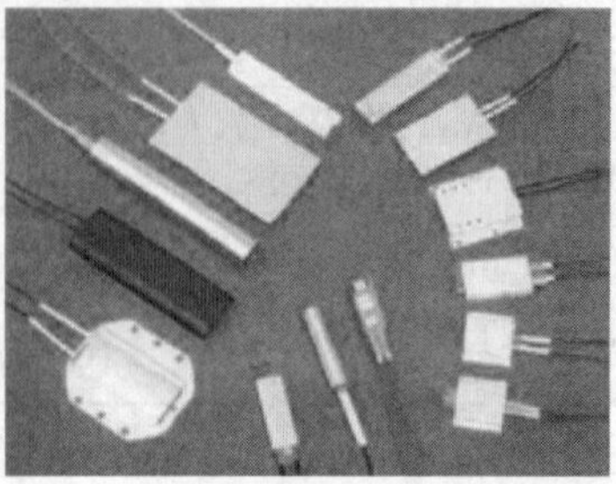

(a) PTC热敏电阻

(b) NTC热敏电阻

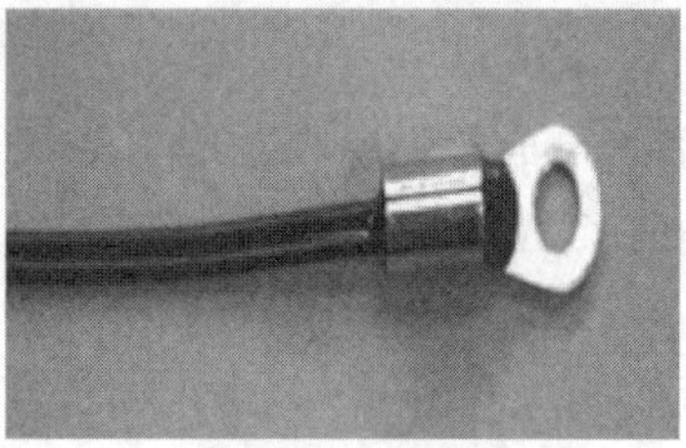

(c) 带安装孔的热敏电阻

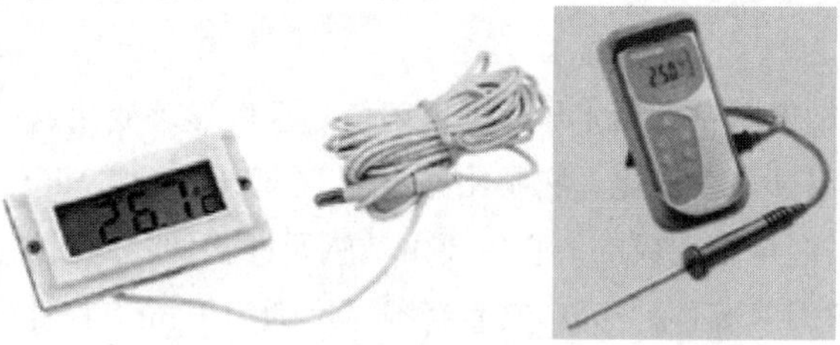

(d) 热敏电阻温度计

图 2.38　热敏电阻的外形

一般也是负温度系数，但与 NTC 不同的是，在某一温度范围内，电阻值会急剧变化。这三类热敏电阻的电阻率与温度之间的关系均为非线性，它们的温度特性曲线如图 2.39 所示。

图 2.40 为负温度系数(NTC)热敏电阻在不同热敏指数 β(也称作热敏电阻的材料常数，单位为开尔文温度 K)时的电阻—温度特性，温度越高，阻值越小，且有明显的非线性。NTC 热敏电阻具有很高的负电阻温度系数，特别适用于－100～300 ℃之间测温。负温度系数的热敏电阻常用于空调系统的温度测定。

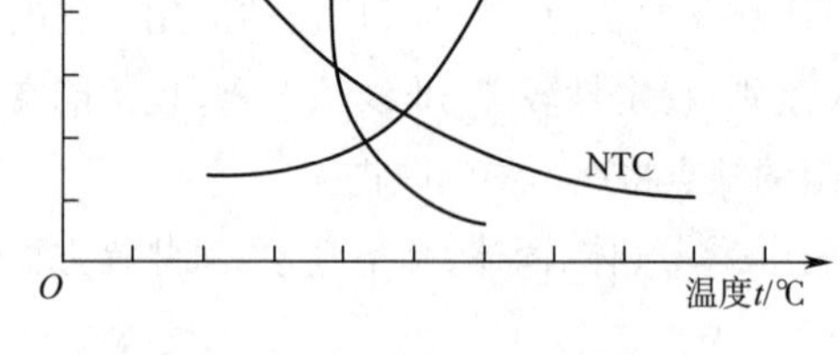

图 2.39　热敏电阻的温度特性曲线

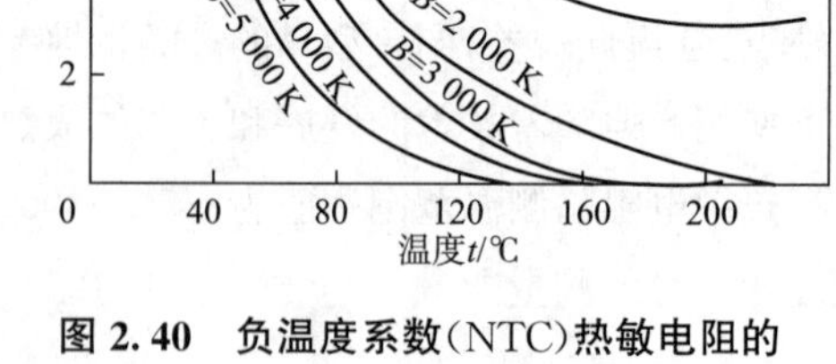

图 2.40　负温度系数(NTC)热敏电阻的电阻—温度特性

例如消防报警系统里常用的可恢复式定温型感温探测器，主要包括信号处理单元(俗称微机头)、可恢复式定温型感温电缆和终端盒，如图 2.41 所示。

可恢复式定温型感温电缆，通常是两芯绞合结构，加载有一定的电压。每根铜芯导体的外层是负温度系数的热敏绝缘材料，如图 2.42 所示，当环境温度升高时，热敏绝缘材料的绝缘电阻变小。在两芯电缆间会形成一定的短路电流，可以实现定温报警。温度正常以后，短路电流恢复正常。只要不造成结构性的损坏，这种电缆可以重复使用。

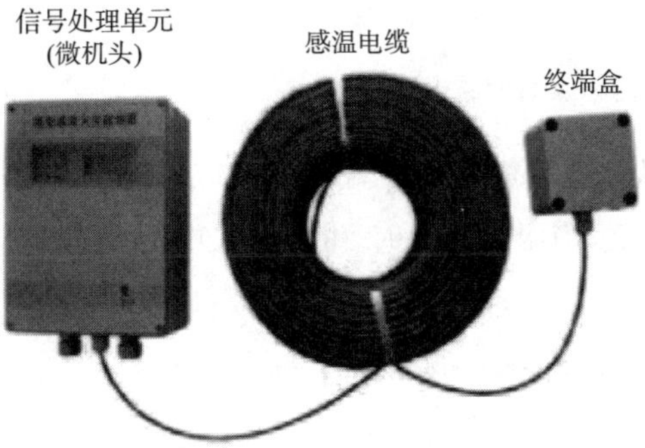

图 2.41　可恢复式定温型感温探测器的组成与外形

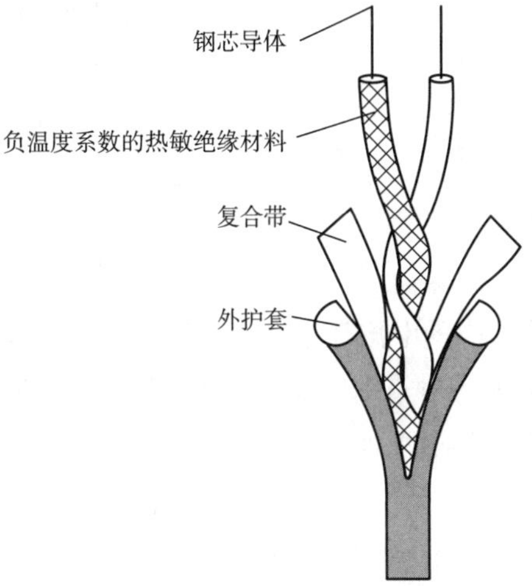

图 2.42　可恢复式定温型感温电缆的内部结构示意图

PTC 热敏电阻的阻值随温度升高而增大，且有斜率最大的区域，当温度超过某一数值时，其电阻值朝正的方向快速变化。其用途主要是彩电消磁、各种电器设备的过热保护等。

CTR 也具有负温度系数，但在某个温度范围内电阻值急剧下降，曲线斜率在此区段特别陡，灵敏度极高。主要用作温度开关。

各种热敏电阻的阻值在常温下很大，通常都在数千欧以上，所以连接导线的阻值（最多不过 10 Ω）几乎对测温没有影响，不必采用三线制或四线制接法，方便使用。

另外，热敏电阻的阻值随温度改变显著，只要很小的电流流过热敏电阻，就能产生明显的电压变化，而电流对热敏电阻自身有加热作用，所以应注意不要使电流过大，防止带来测量误差。

2.4.2　热敏电阻的应用

1. 温度测量

NTC 热敏电阻广泛用于温度测量，常用电桥接法，将电阻信号转换成电压信号来测量。

由于热敏电阻的阻值较大，故其连接导线的电阻和接触电阻可以忽略，使用时采用二线制即可。图 2.43 所示为热敏电阻测量单点温度原理图，稳压管 DZ_1 提供稳定电压，由 R_3、R_4、R_5 分压，调节 R_5 使电压跟随 A_1 输出 2.5 V 的稳定电桥工作电压，并使热敏电阻工作电流小于 1 mA，避免发热影响测量精度。PTC 热敏电阻 R_t 在 25 ℃时阻值为 1 kΩ，R_8 也选择 1 kΩ，室温时（25 ℃）电桥调平，温度偏高室温时，电桥失衡，输出电压经差放 A_2 放大后输出。

2. 温度控制

如图 2.44 所示为 NTC 热敏电阻实现单点温度控制电路，当温度升高时，热敏电阻 R_t 的阻值

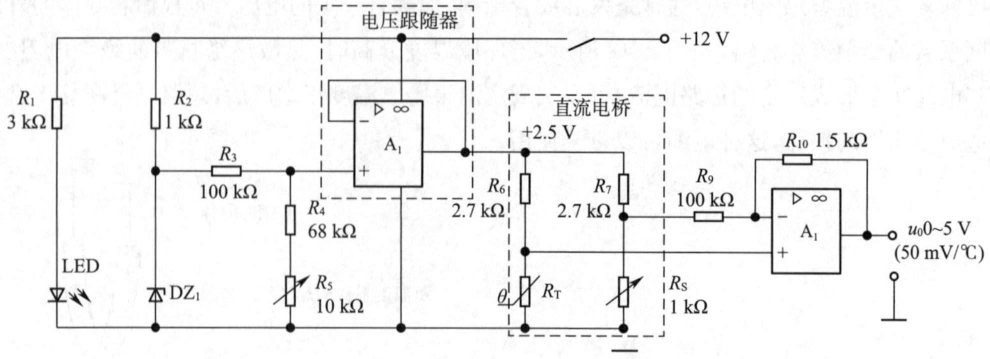

图 2.43　热敏电阻测量单点温度原理图

降低，a 点的电位 U_a 升高到 $U_a > U_b$ 时，比较器输出变为低电位，VT_1 导通，使 VT_2 也导通，继电器通电，常闭触点 K 断开，加热器断电停止加热。反之，当温度降低时，继电器失电，常闭触点 K 闭合，加热器通电加热。

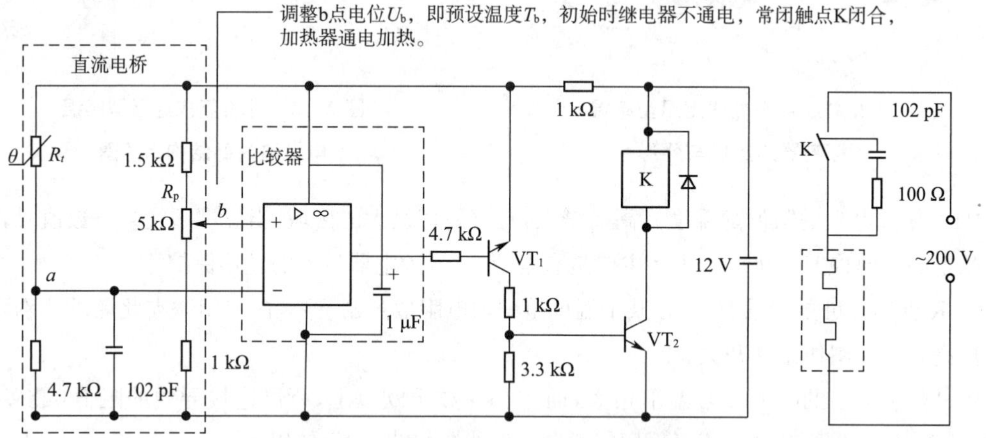

图 2.44　NTC 热敏电阻实现单点温度控制电路图

3. 温度补偿

仪表中的一些常用零件，很多是用金属做成的，如线圈、绕线电阻等。金属一般具有正的温度系数，采用负温度系数的热敏电阻进行补偿，可以抵消由于温度变化所产生的误差。在实际应用中，将负温度系数的热敏电阻与锰铜丝电阻并联后再与被补偿元件串联，如图 2.45 所示。

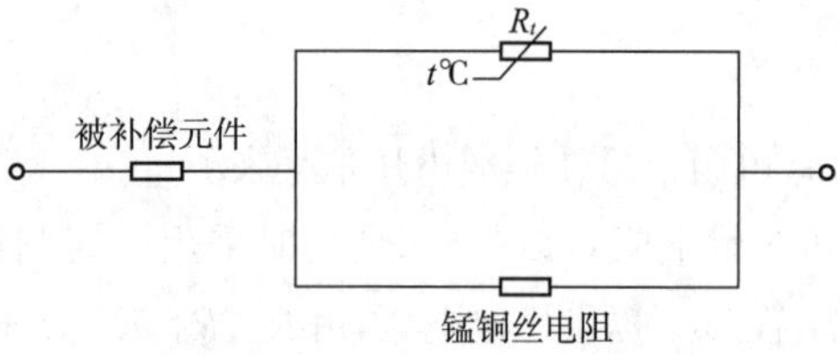

图 2.45　热敏电阻温度补偿

4. 过热保护

当自动扶梯超载或电动机负载电流过大时，电梯的电机过热保护器应能及时断开电机的供电，使自动扶梯停车。

电机过热保护原理图如图 2.46 所示。图中 R_t 为检测电机绕组温度的热敏电阻元件，主要通过其监测电机绕组温度的变化。F_5 为温度继电器，外形如图 2.47 所示，它通过内置于电动机的

PTC热敏电阻探头感测电机绕组温度，如图2.48所示，当电机线圈温度超过155 ℃，该继电器动作，及时断开电机的电源，使自动扶梯停车。

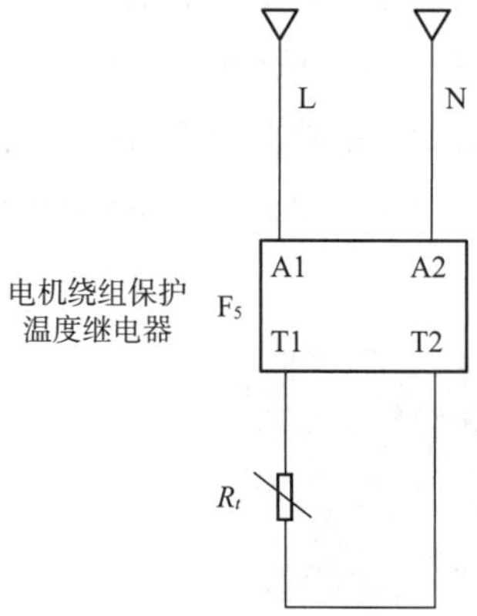

图2.46　电机过热保护原理图

图2.47　温度继电器

图2.48　电机的过热保护

5. 管道的流量检测

热敏电阻不仅能测量管道的温度，还能检测管道内气体或液体等介质的流量，如图2.49所示。图中R_{t1}和R_{t2}为热敏电阻，R_{t1}置于管道中央，R_{t2}置于温度与介质相同且不受介质流速影响的小室中，R_1和R_2为普通电阻，R_{t1}、R_{t2}、R_1和R_2四个电阻组成电桥结构。当介质处于静止状态时，电桥处于平衡状态，流量计指示；当介质流动时，由于介质流动带走热量，温度的变化引起阻值的变化，电桥失去平衡而有输出，电流计指示值直接反映出流量的大小。

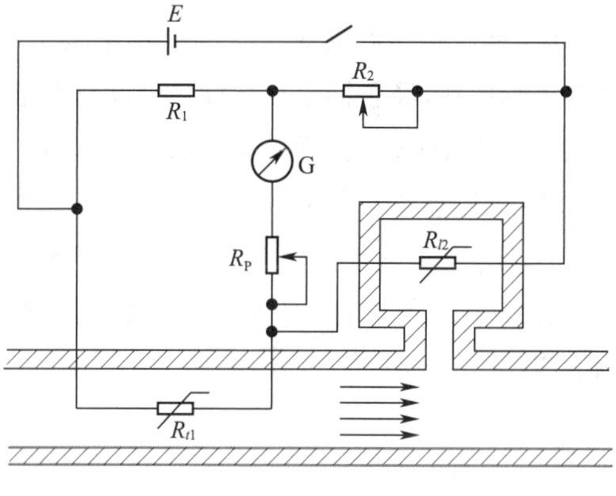

图2.49　热敏电阻式流量计电路原理图

2.5　双金属温度计

双金属温度计是一种适合测量中、低温的现场检测工业仪表。可用来直接测量气体、液体和蒸气的温度，其测温范围为－80～＋500 ℃。具有无汞害、易读数、坚固耐震、防腐蚀等优点，而且其品种齐全，适应于各种现场安装的需要，广泛适用于工业和科研部门。

2.5.1 双金属温度计工作原理

双金属温度计基于固体受热膨胀原理，测量温度时，通常是把两片线膨胀系数差异相对很大的金属片叠焊在一起，构成双金属片感温元件(俗称双金属温度计)，图 2.50 所示中的 A、B 为两种不同膨胀系数的感温元件。当温度变化时，因双金属片的两种不同材料线膨胀系数差异相对很大而产生不同的膨胀或收缩，导致双金属片产生弯曲变形，带动指针旋转，工作仪表便显示出所对应的温度值。双金属温度计的外形如图 2.51 所示。

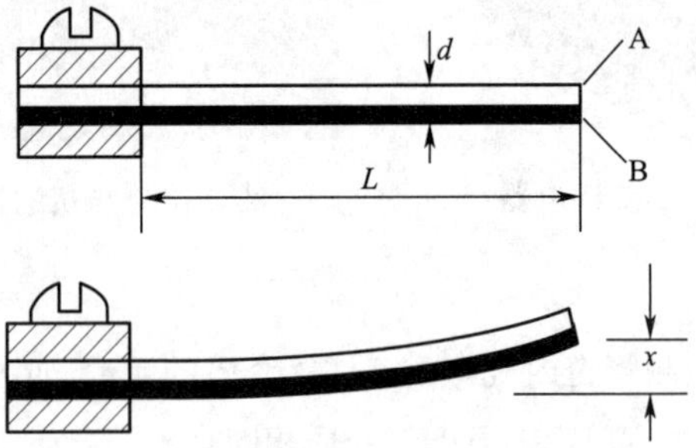

图 2.50　双金属温度计测温原理图

图 2.51　双金属温度计的外形

2.5.2 双金属温度计的结构

如图 2.52 所示，双金属温度计感温元件采用多圈直螺旋形双金属片。一端固定，另一端(自由端)连接在芯轴上，轴向型温度计指针直接装在芯轴上。径向型结构指示针通过转角弹簧与芯轴连接。当温度变化时，感温元件自由端旋转，经芯轴传动指针在刻度盘上指示被测介质温度的变化值。

双金属温度计分为普通型、户外型、防腐型三种，从其结构又可分为径向型、轴向型、135°型、万向型，可以根据安装环境合理选用。普通型外壳用铁皮电镀，保护管用不锈钢，适用于室内一般场合使用。户外型外壳用铝金制造，保护管，连接柱均采用不锈钢，密封性较好，适用于室内外，一般耐腐蚀场所。防腐型外壳采用全不锈钢，保护管、连接柱可用钼二钛材料，连接部分均采用密封胶，可适用于多数腐蚀介质、气体的测量。

2.5.3 电接点双金属温度计

电接点双金属温度计是利用温度变化时带动触点变化，当工作温度超过或低于给定值时，动与静触点接通或断开的同时，使电路中的继电器动作，从而自动发出控制信号切断电源或报警，如图 2.53 所示。

电接点双金属温度计的接线图如图 2.54 所示。

2.5.4 双金属温度计的使用和维护

(1)双金属温度计保护管浸入被测介质中的长度必须大于感温元件的长度，一般浸入长度大于 100 mm，0～50 ℃量程的浸入长度大于 150 mm，以保证测量的准确性。

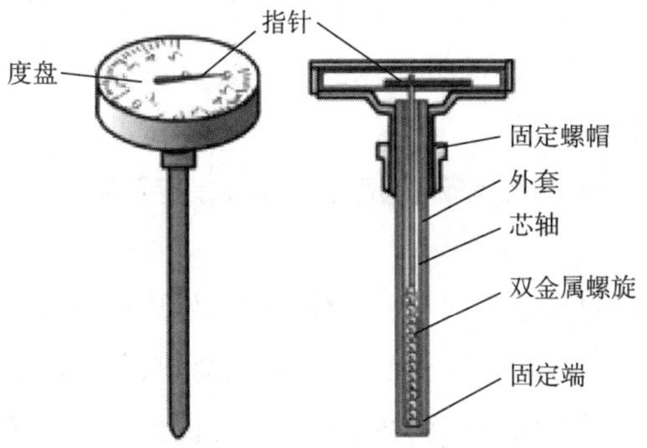

图 2.52 双金属温度计的结构

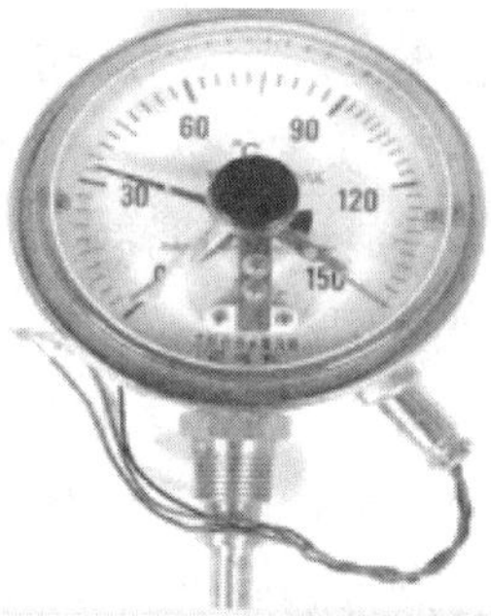

图 2.53 电接点双金属温度计

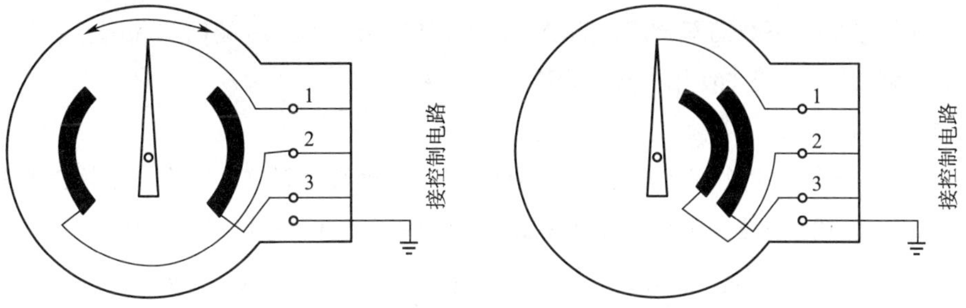

图 2.54 电接点双金属温度计接线图

(2)双金属温度计在保管、使用、安装及运输中,应避免碰撞保护管,切勿使保护管弯曲变形及将表壳当扳手使用。

(3)各类双金属温度计不宜用于测量敞开容器内介质温度,带接点温度计,不宜在工作振动较大场合的控制回路中使用。

(4)温度计在正常的情况下,应予定期检验。一般以每隔 6 个月检验一次为宜。

(5)电接点温度计不允许在强烈震动下工作,以免影响接点可靠性。

(6)双金属温度计的波纹管只有 0.1 mm 厚,所以转向时必须旋松 M4 螺母、螺钉。并小心转向,切勿用力。安装时必须用两把扳手,以免损坏。

2.6 其他轨道交通常用温度传感器

2.6.1 FAS 系统中的感温探测器

火灾自动报警系统(FAS)中所用到的传感器有感温式、感光式、感烟式、可燃气体探测器等几种,而感温探测器是对监视范围内某一点或某一段周围的温度参数敏感响应的一种火灾探测器。

火灾初始阶段除有大量烟雾产生,必然会因燃烧释放的热量使其周围空气温度异常升高。感温探测器是能对异常高温(大于 60 ℃)、温升速率(大于 20 ℃/min)和温差敏感响应的火灾探测器。

与感烟、火焰探测器相比，可靠性较高、对环境条件要求低，但对初期火灾响应迟钝。

适用于因环境条件(存在大量粉尘、烟雾、水蒸气)而感烟探测器不宜使用的场所，并与感烟探测器联合使用，对火灾报警控制器提供复合报警信号。

感温探测器按结构分为电子式、机械式两种，按原理分为定温、差温、差定温组合式三种。

1. 定温式探测器

定温式探测器是在规定时间内，火灾引起的温度达到或超过预定值时发出报警响应，有线型和点型两种结构。其中点型是根据局部的热效应而动作的，利用双金属片、易熔金属、热电偶、热敏电阻等热敏元件，当温度上升到一定数值时发出报警信号。线型是根据广泛的热效应而动作的，当火灾现场环境温度上升到一定数值时，可熔绝缘物熔化使两导线短路，从而产生报警信号。

1)双金属片定温火灾探测器(点型)

以具有不同热膨胀系数的双金属片为敏感元件，常用结构形式有圆筒状和圆盘状两种。适用于风大、烟尘多等恶劣环境中使用的火灾报警。

(1)结构

由不锈钢管、铜合金片及调节螺栓等组成两块铜合金片通过固定块固定在不锈钢管和调节螺栓上。两个铜合金片的中部各装有一个电接点(各有导线引出)，如图 2.55 所示。

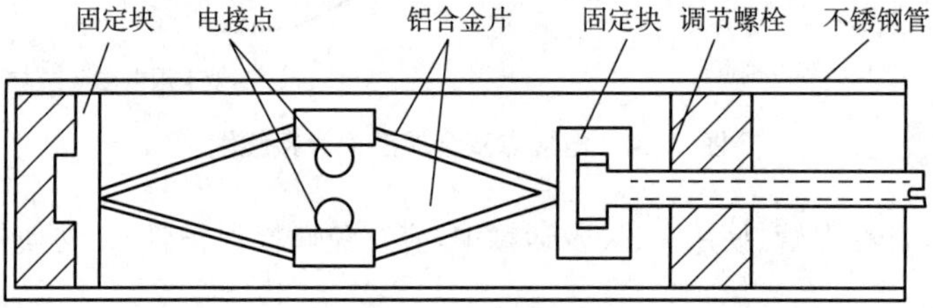

图 2.55　双金属片定温火灾探测器的结构示意图

(2)工作原理

不锈钢的热膨胀系数大于铜合金，当探测器探测到温升时，不锈钢管的伸长大于铜合金，两块合金片被拉直使两个触头靠拢。当温升到规定值时，触点闭合，探测器动作，送出开关信号使报警器报警。当探测器检测到温度低于规定值时，经过一段时间，触点分开，探测器恢复到监视状态。

2)缆式线型定温探测器

缆式线型定温探测器是对警戒范围中某一线路周围温度升高敏感响应的。

(1)结构

缆式线型定温探测器由两根弹性钢丝、热敏绝缘材料、塑料色带及塑料外护套。正常时，两根钢丝间呈绝缘状态，如图 2.56 所示。

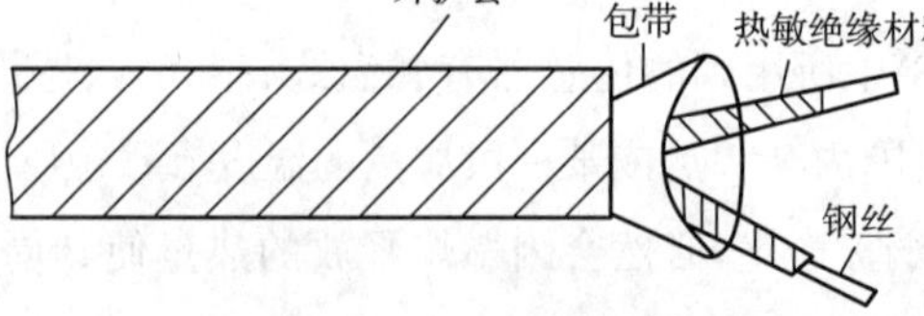

图 2.56　缆式线型定温探测器的结构示意图

(2)工作原理

每一热敏电缆中有一极小的电流流动。当火灾发生，只要热敏电缆线路上某处的温度(可以是“电缆“周围空气或它所接触物品的表面温度)达到或超过额定动作温度(90 ℃或 140 ℃)时，热敏绝缘材料熔化，两根钢丝互相接触，报警回路电流骤然增大，使报警器发出声光报警信号，同时数码管显示报警回路号和火警的距离。报警后，经人工处理热敏电缆可重复使用。

2. 差温探测器

当火灾发生时，室内局部温度将以超过常温数倍的异常速率升高。在规定时间内，环境温度上升速率超过预定值时，差温探测器发出报警信号。当环境温度以不大于 1 ℃/min 的温升速率缓慢上升时，差温探测器不发出报警信号，差温探测器适用于产生火灾时温度快速变化的场所。

差温探测器也有线型和点型两种结构。其中线型主要感温器件有按探测面积蛇形连续布置的空气管、分布式连接的热电偶、热敏电阻等。点型则是根据局部的热效应而动作的，主要感温器件是空气膜盒、热敏电阻等。

1)点型差温火灾探测器

点型差温火灾探测器主要有膜盒差温探测器、电子差温探测器等。

(1)结构

膜盒型差温探测器主要由气室、波纹膜片、气塞螺钉和弹性接触片组成，关键部位是感热外罩与底座形成密闭的气室，如图 2.57 所示。波纹膜片的作用是将气室内空气受热引起的压强变化转换成位移的变化；气塞螺钉的作用是气室内的空气只能由气塞螺钉上的漏气孔泄漏到空气中，与弹性接触片形成一对电接点供外部电路使用。可以调节电接点的间距，改变电接点闭合的时间。

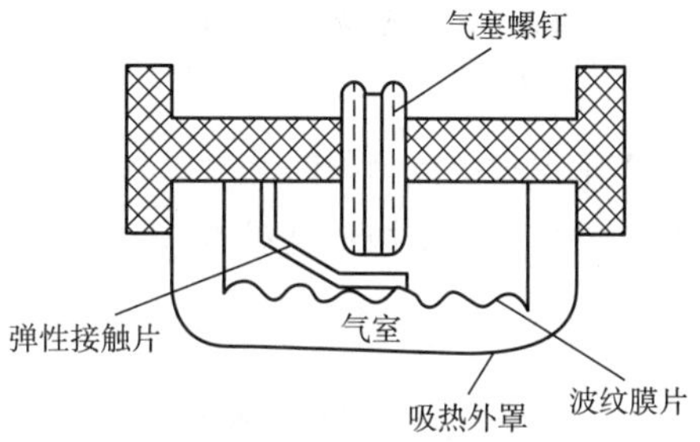

图 2.57　膜盒型差温火灾探测器的结构示意图

(2)工作原理

当环境温升缓慢变化时，气室内外的空气可以通过小孔进行调节，使气室内外空气压力差别不大，波纹膜片基本上不发生位移。

火灾时，在环境温升速率上升很快的场合中，气室的空气由于急剧膨胀而来不及从小孔泄漏出去，使气室内的气压增高，推动波纹上凸，推动弹性接触片上移，接通电接点，探测器动作，报警器报警。

2)空气管线型差温探测器

(1)结构

空气管线型差温探测器的结构如图 2.58 所示，敏感元件空气管为 ϕ3 mm×0.5 mm 紫铜管(安装于保护现场)将一根用铜或不锈钢制成的细管(空气管)与膜盒相接构成气室。空气管线型差温探测器具有点型膜盒差温探测器工作特点。

(2)工作原理

利用点型膜盒差温探测器工作特点，将空气管与膜盒相接构成气室。气温正常时，受热膨胀的

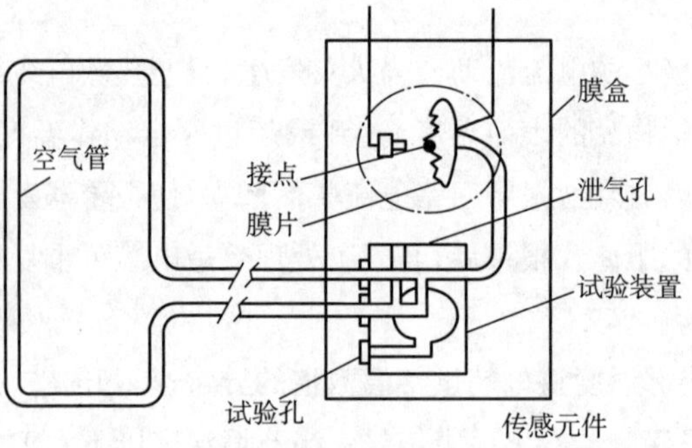

图 2.58　空气管线型差温探测器的结构示意图

气体从泄气孔排出，不推动膜片，接点不闭合；火灾时，环境温度上升很快，空气管内急剧膨胀的空气来不及从泄气孔中排出，空气管中压强增大到推动膜片位移，使电接点闭合，接通电路，报警器发出报警信号。

3. 差定温火灾探测器

差定温火灾探测器兼有差温和定温两种功能，可分为机械式和电子式两种。

1)机械式差定温火灾探测器

(1)结构

差定温火灾探测器的差温探测部分与膜盒形基本相同，定温探测部分与易熔金属定温探测器相同。外形图和结构示意图如图 2.59 所示。

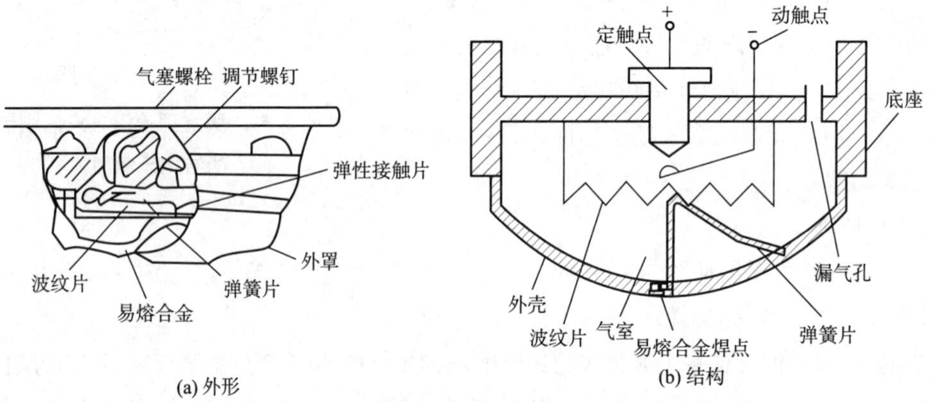

图 2.59　差定温火灾探测器外形和结构

(2)工作原理

当发生火情时，环境温升速率达到某一数值，差定温火灾探测器的差温部分中的波纹片在受热膨胀的气体作用下，压迫固定在波纹片上的弹性接触片向上移动与固定触头接触，发出报警信号；易熔元件是定温部分的敏感元件，当环境温升到易熔合金标定的动作温度（70 ℃）时，易熔合金熔化，弹簧片向上弹回，迫使弹性接触片和固定触头接触，发出报警。

2)电子式差定温火灾探测器

电子式差定温火灾探测器由感温电阻（热电阻）将现场的温度信号传至探测器内部的单片机，

再由单片机根据内部的火灾特性曲线判断现场是否着火，并将结果通过总线传至报警主机。图2.60为JTW-ZCD-G3N智能点型差定温火灾探测器的外形。

电子式差定温火灾探测器具有以下特点：

(1)结构新颖、外形美观、性能稳定可靠；

(2)采用带A/D转换的单片机，实时采样处理数据、并能保存14个历史数据，曲线显示跟踪现场情况；

(3)地址编码由电子编码器直接写入，工程调试简便可靠；

(4)设备类型可由电子编码器任意设置。

图2.60　JTW-ZCD-G3N智能点型差定温火灾探测器外形

4. 分布式光纤感温火灾探测系统

分布式光纤感温火灾探测系统集计算机、光纤通信、光纤传感、光纤传输、光电控制等技术于一体，基于光纤的散射随温度变化的测温原理，通过感温光缆实时监测光纤上的反馈信息，测量光纤上各点的温度变化，来实时监测被检测区域的温度状况。主要应用于石油、化工、天然气管道、冶金、电力、仓储、军工、核工业、地铁、公路隧道等易燃、易爆、环境恶劣的工业场所的火灾探测，如图2.61所示。

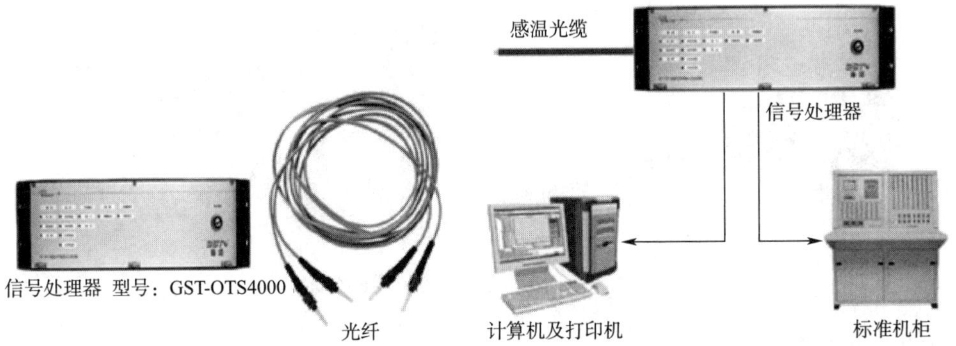

图2.61　分布式光纤感温火灾探测系统

光纤感温探测的基本工作原理是利用光纤中石英分子键随温度变化产生晶格振动。这种振动使在光纤中传输的光产生喇曼散射，散射量的大小可以直接反映温度的高低。光纤感温探测系统采用OFDR光频域反射技术实时检测光纤中的喇曼散射信号，从而可以将整条感温光缆周围的环境温度实时检测出来，并准确定位温度变化的实际位置。

分布式光纤感温火灾探测系统具有系统简单可靠、不受电磁干扰、稳定性好、误报率极低、响应快、信息显示直观丰富及易于维护等特点。

2.6.2　水管式温度传感器

温度传感器是检测温度的器件，广泛应用于测量水管或风管中介质的温度，以此来控制相应的水泵、风机、阀门和风门等执行元件的开度。温度检测器在结构上有室外型、室内墙挂式、风道式和水管式等，如图2.62所示。在这里主要介绍水管式温度传感器。

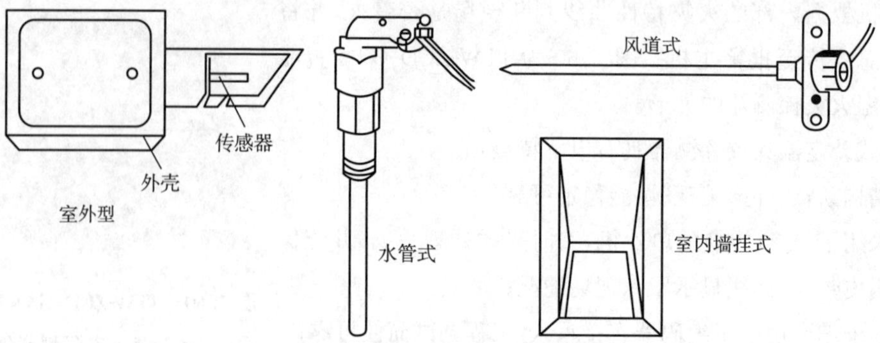

图 2.62　温度检测器的结构

1. 水管式温度传感器/变送器

1)用途

水管式温度传感器/变送器通过热敏电阻 NTC、镍电阻和铂电阻来检测温度，主要用来检测空调系统冷冻水供、回水的温度，能够满足不同测量环境及各种高精度及高稳定性的测量要求。外形如图 2.63 所示。

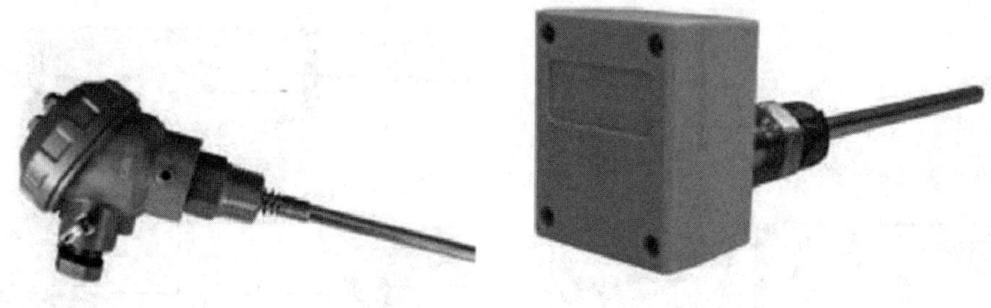

图 2.63　水管式温度传感器的外形

2)安装及注意事项

(1)安装前应仔细检查外观，应外观完整、附件齐全，并按设计规定检查其型号、规格及材质。

(2)仪表安装时不应敲击及震动，安装后应牢固、平整。

(3)参照环控工艺图纸和水系统传感器安装位置示意图，决定传感器的测温点在管道上的位置。

(4)如图 2.64 所示为水管式温度传感器安装图。尽可能在垂直管道上开孔，为使感温元件位于管道中心，DN80 以下管径采用倾斜 45°逆水流方向插入方式安装，DN150 以上管径垂直插入，DN100 及 DN125 管径既可以 45°插入，也可以垂直插入。在水平管段安装时严禁在管道下方开孔，若在 DN150 以上的水平管段上安装，必须在水平方向开孔安装（见 DN150 以上水平管道安装示意图）。

(5)水温传感器的保护套管与凸台采用螺纹连接固定形式，应注意凸台与该螺纹的匹配。凸台由施工单位提供，并根据管径和安装方式选择合适的长度，以保证传感器插入深度经过水管中心线。

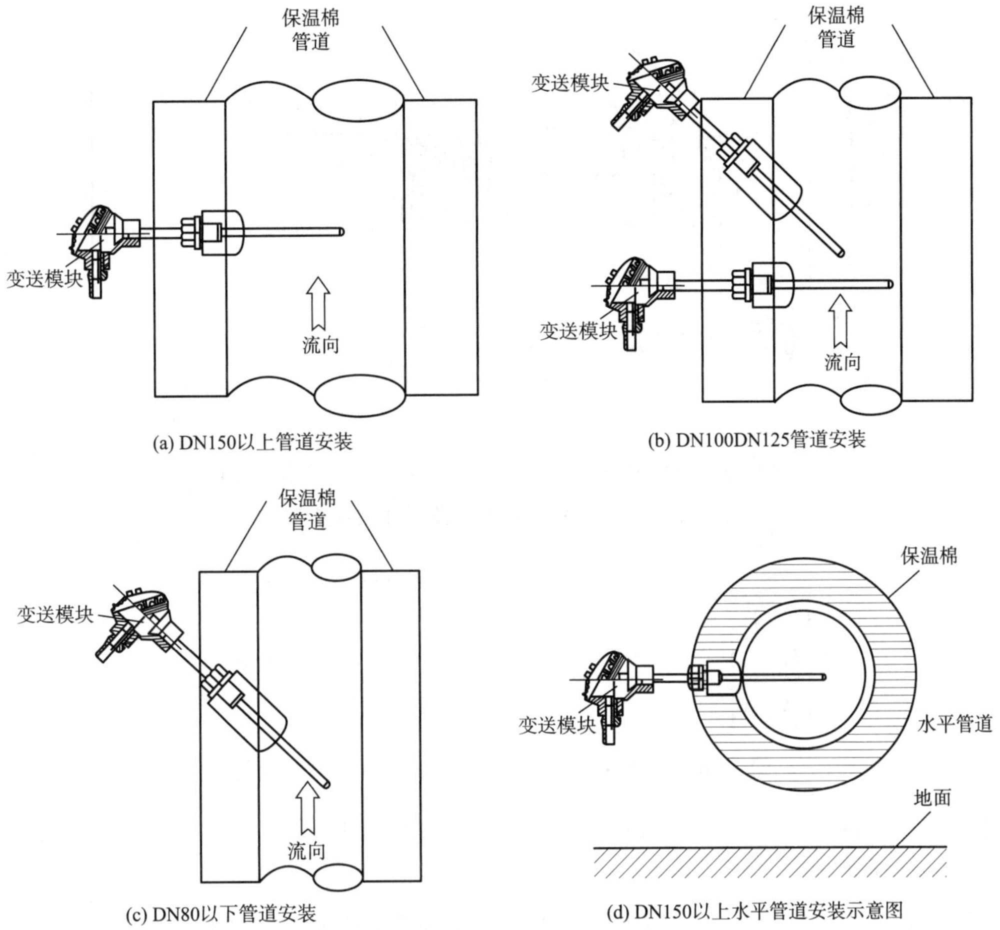

图 2.64　水管式温度传感器安装图

(6)应先安装保护套管，并加螺纹盖帽保护，防止落入灰尘。

(7)将不锈钢套管通过水管上的 1/2 内牙螺纹装到水管上。同时注意不锈钢套管与水管之间连接位置的密封性及耐压要求，如图 2.65 所示。

(8)打压试水结束后，方可插入和连接传感器。

(9)应尽可能使感温元件位于管道的中心。

(10)为防止冷凝水进入设备内，进线的软管应垂直向下安装，并在接线后一定要把设备外壳的螺钉上紧。

3)连线

(1)温度传感器/变送器的连线，如图 2.66 所示为 TE50 系列水管式温度传感器/送变器的接线图。

①水管分体式。

将带有铜连接头的探针通过 1/2NPT 螺纹装配到不锈钢套管上，注意螺纹间装配的密封性要好，在探针附近适当位置固定好分体式变送器外壳，然后将温度探针的线缆穿过防水接头，将其和传感器/变送器装置上的 B、C 二个端子连接起来。然后按照上面的接线说明，将电源线和信号线

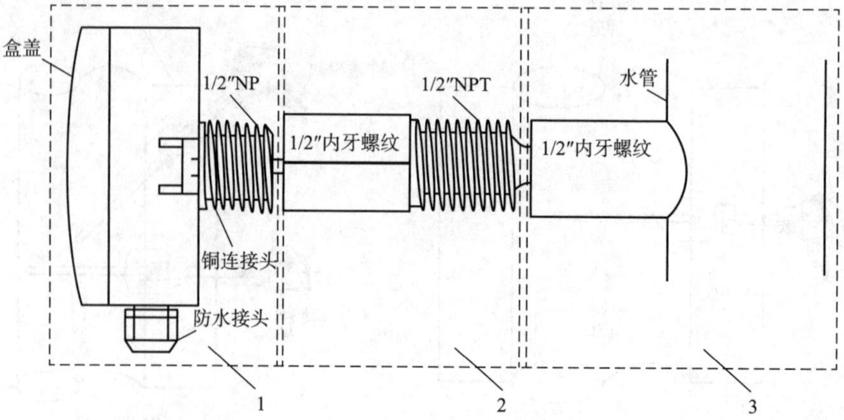

1—水管一体式温度传感器/变送器；2—不锈钢套管；3—水管及其配件。

图 2.65　水管式温度传感器/变送器装配图

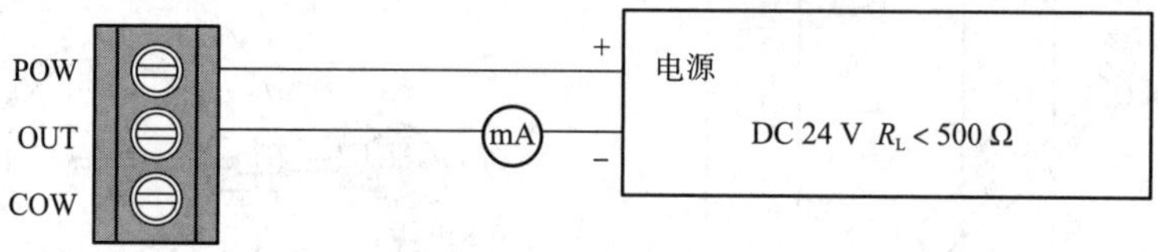

图 2.66　TE50 系列水管式温度传感器/变送器接线图

穿进防水接头并将其连接到变送器相应端子上，拧紧防水接头将线缆固定。

②水管一体式。

将装有铜连接头的水管一体式温度传感器/变送器装置通过的 1/2NPT 螺纹装配到不锈钢套管上，注意螺纹间装配的密封性要好，然后按照上面的接线说明，将电源线和信号线穿进防水接头并将其连接到变送器相应端子上，拧紧防水接头将线缆固定。

(2)上电测试，上电测试前需确保电路连接准确无误。

在电气连接与安装过程中，要注意以下几点：

①当变送器连接到控制器上时，为了防止噪声干扰，应使用屏蔽电缆线；

②在接通电源线必须确认控制器的模拟输入端必须要和变送器的信号输出端相匹配；

③注意电源的正负极及信号输出端接线，勿接反；

④当温度超过工作温度范围(−55～55 ℃)时，不要安装；

⑤变送器应安装在能有效反应出被测区域温度的位置，并注意远离冷源或热源。

第3章

压力检测

在现代城市轨道交通运营及控制系统中，除了对温度测量的要求极为严格以外，对压力的测量也极为普遍。车站通风系统、FAS和给排水系统等重要的机电控制系统中对压力测量都有普遍的应用。

压力是表征生产过程中工质状态的基本参数之一，只有通过压力及温度的测量才能确定生产过程中各种工质所处状态。从保障生产的安全和经济角度看，压力是生产过程中必须始终监视的参数，通过压力监测可以及时防止生产设备因过压而引起破坏甚至爆炸。有些参数的测量，如液位、流量的测量，往往是通过测量压力或压差来进行间接测量的。

3.1 压力的概念及测压仪表

3.1.1 压力的概念及单位

工程上说的压力一般是指压强，它的大小由受力面积和垂直作用力的大小两个因素决定，其表达式为

$$p=\frac{F}{A} \tag{3.1}$$

式中 p——压力；

F——作用力；

A——作用面积。

国际单位制(SI)中定义压力的单位是：1 N的力垂直作用在1 m^2 面积上所形成的压力称为1个帕斯卡，简称为“帕”，单位符号为Pa。

目前，工程技术界广泛使用很多其他压力单位，考虑到尚难完全统一，有必要了解现在通用的非法定压力计量单位，主要有下列几种。

1. 工程大气压

单位符号为 at，是工业上目前常用的单位，即 1 kg 力垂直作用在 1 cm^2 面积上所产生的压力。

2. 标准大气压

单位符号为 atm，是指在纬度 45°的海平面上，0 ℃时的平均大气压力。

工程大气压和标准大气压两个名词中虽有“大气压”三个字，但并不受气象条件影响，而是作为计量单位使用的恒定值。

3. 毫米汞柱

单位符号为 mmHg，即在标准重力加速度下，0 ℃时 1 mm 高的（汞）柱在 1 cm^2 的底面上所产生的压力。

4. 毫米水柱

单位符号为 mmH_2O，即在标准重力加速度下，4 ℃时 1 mm 高的水柱在 1 cm^2 的底面上所产生的压力。

在工业过程检测中，常用的各种压力单位与帕之间的换算关系为

$$1\ Pa=1\ N/m^2$$

$$1\ kPa=10^3\ Pa$$

$$1\ MPa=10^6\ Pa$$

1 标准大气压(atm)＝101 325 Pa

1 工程大气压(at)＝$9.806\ 65\times10^4$ Pa≈0.1 MPa

1 约定毫米汞柱(mmHg)＝133.322 4 Pa

1 约定毫米水柱(mmH_2O)＝9.806 65 Pa

在压力测量中，常有绝对压力、表压力、负压力或真空度之分。

所谓绝对压力是指被测介质作用在容器单位面积上的全部压力，用符号 P_j（或 $P_{绝}$）表示。用来测量绝对压力的仪表称作绝对压力表。

地面上的空气柱所产生的平均压力称为大气压力，用符号 P_q 或 $P_{气}$ 表示。用来测量大气压力的仪表叫作气压表。

绝对压力与大气压力之差，称作表压力，用符号 P_b（或 $P_{表}$）表示，即 $P_b=P_j-P_q$。当绝对压力值小于大气压力值时，表压力为负值（即负压力），此负压力值的绝对值称作真空度，用符号 P_z（或 $P_{真}$）表示，用来测量真空度的仪表称作真空表。既能测量压力值又能测量真空度的仪表叫作压力真空表。

绝对压力、表压、负压（真空度）的关系如图 3.1 所示。

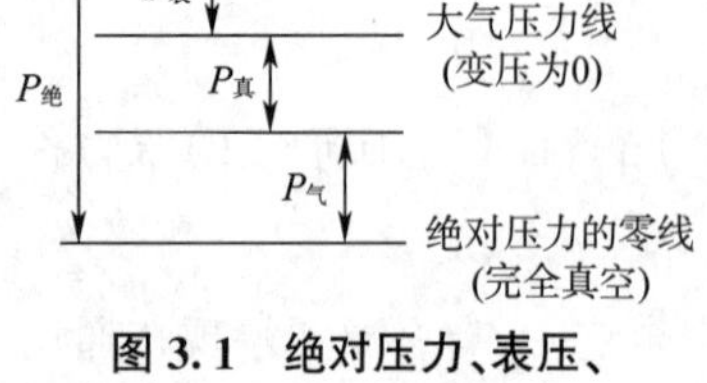

图 3.1　绝对压力、表压、负压（真空度）的关系

工业中所用仪表的压力指示值，大多数为表压和差压。

3.1.2　测压仪表

压力测量仪表品种很多，按照其转换原理不同，大致可分为四大类。

1. 液柱式压力计

液柱式压力计如图 3.2 所示，是利用流体静力学原理，将

被测压力转换成液柱高度进行测量。如 U 形管压力计，单管压力计和斜管压力计等。常用于测量低压、负压(真空度)和压差。

2. 活塞式压力计

根据液体传送压力的原理，活塞式压力计是将被测压力与活塞上所加砝码的质量进行平衡来测量的。它的测量精度很高，常用于校验其他压力计，如图 3.3 所示。

图 3.2　液柱式压力计

图 3.3　活塞式压力计

3. 弹性式压力计

弹性式压力计是将被测压力转换成弹性元件的变形位移进行测量的。图 3.4 所示为弹簧管压力计，图 3.5 所示为波纹管压力计等。

图 3.4　弹簧管压力计

图 3.5　波纹管压力计

4. 电气式压力计

电气式压力计是一种能将压力转换成电信号(电压、电流、频率等)进行传输及显示的仪表。该仪表的测量范围较广，分别可测 7×10^{-5} Pa 至 5×10^{2} MPa 的压力，允许误差可至 0.2%；由于可以远距离传送信号，所以在工业生产过程中可以实现压力自动控制和报警，并可与工业控制机联用。

电气式压力计主要有应变式、电阻式、电容式、电感式、压电式、霍尔式、压磁式和压阻式等，适于测量脉动压力、高真空、高压和超高压等。

3.2 弹性式压力计

弹性式压力计是利用各种形式的弹性元件在被测压力作用下，弹性元件受力后产生弹性变形的原理制成的。弹性式压力计具有结构简单、价格便宜、使用和维护方便、测量范围宽、测量精度较高等优点，因此应用十分广泛。其缺点是弹性元件具有弹性后效现象，即在突然加载或卸载后，弹性元件的形变不是立即产生或消失，而是要间隔一段时间，因此不适于测量高速脉动压力。可用来测量负压、低压和高压，压力从几百帕到数千兆帕，因此在工业上是应用最为广泛的一种测压仪表。

3.2.1 弹性元件

利用材料的弹性变形把压力传感器直接感受的被测压力转换成位移或力等物理量的元件称作弹性元件。弹性元件产生的位移或力很容易转化为电量，是一种简易可靠的测压敏感元件。当测压范围不同时，所用的弹性元件也不一样。常用的弹性元件如图 3.6 所示。

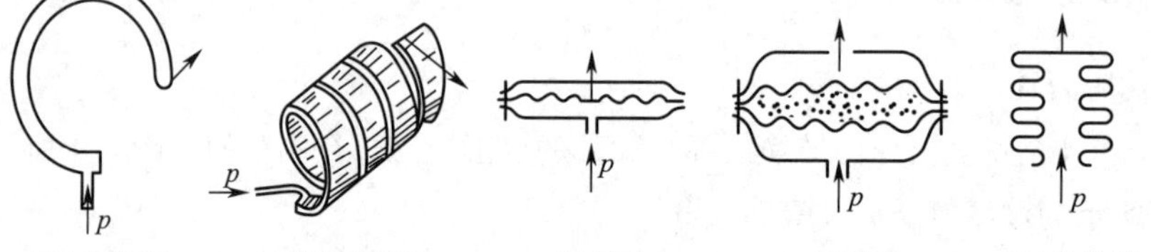

图 3.6 弹性元件

1. 弹簧管

单圈弹簧管大多是弯成 C 形（中心角常为 270°）的金属空心管，其截面为扁圆形、椭圆形等形状，如图 3.7 所示，顶端（称为自由端）封口。当通入压力 p 后，在管内压力作用下，管截面将趋于变成圆形，从而使管趋于伸直，它的自由端就会产生位移。为了减小应力，可以将弹簧管制成多圈弹簧管，如图 3.6(b)所示。弹簧管测压范围较宽，可高达 1 000 MPa。

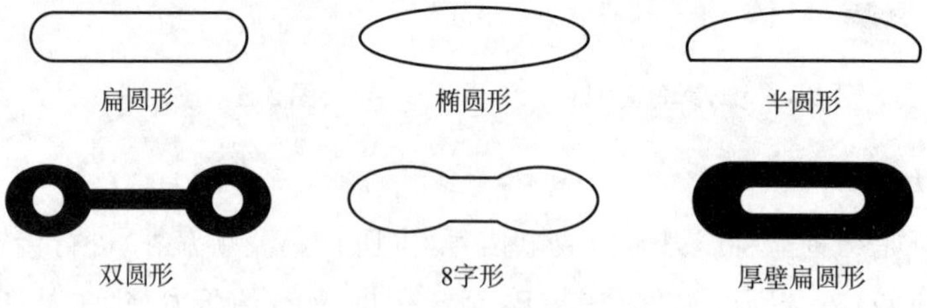

图 3.7 弹簧管的各种横截面图

2. 膜片

如图 3.6(c)所示，膜片是一种沿外缘固定的片形测压元件，是用金属或非金属材料做成的具有弹性的圆片（按剖面形状可分为平膜片和波纹膜片）；膜片在压力作用下能产生变形，常用于测量低压。平膜片可以承受较大的压力，但灵敏度较差，有一定的非线性，波纹膜片的测压灵敏度较高，也有一定的非线性。

3. 膜盒

将两张金属膜片沿周口对焊起来，形成一薄膜盒子，称为膜盒，如图 3.6(d)所示。若将膜盒内部抽成真空，则称为真空膜盒。当真空膜盒外压力变化时，膜盒中心将产生位移，可用于测量作用于膜盒的绝对压力。若膜盒内充硅油等液体或气体，则称作充填膜盒。在同样条件下，其灵敏度比膜片高 1 倍，常用于测量低压或真空度。

4. 波纹管

如图 3.6(e)所示，波纹管是具有等间距同轴环状波纹、圆筒形、能沿轴向伸缩的测压元件、它易于变形，而且位移很大，通常用于测量微压与低压(<1 MPa)。

3.2.2 弹簧管压力表

弹簧管压力表是工业生产中应用最广泛的一种测压仪表，它的测压范围广，品种规格多。按其用途不同，有普通弹簧管压力表、耐腐蚀的氨用压力表、禁油的氧气压力表等。按其所使用的测压元件不同，可分为单圈弹簧管压力表和多圈弹簧管压力表。它们的外形与结构基本相同，只是所用的弹簧管材料有所不同。

1. 弹簧管压力表的结构

弹簧管压力表是一种指示型仪表，结构如图 3.8 所示。其测压敏感元件是一根弯成 270°圆弧的空心金属弹簧管，弹簧管的开口固定在仪表的接头座 9 上，称作固定端，被测介质由固定端引入弹簧管内。弹簧管的另一端封闭，称为自由端，自由端 B 封闭，与仪表的机械传动机构相连。

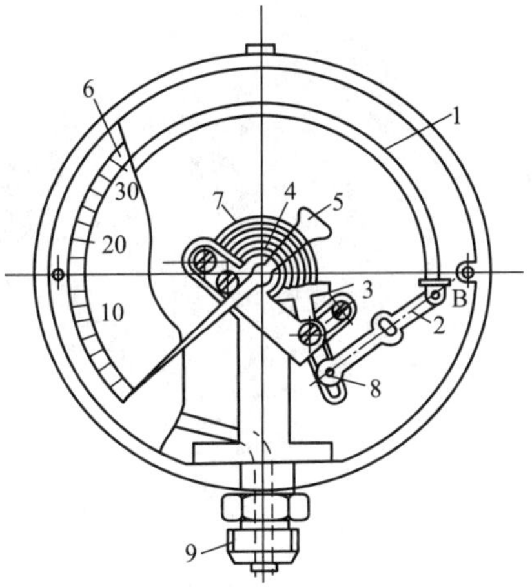

1—弹簧管；2—拉杆；3—扇形齿轮；4—中心齿轮；5—指针；
6—面板；7—游丝；8—调节螺钉；9—接头座。

图 3.8 弹簧管压力表

2. 测量原理

被测压力由接头输入，在被测压力 p 的作用下，弹簧管的椭圆形截面趋于圆形，圆弧状的弹簧

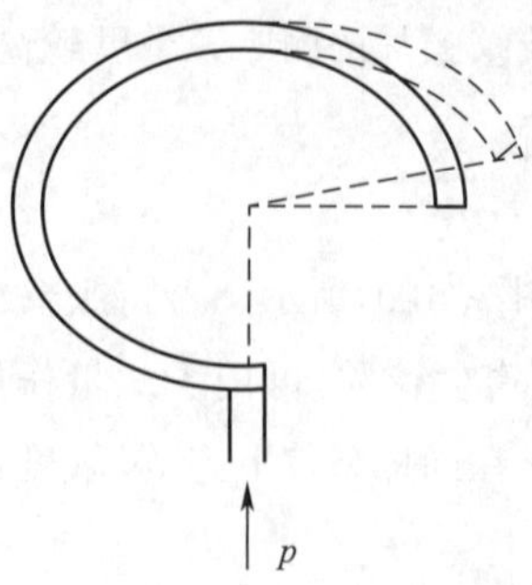

图 3.9　弹簧管变形示意图

管随之向外扩张变形，使弹簧管的自由端 B 产生位移，如图 3.9 所示。自由端的位移与输入压力 p 成正比，所以只要测得弹簧管自由端的位移量，就能反映出被测压力的大小。

弹簧管自由端的位移量一般很小，必须通过放大机构才能指示出来。弹簧管的自由端通过拉杆使扇形齿轮做逆时针偏转，于是指针通过同轴的中心齿轮的带动而做顺时针偏转，在面板的刻度标尺上显示出被测压力的数值。游丝用来压紧扇形齿轮和中心齿轮间的接触面。调整螺钉的位置，即可改变机械传动的放大系数，调整压力表量程。

3.2.3　电接点压力表

1. 用途

在生产中，常常需要把压力控制在某一范围内。要求当压力超出给定范围时，测量仪表能发出报警信号，以提醒操作人员，或实现压力的自动控制。这就要求压力表带有报警或控制输出功能。

2. 结构及工作原理

电接点压力表由测量系统、指示装置、电接点装置、外壳、调节装置及接线盒等组成。如图 3.10 所示，在普通弹簧管压力表的基础上稍添部件，便可成为电接点信号压力表。增加两个报警针，上面分别装静触点 1 和 4，指示针上装动触点 2。分别用软导线引至输出接线柱，使用时可接两个信号灯。

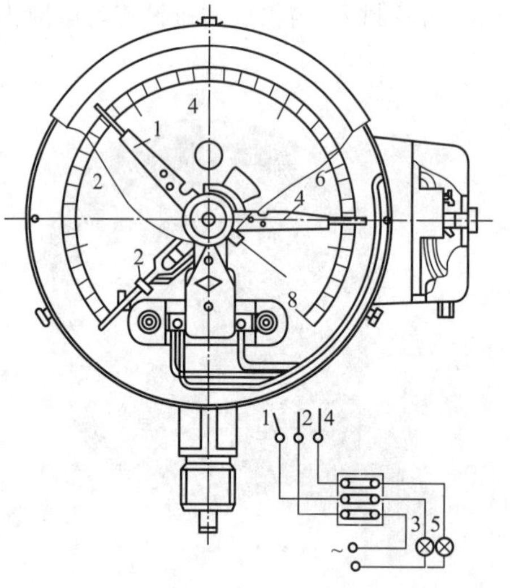

1、4—静触点；2—动触点；3、5—信号灯。

图 3.10　电接点压力表

在电接点装置的电接触信号针上，装有可调节的永久磁钢，可以增加接点吸力，加快接触动作，从而使触点接触可靠，消除电弧，能有效地避免仪表由于工作环境振动或介质压力脉动造成触点的频繁关断。所以该仪表具有动作可靠、使用寿命长、触点开关功率较大等优点。

当被测压力作用于弹簧管时,其末端产生相应的弹性变形(位移),经传动机构放大后,由指示装置在度盘上指示出来。同时指针带动电接点装置的动触点与设定指针上的静触点(上限或下限)相接触的瞬时,致使控制系统接通或断开电路,以达到自动控制和发信报警的目的。如图 3.10 所示,若压力降到下限值时,动触点 2 与静触点 1 接触,接通信号灯 3 的电路。当压力超过上限值时,动触点 2 和静触点 4 接触,信号灯 5 的电路被接通。

3. 接线图

电接点压力表是轨道交通中常用的压力控制仪表,主要作用是通过控制压力对电机起到转动或停止的目的。图 3.11 所示为电接点压力表安装图。

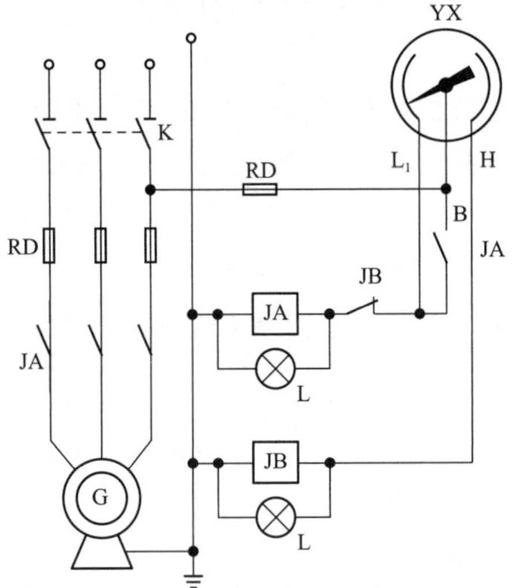

G—发电机;K—组合开关;L—指示灯;RD—熔断器;YX—电接点压力表;

JA—接触器及其触点;JB—中间继电器及其触点;L_1—下限接点(绿);

H—上限接点(红);B—公共接点(黄)。

图 3.11 电接点压力表安装图

4. 使用、维护与检修

(1)电接点压力表的使用要求如下:

①仪表应安装在周围环境 −20~40 ℃,相对湿度不大于 80%,海拔高度低于 2 000 m,在安装地点,月平均气温不高于 +30 ℃,由于温度的变化,允许在压力表的表面产生凝霜,被测介质温度小于 70 ℃,(如果用于蒸汽等高温介质测量时,应选用耐温防爆电接点压力表);

②仪表必须垂直安装,并力求与测定点保持同一水平位置,否则应计入液位差引起的附加误差;

③仪表的电器线路完成后应认真检查;

④仪表压力部分一般使用压力上限 3/4;

⑤在调节仪表给定单时(通过调节旋钮,将上、下限定指针调到给定值)应先调节下线给定值而后调节上线给定值;

⑥打开出线盒或调节给定值范围时需切断电源后进行。

(2)电接点压力表的维护要求如下：

①仪表在正常使用情况下，应予定期检查，每年至少进行一次示值检查，仪表如遇突然发生事故(如弹簧管因渗漏、破裂而导致泄压、触头熔接或因严重氧化而影响接触时的可靠性、指针脱落、松动或指示失真等现象)时应立即予以检查。

②在使用仪表过程中，应经常保持干燥和洁净。

③仪表的隔爆性能可靠与否主要取决于组成隔爆外壳的所有零部件承受压强(即壳内爆炸性混合物在爆炸时所能产生的最大压力以及各隔爆面和配合面上的质量状况)。因此，在进行安装、使用、维护以及检查过程中，务必小心谨慎，切忌摩擦或捶击，特别是在拆装仪表的出线盒或在对其进行全面检修时尤其应当注意，而且在隔爆面上不允许涂漆(只许可涂上一层稀薄的防锈蚀油脂，如204-1防锈油等)。

④在检修仪表时，若用户对隔爆电气设备的基础知识概念不清，而且对隔爆型仪表的结构特点与要求等不甚了解，切勿随意拼凑或改装，否则会有损于仪表的隔爆性能，如有必要可将仪表送本厂检修。

(3)电接点压力表常见的故障处理方法见表3.1。

表3.1　电接点压力表常见故障及处理方法

故障现象	可能原因	处理方法
压力表无指示	导压管上的切断阀未打开	打开切断阀
	导压管堵塞	拆下导压管，用钢丝疏通，用压缩空气或蒸汽吹洗干净
指针抖动大	被测介质压力波动大	关小阀门开度
	压力计的安装位置震动大	固定压力计或在许可的情况下把压力计移到震动较小的地方，也可装减震器
压力表指针有跳动或呆滞现象	指针与表面玻璃或刻度盘相碰撞产生摩擦	更换压力表
压力去掉后，指针不能恢复到零点	弹簧管变形失效	更换压力表

3.3　应变式压力计

应变式压力计是电气式压力计中应用最广泛的一种，它是将应变片粘贴在测量压力的弹性元件表面上，如图3.12所示。当被测压力变化时，弹性元件内部应力发生变化并产生变形，使应变片的电阻变化，当应变片产生压缩(拉伸)应变时，其阻值减小(增加)，再通过桥式电路获得相应的毫伏级电势输出，并用毫伏计或其他记录仪表显示出被测压力，从而组成应变片式压力计。

3.3.1　应变片的种类与结构

电阻应变片(简称应变片或应变计)种类繁多，形式多样，分类方法各异。根据敏感元件的不同，将应变片分为金属式和半导体式两大类。从敏感元件的形态又可进一步分类，见表3.2。

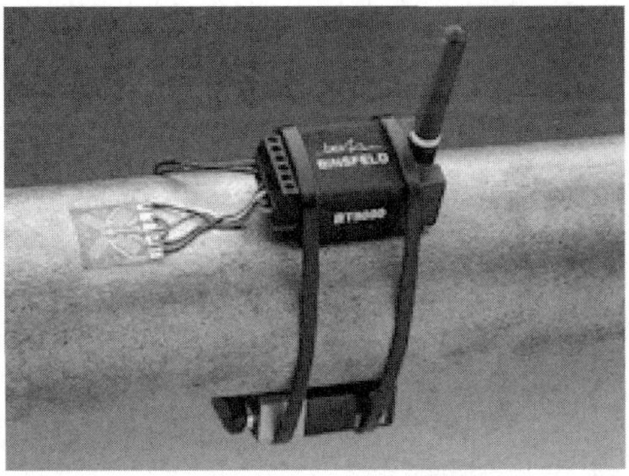

图 3.12　应变片

表 3.2　敏感元件分类

金属式	体型	丝式
		箔式
	薄膜型	
半导体式	体型	
	薄膜型	
	扩散型	
	外延型	
	PN 结	
	其他形式	

1. 丝式应变片

丝式应变片是将电阻丝绕制成敏感栅黏结在绝缘基底上而制成的，是最早使用的一种应变片，其基本结构如图 3.13 所示。它主要由敏感栅、基底、覆盖层和引线 4 部分组成。电阻应变片的电阻值有 60 Ω、120 Ω、200 Ω 等规格。丝式应变片在常温下已逐步被性能更好的金属箔式应变片取代。

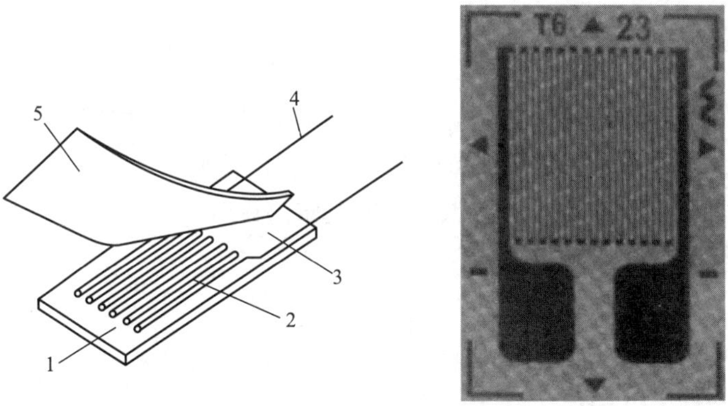

1—基底；2—敏感栅；3—粘贴胶；4—引线；5—覆盖层。

图 3.13　电阻丝应变片的基本结构

2. 箔式应变片

箔式应变片是利用照相制版或光刻腐蚀的方法，将电阻箔材在绝缘基底下制成各种图形的应变片，如图 3.14 所示。箔材厚度一般为 0.001～0.01 mm。箔式应变片有许多优点，如工艺上确保了箔栅尺寸精确，因而阻值一致性好，便于批量生产；箔栅形状可以根据需要而设计，从而扩大了使用范围；箔栅表面积大，散热性能好，可以在较大电流下工作，输出信号大，有利于提高测量精度，其缺点是不适于高温环境下工作。

3. 薄膜型应变片

薄膜型应变片是薄膜技术发展的产物，其厚度在 0.1 μm 以下。它是采用真空蒸发或真空沉积等方法，将电阻材料在基底上制成一层各种形式的敏感栅而形成的应变片。薄膜应变片的优点是灵敏系数高，允许在大电流密度下工作，工作温度范围宽（−197～317 ℃），可在核辐射等恶劣环境下工作。

图 3.14　箔式应变片

4. 半导体式应变片

半导体式应变片的优点是尺寸、横向效应、机械滞后都很小，灵敏系数极大，因而输出也大，可以不需要放大器直接与记录仪连接，使测量系统简化；其缺点是电阻值和灵敏系数的稳定性差，测量较大应变时非线性严重。

3.3.2　电阻应变效应

电阻丝在外力作用下发生机械形变时，其电阻值发生变化，称为电阻应变效应。电阻应变片的工作原理是基于金属的电阻应变效应。当应变片产生纵向拉伸变形时，l 变大、S 变小，其阻值增加；当应变片产生纵向压缩变形时，S 变大、l 变小，其阻值减小。

设一根电阻丝的电阻为

$$R=\rho\frac{l}{S} \tag{3.2}$$

式中　R——电阻丝的电阻，Ω；

ρ——电阻丝的电阻率，Ω·m；

l——金属丝的长度，m；

S——电阻丝的截面积，m^2。

当电阻丝受拉时，其长度伸长 Δl，横截面将相应减小 ΔS，电阻率也将改变 Δp，这些量的变化引起电阻丝电阻改变 ΔR，即

$$\Delta R=\frac{\rho}{S}\Delta l-\frac{\rho l}{S^2}\Delta S+\frac{l}{S}\Delta\rho \tag{3.3}$$

式中　$\dfrac{\Delta l}{l}=\varepsilon_x$——电阻丝的轴向应变量；

$\dfrac{\Delta r}{r}=\varepsilon_y$——电阻丝的径向应变量。

对于半径为 r 的电阻丝，截面积 $S=\pi r^2$，则有$\dfrac{\Delta S}{S}=\dfrac{2\Delta r}{r}$。

式(3.3)两端同时除以 R 并进行变量代换得

$$\frac{\Delta R}{R}=\varepsilon_x-2\varepsilon_y+\frac{\Delta\rho}{\rho} \tag{3.4}$$

根据材料力学原理，当电阻丝受拉时，沿轴向伸长，而沿径向缩短，二者之间应变的关系为$\varepsilon_y=-\mu\varepsilon_x$，因此式(3.4)可写为

$$\frac{\Delta R}{R}=(1+2\mu)\varepsilon_x+\frac{\Delta\rho}{\rho} \tag{3.5}$$

式(3.5)两端同时除以 ε_x，可得

$$K=\frac{\Delta R/R}{\varepsilon_x}=(1+2\mu)+\frac{\Delta\rho/\rho}{\varepsilon_x} \tag{3.6}$$

式中，K 为电阻丝的灵敏系数，表示电阻丝产生单位变形时，其电阻相对变化的大小。显然，K 越大，单位变形引起的电阻相对变化越大，故灵敏度越高。

从式(3.6)可以看出，电阻丝的灵敏系数 K 受两个因素影响：受力后由材料的几何尺寸变化引起的$(1+2\mu)$；由材料电阻率变化引起的$\frac{\Delta\rho/\rho}{\varepsilon_x}$。对于金属材料$\frac{\Delta\rho/\rho}{\varepsilon_x}$项的值比$(1+2\mu)$小很多，可以忽略，故 $K=(1+2\mu)$。大量实验证明，在电阻丝拉伸比例极限内，电阻的相对变化与应变成正比，即 K 为常数。通常金属丝的 $K=1.7\sim3.6$，K 为一常数，所以式(3.6)可写成

$$\frac{\Delta R}{R}=K\varepsilon_x \tag{3.7}$$

电阻应变式传感器的使用方法有以下两种：

(1)第一种是将应变片直接粘贴于被测构件上，用来测定构件的应变或应力。

在外力作用下，被测对象表面产生微小机械变形，粘贴在其表面上的应变片亦随其发生相同的变化，因此应变片的电阻也发生相应的变化。如果测出电阻值变化 ΔR，则根据式(3.7)可得到被测对象的应变值 ε_x，再根据应力与应变关系可以得到应力值 σ，即

$$\sigma=E\varepsilon \tag{3.8}$$

式中　E——试件材料的弹性模量。

(2)第二种是将应变片贴于弹性元件上，与弹性元件一起构成应变式传感器敏感元件。

这种传感器可以测量力、位移、力矩、加速度、压力等物理参数，从而形成各种电阻应变式传感器。

3.3.3 应变式压力计的测量电路

应变电阻变化是极其微弱的，电阻相对变化率仅为 0.2%左右。例如应变电阻为 300 Ω，电阻变化量为 0.6 Ω，要精确地测量这么微小的电阻变化是非常困难的。通常采用惠斯登电桥电路进行测量，将电阻相对变化 $\Delta R/R$，转换为电压的变化，再由仪表显示出来。在工程实际中，通常用桥式电路作为电阻应变片的测量电路。按照电桥的电源性质不同，桥式电路可分为直流电桥和交流电桥，一般多用直流电桥。

1. 直流电桥工作原理

图 3.15 所示为一直流供电的电阻平衡电桥，它的 4 个桥臂由电阻 R_1、R_2、R_3、R_4 组成。E 为

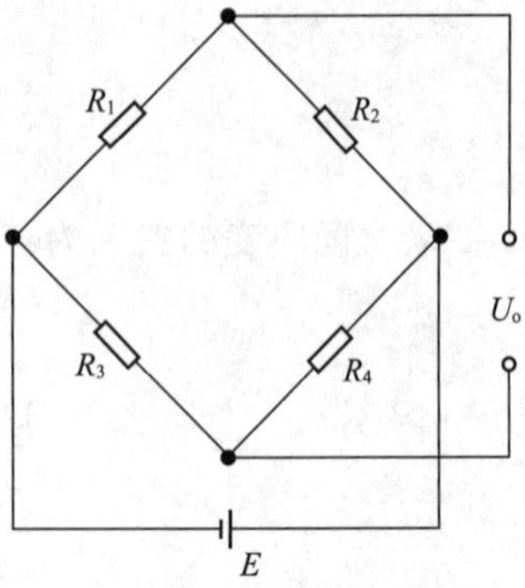

图 3.15　电阻电桥

直流电源，输出端电压为U_o。

当电桥输出开路时，根据分压原理，电阻R_1两端的电压$U_1=\frac{R_1}{R_1+R_2}E$；电阻R_3两端的电压$U_3=\frac{R_3}{R_3+R_4}E$；则输出端电压U_o为

$$U_o=U_1-U_3=\frac{R_1R_4-R_2R_3}{(R_1+R_2)(R_3+R_4)}E \tag{3.9}$$

由式(3.9)可知，当电桥各桥臂电阻满足条件时：

$$R_1R_4=R_2R_3 \tag{3.10}$$

则输出端电压U_o为0，电桥处于平衡状态。式(3.10)称作电桥的平衡条件。

2. 电阻应变片测量电桥

应变片测量电桥在工作前应使电桥平衡，以使工作时的电桥输出电压只与应变片感受应变所引起的电阻变化有关。初始条件为$R_1=R_2=R_3=R_4$。

1)应变片单臂直流电桥

单臂电桥只有1个应变片接入，如图3.16所示。测量时应变片的电阻变化为ΔR。输出端电压U_o为

$$U_o=\frac{(R_1+\Delta R_1)R_4-R_2R_3}{(R_1+\Delta R_1+R_2)(R_3+R_4)}E=\frac{R\Delta R}{2R(2R+\Delta R)}E \tag{3.11}$$

一般情况下，$\Delta R\ll R$，所以：

$$U_o\approx\frac{R\Delta R}{2R\cdot 2R}E=\frac{E}{4}\times\frac{\Delta R}{R} \tag{3.12}$$

由电阻应变效应可知$\frac{\Delta R}{R}=K\varepsilon$，所以式(3.12)可写为

$$U_o=\frac{E}{4}K\varepsilon \tag{3.13}$$

2)应变片双臂直流电桥(半桥)

半桥电路中用两个应变片，把这两个应变片接入电桥的相邻两个桥臂，一个受拉，一个受压，如图3.17所示。使两个桥臂的应变片的电阻变化大小相等，方向相反，处于差动工作状态。此时输出端电压U_o为

$$U_o=\frac{(R_1+\Delta R_1)R_4-(R_2-\Delta R_2)R_3}{(R_1+\Delta R_1+R_2-\Delta R_2)(R_3+R_4)}E \tag{3.14}$$

若$\Delta R_1=\Delta R_2=\Delta R$，则

$$U_o=\frac{2\Delta R\cdot R}{2R\cdot 2R}E=\frac{E\Delta R}{2R} \tag{3.15}$$

同理，式(3.15)可写为

$$U_o=\frac{E}{2}K\varepsilon \tag{3.16}$$

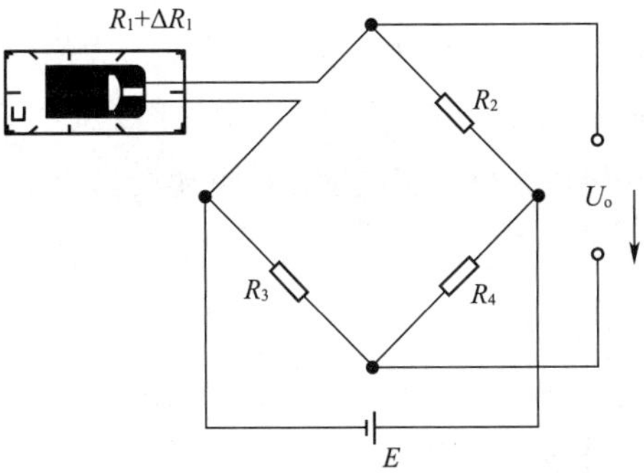

图 3.16 单臂直流电桥

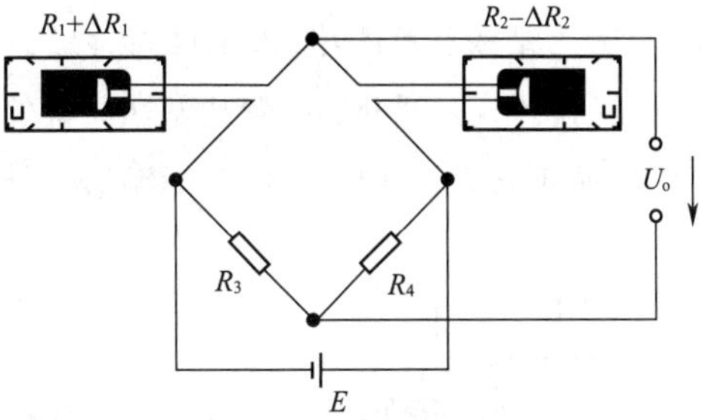

图 3.17 双臂直流电桥

3)应变片直流全桥电路

把4个应变片接入电桥,两个受拉,两个受压,如图3.18所示。此时输出端电压U_o为

$$U_o=\frac{(R_1+\Delta R_1)(R_4+\Delta R_4)-(R_2-\Delta R_2)(R_3-\Delta R_3)}{(R_1+\Delta R_1+R_2-\Delta R_2)(R_3-\Delta R_3+R_4+\Delta R_4)}E \tag{3.17}$$

若$R_1=R_2=R_3=R_4=R$,$\Delta R_1=\Delta R_2=\Delta R_3=\Delta R_4=\Delta R$,则

$$U_o=\frac{4\Delta R\cdot R}{2R\cdot 2R}E=\frac{\Delta R}{R}E=EK\varepsilon \tag{3.18}$$

比较式(3.13)、式(3.16)、式(3.18)可知,用直流电桥做应变片的测量电路时,电桥输出电压与被测应变量呈线性关系。在相同条件下,差动工作电路输出信号大,半桥差动输出是单臂输出的2倍,全桥差动输出是单臂输出的4倍。即全桥工作时输出电压最大,检测的灵敏度最高。

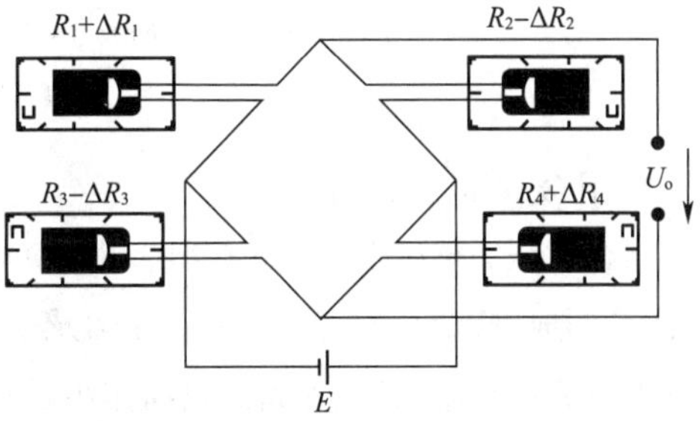

图 3.18 直流全桥电路

若全桥工作时,各应变片的应变所引起的电阻变化不同,即分别为ΔR_1、ΔR_2、ΔR_3、ΔR_4,将其代入式(3.17),可得全桥工作时的输出电压U_o为

$$\begin{aligned}U_o&=\frac{E}{4}\left(\frac{\Delta R_1}{R_1}+\frac{\Delta R_2}{R_2}+\frac{\Delta R_3}{R_3}+\frac{\Delta R_4}{R_4}\right)\\&=\frac{E}{4}K(\varepsilon_1+\varepsilon_2+\varepsilon_3+\varepsilon_4)\end{aligned} \tag{3.19}$$

在式(3.19)中,应变既可以是轴向应变,也可以是径向应变。当应变片的粘贴方向确定后,若为压应变,则ε为负值;若为拉应变,则ε为正值。

将应变片接成全桥电路时,要特别注意:相邻桥臂的应变片所感受的应变必须相反,否则上述结论不成立。

3.3.4 应变式压力传感器

压力传感器根据其弹性体的结构形式可分为单一式和组合式两种。

1. 单一式压力传感器

单一式是指应变片直接粘贴在受压弹性膜片或筒上。图 3.19 所示为筒式应变压力传感器，其中图 3.19(a)为结构示意图，图 3.19(b)为筒式弹性元件，图 3.19(c)为应变片分布图。工作应变片沿筒外壁径向粘贴，温度补偿应变片贴在筒底外壁，并接成全桥。当应变筒内壁感受压力 p 时，筒外壁将产生径向应变，从而改变电桥的输出。

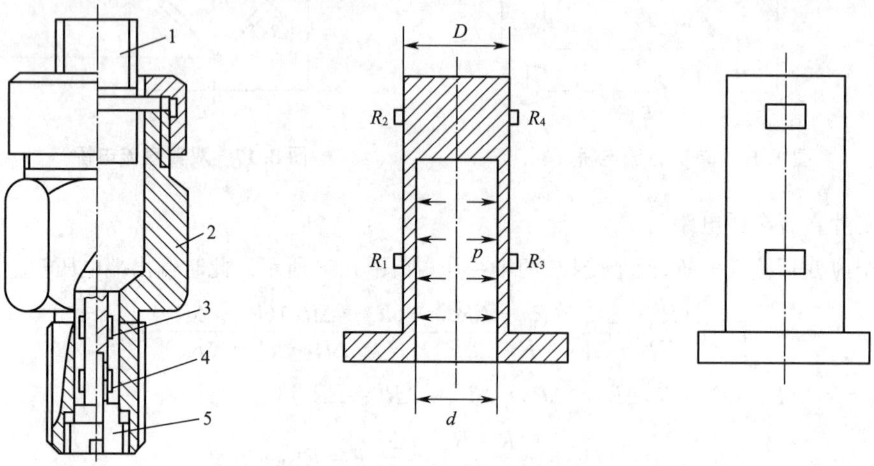

(a) 结构示意图　　(b) 筒式弹性元件　　(c) 应变片分布图

1—插座；2—基体；3—温度补偿应变计；4—工作应变计；5—应变筒。

图 3.19　筒式应变压力传感器

2. 组合式压力传感器

组合式压力传感器由受压弹性元件（膜片或膜盒、波纹管、弹簧管等）和应变弹性元件（如各种梁）组合而成，应变片不直接粘贴在压力感受元件上，如图 3.20 所示。这种结构的优点是受压弹性元件能对流体高温、腐蚀等起到隔离作用，使应变片具有良好的工作环境；其缺点是固有频率低，不适于测量瞬态压力。这种压力传感器通常用于测量较小的压力。

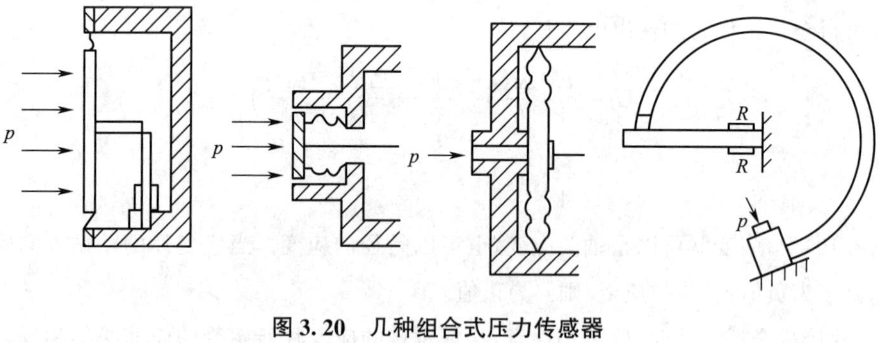

图 3.20　几种组合式压力传感器

3.3.5　应变式称重传感器

称重传感器是在轨道交通电梯系统中使用较多的一种传感器，称重传感器根据制造原理不同可分为应变式、感应式、电容式、振弦式等，其中应变式称重传感器在电子称重系统中应用最广泛。

1. 工作原理

电阻应变式称重传感器由弹性敏感元件、应变片和外壳组成。

电阻应变式称重传感器的工作原理是将电阻应变计粘贴在弹性敏感元件上，弹性敏感元件是称重传感器的基础，被测物的质量作用在弹性元件上，使其在某一部位产生较大的应变或位移；弹性元件上的应变片作为转换元件，将弹性元件敏感的应变量或位移完全同步转换为电阻值的变化量，转换成电信号，完成了重力的测量。

2. 应变式称重传感器种类

弹性元件一般是由优质合金钢材、有色金属铝、铍青铜等材料加工成型，其外形结构多种多样。根据被测量的大小及受力方式不同，选择不同结构的弹性元件。常见的有柱式、悬臂梁式、环式、轮辐式等，如图 3.21 所示。

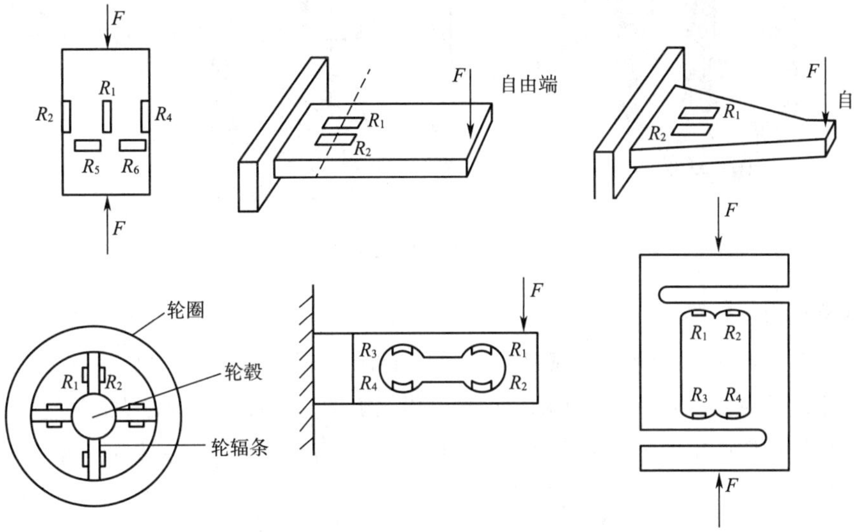

图 3.21　应变式称重传感器的弹性元件

1)柱式称重传感器

柱式称重传感器的特性是结构简单紧凑、易于加工，可设计成压式或拉式的，或拉、压两用型，并可承受很大的载荷。其缺点是灵敏度低、精度低等。适用于大、中量程的传感器(1～500 t)。

柱式力传感器的弹性元件如图 3.22 所示，应变片粘贴在柱形弹性元件上。设圆柱的有效截面积为 S、泊松比为 ν、弹性模量为 E_1，4 片相同特性的应变片贴在圆柱的外表面，再接成全桥电路形式。若外加荷重为 F，R_1、R_3 受拉应力，R_2、R_4 受压应力，则传感器的输出为

$$U_o=\frac{E}{4}K(\varepsilon_1-\varepsilon_2+\varepsilon_3-\varepsilon_4)$$

$$=\frac{E}{2}K(1+\nu)\frac{F}{SE_1} \tag{3.20}$$

由此可见，输出电压 U_o 正比于荷重 F，即有：

$$\frac{U_o}{U_{om}}=\frac{F}{F_m} \tag{3.21}$$

或
$$U_o=\frac{F}{F_m}U_{om}=K_f\frac{E}{F_m}\cdot F \tag{3.22}$$

式中　U_{om}——满量程时的输出电压；

F_m——满量程时的荷重；

$K_f=\frac{U_{om}}{E}$——荷重传感器的灵敏度，mV/V。

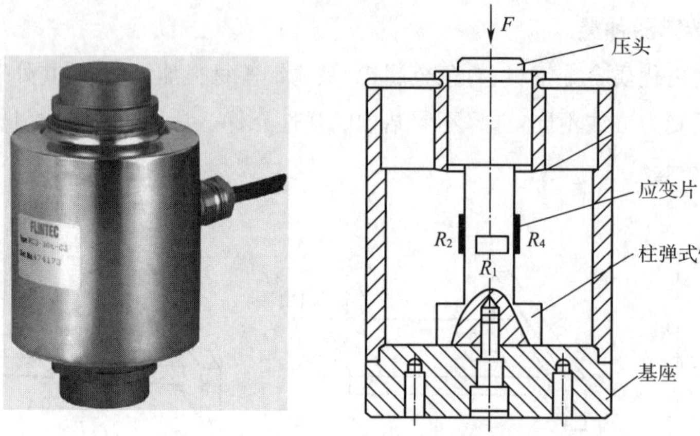

图 3.22　柱式称重传感器

2)柱环式称重力传感器

在圆棒中央打孔，在孔内粘贴 4 个应变片。当其在集中载荷作用下，4 个应变片位置可获得应变相等而方向不同的应变，如图 3.23 所示。这样输出灵敏度高、线性好；受力状态稳定，结构简单，易于加工，可制成拉、压两用型。该种传感器宜制作中、小量程(0.5～50 t)的称重(测力)传感器。

图 3.23　柱环式称重力传感器

3)悬臂梁式称重传感器

悬臂梁式称重传感器的工作原理是将物品质量通过悬臂梁转化为结构变形，再通过应变片转化为电量输出。传感器的弹性元件为双孔平行梁式弹性元件，应变片贴在弹性元件的最薄处，如图 3.24 所示。由于弹性体呈平行四边形，其输出不受力作用点位置变动的影响。该结构一般适用于小量程称重传感器(500 g～500 kg)。

还有一种常用的称重传感器的弹性元件是双梁式弹性元件。在上下梁的端部，加工成弧形截面，应变片贴在应变梁的最薄处，如图 3.25 所示，这样可提传感器的输出灵敏度。该种结构形式受力状态稳定，一般适用于数百克到 100 kg 的称重传感器，精度可达 0.01%。

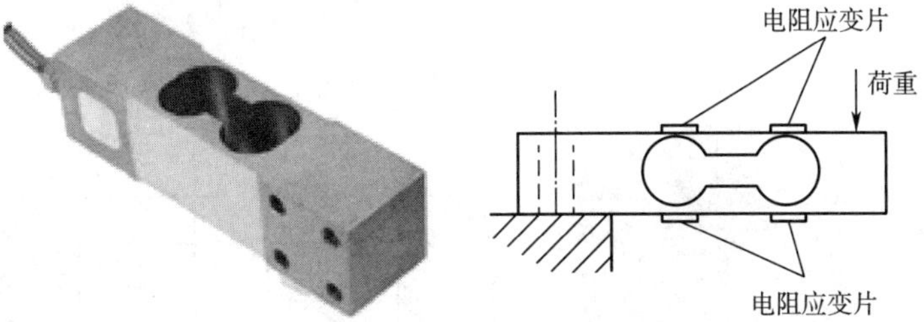

图 3.24　悬臂梁式称重传感器

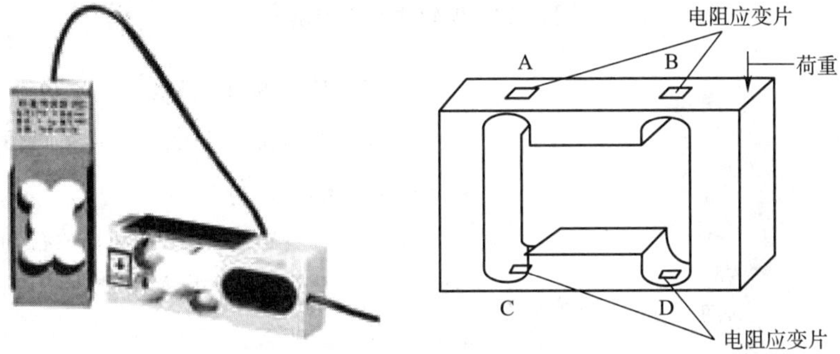

图 3.25　双梁式称重传感器

4)环式称重传感器

环式称重传感器的载荷的作用点和支持点在同一轴线上，受力状态稳定。称重时，利用其弯曲变形，产生信号，如图 3.26 所示。由于存在零弯矩区，力作用点变化对输出的影响小。这种结构形式一般适用 5 kg～5 t 的称重传感器，精度可达 0.02%。

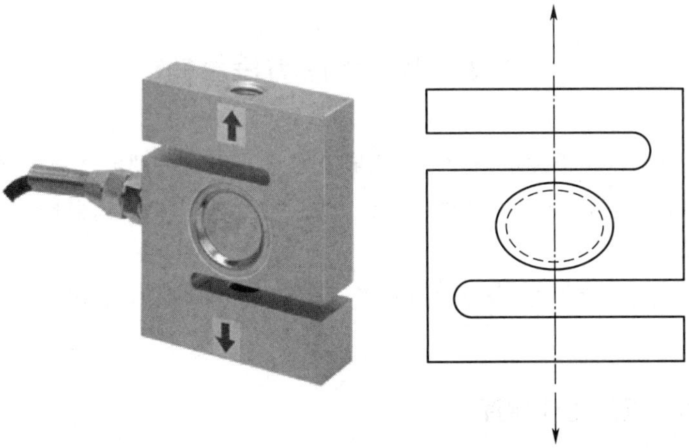

图 3.26　环式称重传感器

5)轮辐式称重传感器

轮辐式称重传感器主要由五个部分组成:轮毂、轮圈、轮辐条、受拉和受压应变片。轮毂由顶端的钢球传递重力。当外力 F 作用在轮毂上端和轮圈下面时,矩形轮辐条产生平行四边形变形,如图 3.27 所示。这种结构形式过载能力很强,线性测量范围比较宽。一般适用 5～50 t 的称重传感器。

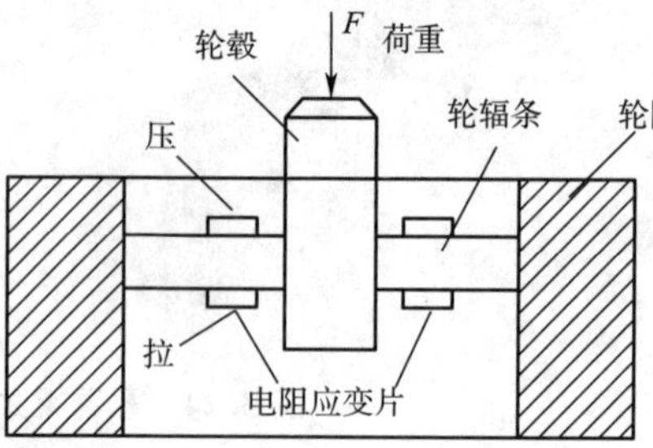

图 3.27　轮辐式称重传感器

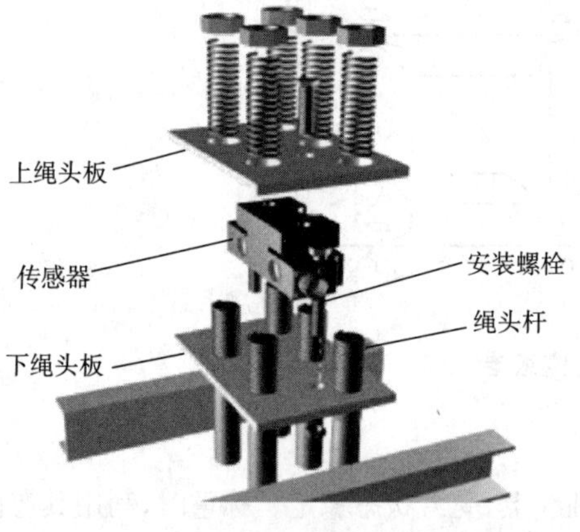

图 3.28　应变电阻式负重传感器的安装

3. 电梯中的称重传感器

称重传感器是测量电梯载荷的装置,为控制系统提供电梯的载荷信号。

传感器安装在绳头组合处或装在轿底部缓冲橡胶与轿底托架之间,不受电梯原有弹性元件影响,由于传感器的制造工艺较为完善,加上电子元器件的补偿,可使应变片式称重传感器的稳定性、温漂、零漂等参数非常好,可以在电梯的工作环境中长期稳定地运行,且能随电梯停靠的层站不同,逐层提供补偿信号,因此较适合于高层高速的电梯使用。

该传感器如果安装在绳头板处时,如图 3.28 所示,需要附加一块绳头板,将传感器放在主绳头板与附加绳头板中间。

3.4　电容式压力传感器

电容式压力传感器是将被测量的变化转换成电容量变化的一种传感器,它的输出信号是标准的 DC 4～20 mA 电流信号。具有结构简单、灵敏度高、动态特性好、过载能力强、可靠性好、精度高、体积小等许多优点。

目前有压力、差压、绝对压力、带开方的差压(用于测量流量)等品种及高差压、微差压、高静压等规格。

3.4.1　电容式传感器的工作原理

平板式电容器如图 3.29 所示,当忽略边缘效应时,其电容量可表示为

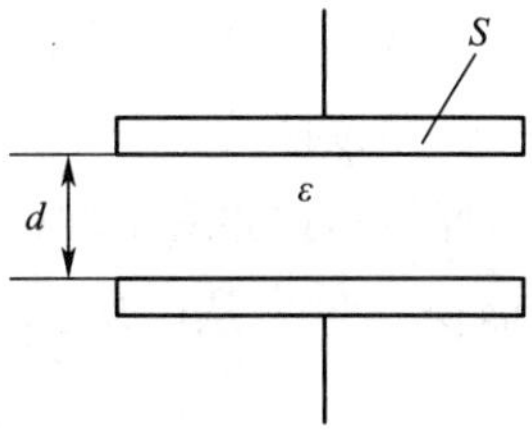

图 3.29　平板式电容器

$$C=\frac{\varepsilon S}{d}=\frac{\varepsilon_0\varepsilon_r S}{d} \tag{3.23}$$

式中　ε——两极板间介质的介电常数；

ε_0——真空介电常数，等于 8.854×10^{-12} F/m；

ε_r——两极板间介质的相对介电常数；

S——极板的有效面积，m^2；

d——极板间的距离，m。

当被测量的变化使式(3.23)中的 S、d、ε 中任一参数发生变化时，都会引起平板电容的电容量 C 的变化。这样就可以将物理量的变化转化为电容量的变化，构成电容式传感器。

在实际使用时，常使 S、d、ε 中两个参数固定，仅改变其中一个参数来使电容量发生变化，因此电容式传感器可分为三种类型，即改变极板面积的变面积式、改变极板间距离的变间隙式和改变介电常数的变介电常数式。

1. 变面积式电容传感器

如图 3.30 所示，变面积式电容传感器的两个极板，一个是固定不动的，称作定极板；另一个是可移动的，称作动极板。变面积式电容传感器有直线位移式、角位移式、锯齿板型电容式和同心圆筒形变面积式电容传感器。

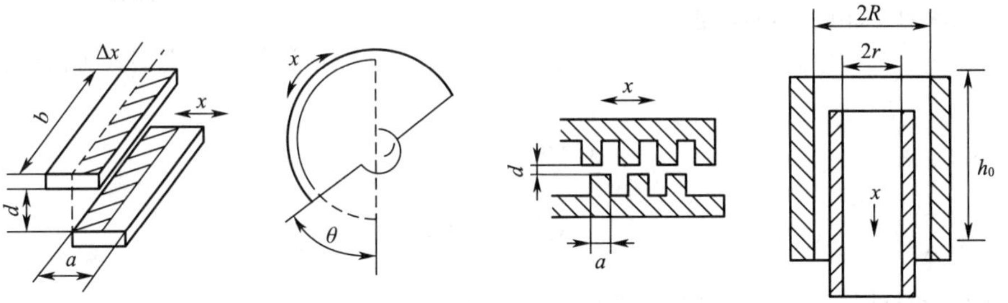

图 3.30　变面积式电容传感器原理图

1)直线位移式

直线位移式如图 3.30(a)所示，其电容量为

$$C=\frac{\varepsilon(a-\Delta x)b}{d}=\frac{\varepsilon ab}{d}-\frac{\varepsilon\Delta xb}{d}=C_0-\Delta C \tag{3.24}$$

$$\Delta C=|C-C_0|=\frac{\varepsilon\Delta xb}{d} \tag{3.25}$$

式中　C_0——电容初始值；

ΔC——电容变化量。

电容的相对变化量和灵敏度分别为

$$\frac{\Delta C}{C_0}=\frac{\Delta x}{a} \tag{3.26}$$

$$K=\frac{\Delta C}{\Delta x}=\frac{\varepsilon b}{d} \tag{3.27}$$

从式(3.27)可以看出，这种传感器电容量的变化 ΔC 与水平位移 Δx 呈线性关系。

2)角位移式

角位移式如图 3.30(b)所示。当被测的变化量使动极板有一角位移 θ 时，两极板间互相覆盖的面积将改变，从而改变两极板间的电容量 C。

$$C=\frac{\varepsilon S\frac{\pi-\theta}{\pi}}{d}=\frac{\varepsilon S}{d}\left(1-\frac{\theta}{\pi}\right)=C_0-C_0\frac{\theta}{\pi} \tag{3.28}$$

$$\Delta C=|C-C_0|=C_0\frac{\theta}{\pi} \tag{3.29}$$

2. 变间隙式电容传感器

变间隙式电容传感器基本结构如图 3.31 所示，当可动极板因被测量变化而向上移动时 Δd，电容量增大了 ΔC，则有：

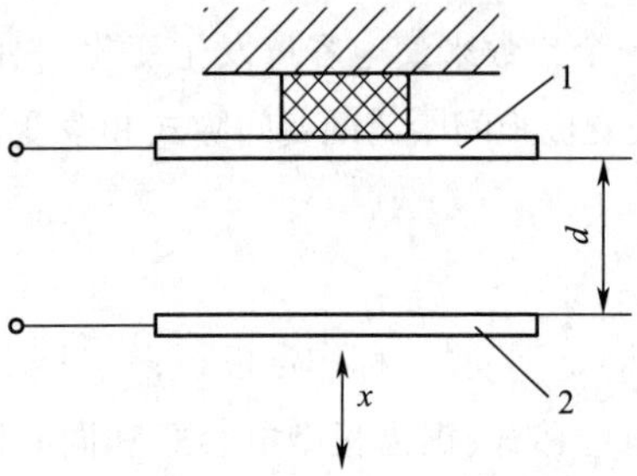

1—固定极板；2—与被测对象相连的活动极板。

图 3.31 基本的变间隙式电容传感器

$$C=C+\Delta C=\frac{\varepsilon S}{d-\Delta d}=\frac{C_0}{1-\frac{\Delta d}{d}}=\frac{C_0\left(1+\frac{\Delta d}{d}\right)}{1-\left(\frac{\Delta d}{d}\right)^2} \tag{3.30}$$

传感器的输出特性不是线性关系，而是曲线关系。

若 Δd 远小于 d，$1-\left(\frac{\Delta d}{d}\right)^2\approx 1$，则上式可以简化为

$$C=C_0+C_0\frac{\Delta d}{d} \tag{3.31}$$

$$\Delta C=C_0\frac{\Delta d}{d} \tag{3.32}$$

由式(3.32)可以看出，电容的增量与位移成正比。

电容的相对变化量和灵敏度分别为

$$\frac{\Delta C}{C_0}=\frac{\Delta d}{d} \tag{3.33}$$

$$K=\frac{\Delta C}{\Delta d}=\frac{C_0}{d}=\frac{\varepsilon S}{d^2} \tag{3.34}$$

从式(3.34)还可以看出，要提高灵敏度，应减小起始间隙 d。但当 d 过小时，又容易引起电容击穿，对加工精度要求也提高了。为此，极板间可采用高介电常数的材料(云母、塑料膜等)作介质。云母片的相对介电常数是空气的 7 倍，其击穿电压不小于 1 000 kV/mm，而空气仅为 3 kV/mm。因此有了云母片，极板间起始距离可大大减小。在微位移测量中应用最广。

3. 变介电常数式电容传感器

变介电常数式电容传感器经常采用圆柱式或平面式电容器。

1)圆柱式电容器

电介质电容器大多采用圆柱式，图 3.32 所示为电容式液位变换器结构原理图，内外筒为两个同心圆筒，分别作为电容的两个极。设被测介质的介电常数为 ε_r，ε 为空气介电常数，液面高度为

h，变换器总高度为 H，内筒外径为 d，外筒内径为 D，此时变换器电容值 C 为

$$C=\frac{2\pi\varepsilon_r h}{\ln\frac{D}{d}}+\frac{2\pi\varepsilon(H-h)}{\ln\frac{D}{d}}=\frac{2\pi\varepsilon H}{\ln\frac{D}{d}}+\frac{2\pi(\varepsilon-\varepsilon_r)}{\ln\frac{D}{d}}=C_0+\frac{2\pi(\varepsilon-\varepsilon_r)}{\ln\frac{D}{d}} \tag{3.35}$$

2)平面式电容器

平面式电容器有多种形式，既可用于测量位移，也可用于测量被测介质的厚度或介电常数。如图 3.33 所示为平面式测位移电容传感器原理图。当无位移时，$\Delta x=0$，电容初始值为

$$C_0=\frac{\varepsilon_0\cdot S}{d}=\frac{\varepsilon_0\cdot a\cdot b}{d} \tag{3.36}$$

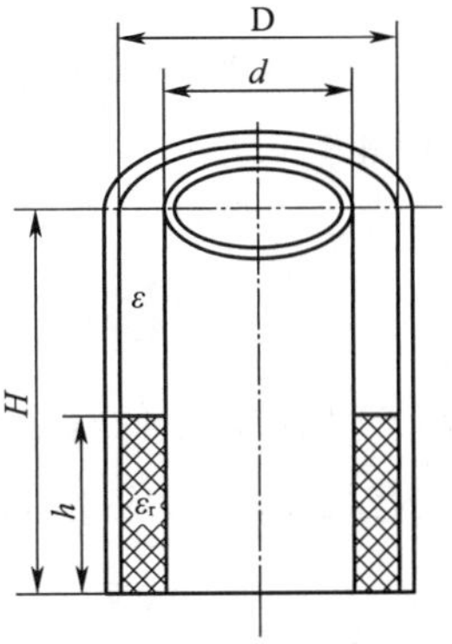

图 3.32　电容式液位变换器结构原理图

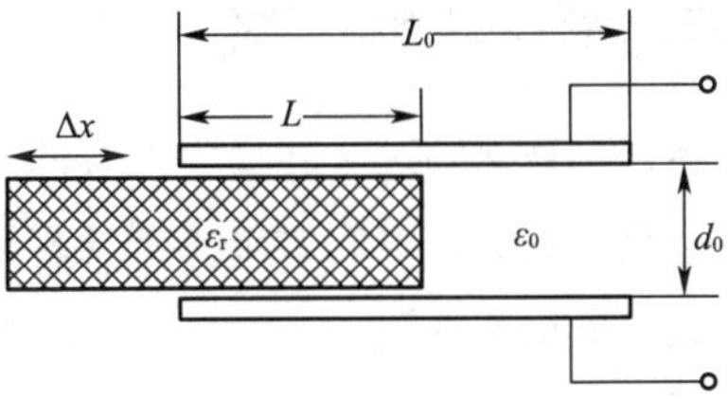

图 3.33　平面式测位移电容传感器原理图

当有位移输入时，介质板向左移动，使部分介质的介电常数改变，此时等效电容相当于与 C_1、C_2 并联，即

$$C=C_1+C_2=\frac{\varepsilon_0\cdot a\cdot(b-\Delta x)}{d}+\frac{\varepsilon_r\varepsilon_0\cdot a\cdot\Delta x}{d} \tag{3.37}$$

$$\Delta C=C-C_0=\frac{\varepsilon_r-1}{d}\varepsilon_0\cdot a\cdot\Delta x \tag{3.38}$$

可见，电容变化量 ΔC 与位移 Δx 呈线性关系。

3.4.2　差动式电容传感器

在实际应用中，为了提高灵敏度，减小非线性，降低环境干扰，经常采用差动式结构。图 3.34 所示为差动变间隙式电容传感器，中间极板位于两固定极板中间（$d_1=d_2$），当中间极板上下移动时，电容 C_1、C_2（$C_1=C_2=C_0$）同时发生变化，其电容的相对

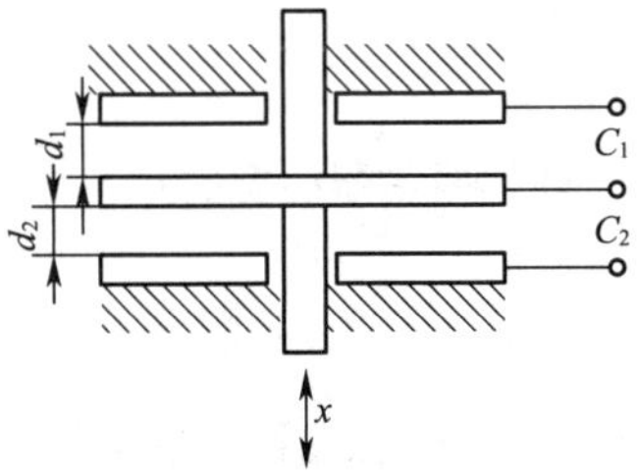

图 3.34　差动变间隙式电容传感器

变化量和灵敏度分别为

$$\frac{\Delta C}{C_0}=2\frac{\Delta d}{d} \tag{3.39}$$

$$K=\frac{\Delta C}{\Delta d}=2\frac{C_0}{d}=\frac{2\varepsilon_r S}{d^2} \tag{3.40}$$

与基本结构的变间隙式电容传感器相比，差动式电容传感器的非线性误差减少了一个数量级，而且测量灵敏度提高了 2 倍，所以在实际应用中被较多采用，图 3.35 所示为差动结构的变面积式电容传感器。

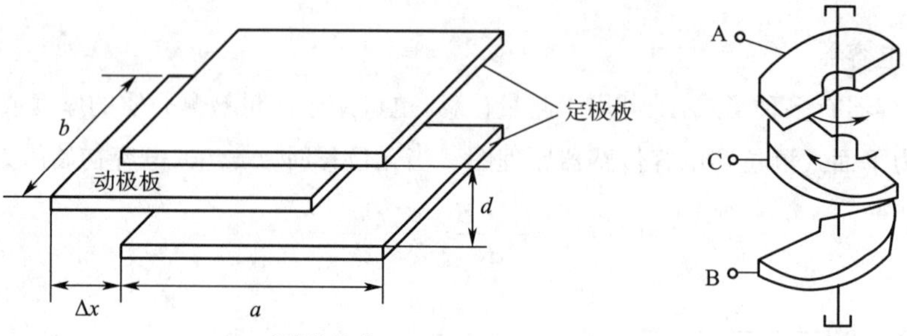

图 3.35　差动结构的变面积式电容传感器

3.4.3　电容式传感器的测量电路

电容式传感器把被测物理量转换为电容的变化后，将电容量转换成电量的电路由电容式传感器的测量转换电路来完成。电容式传感器的测量转换电路形式有很多，实际应用时通常根据传感器结构形式和测量要求来选用。

1. 调频电路

图 3.36 所示为一调频型电路原理图。该测量电路把电容式传感器与一个电感元件配合构成一个振荡器谐振电路。

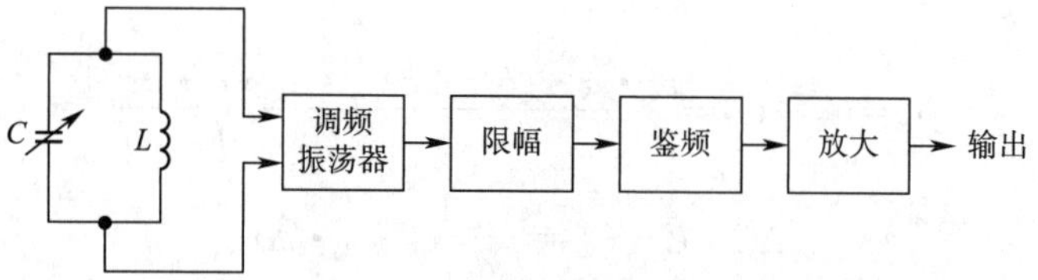

图 3.36　调频型电路原理图

调频振荡器的振荡频率为

$$f=\frac{1}{2\pi\sqrt{LC}} \tag{3.41}$$

式中　L——振荡回路的电感；

C——振荡回路的总电容。

当传感器工作，被测量变化，即被测信号不为0时，$\Delta C\neq0$，振荡器频率有相应变化，此时频率为

$$f=\frac{1}{2\pi\sqrt{L(C\pm\Delta C)}}=f_0\pm\Delta f \tag{3.42}$$

从式(3.42)可以看出，振荡器频率受传感器电容所调制。再经过减频电路将频率的变化转换为振幅的变化，经放大器放大后即可显示，这种方法称为调频法。

调频电容传感器测量电路具有较高的灵敏度(可以测量高至0.01 μm级位移变化量)，抗外来干扰能力强，特性稳定，且有较高的直流输出信号。

2. 运算放大器式测量电路

由于运算放大器的放大倍数非常大，而且输入阻抗 Z_i 很高，运算放大器的这一特点可以作为电容式传感器的比较理想的测量电路。

如图3.37所示，由运算放大器工作原理可得理想运算放大器输出电压与输入电压之间的关系为

$$\dot{U}_o=-\dot{U}_i\frac{C_0}{C_x} \tag{3.43}$$

式中 C_0——固定电容；

C_x——电容式传感器的电容。

将 $C_x=\frac{\varepsilon S}{d}$ 代入式(3.43)可得：

$$\dot{U}_o=-\dot{U}_i\frac{C_0}{\varepsilon S}\cdot d \tag{3.44}$$

可见，采用基本运算放大器的最大特点是电路输出电压与电容传感器的极距成正比，使基本变间隙式电容传感器的输出特性具有线性特性。

3. 交流电桥电路

1)单臂桥式电路

如图3.38所示，$C_0+\Delta C$ 为电容传感器的输出电容，C_1、C_2、C_3 为固定电容，高频电源电压 $\dot{U}_s$ 加在电桥的一条对角线上，电桥的另一对角线输出电压 $\dot{U}_o$。在传感器未工作时，先将电桥调到平衡状态，$C_0C_2=C_1C_3$，$\dot{U}_o=0$。当被测参数变化时，将引起传感器的输出电容变化 ΔC，电桥将失去平衡，输出电压 $\dot{U}_o$ 随 ΔC 的变而变化。单臂桥式电流电桥电路的输出电压 $\dot{U}_o$ 与被测电容的变化 ΔC 之间为线性关系。

2)差动接法变压器交流电桥电路

如图3.39所示，其中相邻2个桥臂接入差动结构的电容式传感器。在传感器未工作时，$C_1=C_2=C_0$。输出电压 $\dot{U}_o=0$。

当被测参数变化时，电容式传感器的 C_2 增大，C_1 减小，即 $C_2=C_0+\Delta C$，$C_1=C_0-\Delta C$ 输出电压 $\dot{U}_o$ 与 ΔC 之间的关系为

$$\begin{aligned}\dot{U}_0&=\frac{2\dot{U}_s\cdot Z_2}{Z_1+Z_2}-\dot{U}_s=\frac{Z_2-Z_1}{Z_1+Z_2}\cdot\dot{U}_s=\frac{C_2-C_1}{C_1+C_2}\cdot\dot{U}_s\\&=\frac{(C_0+\Delta C)-(C_0-\Delta C)}{(C_0+\Delta C)+(C_0-\Delta C)}\cdot\dot{U}_s=\frac{\Delta C}{C_0}\cdot\dot{U}_s\end{aligned}\tag{3.45}$$

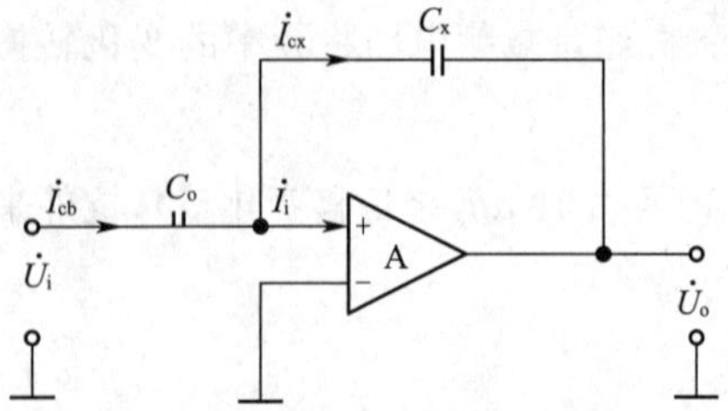

图 3.37 运算放大器式测量电路

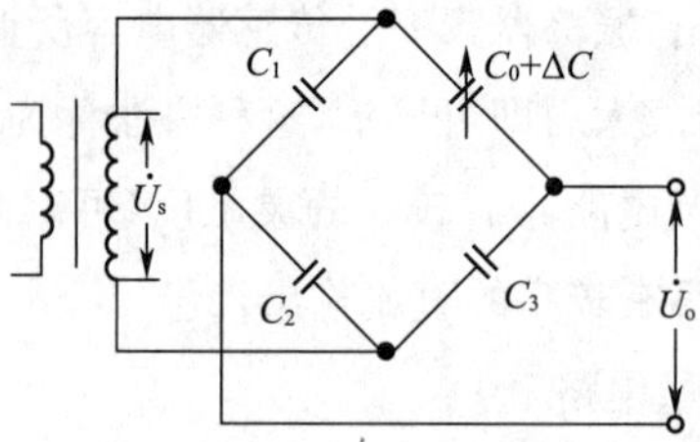

图 3.38 单臂接法交流电桥电路

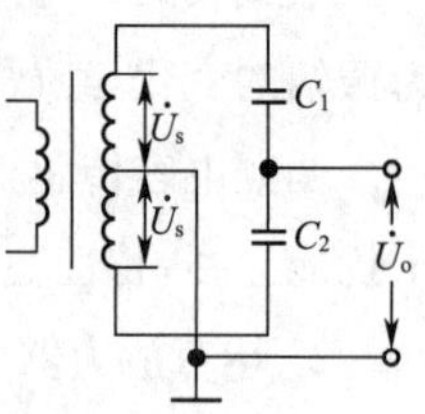

图 3.39 变压器交流电桥电路

从式(3.45)可以看出，差动接法变压器交流电桥电路的输出电压 $\dot{U}_o$ 与被测电容的变化 ΔC 之间为线性关系。

由于电桥输出电压与电源电压成比例，因此要求电源电压波动小，这就需要采用稳幅、稳频等措施。

4. 差动脉冲宽度调制电路

图 3.40 所示为差动脉冲宽度调制电路。图中 A_1、A_2 为理想运算放大器，组成比较器，F 为双稳态基本 RS 触发器，R_1、C_1 和 R_2、C_2 分别构成充电回路。VD_1、C_2 和 VD_2、C_2 分别构成放电回路，u_r 为标准电源，把双稳态触发器的输出作为电路脉冲输出。

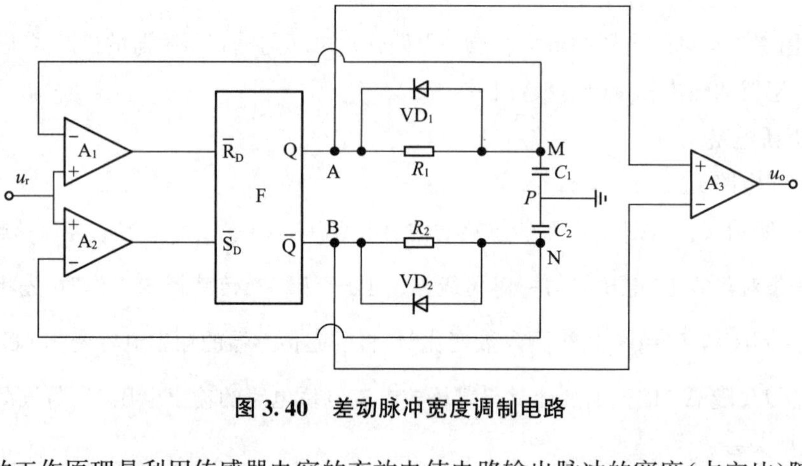

图 3.40 差动脉冲宽度调制电路

该电路的工作原理是利用传感器电容的充放电使电路输出脉冲的宽度(占空比)随电容传感器的电容量变化而变化，再通过低频滤波器得到对应于被测量变化的直流信号。分析如下：

当 $Q=1,\overline{Q}=0$ 时，A 点通过 R_1 对 C_1 充电，同时电容 C_2 通过 VD_2 迅速放电，使 N 点电位钳位在低电平。在充电过程中，M 点对地电位不断升高，当 $u_M>u_r$ 时，A_1 输出为“－”即 $\overline{R}_D=0$，此时双稳态触发器翻转，使 $Q=0,\overline{Q}=1$。

当 $Q=0$，$\overline{Q}=1$ 时，B点通过 R_2 对 C_2 充电，同时电容 C_1 通过 VD_1 迅速放电，使M点电位钳位在低电平。在充电过程中，N点对地电位不断升高，当 $u_N>u_r$ 时，A_2 输出为"－"即 $\overline{S}_D=0$，此时双稳态触发器翻转，使 $Q=1$，$\overline{Q}=0$。此过程周而复始。

电路输出脉冲由A、B两点电平决定，高电平电压为 U_H，低电平为0。波形如图3.41所示。当 $C_1=C_2$，$R_1=R_2$ 时，A点脉冲与B点脉冲宽度相同，方向相反，波形如图3.41(a)所示。

当 C_1 增加，C_2 减小时，R_1、C_1 充电时间加长，$Q=1$ 的时间延长，U_A 的脉宽变宽；同时 R_2、C_2 充电时间变短，$Q=0$ 的时间缩短，U_B 的脉宽变窄。因此，与电容变化相应的输出电压 U_o 脉冲变宽，如图3.41(b)所示。

相反地，当 C_1 减小，C_2 增加时，R_1、C_1 充电时间变短，$Q=1$ 的时间缩短，U_A 的脉宽变窄；而 R_2、C_2 充电时间加长，$Q=0$ 的时间延长，U_B 的脉宽变宽。因此，与电容变化相应的输出电压 U_o 脉冲变窄。

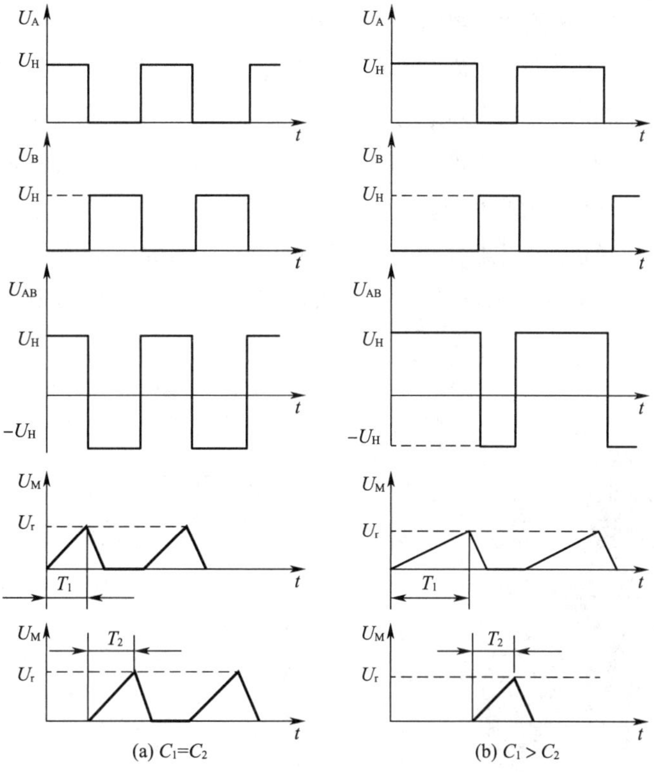

图3.41　电路各点的充放电波形

从以上分析得知，当 $C_1=C_2$ 时，两个电容的充电时间常数相等，两输出脉冲宽度相同，输出电压的平均值为零。当差动式电容传感器工作时，即 $C_1\neq C_2$ 时，两个电容的充电时间常数将发生变化，此时输出电压的平均值不等于零。输出电压为

$$U_o=\frac{T_1}{T_1+T_2}U_H-\frac{T_2}{T_1+T_2}U_H=\frac{T_1-T_2}{T_1+T_2}U_H \tag{3.46}$$

当电阻 $R_1=R_2=R$ 时，则有：

$$U_o=\frac{C_1-C_2}{C_1+C_2}U_H \tag{3.47}$$

由此可知，差动脉冲宽度调制型电路，其输出电压与传感器两电容变化的差值呈线性关系。因此适用于任何差动式电容传感器，并具有理论上的线性特性；该电路采用直流电源，电压稳定度高，不存在稳频、波形纯度的要求，也不需要相敏检波与解调等，对元件无线性要求，经低通滤波器可输出较大的直流电压，对输出矩形波的纯度要求也不高。

3.4.4 电容式压力传感器

随着电子技术的发展，以及新材料、新工艺的不断涌现，电容式传感器的应用越来越广泛。电容式传感器除了可测量压力、压差、液位等参数以外，还可测量直线位移、角位移以及电介质的湿度、密度、厚度等，还可以测量高频振动的振幅、精密轴系的回转精度、加速度等机械量。

电容式压力传感器在结构上有单端式和差动式两种形式。因为差动式的灵敏度较高，非线性误差也小，所以电容式压力传感器大都采用差动形式。

图 3.42 所示是差动式电容压力传感器的结构原理图。把绝缘的玻璃或陶瓷材料内侧磨成球面，在球面上镀上金属镀层作为两个固定的电极板。在两个电极板中间焊接一金属膜片作为可动电极板，用于感受外界的压力。在动极板和定极板之间填充硅油，当左右测量膜片分别承受高压 p_H 和低压 p_L 时，硅油的不可压缩性和流动性便能将差压 $\Delta p=p_H-p_L$ 传递到感压膜片的左右面上。当 $\Delta p=0$ 时，感压膜片位于电极中间，此时两电容的电容量完全相等，即 $C_H=C_L$；当有差压作用时，感压膜片将发生变形，弯向低压的一边，使得电容 $C_H<C_L$。电容量变化的大小即可反映压力变化的大小。

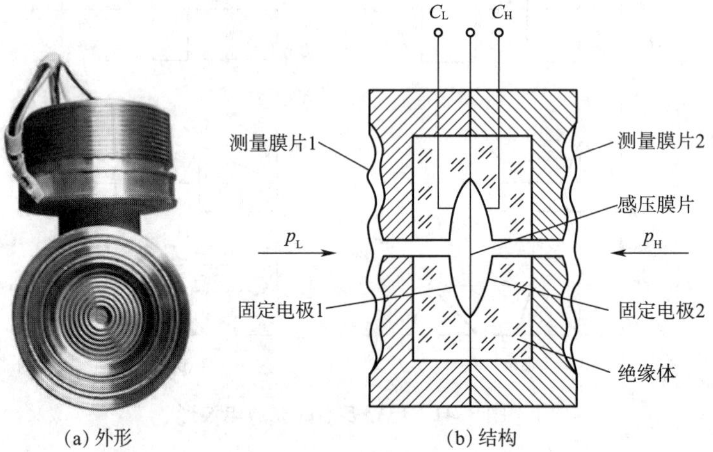

(a) 外形　　(b) 结构

图 3.42　差动式电容压力传感器结构原理图

3.4.5 电容式差压变送器

压力/差压变送器作为一种现场压力参数的检测仪表，在过程控制系统中具有广泛的用途，可以用来测量各种介质在液体、气体和蒸气状态下的差压、压力，液位等参数，与节流装置配合还可以测量流体的流量参数，并将被测的压力参数转换成4～20 mA标准电信号输出，该输出可作为指示、记录和各种控制、调节系统的输入信号。

目前，轨道交通主要采用压力开关、电接点压力表、差压变送器等控制制冷系统启动和停止以及高低压力报警。采用差压变送器控制高、低液位报警，其中电容式差压变送器是应用较多的一种。电容式差压变送器利用测量膜片的位移产生电容变化量，经测量电路转换为统一的标准信号。目前应用较多的是1151电容式差压变送器。

1. 电容式差压变送器的结构及工作原理

差动电容式差压变送器由测量部分和转换放大电路组成，如图3.43所示。

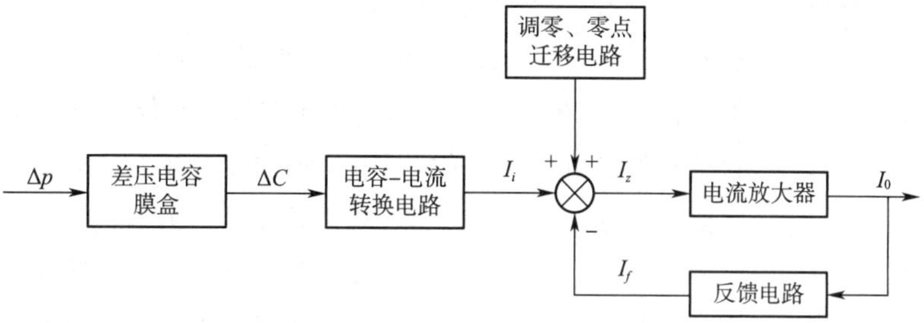

图3.43 差压变送器的测量转换电路

差动电容式差压变送器的测量部分常采用差动电容结构，如图3.44所示。中心可动极板与两侧固定极板构成两个平板式电容器。可动极板与两侧固定极板形成两个感压腔室，介质压力是通过两个腔室中的填充液作用到中心可动极板。一般采用硅油等理想液体作为填充液，被测介质大多为气体或液体。隔离膜片的作用既传递压力，又避免电容极板受损。

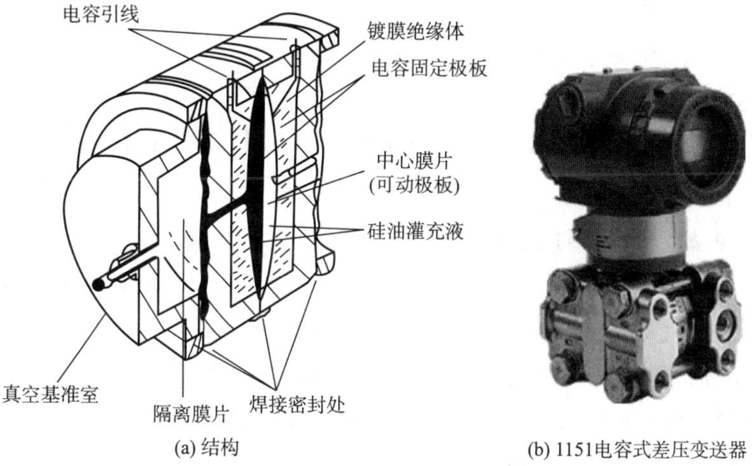

图3.44 电容式差压变送器的结构和外形

当正、负压力(差压)由正、负压导压口加到膜盒两边的隔离膜片上时，通过腔室内硅油液体传递到中心测量膜片上，中心感压膜片产生位移，使可动极板和左、右两个极板之间的间距不相对，形成差动电容，若不考虑边缘电场影响，该差动电容可看作平板式电容。差动电容的相对变化值与被测差压成正比，与填充液的介电常数无关，从原理上消除了介电常数的变化给测量带来的误差。

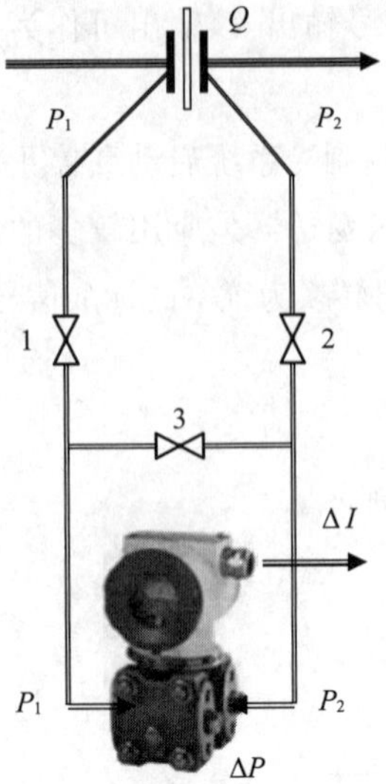

1—高压阀(截止阀)；2—停止阀；3—低压阀(截止阀)。

图 3.45　电容式差压变送器的开启/表

2. 电容式差压变送器的使用

(1)开启/停表操作

在使用电容式差压变送器时应注意正确开启和停止差压表，如图 3.45 所示。开启表时，应打开平衡阀 2，再开高、低截止阀 1、3，当阀 1、3 全开后，再关阀 2。停表时，应先打开平衡阀 2，再关闭阀 1、3。

(2)接线方法

图 3.46 所示为 1151 电容式差压变送器的接线方法。电源和信号端子位于电气壳体内的接线侧。接线时，将铭牌上标有“接线侧”那边的盖子拧开，上部端子是电源－信号端子，下部端子为测试或指示表的端子，也可用作 mV 输出端子。测试端子有与电源—信号端子相同的电流信号 DC 4～20 mA，它用于连接指示仪表或测试用。电源是经过信号线送到变送器的，不需要附加线。注意，不要把电源—信号线接到测试端子上。信号线不需要屏蔽，但用两根扭在一起的线效果最好。信号线不要与其他电源线一起通过导线管或明线槽，也不可以在大功率设备附近穿过。电气壳体上的接线孔应当密封或塞住，以防在电气壳体内积水。如果接线孔不能密封，电气壳体应朝下安装，以便排液。

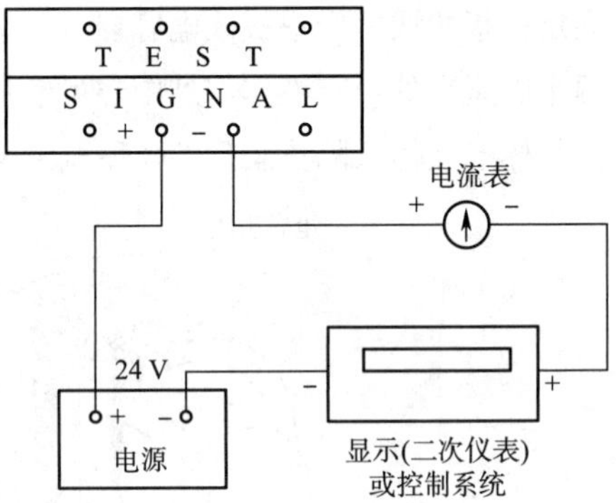

图 3.46　1151 电容式差压变送器的接线方法

3. 电容式差压变送器的维护

(1)日常与定期维护：

①每周进行一次卫生清扫，保持变送器及其附件的清洁；

②每周检查一次取压管路及阀门接头处有无渗漏现象，如有渗漏现象应尽快处理；

③每月检查变送器零部件完整无缺，无严重锈蚀、损坏；铭牌、标识清晰无误；

④紧固件不得松动，接插件接触良好，端子接线牢固；

⑤每月检查一次现场测量线路，包括输入、输出回路是否完好，线路有无断开、短路情况，绝缘是否可靠等；

⑥每月检查仪表零点和显示值的准确性，变送器零点和显示值准确、真实；

⑦按变送器校准周期定期进行校准；

⑧对变送器定期进行排污、排凝或放空，对取源管线或测量元件有隔离液的变送器定期灌隔离液；

⑨对易堵介质的导压管定期进行吹扫。

(2)长期停用变送器时，应关闭一次门。

(3)变送器在运行时，其壳体必须良好接地。用于保护系统的变送器，应有预防断电、短路或输出开路的措施。

(4)在冬季应检查仪表取源管线保温伴热良好,以免取源管线或变送器测量元件被冻损坏(南方气候温度高,一般不用对管线进行保温)。

4. 电容式差压变送器的故障处理

电容式差压变送器的常见故障见表 3.3。

表 3.3　电容式差压变送器的常见故障

现　象	处理方法
输出为零	1. 检查电源极性是否接反
	2. 将测试端子短路,检查壳内二极管好坏
	3. 更换变送器外壳
变送器无法通信	1. 检查变送器上的电源电压(最小为 DC 10.5 V)
	2. 检查负载电阻(最小为 250 Ω)
	3. 更换电子线路板
读数偏高或偏低(mA)	1. 检查压力变量的读数
	2. 进行 4～20 mA 输出调整
	3. 更换电子线路板
对于输入压力无反应	1. 检查变送器的电源电压
	2. 检查测试设备
	3. 校对校准设定值(4 mA 和 20 mA 点)
	4. 更换电子线路板
	5. 更换膜头
压力变量读数偏低或偏高	1. 检查压力传输是否发生阻塞
	2. 检查测试设备
	3. 进行传感器调整
	4. 更换膜头
压力变量读数无规律	1. 检查压力传输是否发生阻塞
	2. 检查阻尼
	3. 检查电动势干扰
	4. 更换膜头

3.5　其他轨道交通常用压力传感器

3.5.1　压力开关

1. 用途

压力开关是一种简单的压力控制装置,如图 3.47 所示。当被测压力达到额定值时,压力开关可发出警报或控制信号。压力开关主要用于轨道交通制冷系统的高、低压力保护控制,蒸气压力,蓄能器压力的控制，也可适用于各种设备工具的高、低压力保护控制。目前电子压力开关代替各种机械式压力开关已逐渐成为应用的主流。

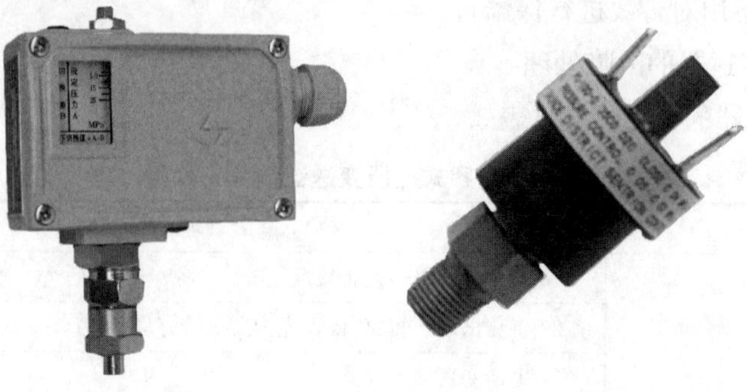

(a)　　　　(b)

图 3.47　压力开关

压力开关用在空压机上面主要是来调节空压机的起停状态，通过调节储气罐内的压力来让控制空压机起停机。根据空压机工作的需要，设定工作压力和允许的控制压差。当压缩机启动，则向储气罐充气，当压力到达压力上限的时候，空压机停机或者卸载，当压力达到压力下限时，空压机又开始启动。

压力开关也常用于消防系统中，图 3.48 所示为轨道交通的湿式自动喷水灭火系统。管网平时处于充水状态，当火灾发生时，装有热敏液体的玻璃球炸裂，此时密封垫脱开，喷出压力水。喷水后由于压力降低，压力开关动作，将水压信号变为电信号从而启动喷水泵保持水压，从而保证自动喷水灭火系统的运行。

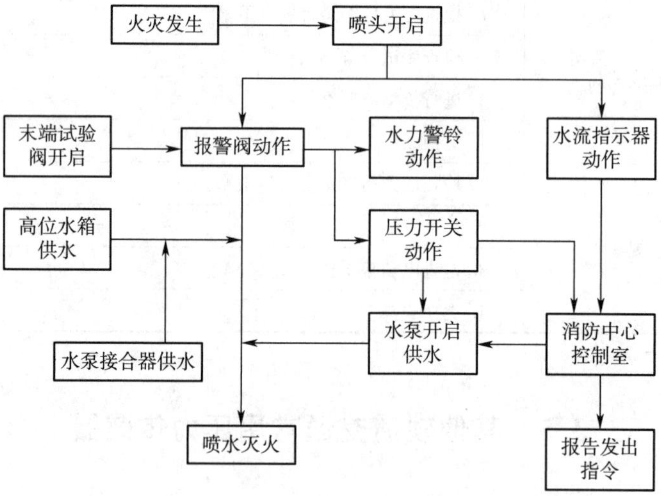

图 3.48　轨道交通的湿式自动喷水灭火系统

2. 结构及工作原理

压力开关原理图如图 3.49 所示。压力开关的一般工作原理是当系统内压力高于或低于额定的安全压力时，感应器内膜片（波纹管）瞬时发生移动，通过连接导杆推动开关接头接通或断开，当压力降至或升至额定的恢复值时，膜片(波纹管)瞬时复位，开关自动复位，或者简单地说是当被测压力超过额定值时，弹性元件的自由端产生位移，直接或经过比较后推动开关元件，改变开关元件的通断状态，达到控制被测压力的目的。压力开关采用的弹性元件有单圈弹簧管、膜片、膜盒及波纹管等。开关元件有磁性开关、水银开关、微动开关等。

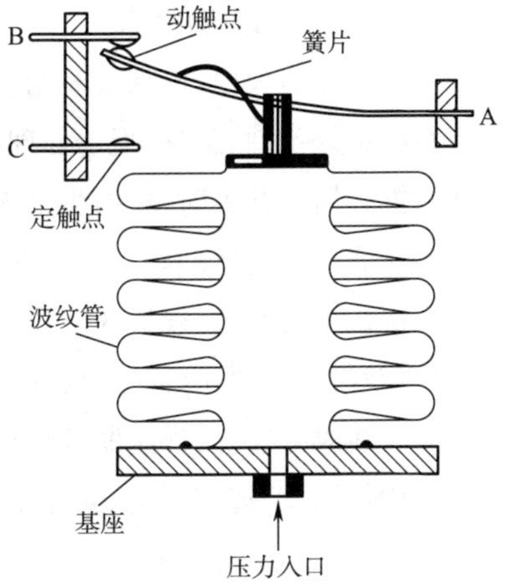

图 3.49　压力开关原理图

压力开关主要类别包括常开式和常闭式。主要特点是：

①采用英制管螺纹快速接头或铜管焊接式安装结构，安装灵活，使用方便，无须特殊的安装固定；

②插片式导线式连接方可供用户任意选定；

③密封式不锈钢感应器安全可靠；

④压力范围内可根据用户任意选定的压力值进行制造。

3. 压力开关的使用与维护

1)压力开关的使用

压力开关的使用要求如下：

(1)电接点最大通过的电流不允许超过 3 A；

(2)仪表必须垂直安装；安装时应使用 17 mm 扳手旋紧，不应强扭表壳，运输时应避免碰撞和振动；

(3)仪表使用宜在周围环境温度为－40～70 ℃、相对湿度不大于 85%，且振动或被测介质的急剧脉动对可靠接触和准确发信读数等无影响的场所下使用；

(4)仪表的电气线路经设置和接妥后认真加以检查，并进行试动作；

(5)仪表在调节给定值时，须借助一字槽螺钉旋具进行；

(6)使用工作环境振动频率小于 25 Hz，振幅不大于 1 mm；

(7)使用中因环境温度过高，仪表指示值不回零位或出现示值超差，可将表壳上部密封橡胶塞剪开，使仪表内腔与大气相通即可；

(8)仪表在测量静负荷时，可用至测量上限的 3/4，在测量交变负荷时可用至测量上限的 2/3，对于瞬间内测量可用至测量上限值；

(9)在测量腐蚀性介质、可能结晶的介质、黏度较大的介质应加隔离装置；

(10)仪表应经常进行检定(至少每 3 个月 1 次)，如发现故障应及时修理；

(11)在使用仪表过程中应经常保持其干燥和洁净，妥善维护之。

2)压力开关的日常维护

压力开关的日常维护要求如下：

(1)检查压力开关有没有腐蚀，过程连接是否渗漏；

(2)指示是否正确，有没有松动；

(3)接线是否牢固，电缆进线密封是否完好；

(4)标识是否齐全，保温是否完好。

4. 压力开关的故障排除

(1)根据故障现象，确认故障内容；

(2)准备好备件、工具，现场办理好工作许可，穿戴好劳动保护用品，通知生产人员；

(3)拆卸压力开关时，先由生产人员卸压、排空，达到要求，才可拆卸；

(4)能修理尽量修理好。修理好并测试合格后才能使用；

(5)更换压力开关，须拆线时，必须断电并做好标识及记录，换上的开关触头容量大于额定值，压力量程及设定值要达到工艺要求；

(6)接线时，电缆入口压紧螺母拧紧；

(7)检修结束，清理现场，通知生产人员调试，检查合格，回签工作许可，并填写压力开关维修记录。

第 4 章

流量检测

在城市轨道交通的各个机电控制系统中，经常要对各种介质的流量进行测量和控制，以正确指导工艺操作、完善和加强企业管理、保证产品质量以及生产装置和设备的安全经济运行，同时为成本核算提供重要依据。例如，BAS 中对送风量和排风量的检测，给排水系统中对水流量的检测，FAS 中对消防供水流量的测量等都需要使用流量检测设备和装置。

进行流量测量所需要的仪器设备称为流量传感器(也称流量检测仪表或流量计)。随着科学技术的发展，人们对流量的检测精度要求越来越高，需要检测的流体品种也日益增多。检测对象也从单相流扩展为双相流。因此，运用不同的原理和规律，制造出各种类型的流量传感器，以满足不同测量对象和场合的流量测量要求。

目前，实际用于流量测量的传感器种类非常多，本章主要介绍几种常用的流量计和检测装置。

4.1 流量测量概述

4.1.1 流量的基本概念

1. 流量的定义

流动的气体、液体或多相流(气—固、气—液、液—固、气—液—固)统称为流体。

流体在单位时间内流过管道或设备横截面的数量称为流量，也称为瞬时流量。一般所讲的流量大小就是指该流量。

流量按统计时间的不同分为瞬时流量和累积流量。瞬时流量是指单位时间内的流量，累积流量(也称为总量)则指一段时间内的流体总量。流量的单位常用 m^3 或 kg 表示。流体的总量对于计量物质的损耗与储存等都具有重要的意义。测量总量的仪表一般称为流体计量表或流量计。

2. 流量的表示

流量的表示有体积流量和质量流量两种。体积流量即单位时间内流过管道横截面的流体的体积，用 q_v 表示，单位为 m^3/h、m^3/s 等；质量流量即单位时间内流过管道横截面的流体的质量，用 q_m

表示，单位为 kg/h、kg/s 等。

设流体的密度为 ρ，则质量流量与体积流量之间的关系为

$$q_{\mathrm{m}}=q_{\mathrm{v}}\rho \tag{4.1}$$

或

$$q_{\mathrm{v}}=\frac{q_{\mathrm{m}}}{\rho} \tag{4.2}$$

当流体通过管道横截面各处的流速相等时，体积流量还可以用下式计算：

$$q_{\mathrm{v}}=vA \tag{4.3}$$

式中 A——管道的横截面积；

v——流体的平均流速。

由于流体（特别是气体）的密度受流体工作状态影响，所以使用体积流量时，必须同时给出流体的压力和温度。对于液体，压力的变化对其密度影响较小，一般可以忽略不计，只考虑温度的影响。但气体的密度受压力和温度的影响均较大，所以需要将测得的体积流量换算成标准状态（即温度为 20 ℃、压力为标准大气压）下的体积流量，单位为 $\mathrm{Nm^3/s}$。

4.1.2 流量的测量方法

由于流量检测条件的多样性和复杂性，因而流量检测的方法有很多。按测量原理可将流量测量方法分为节流差压法、容积法、速度法、流体阻力法、流体振动法、质量流量测量法等。

1. 节流差压法

在管道中安装一个直径比管径小的节流件，如孔板、喷嘴、文丘里管等，利用节流件前后的差压与流速之间的关系，通过差压值获得流体的流速，从而获得流体的流量。

2. 容积法

在单位时间内以标准固定容积对流动介质进行连续不断的测量，以排出的流体固定容积数来计算流量。如椭圆齿轮流量计、腰轮流量计、旋转活塞式流量计和刮板流量计等。此法受流体流动状态的影响小，适用于测量高黏度、低雷诺数的流体。

3. 速度法

先测出管道内流体的平均流速，再乘以管道截面积以求得流体的体积流量。此法有较宽的使用条件，可用于各种工况下流体的流量检测。但此法是利用平均流速计算流量的，所以管路条件的影响很大，流体流动产生涡流以及截面上流速分布不对称等都会给测量带来误差。根据流速测量流量的传感器很多，如叶轮式、涡轮式、电磁式、超声波式传感器等。

4. 流体阻力法

利用流体流动给设置在管道中的阻力体以作用力，而作用力大小和流量大小有关的原理测流体流量，故称为流体阻力法，常用的靶式流量计，其阻力体是靶，由力平衡传感器把靶的受力转换为电量，实现测量流量的目的。转子流量计是利用设置在锥形测量管中可以自由运动的转子（浮子）作为阻力体，它受流体自下而上的作用力而悬浮在锥形管道中某个位置，其位置高低和流量大小有关。

5. 流体振动法

这种方法是在管道中设置特定的流体流动条件，使流体流过后产生振动，而振动的频率与流量有确定的函数关系，从而实现对流体流量的测量，它分为旋进式和卡门涡街式两种

(1)旋进式

在测管入口处装一组固定的螺旋叶片，使流体流入后产生旋转运动。叶片后面是一个先缩后扩的管段，旋转流被收缩段加速，在管道轴线上形成一条高速旋转的涡线。该涡线进入扩张段后，受到从扩张段后返回的回流部分流体的作用，使其偏离管道中心，涡线发生进动运动，而进动频率与流量成正比。利用灵敏的压力或速度检测元件将其频率测出，即可测出流体流量。

(2)卡门涡街式

在被测流体的管道中插入一个断面为非流线型的柱状体，如三角柱体或圆柱体，称作漩涡发生体。当流体流过柱体两侧时，会产生两列交替出现而又有规则的漩涡列。漩涡分离的频率与流速成正比，通过测量漩涡分离频率可测出流体的流速和瞬时流量。

由于漩涡在柱体后部两侧产生压力脉动，在柱体后面尾流中安装测压元件，则能测出压力的脉动频率，经信号变换即可输出流量信号。

6. 质量流量测量法

质量流量测量法可分为直接法和间接法两类。

(1)直接法

直接利用热、差压或动量来检测，如双涡轮质量流量计，它是一根轴上装有两个涡轮，两涡轮间由弹簧联系。当流体由导流器进入涡轮后，推动涡轮转动，涡轮受到的转矩和质量流量成正比。由于涡轮叶片倾角不同，受到的转矩是不同的。因此，使弹簧受到扭转，产生扭角，扭角的大小正比于两个转矩之差，即正比于质量流量，通过两个磁电式传感器分别把涡轮转矩变换成交变电动势，两个电动势的相位差即是扭角。科里奥利力质量流量计就是利用动量来检测质量流量。

(2)间接法

在直接测出体积流量的同时，再测出被测流体的密度或测出压力、温度等参数求出流体的质量流量。因此，测量系统的构成将由测量体积流量的流量计(如节流差压式、涡轮式等)和密度计或带有温度、压力等的补偿环节组成，其中还有相应的计算环节。

4.2　差压式流量计

差压式流量计也称为节流式流量计，它是利用流体流经节流装置时产生压力差的原理来实现流量测量的。该流量计是目前应用最广泛的流量计，在各类流量仪表中其使用量占据首位。该仪表可以测量各种性质及状态的液体、气体与蒸气的流量，其性能稳定、结构牢固，但测量精度较低。

图4.1　差压式流量计外形

差压式流量计由节流装置、引压导管和差压计(或差压变送器)组成，如图4.1所示。节流装置安装于管道中，其作用是把被测流体的

流量转换成差压信号；引压导管用于将节流装置前后产生的差压传送给差压变送器；差压变送器能将差压信号转换为与流量对应的标准电信号(DC 4～20 mA)，以供显示、记录或控制，差压式流量计组成框图如图 4.2 所示。

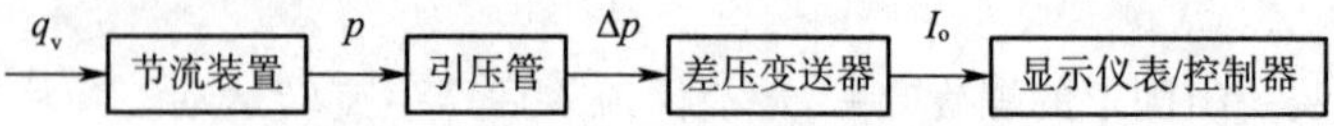

图 4.2　差压式流量计组成框图

4.2.1　差压式流量计的测量原理

1. 节流现象

当连续流动的流体遇到安装在管道中的节流装置时，由于流体流通面积突然缩小而形成流束收缩，导致流体流动速度加快；在挤过节流孔后，流速又由于流通面积变大和流束扩大而降低。由能量守恒定律可知，动压能和静压能在一定条件下可以互相转换，流速加快必然导致静压力降低，于是在节流件前后产生静压差在 $\Delta p=p_1-p_2$，且 $p_1>p_2$，此即为节流现象。静压差的大小与流过的流体流量之间有一定的函数关系，因此通过测量节流件前后的静压差即可求得流量。

流体流经孔板时压力和流速变化情况如图 4.3 所示。图中管道截面 1、2、3 处流体的绝对压力分别为 p_1、p_2、p_3，各截面流体的平均流速分别是 v_1、v_2、v_3。从图中分析可得如下两点结论。

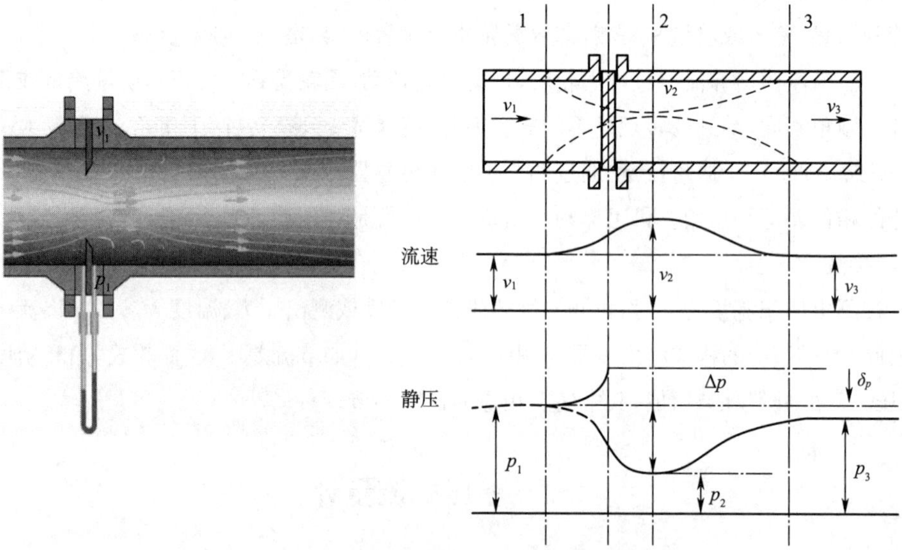

图 4.3　流体流经孔板时压力和流速变化情况示意图

(1)流束收缩

在截面 1 处流体未受节流件的影响，流束充满管道，平均流速为 v_1，流体静压力为 p_1。流体在接近节流装置时，由于遇到阻挡，且靠近管壁处的流体受到的阻挡最大，因而一部分动能转换为静压能，使节流装置入口端面靠近管壁处的流体静压力升高，比管道中心处的压力要大，即在节流装置入口端面处产生了径向压差，使流体产生径向附加速度，从而使靠近管壁处的流体质点的流向与管道中心轴线倾斜，形成了流束的收缩运动。同时，由于流体运动的惯性，使得流束收缩最小截面的位置不在节流孔中，而位于节流孔之后，并随着流量大小而变。

(2)静压差 Δp 的产生

由于节流装置造成流束的局部收缩，同时流体又保持连续流动状态，因此到截面 2 处达到最小，此时流速最大为 v_2，流束中心压力降到最小为 p_2；随后流束逐渐扩大，至截面 3 处完全恢复，流速也恢复到孔板前稳定流动时的速度，此时流体静压力为 p_3。由于存在涡流和摩擦阻力等，导致流体有能量损失，因此在截面 3 处的静压力不能恢复到原来的静压力，将产生压力损失 δ_p，显然 $\delta_p = p_1 - p_3$。节流装置入口侧的静压力 p_1 比其出口侧的静压力 p_2 大。并且流量愈大，节流装置两端压差 Δp 也愈大，利用差压计测出压差即可得到流体流过的流量，这就是节流装置的工作原理。

2. 流量方程

以流体连续性方程(质量守恒定律)和伯努利方程(能量守恒定律)为基础，对节流现象进行定量分析后可导出流体的流量方程。

体积流量基本方程式为

$$q_v = \alpha\varepsilon A_0 \sqrt{\frac{2}{\rho}\Delta P} = \alpha\varepsilon A_0 \sqrt{\frac{2}{\rho}(p_1 - p_2)} = K\sqrt{\Delta p} \tag{4.4}$$

质量流量基本方程式为

$$q_m = \alpha\varepsilon A_0 \sqrt{2\rho\Delta P} = \alpha\varepsilon A_0 \sqrt{2\rho(p_1 - p_2)} \tag{4.5}$$

式中　q_v——体积流量，m^3/s；

q_m——为质量流量，kg/s；

α——流量系数，可由实验确定。它和节流件形式、管道情况、雷诺数、流体性质和取压方式等有关；

ε——流体膨胀校正系数，通常在 0.9～1.0 之间。对于不可压缩流体，$\varepsilon = 1$；对于可压缩性流体，$\varepsilon < 1$；

A_0——节流件的开孔面积，m^2；

ρ——流体密度，kg/m^3；

$\Delta p = p_1 - p_2$——节流件前后的压力差，Pa。

差压和流量之间的关系式：

$$q = K\sqrt{\Delta P} \tag{4.6}$$

式(4.4)表明，当 α、ε、A_0 和 ρ 为定值，K 为常数时，流量与差压的平方根成正比，这就是差压和流量之间的定量关系。可以通过测量节流件前后的压差来测量流量。流体的流量与节流件前后的压差是非线性关系。

4.2.2　节流装置

根据节流件的形式，节流装置分为标准节流装置和非标准节流装置两大类。标准节流装置的结构已经标准化，按照标准文件设计、制造、安装和使用，无须进行标定就能准确地得到其精确的流量系数，从而进行准确的流量测量。非标准节流装置是成熟程度较差，尚未列入标准文件中的检测件，可根据试验数据进行估算，但要准确测量还应单独检定。

标准节流装置是由标准节流元件、取压装置和前后直管段组成，管道凸出物和弯道的局部阻力对液体流动稳定性影响很大，所以，在流量计节流件前后必须留有适当长度直管段，如图 4.4 所示。

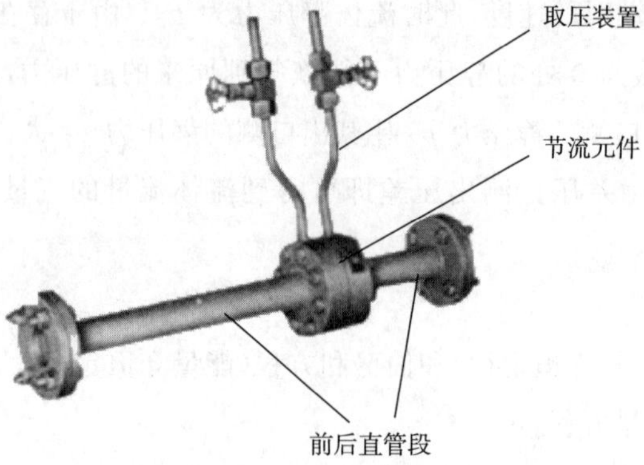

图 4.4　标准节流装置

1. 节流元件

(1)孔板

孔板是一块具有与管道同心圆形开孔的金属圆板，迎流一侧是有锐利直角入口边缘的圆筒形孔，顺流的出口呈扩散的锥形。用于不同管道内径的标准孔板，其结构形式基本是几何相似的，如图 4.5 所示。

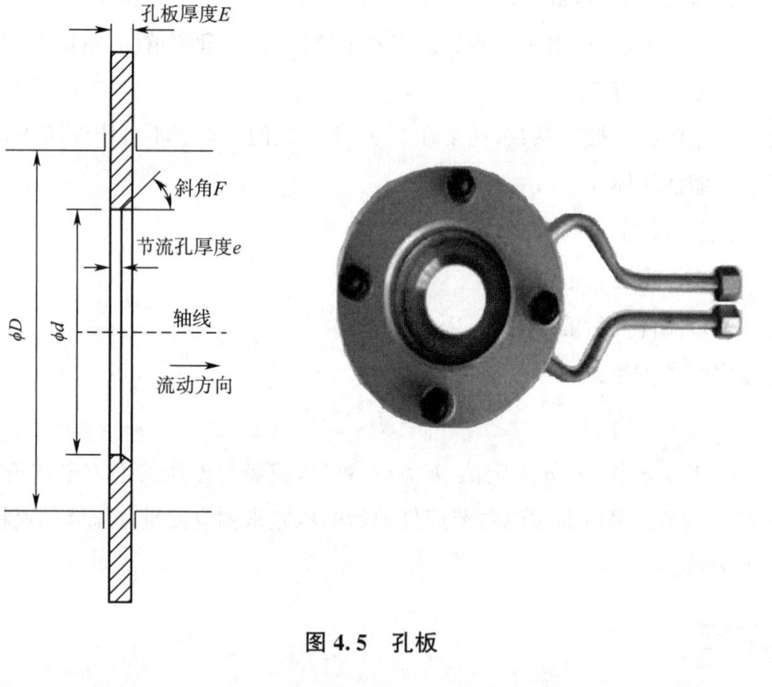

图 4.5　孔板

孔板结构最简单、体积小、加工方便、成本低，因而在工业上应用最多。但其测量准确度较低、压力损失较大、只适用于洁净流体介质，测量大管径、高温、高压介质时，孔板易变形。

(2)喷嘴

喷嘴是一种以管道轴线为中心线的旋转对称体,主要由入口圆弧收缩部分与出口圆筒形喉部组成,标准喷嘴有 ISA 1932 喷嘴和长径喷嘴两种形式,如图 4.6 所示。

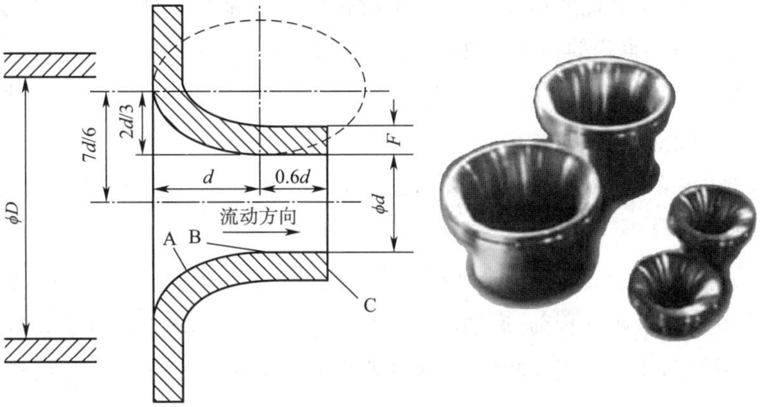

(a) 结构　　(b) 外形

图 4.6　喷嘴结构及外形

喷嘴的测量准确度较高,但它的结构比较复杂、体积大、加工困难、成本较高。

(3)文丘里管

文丘里管有两种标准型式:经典文丘里管与文丘里喷嘴。文丘里管压力损失最低,有较高的测量精度,对流体中的悬浮物不敏感,可用于污脏流体介质的流量测量,在大管径流量测量方面应用地较多。但因尺寸大、笨重,加工困难,成本高,一般用在有特殊要求的场合,如图 4.7 所示。

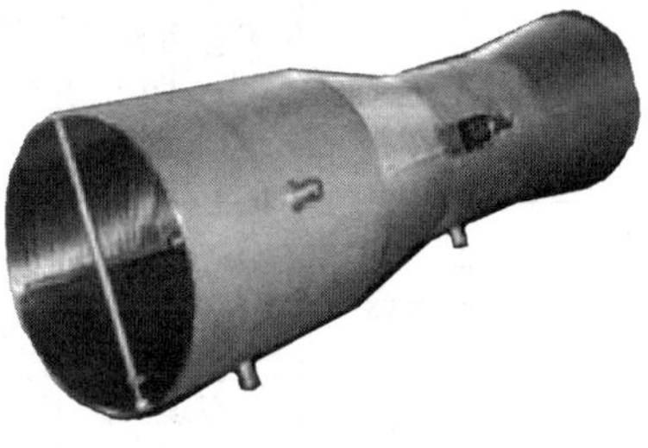

图 4.7　文丘里管

2. 取压方式

取压方式是指取压口位置和取压口结构。即使是同一节流元件,不同的取压方式,取出的差压值也不同。标准节流装置对每种节流元件的取压方式都有明确规定。根据节流装置取压口位置可将取压方式分为理论取压、角接取压、法兰取压、径距取压与损失取压五种,如图 4.8 所示。

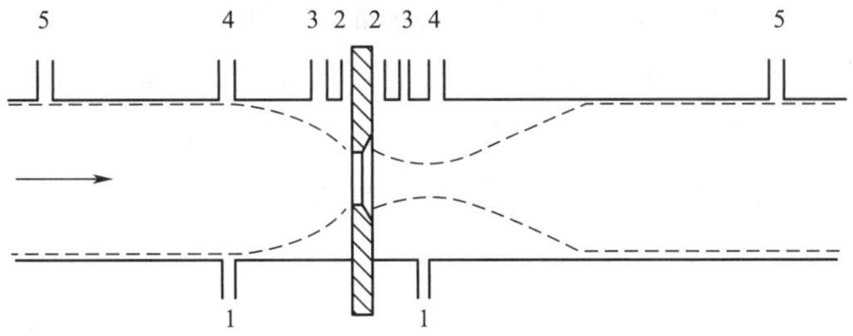

1—理论取压;2—角接取压;3—法兰取压;4—径距取压;5—损失取压。

图 4.8　节流装置的取压方式

1)标准孔板的取压方式

标准孔板通常采用两种取压方式，即角接取压和法兰取压。

(1)角接取压就是节流件上、下游的压力在节流件与管壁的夹角处取出。

具体规定是孔板上、下游侧取压孔位于上、下游孔板前后端面处，取压口轴线与孔板各相应端面之间的间距等于取压口直径的一半或取压口环隙宽度的一半。

角接取压又分为环室取压和夹紧环(单独钻孔)取压两种。如图 4.9 所示，上半部分为环室取压结构，下半部分为单独钻孔取压结构。

角接取压标准孔板的适用范围：管径 D 为 50～1 000 mm，直径比 $\beta=d/D$ 为 0.22～0.80，雷诺数 Re 为 $5\times10^3\sim5\times10^7$。

(2)法兰取压。如图 4.10 所示，标准孔板被夹持在两块特制的法兰中间，其间加两片垫片，规定上、下游侧取压孔的轴线距孔板前、后端面分别为(25.4±0.8)mm。上、下游取压孔的轴线必须垂直于管道轴线，并且取压孔的直径相同，其尺寸要求为小于等于 0.08D，实际尺寸为 6～12 mm。

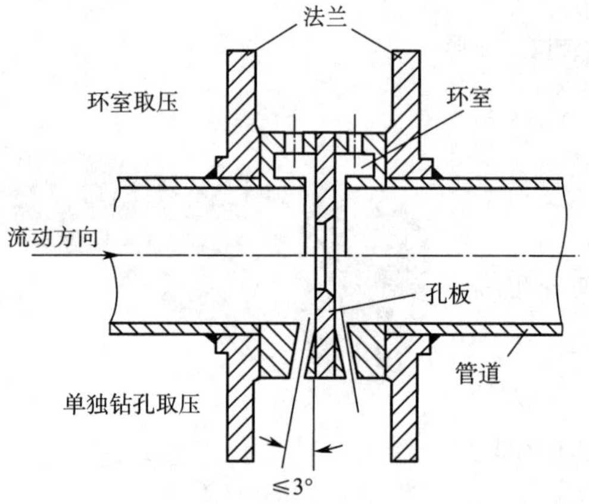

图 4.9　角接取压

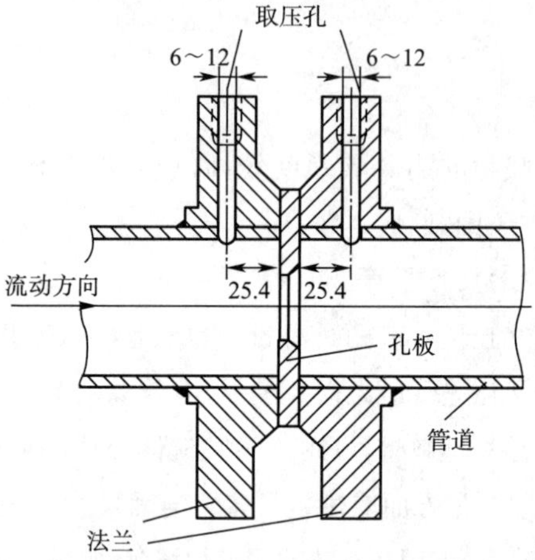

图 4.10　法兰取压(单位：mm)

法兰取压标准孔板的适用范围：管径 D 为 50～750 mm，直径比 $\beta=d/D$ 为 0.10～0.75，雷诺数 Re 为 $2\times10^3\sim2\times10^7$。

2)标准喷嘴的取压方式

标准喷嘴仅采用角接取压方式，其结构形式与标准孔板角接取压结构形式相同。可用于 50～500 mm 的管道内径，直径比 β 可用在 0.32～0.80 范围内，适用的雷诺数范围为 $2\times10^3\sim2\times10^6$。

目前广泛采用的是角接取压法，其次是法兰取压法。角接取压法比较简便，容易实现环室取压，测量精度较高。法兰取压法结构较简单，容易装配，计算也方便，但精度较角接取压法低些。

4.2.3　差压计

节流装置前后的压差是通过各种差压计或差压变送器测量的。差压计的测量范围必须包括流量的整个测量范围，并要留有余地。由于流量值与节流元件前后的压差值的平方根成比例，所以差压计量程选择不当会影响测量精度。

工业上常用的差压计很多，例如双波纹管差压计、膜片式差压计和电气式差压变送器等。其中电气式差压变送器有 1151 电容式差压变送器、411 系列扩散硅式差压变送器和 8600 系列电感式差压变送器等，这些差压变送器的工作原理是被测差压使敏感元件产生微小位移，引起电容、电阻、电感的变化，再经测量电路转换为标准电信号输出。

4.2.4　差压式流量计的安装

流量计安装的正确和可靠与否，对能否保证将节流装置输出的差压信号准确地传送到差压计或差压变送器上是十分重要的。因此，流量计的安装必须符合以下要求：

(1)安装时，必须保证节流件的开孔和管道同心，节流装置端面与管道的轴线垂直。

(2)导压管尽量按最短距离敷设在 3～50 m 之内。为了不致在此管路中积聚气体和水分，导压管应垂直安装。水平安装时，其倾斜率不应小于 1∶10，导压管为 10～12 mm 的铜、铝或钢管。

(3)测量液体流量时，应将差压计安装在低于节流装置处。如一定要装在上方时，应在连接管路的最高点处安装带阀门的集气器，在最低点处安装带阀门的沉降器，以便排出导压管内的气体和沉积物。

(4)测量气体流量时，最好将差压计安装在高于节流装置处，如一定要安装在下面，在连接导管的最低处安装沉降器，以便排出冷凝液和污物。

(5)测量黏性的、腐蚀性的或易燃的流体流量时，应安装隔离器。隔离器的用途是保护差压计不受被测流体的腐蚀和玷污。隔离器是两个相同的金属容器，容器内部充灌化学性质稳定并与被测流体不互相作用和溶解的液体，差压计同时充灌隔离液。

(6)测量蒸汽流量时，差压计和节流装置之间的相对配置和测量液体流量相同。为保证两导压管中的冷凝水处于同一水平面上，在靠近节流装置处安装冷凝器。冷凝器是为了使差压计不受 70 ℃以上高温流体的影响，并能使蒸气的冷凝液处于同一水平面上，以保证测量精度。

4.3　涡轮流量计

在测量管道内，安装一个可以自由转动的涡轮，当流体通过时，涡轮的旋转速度与流体速度成比例的关系来反映通过管道的体积流量的。因此，测出涡轮的转速或转数，就可确定流过管道的流体流量或总量。

涡轮流量计在轨道交通中应用广泛，主要用来检测空调系统冷冻水供水/回水的流量和热网供水/蒸汽(一次热媒)的流量。日常生活中使用的某些自来水表、油量计等，都是利用这种原理制成的，都属于速度式仪表，外形如图 4.11 所示。

图 4.11　涡轮流量计的外形

4.3.1　涡轮流量计的结构

如图 4.12 所示，在管道中心安放一个涡轮，两端由轴承支撑。

涡轮流量计主要由涡轮、轴与轴承、导流体、磁电感应转换装置和壳体等几部分组成。

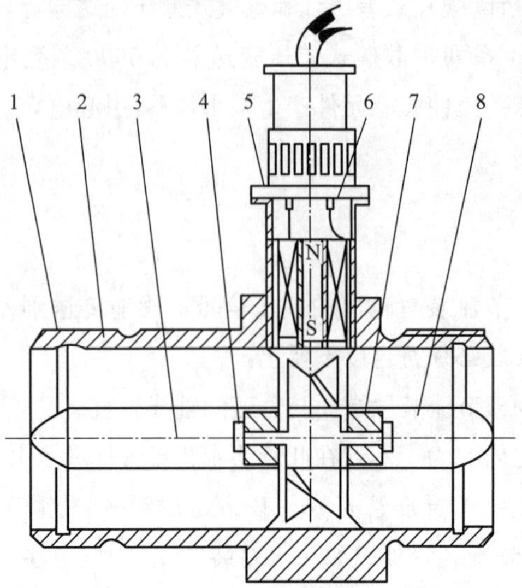

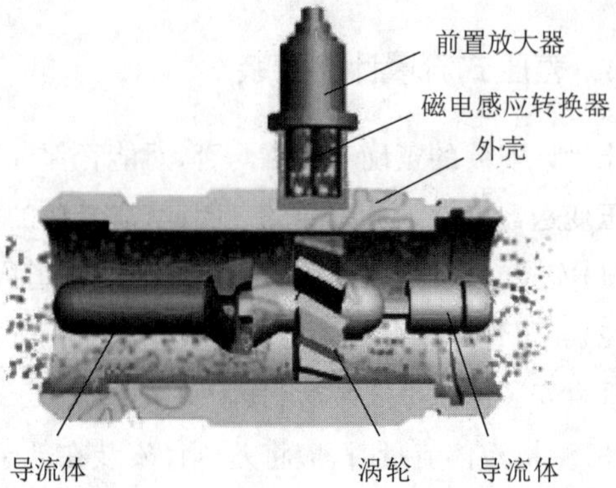

1—紧固件；2—壳体；3—前导流体；4—止推片；5—叶轮；6—磁电感应转换器；7—轴承；8—后导流体。

图 4.12　涡轮流量计结构图

1. 涡轮（亦称叶轮）

涡轮是传感器的检测元件，一般用高导磁性材料制造。涡轮与壳体同轴，由支架中的轴承支撑，涡轮上装有叶片，叶片有直板叶片、螺旋叶片和丁字形叶片等几种。涡轮的几何形状及尺寸对传感器性能有较大影响，要根据流体性质、流量范围、使用要求等设计。涡轮的动平衡直接影响仪表性能和使用寿命。

2. 导流体

导流体通常选用不导磁的不锈钢或硬铝材料制作，对流体起导向以及支撑涡轮的作用。导流体安装在传感器进出口处，避免流体由于自旋而改变其对涡轮叶片的作用角度，以保证仪表的测量精度。

3. 磁电感应转换器

磁电感应转换器常用变磁阻式，由永久磁钢、导磁棒（铁芯）和磁电感应线圈等组成。

4. 轴与轴承

轴与轴承支撑涡轮旋转，必须有足够的刚度、强度、硬度、耐磨性及耐腐蚀性等，它决定传感器的可靠性和使用寿命。

5. 壳体

壳体采用不导磁的不锈钢或硬铝合金制造，是流量传感器的主体部件。它承受被测流体的压力并连接管道，固定安装和保护内部各部件。壳体外壁装有信号放大器。

4.3.2　涡轮流量计的工作原理

当流体通过管道时，冲击涡轮叶片，对涡轮产生驱动力矩，使涡轮克服摩擦力矩和流体阻力矩而产生旋转。在一定的流体介质黏度和一定的流量范围内，涡轮的转速与通过涡轮的流体体积流量成正比，由此，通过测量涡轮的转速就可以确定流体的体积流量。

涡轮的转速通过装在外壳上的磁电感应线圈来检测。当涡轮转动时，由磁性材料制成的叶片轮流接近和离开固定在壳体上方的永久磁钢外部的磁电感应线圈，周期性地改变感应线圈磁电回路的磁阻，使通过线圈的磁通量形成周期性变化，从而产生与流量成正比的交流电脉冲信号，如图 4.13 所示。此脉冲信号经信号放大器放大整形后，被送至显示仪表显示流体的瞬时流量或总流量。

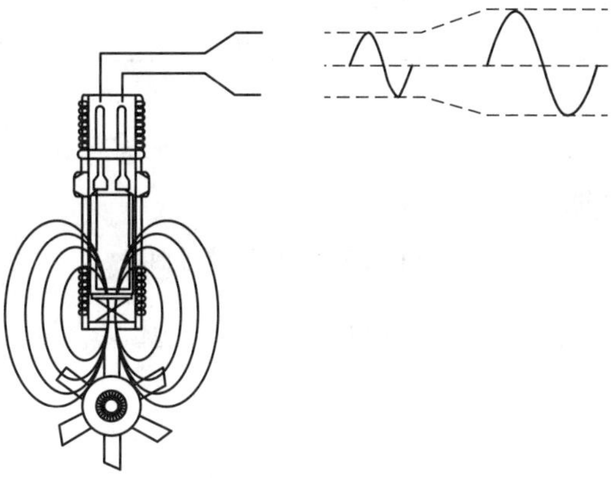

图 4.13　涡轮流量计的工作原理

涡轮流量计的流量方程为

$$q_v = f/K \tag{4.7}$$

式中　q_v——体积流量，m^3/s；

f——流量计输出信号的频率，Hz；

K——流量计的仪表系数，N(脉冲数)/m^3。

K 与传感器的结构有关，而与流量计内部流体的流动机理无关。在涡轮流量计的使用范围内，仪表系数 K 应为一常数，其数值由实验标定得到。当仪表系数 K 一定时，输出的脉冲频率与流量成线性关系。

图 4.14 所示涡轮流量计特性曲线可以看出，在实际使用中，由于存在各种阻力矩，K 并不能完全保持不变，特别是在小流量时，阻力矩的影响相对比较大，K 值不稳定，所以，涡轮流量计最好在量程下限的 5%以上使用。

4.3.3　涡轮流量计的特点

1. 涡轮流量计的优点

(1)测量精度高。在所有的流量传感器中，涡轮式流量计是最精确的，精度可达 0.5 级以上；

(2)重复性好。短期重复性可达 0.05%～0.2%。

(3)反应迅速，可测脉动流量。输出脉冲频率信号，适于远距离传输信号及与计算机连接进行数据处理，无零点漂移，抗干扰能力强。可获得很高的频率信号(3～4 kHz)，信号分辨率高。

(4)测量范围宽。主要用于中小口径的流量检测，中大口径的量程比可达 40∶1～10∶1，适用于流量大幅度变化的场合。小口径的流量比为 6∶1 或 5∶1。

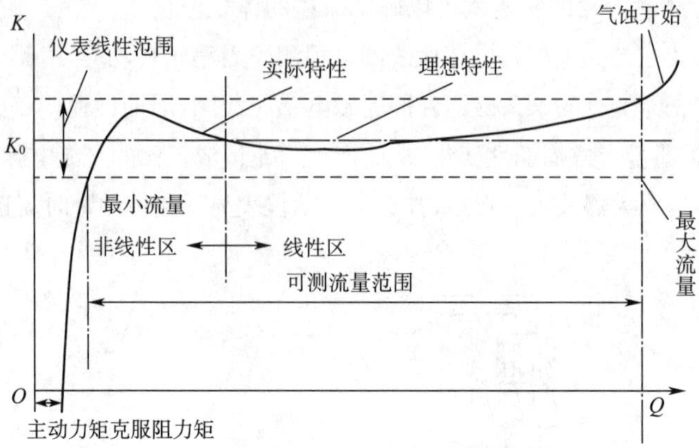

图 4.14　涡轮流量计特性曲线

(5)压力损失小，耐高压、耐腐蚀，安装使用方便。仪表表体上不必开孔，易制成高压型仪表，适用于高压测量。

2. 涡轮流量计的缺点

(1)难以长期保持校准特性，需要定期校验以保持其特性。

(2)不适用于较高黏度介质(高黏度型除外)，因为随着介质黏度增加，流量计测量下限值提高，测量范围缩小，线性度变差。

(3)流体物性(密度、黏度)对仪表特性有较大影响。气体流量计易受密度影响，而液体流量计对黏度变化反应敏感。

(4)受流速分布畸变和旋转流的影响较大，传感器前后应有较长的直管段。

(5)对被测介质的清洁度要求较高，以减少对轴承的磨损，这就限制了其适用领域。虽可安装过滤器以适应脏污介质，但亦带来压损增大、维护量增加等副作用。

4.3.4　涡轮流量计的安装与维护

1. 涡轮流量计的安装

涡轮流量计应安装在容易拆装、便于维修，管道无振动、无强电磁干扰与热辐射影响的场所。涡轮流量计的典型安装管路系统如图 4.15 所示。图中各部分的配置可视被测对象的情况而定，不一定全部都需要。

涡轮流量计安装注意事项包括以下几个部分：

(1)应安装在不受外界电磁场影响的地方，否则应在磁电转换装置上加屏蔽罩。如果流量传感器安装在室外，应有避免阳光直射和防雨淋的措施。

(2)在传感器安装前，先与显示仪表或示波器接好连线，通电源，用口吹或手拨叶轮，使其快速旋转观察有无显示，当有显示时再安装传感器。若无显示，应检查有关各部分，排除故障。

(3)为了保证具有较高的测量精度，流量计(传感器)应水平地安装在水平管道上，并使流量计上指示流向的箭头方向与液体的流向一致。如必须垂直安装，应使液体的流向自下而上，以确保流量计的主体内充满液体。

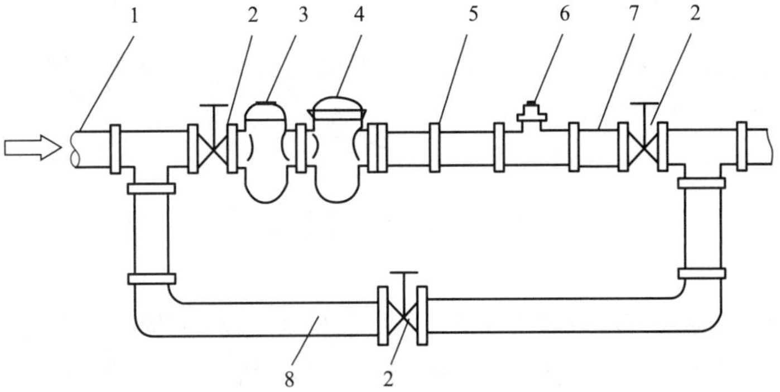

1—入口；2—阀门；3—过滤器；4—消气器；5—前直管段；6—流量计；7—后直管段；8—旁路。

图 4.15　涡轮流量计安装示意图

(4)流量计上游端至少应有 10 倍公称通径长度的直管段，下游端应不少于 5 倍公称通径长度的直管段，其内壁应光滑清洁，无凹痕、积垢和起皮等缺陷。

(5)传感器的管道轴心应与相邻管道轴心对准，连接密封用的垫圈不得深入管道内腔。

(6)当流体中含有杂质时，应加装过滤器，过滤器网目根据流量杂质情况而定，一般为 20～60 目。

(7)液体中混有气体或测量易气化的液体时，应安装空气分离器(消气器)。

(8)为了检修时不致影响液体的正常输送，建议在传感器的安装处，安装旁通管道。

(9)传感器的传输电缆可架空或埋地敷设(埋地时应套上铁管。)

2. 涡轮流量计的维护

涡轮流量计的维护有以下几方面：

(1)使用时，应保持被测液体清洁，不含纤维和颗粒等杂质。

(2)传感器启动运行时，应防止快速启动造成超流量运行，应缓慢开启进气口阀门(开启时间不少于 15 s)，逐步增加流速，传感器内缓慢地充满液体，然后再开启出口阀门，严禁传感器处于无液体状态时受到高速流体的冲击，如图 4.16 所示。

(3)传感器的维护周期一般为半年。检修清洗时，请注意勿损伤测量腔内的零件，特别是叶轮。装配时请看好导向件及叶轮的位置关系。

(4)务必定期(一般为 2～3 月一次)对流量计进行润滑维护，如图 4.17 所示。

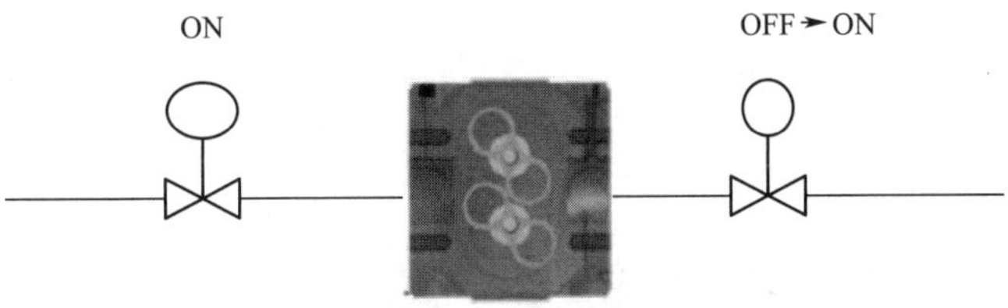

图 4.16　涡轮流量计启动示意图

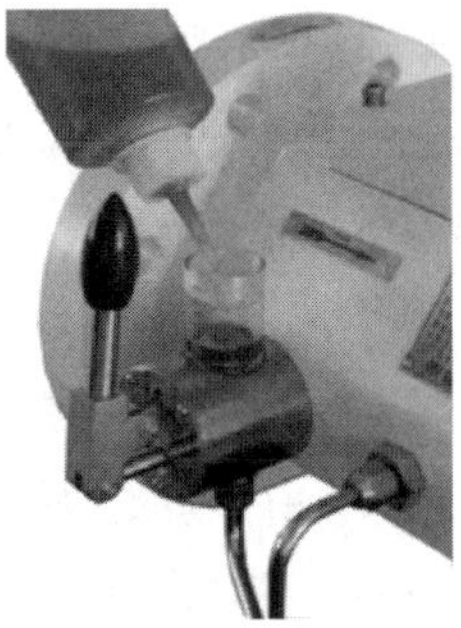

图 4.17　涡轮流量计的润滑维护

(5)配用的过滤器应定期清洗，不用时，应清洗内部的液体，同传感器一样，加防尘套，置于干燥处保存。

(6)传感器不用时，应清洗内部液体，且在传感器两端加上防护套，防止尘垢进入，然后置于干燥处保存。

4.4 电磁流量计

电磁流量计是基于电磁感应原理工作的流量测量仪表，它能测量具有一定电导率液体的体积流量。由于它的测量精度不受被测液体的黏度、密度及温度等因素变化的影响，且测量管道中没有任何阻碍液体流体的部件，所以几乎没有压力损失。适当选用测量管中绝缘内衬和测量电极的材料，就可以测量各种腐蚀性(酸、碱、盐)溶液的流量，尤其在测量含有固体颗粒的液体，如泥浆、纸浆、矿浆等的流量时，更显示出其优越性。电磁流量计应用范围广，在市场上的占有率仅次于差压式流量计。电磁流量计的外形如图 4.18 所示。

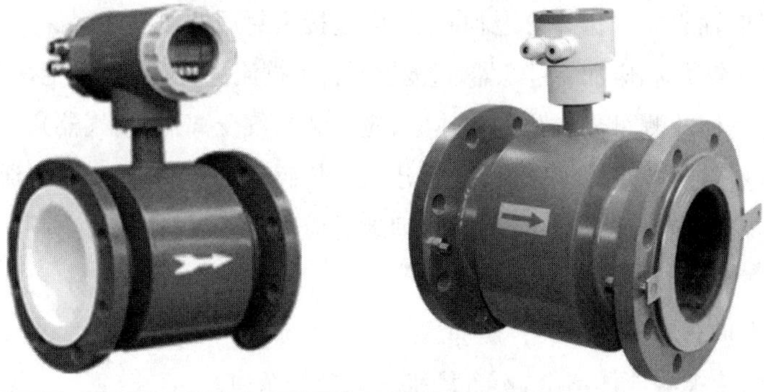

图 4.18　电磁流量计的外形

电磁流量计在轨道交通中应用广泛，主要也用来检测空调系统冷冻水供水/回水的流量和热网供水/蒸汽(一次热媒)的流量，图 4.19 所示为热源监控图，图中 F 为电磁流量计或涡轮流量计。

4.4.1 电磁流量计的工作原理

如图 4.20 所示，在磁铁 N、S 形成的均匀磁场中，垂直于磁场方向有一个直径为 D 的管道，管道由不导磁材料制成，管道内表面衬挂绝缘衬里。当导电的液体在导管中流动时，导电液体切割磁力线，于是在与磁场及其流动方向垂直的方向上产生与流量成比例的感应电动势，其方向由右手定则确定，其数值大小为

$$E=BDv \tag{4.8}$$

式中　E——感应电动势；

B——磁场的磁感应强度；

D——管道直径，即导电液体垂直切割磁力线的长度；

v——垂直于磁场方向流体的流动速度。

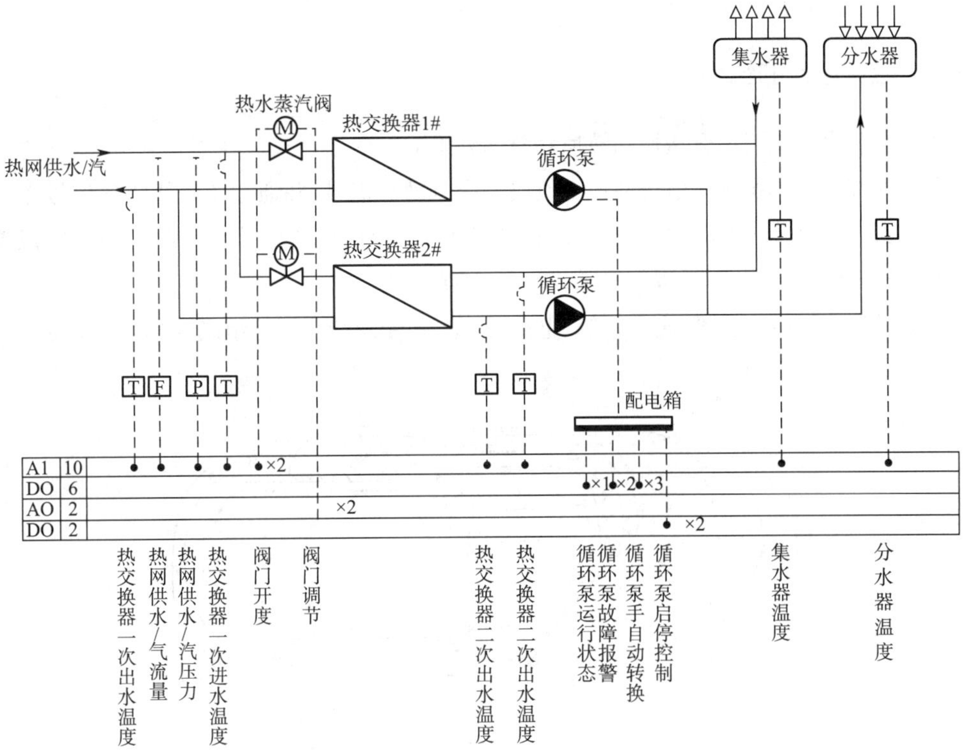

图 4.19　热源监控图

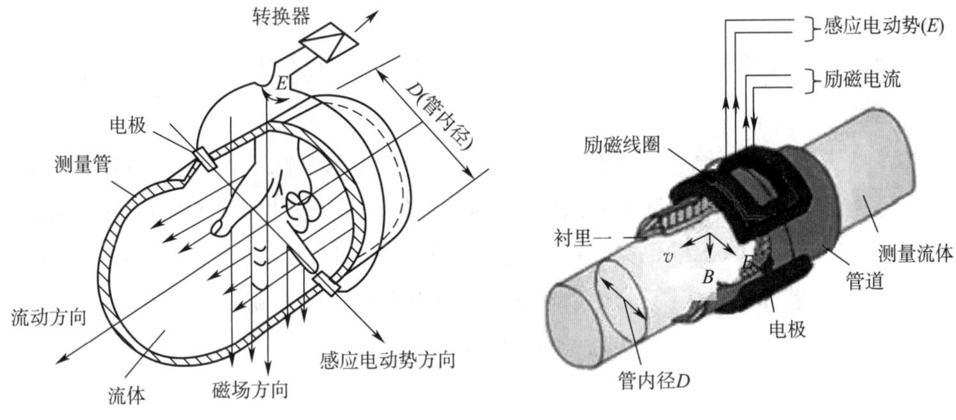

图 4.20　电磁流量计测量原理

因为流体的体积流量和流速可分别表示为

$$q_v = \pi D^2 v/4 \quad 和 \quad v = 4q_v/\pi D^2 \tag{4.9}$$

所以，感应电动势可表示为

$$E = \frac{4B}{\pi D} q_v = K q_v \tag{4.10}$$

式中　K——仪表常数，$K = 4B/\pi D$。

因此，在管道直径 D 确定、磁感应强度 B 不变的条件下，体积流量与磁感应电动势之间有一一对应的线性关系，而与流体的密度、黏度、温度、压力和电导率无关。

4.4.2 电磁流量计的结构

电磁流量计由电磁流量变送器和转换器两部分组成。变送器安装在工艺管道上，它的作用是将流进管道内液体的体积流量值线性地变换成感应电动势信号，并通过传输线将此信号送到转换器。转换器安装在离传感器不太远的地方，它将传感器送来的流量信号进行放大，并转换成流量信号成正比的标准电信号输出，以进行显示、累积和调节控制。

电磁流量计主要由测量管、励磁系统、电极、衬里、外壳及转换器等组成，如图 4.21 所示。

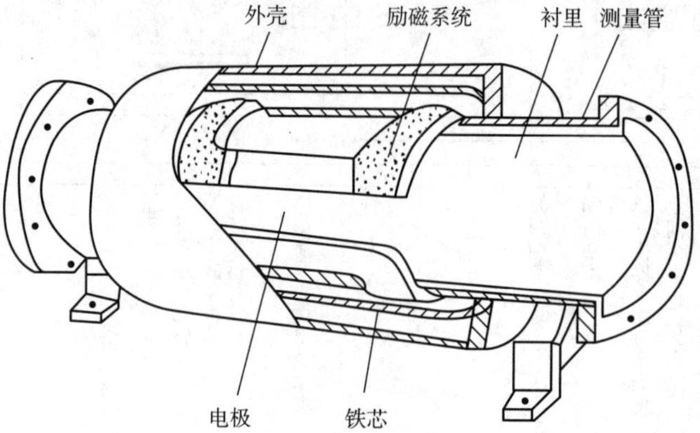

图 4.21 电磁流量计结构示意图

1. 外壳

外壳一般用铁磁材料制成，其功能是保护传感器，隔离外磁场的干扰，起密封作用。

2. 励磁系统

其功能是产生均匀的直流或交流磁场。直流磁场可用永久磁铁来实现，其结构比较简单。但是在电极上产生的直流电势会引起被测液体的电解，而在电极上发生极化现象，破坏原有的测量条件；当管道直径较大时，永久磁铁也要很大，既笨重又不经济。因此工业现场的电磁流量计，一般都采用交变磁场，由铁芯和励磁线圈构成，励磁电源的频率为 50 Hz，其磁感应强度为

$$B = B_m \sin \omega t \tag{4.11}$$

则感应电势为

$$E = DvB_m \sin \omega t \tag{4.12}$$

3. 测量管

测量管是一根内部衬有绝缘衬里的直管，位于传感器中心，流过被测流体，两端设有法兰，法兰用作连接管道。测量管采用不导磁、低导电率、低导热率并有一定机械强度的材料制成，一般用不锈钢、玻璃钢、铝及其他高强度的材料。

4. 衬里

衬里是指测量导管内壁的一层耐磨、耐腐蚀、耐高温的绝缘材料。其主要功能是增加测量导管的耐磨性与腐蚀性，防止感应电动势被金属测量管管壁短路。

5. 电极

电极是用非导磁材料不锈钢制成，它能把被测介质切割磁力线所产生的感应电动势信号引出。电极安装在与磁场垂直的测量管两侧管壁的水平方向上，以防止沉淀物沉积在电极上而影响测量精度；电极在安装时要求与衬里齐平，以便流体流过时不受阻碍。电磁流量计电极结构如图4.22所示。

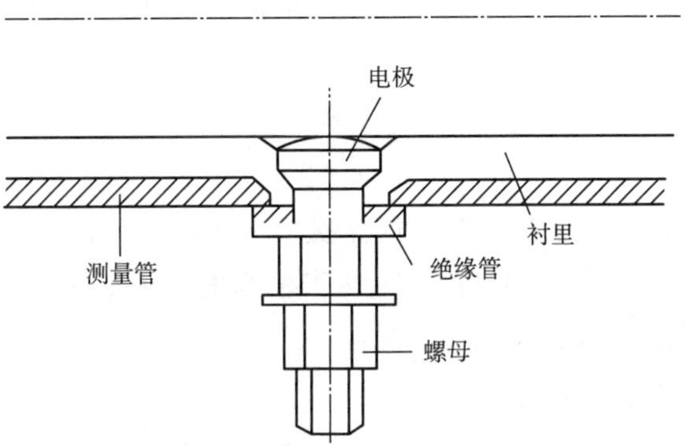

图4.22　电磁流量计电极结构示意图

6. 转换器

电磁流量计是由流体流动切割磁力线产生感应电动势的，但此感应电动势非常微弱，并伴有各种干扰信号。转换器的作用是将感应电动势信号放大并将其转换成与被测介质体积流量成比例的标准电信号输出，同时补偿或抑制干扰信号。

4.4.3　电磁流量计的特点

1. 优点

(1)动态响应快。电磁流量计无机械惯性，反应灵敏，可以测量瞬时脉动流量。

(2)结构简单可靠。测量导管内无任何阻碍物，因而被测流体的压力损失很小。

(3)应用范围广。除了可测量具有一定电导率的液体以外，还特别适用于测量含有固体颗粒或纤维的液固二相流体，如测量泥浆、矿浆、污水、化学纤维等介质的流量。

(4)输出与输入呈线性关系。电磁流量计输出的感应电动势信号与体积流量呈线性关系，且不受流体密度、黏度、温度、压力和电导率变化的影响，无须进行参数补偿，只需用水标定后，就可用于测量其他导电性流体的流量。

(5)测量范围大。电磁流量计的量程比通常为20：1～50：1。测量口径范围为2～3 mm。

(6)耐腐蚀性能好，使用维护方便，寿命长。

2. 缺点

不能测量气体、蒸气及含有大量气泡的液体的流量；不能测量电导率很低的液体(如石油制品、有机溶剂等)的流量；不能测量高温、高压介质的流量，使用温度一般在200 ℃以下，工作压力一般为0.16～0.25 MPa。此外，电磁流量计还易受外界电磁干扰的影响。

4.4.4 电磁流量计的安装与维护

正确选用和安装电磁流量计对提高其测量精度和延长使用寿命都非常重要。电磁流量计应用领域十分广泛，大口径仪表较多用于给排水工程；中小口径仪表常用于固液双相流等难测流体或高要求场所，如造纸工业纸浆液、冶金业的矿浆、选煤厂的煤浆、化学工业的强腐蚀液以及钢铁工业高炉风口冷却水流量的测量和控制等；小口径、微小口径仪表常用于医药工业、食品工业、生物工程等有卫生要求的场所。

1. 电磁流量计的安装

1)安装点的选择

为了使流量计工作可靠稳定，在选择安装点时应注意以下要求：

(1)尽量避开铁磁性物体，高射频，强振动干扰源及具有强电磁场设备(如大功率电机、大型变压器等)，以免磁场影响传感器的工作磁场和流量信号；

(2)应选择易于实现传感器单独接地的场所；

(3)应尽量安装在干燥通风之处，不宜在潮湿、易积水的地方安装；

(4)应尽量避免日晒雨淋，环境温度应在−20～60 ℃及相对湿度小于95%，要尽可能避开周围环境中有高浓度的腐蚀性气体；

(5)选择便于维修，活动方便的地方。

2)安装注意事项

应考虑直管段长度及安装位置与接地等是否满足要求。

(1)为保护流量计，在对管道进行吹扫前，应在管上先制作一个流量计大小的管道预制件，待管道吹扫打压完成后再安装传感器。

(2)安装前应清除焊接法兰时留在管道端口的焊渣和凸起物，以防止衬里受损。

(3)直管段长度与其他大部分流量仪表相比要求较低。90°弯头、T形管、同心异径管、全开闸阀后通常认为只要离电极中心线有5倍直径(5D)长度的上游直管段；下游直管段为2D，如图4.23所示。

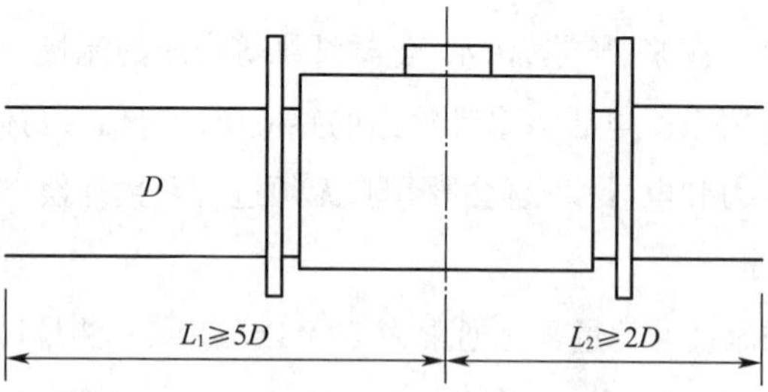

图4.23 电磁流量计的直管段长度

(4)应注意流量计的箭头方向和水流方向一致。

(5)传感器既可在直管道上安装，也可以在水平或倾斜管道上安装，不受限制，但推荐垂直安装，如图4.24所示。严禁在管道最高点和出水口安装流量计。

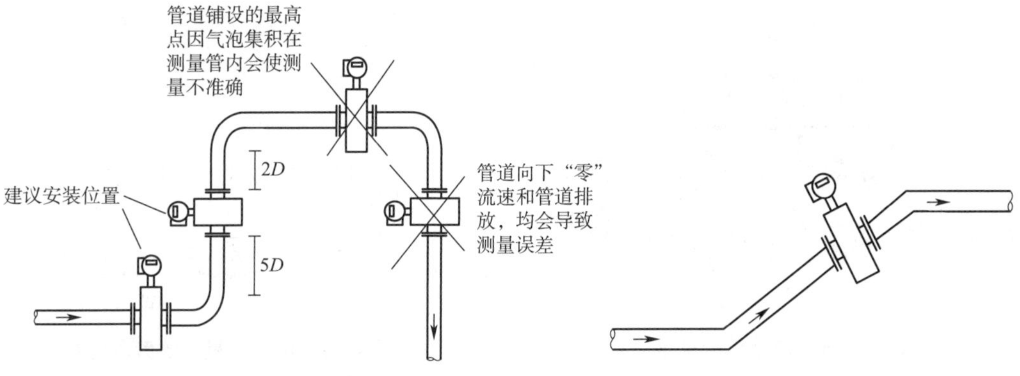

(a) 水平或垂直安装　　(b) 倾斜安装

图 4.24　电磁流量计的安装示意图

(6)水平安装时，应注意电磁流量计的电极轴必须保持基本水平，而且要使电极轴线平行于地平线，不要垂直于地平线。因为处于底部的电极易被沉积物覆盖，顶部电极易被气泡吸附，从而遮住电极表面造成局部绝缘，使输出信号波动，如图 4.25 所示。

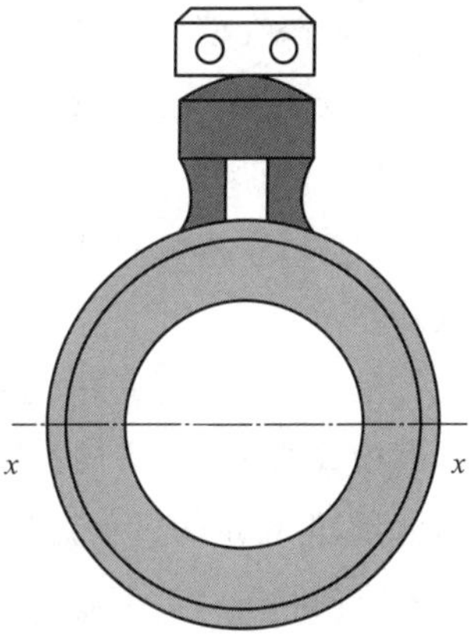

图 4.25　电磁流量计电极水平安装

(7)介质在安装位置应该满管流动，避免不满管及气泡附着在电极上，如果介质不满管时，可采取抬高流量管后端管路的方法，使其满管，如图 4.26 所示。

(8)由于电磁流量计信号比较弱，外界稍有干扰就会影响测量精度。因此，电磁流量计变送器外壳、屏蔽线、测量导管及变送器两端的管道都要接地且单独设置接地点(接地电阻在 10 Ω 以下)，接地点离传感器越近越好，绝不能与其他设备接地点相连接。绝不能接在电机、电气等公用地线或上下水管道上；转换器部分已通过电缆线接地，无须再行接地，以免因电位不同而引入干扰，如图 4.27 所示。

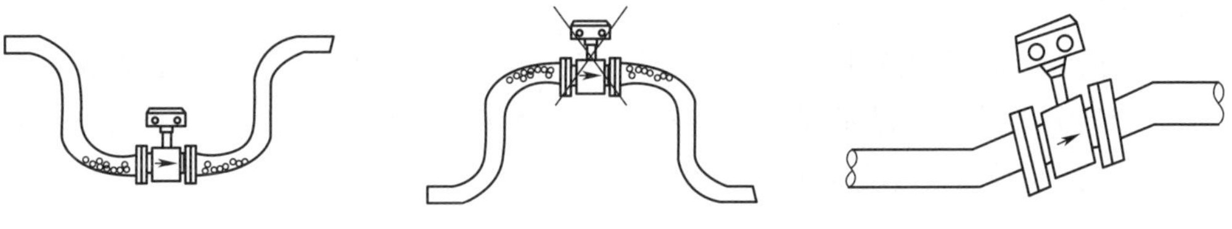

(a) 正确位置　　(b) 错误位置　　(c) 略微上升

图 4.26　电磁流量计安装

(9)为了方便维护和检修，建议安装截止阀和旁通管路，如图 4.28 所示。

2. 电磁流量计的故障处理

电磁流量计在运行中产生的故障有两种，一是仪表本身故障，即仪表结构件或元器件损坏引起的故障；二是由外部原因引起的故障，如安装不妥流动畸变、沉积和结垢等。下面就这两类故障进行探讨。

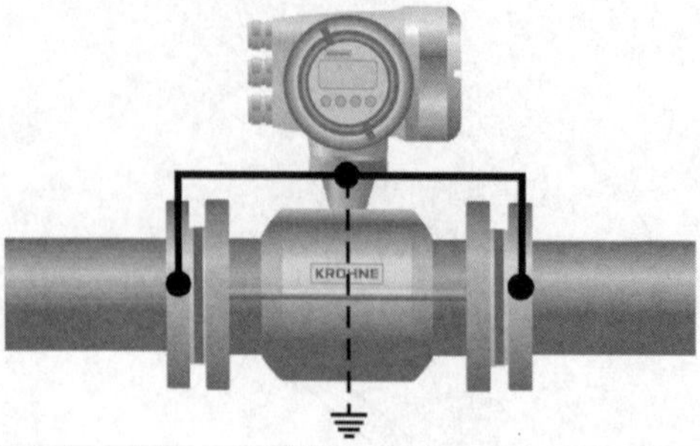

图 4.27　电磁流量计的接地

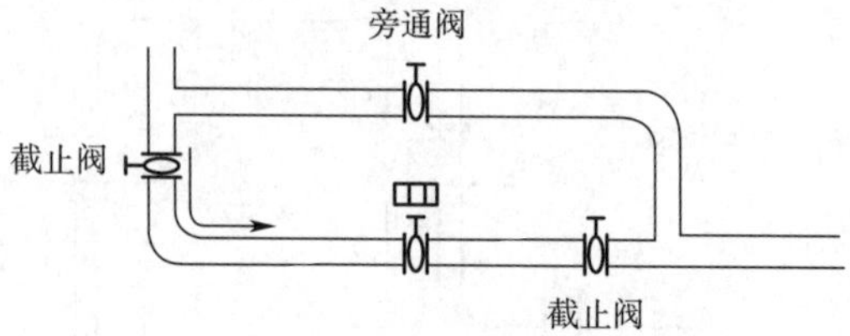

图 4.28　电磁流量计的旁通管路

1)仪表无流量信号输出

(1)原因分析

这类故障在使用过程中较为常见,原因一般有仪表供电不正常,电缆连接不正常,液体流动状况不符合安装要求,传感器零部件损坏或测量内壁有附着层和转换器元器件损坏等几种情况。

(2)解决方案

①确认已接入电源,检查电源线路板输出各路电压是否正常,或尝试置换整个电源线路板,判别其好坏。

②检查电缆是否完好,连接是否正确。

③检查液体流动方向和管内液体是否充满。对于能正反向测量的电磁流量计,若方向不一致虽可测量,但设定的显示流量正反方向不符,必须改正。若拆传感器工作量大,也可改变传感器上的箭头方向和重新设定显示仪表符号。管道未充满液体主要是传感器安装位置不妥引起的,应在安装时采取措施,避免造成管道内液体不满管。

④检查变送器内壁电极是否覆盖有液体结疤层,对于容易结疤的测量液体,要定期进行清理。

⑤若判断为是转换器元器件损坏引起的故障,更换损坏的元器件即可。

2)输出值波动

(1)原因分析

造成此类故障大多是由测量介质或外界环境的影响造成的,在外界干扰排除后故障可自行消除。为保证测量的准确性,此类故障也不可忽视。在有些生产环境中,由于测量管道或液体的震动大,会造成流量计的电路板松动,也可引起输出值的波动。

(2)解决方案

①确认是否为工艺操作原因,流体确实发生脉动,此时流量计仅如实反映流动状况,脉动结束后故障可自行消除。

②外界杂散电流等产生的电磁干扰。检查仪表运行环境是否有大型电器或电焊机在工作,要确认仪表接地和运行环境良好。

③管道未充满液体或液体中含有气泡时,两者皆为工艺原因引起的。此时可请求工艺人员确认,待液体满管或气泡平复后,输出值可恢复正常。

④变送器电路板为插件结构,由于现场测量管道或液体震动大,常会造成流量计的电源板松

动。如松动，可将流量计拆卸开，重新固定好电路板。

3)流量测量值与实际值不符

(1)原因分析

引起此类故障的原因大致有：①变送器电路板是否完好；②当液体流速过低时，被测液体中含有微小气泡，气泡上升在管道上方逐渐聚集，则液体流通面积发生变化，气体多时还会产生干扰信号，影响测量准确度；③信号电缆出现连接不好现象或使用过程中电缆的绝缘性能下降引起测量不准确；④转换器的参数设定值不准确。

(2)解决方案

①检查变送器电路板是否完好。若接线盒进水或被腐蚀性被测液体腐蚀，可导致电器性能下降或损坏。此时应更换电路板。

②保证管道内被测液体的流速在最低流量界限值之上，以使变送器能够正常工作。

③检查信号电缆连接和电缆的绝缘性能是否完好，若出现信号电缆松动现象，将其重新连接即可；若检查到电缆的绝缘性不符合绝缘要求，则需要换新的电缆。

④重新对转换器设定值进行设定，并对转换器的零点、满度值进行校验。

4)输出信号超满度量程

(1)原因分析

引起此类故障的原因大致有：①信号电缆接线出现错误或电缆连接断开；②转换器的参数设定不正确；③转换器与传感器型号不配套。

(2)解决方案

①检查信号回路连接正常与否，若信号回路断开，输出信号将超满度值，此时需重新正确连接信号电缆。同时，需检查电缆的绝缘性能是否完好，若已经不符合要求，则需更换新的电缆。

②详细检查转换器的各参数设定和零点、满度是否符合要求。

③检查到转换器与传感器的型号不配套，则需要与厂方联系调换。

5)零点不稳

(1)原因分析

引起此类故障的原因大致有：

①管道未充满液体或液体中含有气泡。

②主观上认为管泵液体无流动而实际上存在微小流动。

③液体方面(如液体电导率均匀性不好、电极污染等)的原因。

④信号回路绝缘下降。

(2)解决方案

①管道未充满液体或液体中含有气泡皆为工艺原因，此时应请求工艺人员确认，工艺正常后，输出值可恢复正常。

②管道内有微量流动，这不是电磁流量计故障。

③若杂质沉积在测量管内壁、测量管内壁结垢或电极被污染，均有可能出现零点变动，此时必须清洗；若零点变动不大，也可尝试重新调零。

④由于受环境条件的影响，灰尘、油污等可能进入表壳体内，因此，需要检查电极部位绝缘是否下降或破坏，若不符合绝缘要求，则必须进行清理。

4.5 超声波流量计

近几年来，随着电子技术、数字技术的发展，利用超声波脉冲测量流体流量的技术发展很快，基于不同原理，适用于不同场合的各种形式的超声波流量计在城市轨道交通领域得到了广泛应用。

超声波流量测量属于非接触式测量。它通过发射超声波，穿过流动的流体，被接收后，经过信号处理反映出流体的流速，根据流速便能算出流量。一般地说，超声流量计是测量体积流量值的。

4.5.1 超声波流量计的结构

超声波流量计由超声波换能器和转换器两部分组成，如图 4.29 所示。

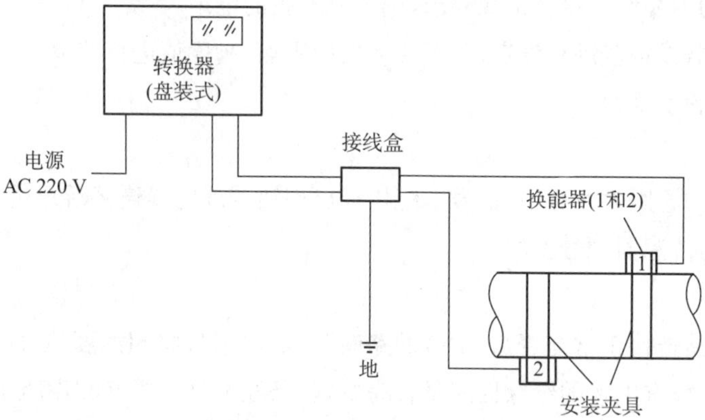

图 4.29 超声波流量计的组成

超声波换能器通常由锆钛酸铅陶瓷等压电材料制成，通过电致伸缩效应和压电效应，发射和接收超声波，外形如图 4.30 所示。转换器在结构上可分固定盘装式和便携式，在管道上的配置方式如图 4.31 所示。

(a)

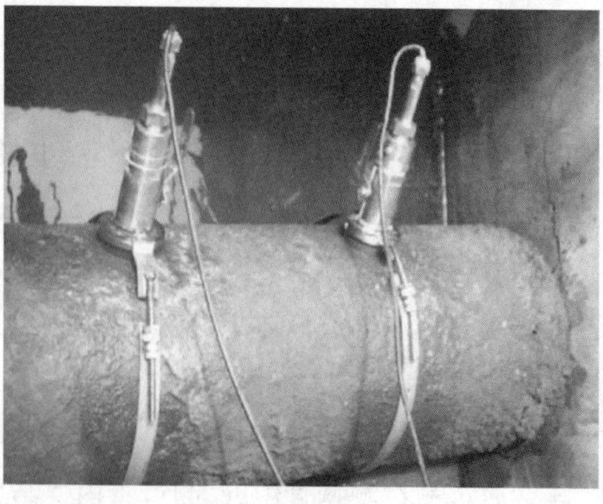

(b)

图 4.30 超声波流量计的外形

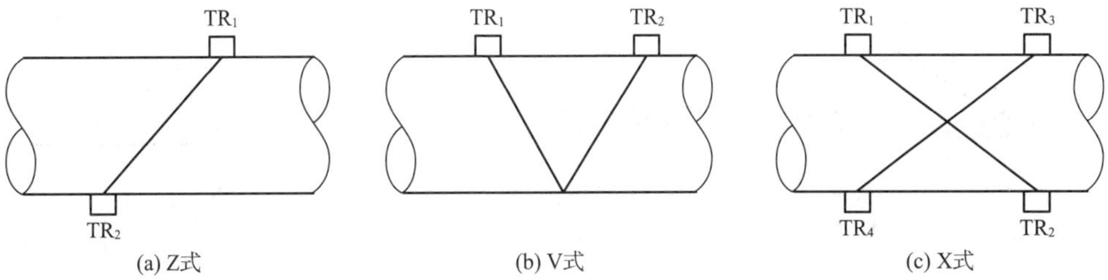

图 4.31　超声波换能器在管道上的配置方式

4.5.2　超声波流量计的测量原理

超声波的测量有多种不同的方式。如传播时间法、旋涡法、多普勒效应法等。

1. 传播时间法

超声波是一种频率在 16 000 Hz 以上的声波，它在介质中的传播具有方向性。

超声波在流体中传播，顺流方向超声波传播速度会增大，逆流方向则减小，同一传播距离就有不同的传播时间。利用传播速度之差与被测流体流速的关系求取流速，从而测出流体的流量，这种方法称之传播时间法。图 4.32 所示为超声波测速原理示意图。

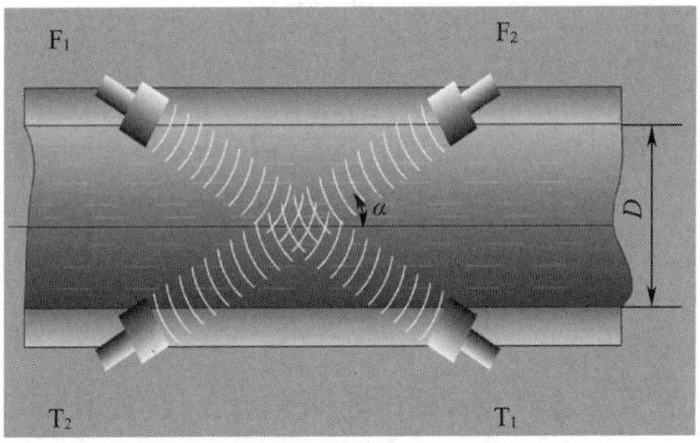

F_1、F_2—发送换能器；T_1、T_2—接收换能器。

图 4.32　超声波测速原理示意图

传播时间法按测量具体参数可分为三类，分别为：

(1)时差法：测超声波在顺流、逆流时的传播时间差；

(2)相位差法：测超声脉冲在顺流、逆流时的相位差；

(3)频差法：测超声脉冲在顺流、逆流时的重复频率。

传播时间法的原理如图 4.33 所示，超声波沿着流体的顺流方向传播，其传播时间为

$$t_1=\frac{\frac{D}{\sin\theta}}{C+V\cos\theta} \tag{4.13}$$

超声波沿着流体的逆流方向传播，其传播时间为

$$t_1=\frac{\frac{D}{\sin\theta}}{C-V\cos\theta} \tag{4.14}$$

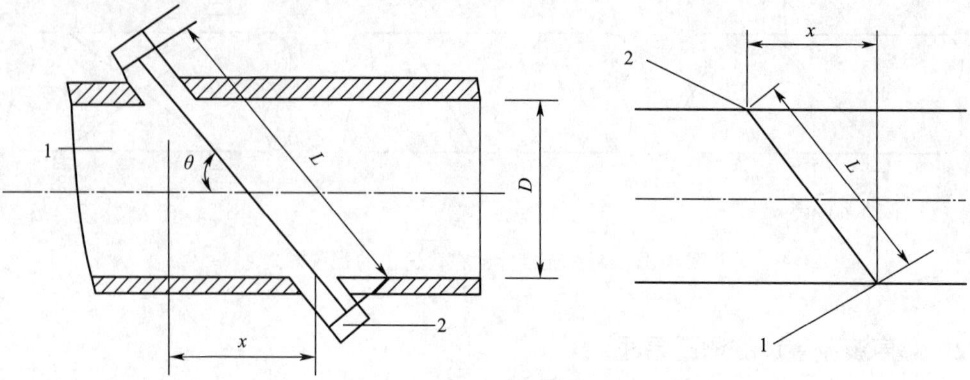

1—流体的流动方向；2—换能器。

图 4.33　传播时间法原理示意图

$$\Delta t=t_1-t_2=\frac{2DV\dfrac{\cos\theta}{\sin\theta}}{C^2-V^2\cos^2\theta}=\frac{2DV\mathrm{ctan}\,\theta}{C^2-V^2\cos^2\theta} \tag{4.15}$$

由于 $C\gg V$，所以：

$$\Delta t=\frac{2D\mathrm{ctan}\,\theta}{C^2}V \tag{4.16}$$

$$V=\frac{C^2\tan\theta}{2D}\Delta t \tag{4.17}$$

又因为 $q_v=SV$，所以：

$$q_v=\frac{\pi^2DC^2\tan\theta}{8}\Delta t \tag{4.18}$$

从式(4.18)可以看出，流量与超声波传播的时间差成正比，而且流量与声速 C 有关，而声速会随介质的温度变化而变化，因此会造成温漂。如果采用频率差法测流量，可以克服温度影响。

频差法的原理为根据超声脉冲在顺流、逆流时的重复频率差测量流速。顺流发射的一组换能器和逆流发射的一组换能器各自组成发射一接收的闭路循环系统。测量时由发射换能器发射一个脉冲，经过流体传播，被接收换能器接收放大后，再送至发射换能器发射第二个脉冲，如图 4.33 所示。如此循环，两组发射—接收的循环频率分别为

$$f_1=\frac{1}{t_1}=\frac{C+V\cos\theta}{\dfrac{D}{\sin\theta}} \tag{4.19}$$

$$f_2=\frac{1}{t_2}=\frac{C-V\cos\theta}{\dfrac{D}{\sin\theta}} \tag{4.20}$$

$$\Delta f=f_1-f_2=\frac{2V\cos\theta}{\dfrac{D}{\sin\theta}}=\frac{\sin 2\theta}{D}V \tag{4.21}$$

从式(4.21)看出频率差与声速 C 无关，所以流量与 C 无关，不受温度影响。

又因为 $q_v=\frac{\pi}{4}D^2V$，所以流量为

$$q_v=\frac{\pi}{4}D^2V=\frac{\pi D^3}{4\sin\theta}\Delta f \tag{4.22}$$

从式(4.22)可以看出超声波传播的频率差与流量成正比，而且流量与声速 C 无关，故频差法使用较多。

超声波流量计进行的是非接触测量，对被测流体不产生附加阻力，不受被测介质黏度、导电率、温度等物理性质的影响，且输出与流量呈线性关系，它特别适用于大口径液体流量的测量。但是，速度法超声波流量计也有弱点，对于那些带颗粒或含多气泡的脏污液体，由于颗粒、气泡的散射严重，致使超声波接收到的信号较弱，影响测量精度。在这种情况下，我们可利用超声波的散射特性而制成另一种型号的超声波流量计，即多普勒法超声波流量计。

2. 多普勒法测量原理

根据多普勒效应，当声源和观察者之间有相对运动时，观察者所感受到的声波频率将不同于声源所发出的频率。这个频率的变化与两者之间的相对速度成正比。超声波多普勒流量计就是基于多普勒效应测量流量的。

发射换能器 A 向流体发射频率为 f_A 的超声波连续信号，经照射域内的散射体(管道内的悬浮物颗粒及气泡)散射后，超声波产生多普勒频率偏移，以 f_B 的频率反射到接收换能器 B 上，f_A 和 f_B 之差即为多普勒频移 f_D，如图 4.34 所示。

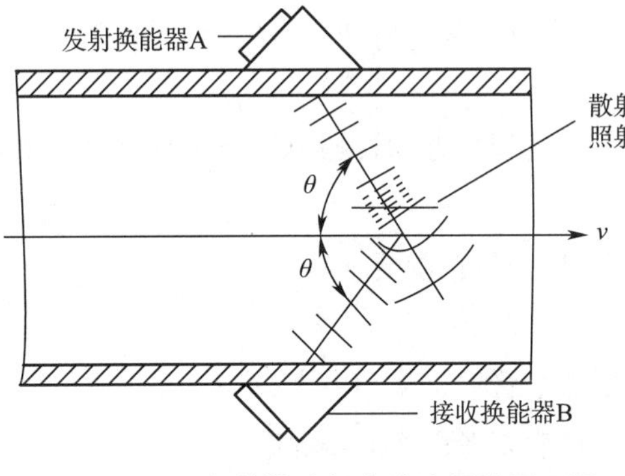

图 4.34　多普勒法超声波流量计原理图

设流体流速为 V，超声波声速为 C，多普勒频移 f_D 正比于流体的流速 V，即

$$f_B=f_A\left(1-\frac{2V\cos\theta}{C}\right) \tag{4.23}$$

多普勒频移 f_D 正比于散射体流动速度：

$$f_D=f_A-f_B=f_A\frac{2V\cos\theta}{C} \tag{4.24}$$

$$V=\frac{C}{2\cos\theta}\frac{f_D}{f_A} \tag{4.25}$$

当管道条件、换能器安装位置、发射频率、声速确定以后，C、f_A、f_B、θ 即为常数，流体的流速和

多普勒频移成正比，通过测量频移就可以测量流体的流速，进而求得流体的流量。

多普勒超声流量计的特点是适用于测量含有适量能给出强发射信号的颗粒和气泡，其悬浮物含量约在 1～5 g/L 为宜。一般用于工厂排放未处理的污水和回流污泥等流量计量，不宜用于洁净液体的流量计量。

4.5.3 超声波流量计的选用与安装

1. 超声波流量计的选用

选型时除了考虑量程、精度、价格因素以外，还要根据安装要求选择适合的流量计结构，根据被测介质条件选择适合的测量方法等。

1)结构的选择

按结构可以分为外贴式、管段式、插入式三种超声波流量计。

外贴式超声波流量计是生产最早，安装换能器无须管道断流，即贴即用，它充分体现了超声波流量计安装简单、使用方便的特点。但某些管道因材质疏、导声不良，衬里和管道内空间有间隙等原因，导致超声波信号衰减严重，无法正常测量。

管段式超声波流量计是把换能器和测量管集成一体，测量精度也比其他超声波流量计要高，但要求切开管道安装换能器。

插入式超声波流量计介于上述二者中间。在安装上可以不断流，利用专门工具在有水的管道上打孔，把换能器插入管道内，完成安装。由于换能器在管道内，其信号的发射、接受只经过被测介质，而不经过管壁和衬里，所以其测量不受管质和管衬材料限制。

2)测量方法的选择

根据被测介质、使用环境合理选择多普勒式超声波流量计或时差式超声波流量计。主要判断要素有以下几点：

(1)液体洁净程度或杂质含量，测量精度要求；

(2)基本适用条件见表 4.1；

(3)对于外夹装式仪表还要考虑管壁材料和厚度、锈蚀状况、衬里材料和厚度；

(4)对于现场安装换能器式仪表要考虑换能器类型；

(5)对于大管径传播时间法仪表要考虑声道数。

表 4.1 测量原理基本适用条件

<table>
<tr><th>条　件</th><th colspan="2">传播时间法</th><th>多普勒法</th></tr>
<tr><td>适用液体</td><td colspan="2">水类(江河水、海水农业用水等)、油类(纯净燃油、润滑油、食用油等)、化学试剂、药液等</td><td>含杂质多的水(下水、污水、农业用水等)、浆类(泥浆、矿浆、纸浆化工料浆等)、油类(非净燃油、重油、原油等)</td></tr>
<tr><td>适用悬浮颗粒含量</td><td colspan="2">体积含量＜1%(包括气泡)时不影响测量准确度</td><td>浊度＞50～100 mg/L</td></tr>
<tr><td rowspan="4">仪表基本误差</td><td>带测量管段式</td><td rowspan="2">±(0.5～1)% R</td><td rowspan="4">±(3%～10%)FS 固体粒子含量基本不变时±(0.5%～3%)</td></tr>
<tr><td>湿式大口径多声道</td></tr>
<tr><td>湿式小口径单声道</td><td rowspan="2">±(1.5～3)% R</td></tr>
<tr><td>夹装式(范围度 20：1)</td></tr>
</table>

续上表

条　　件	传播时间法	多普勒法
重复性误差	0.1%～0.3%	1%
信号传输电缆长度	100～300 m，在能保证信号质量的前提下，可以小于 100 m	<30 m
价格	较高	一般较低

2. 超声波流量计的安装

1)流量计的安装

(1)安装本类流量计时管网必须停流，测量点管道必须截断后接入流量计；

(2)连接流量计的管道内径必须与流量计相同，其差别应在±1%以内；

(3)流量计上的传感器尽可能在与水平直径成 45°的范围内，避免在垂直直径位置附近安装，如图 4.35 所示。否则在测量液体时换能器声波表面易受气体或颗粒影响，在测量气体时受液滴或颗粒影响；

(4)测量液体时安装位置必须充满液体；

(5)上下游应有必要的直管段。

2)外夹装式换能器的安装

(1)剥净安装段内保温层和保护层，并把换能器安装处的壁面打磨干净。避免局部凹陷，凸出物修平，漆锈层磨净。

(2)对于垂直设置的管道，若为单声道传播时间法仪表，换能器的安装位置应尽可能在上游弯管的弯轴平面内，如图 4.36 所示，以获得弯管流场畸变后较接近的平均值。

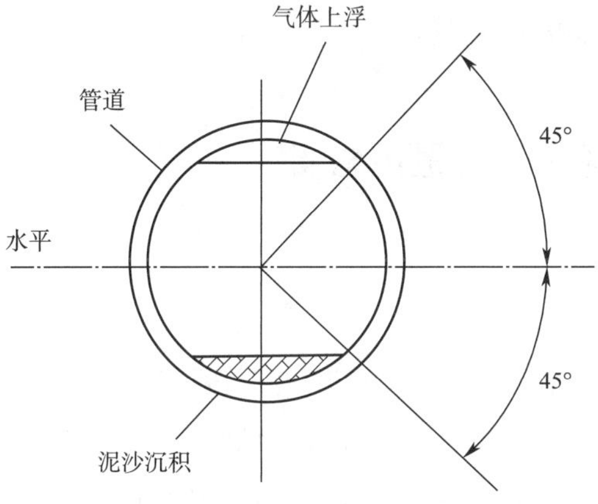

图 4.35　水平管换能器安装位置

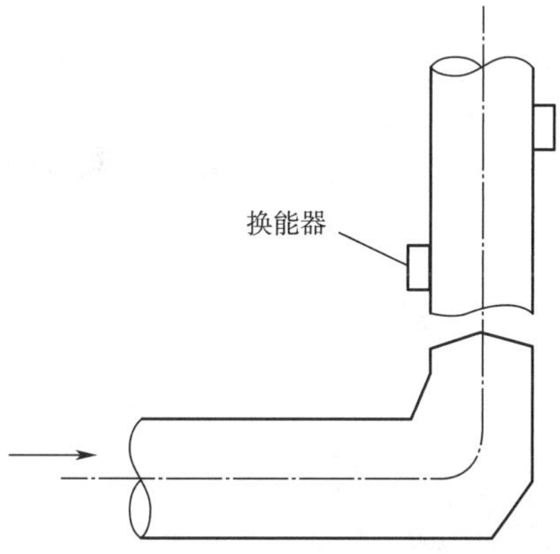

图 4.36　单声道换能器垂直管道安装位置

(3)换能器安装处和管壁反射处必须避开接口和焊缝，如图 4.37 所示。

(4)换能器安装处的管道衬里和垢层不能太厚。衬里、锈层与管壁间不能有间隙。对于锈蚀严重的管道，可震击管壁震掉锈层，保证声波正常传播。但须防止击出凹坑。

(5)换能器工作面与管壁之间保持有足够的耦合剂，不能有空气和固体颗粒，以保证耦合良好。

(6)夹装式换能器安装有对称安装(投射型安装)和同侧安装(反射型安装)两种方法，如图 4.38 所示。

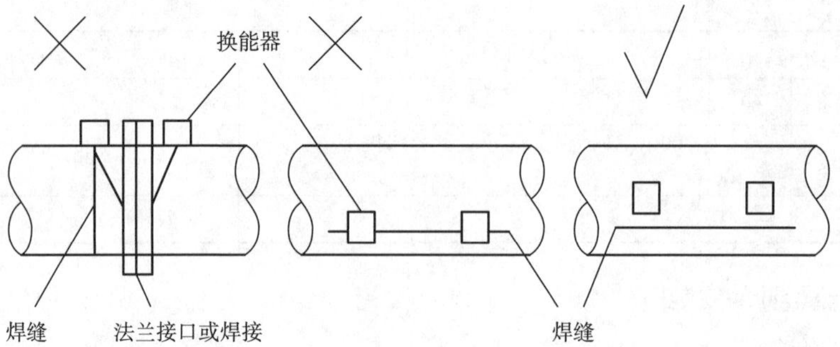

图 4.37　避开接口和焊缝示意图

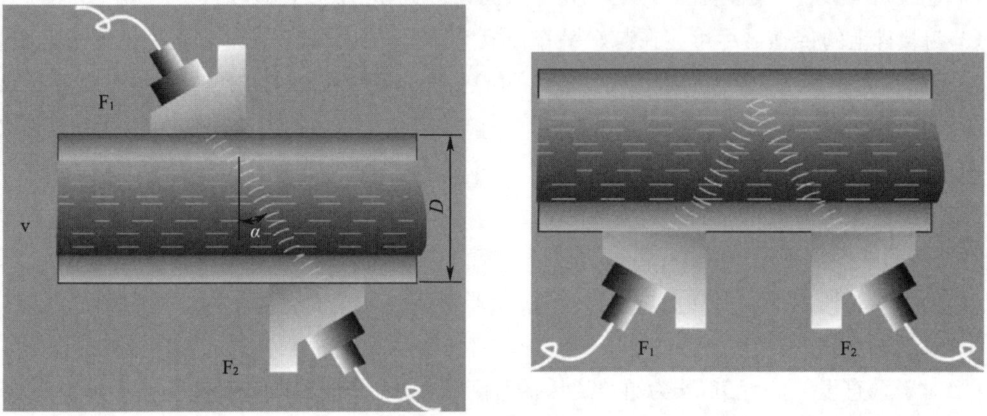

(a) 对称安装(透射型安装)　　(b) 同侧安装(反射型安装)

图 4.38　夹装式换能器安装图

4.6　其他轨道交通常用流量传感器

4.6.1　水流开关

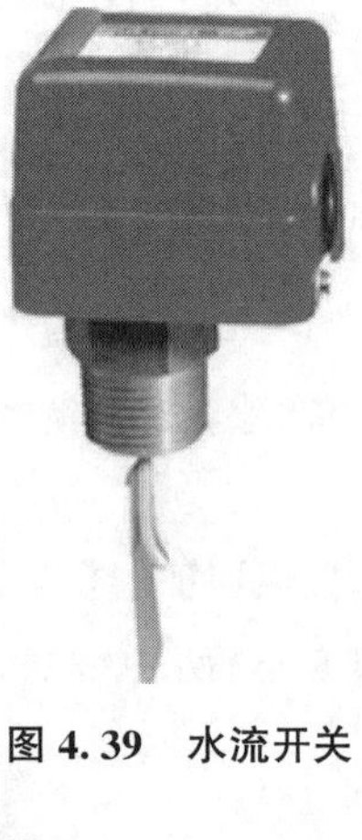

图 4.39　水流开关

用于检测水流量的传感器称为水流开关，也称为流量开关，如图 4.39 所示。由于水流开关应用的简单性，城市轨道交通系统应用较多。轨道交通常用水流开关，主要用于暖通空调设备中，监测水力系统中的液体流量，特别是制冷、热泵和供热设备，例如冷凝器、压缩器、热交换器等等。

在地铁车站的空调系统，一般以水作为二次换热的介质，合适的水流量是中央空调主机可靠工作的必要保证，不适当的水流量可能导致冷水主机蒸发器结冰、冷凝压力高、压缩机“咬缸”等故障，因此合适的水流检测方法以及检测部件是保证机组只有在系统水流量大于允许的最小水流量下工作，避免空调主机发生故障。

1. 水流开关的分类及工作原理

目前常用的水流开关类型有挡板式、靶式和压差式等流量开关。

1)挡板式水流开关

挡板式流量开关是一种速度型的流量开关,它是靠水的流速冲击挡片,水的流速越大作用在挡片上的力也就越大,作用在挡片的力使挡片发生位移从而触发控制信号。

目前挡板式流量开关可以根据水流量的大小设计挡板,减少水流通过流量开关产生的水阻力,减少水系统压头损失,但由于挡板式流量开关长期受水流的冲击仍然有疲劳的问题,即使在工厂标定好流量值的流量开关也会发生设定点漂移,通常在保护流量值不要求精确的地方使用,即用于水管内的水流突然中断的断流保护。挡板式水流开关的外形和结构如图 4.40 所示。

(a) 外形

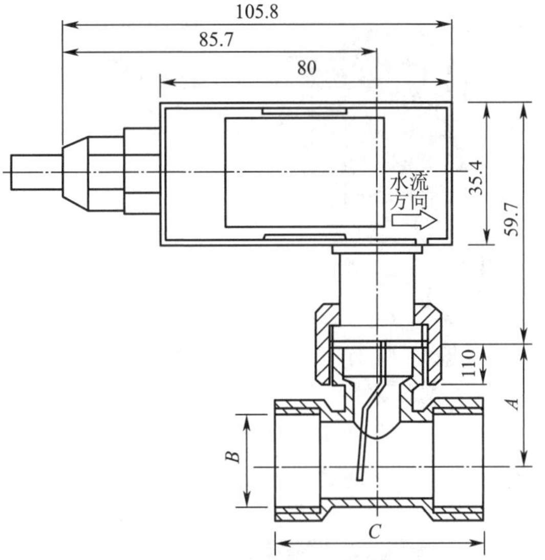

(b) 结构（单位：mm）

图 4.40　DT-FRW 系列挡板式水流开关

2)靶式水流开关

靶式流量开关是将靶片(叶片)安装在水管中,在这个叶片最末端带有一个永久的磁铁,它同位于传感器内的干簧管相对应。在侧面有一个磁性相反的磁铁,用于产生复位磁力。当水管内流动的水冲击靶片使之弯曲变形,介质流速达到设定点,叶片带动此磁铁,使干簧管吸合。当流速下降到设定点下或无流速时,叶片回到初始位置,干簧管断开。以上干簧管的动作取决于触点的类型,上述动作为触点常开类型。对于常闭,动作相反。靶式水流开关外形图和原理图分别如图 4.41 和图 4.42 所示。

3)压差式水流开关

压差式水流开关的工作原理是水在流经过文丘里管时,进水压力和出水压力不同,通过检测其两端的进、出水压差,并与该装置的预先设定值进行比较,驱动一个微动开关产生信号并准确控制流量。

压差式水流开关与靶式水流开关相比它是一种精确的流量控制方式,它具有准确的流量控制值。它可以直接安装在机组内，从压差开关连接两根铜管至换热器的进、出口测量其进、出口的压差，即反映出流量。而用户现场不需要安装和接线，避免了靶式水流开关的安装不准确导致机组故障的隐患。但差压式水流开关的开关信号的功率大，可以直接驱动控制系统，但是启动压力大，对于超低压力的设备无法使用。压差式水流开关的外形如图 4.43 所示。

图 4.41　QVE901 系列靶式水流开关外形

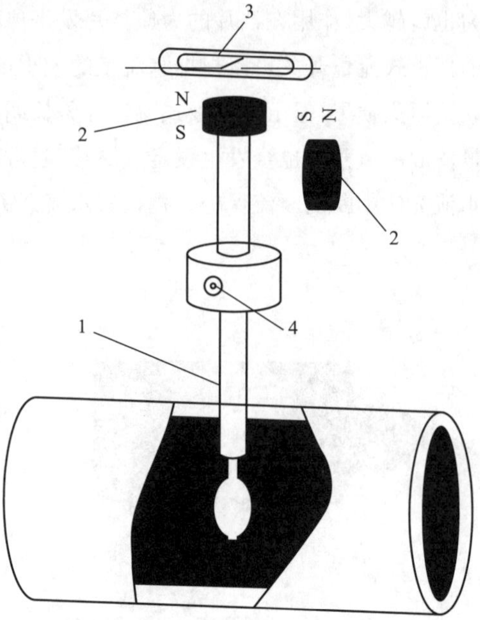

1—叶片；2—磁铁；3—干簧管；4—主动杆。

图 4.42　QVE901 系列靶式水流开关原理

图 4.43　WFS 系列压差式水流开关外形

2. 水流开关的安装与故障处理

在空调系统的水流量检测上目前主要有两种低成本的检测形式，一种是靶式水流开关，另一种是压差式水流开关。在这里主要介绍靶式水流开关。

1）安装

（1）水流开关的安装，应在工艺管道预制、安装的同时进行。

（2）水流开关的开孔与焊接工作，必须在工艺管道的防腐、衬里、吹扫和压力试验前进行。

（3）水流开关不宜安装在焊缝处，或在焊缝边缘上开孔及焊接处。

（4）水流开关应安装在水平管段上，不应安装在垂直管段上。

（5）水流开关应安装在便于调试、维修的地方。

（6）在安装传感器之前需要管道清洗，且清除管道内的磁性物质，如焊渣。

（7）流量开关一定要安装在一段直线管道上，其两边至少有 5 倍管径的直线行程（图 4.44，A 处距离）。

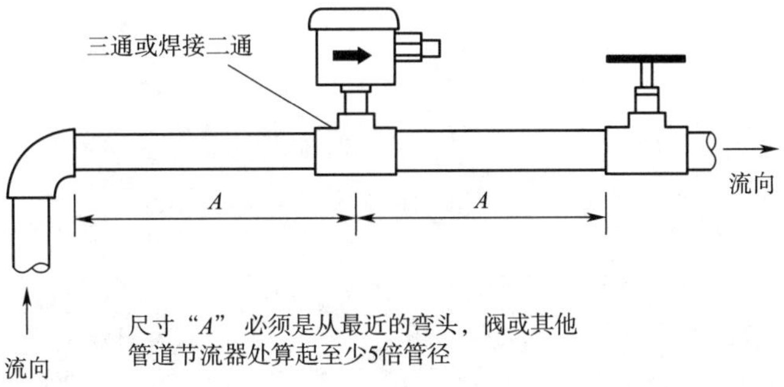

图 4.44　靶式水流开关的安装

(8)水流开关安装应注意水流叶片与水流方向。

(9)水流叶片的长度应大于管径的 1/2。

(10)水流开关不能遭受水击，如在水流开关下方装有快速闭合阀，必须使用合适的节流器，以防水流冲击。

(11)应正确接线。开关接线螺钉旁有红、黄、蓝三色标志，红色为 2 组开关的公共接线端，黄色为常开触点，蓝色为常闭触点。当管道内液体流量增加后开关动作，常闭触点变为常开触点，常开触点变为常闭触点。

(12)调整流量设定值。流量开关出厂调节在最小流量值附近，在使用时不得调到低于出厂设定位置，否则会造成开关不能回复到“无液流”位置。若需调高流量值，应顺时针旋转调节螺钉。在调高出厂设定值后想调低流量值，可逆时针旋转调节螺钉。

(13)选用 RVV 或 RVVP2×1.0 线缆连接现场 DDC。

2)故障处理

水流开关的常见故障见表 4.2。

表 4.2　水流开关的常见故障

现象或问题	解决方法
波纹管损坏，液体渗漏进入壳体	调换
碎屑卡主开关的机械部分，开关不动作	清除机械部分内的碎屑，并试验数次，确保开关正常动作
控制开关动作反向	检查是否按照接线图接线
控制器开关不动作	检查接线
开关在液流时动作，但无液流时无法恢复	液流方向须和开关上的箭头方向一致，在垂直管道中，确保液流向上
流量增加时开关不动作	检查流向片是否有裂缝或断裂，如有必要，进行调换

第 5 章

液位检测

液位测量在城市轨道交通领域具有非常重要的地位。城市轨道交通给排水系统和空调系统中对液位的检测应用较多。

液位是指在容器或工业设备中液体介质的高度。固体粉末或颗粒状物质的堆积高度叫料位；液体—液体或液体—固体的分界面叫界面。液位、料位和界面的测量统称为物位测量。液位、料位和界面的测量仪表分别称为液位计、料位计和界面计，统称为物位计。

物位测量的目的在于正确地测量容器中所储藏物质的容量或质量；随时知道容器内物位的高低，对物位上、下限进行报警；连续地监视生产和进行调节，使物位保持在所要求的高度。物位测量对于保证设备的安全运行十分重要。

物位计种类较多，按其工作原理可分为以下几种类型：

(1)直读式

根据流体的连通性原理测量液位，可直接观察物面位置。这类仪表中主要有玻璃管液位计、玻璃板液位计等。

(2)浮力式

根据浮子高度随液位高低而改变或液体对浸沉在液体中的浮子的浮力随液位高度变化而变化的原理测量液位。

(3)压力式

根据物位高度发生变化对某点上产生的压力或压差的变化的原理测量物位。

(4)电气式

把物位变化转换成各种电量变化而测量物位，如电阻式、电容式、电感式等。

(5)核辐射式

根据同位素射线的核辐射透过物料时，其强度随物质层的厚度变化而变化的原理测量液位。

(6)光学式、声学式、微波式

利用光波、声波或微波的穿透、反射、吸收特性测量物位，如超声波液位计、激光液位计、微波式液位计等。

(7)其他形式

如射流式、光纤式传感器等等。

本章主要介绍几种常用的液位传感器，了解液位的检测方法。

5.1　浮力式液位计

浮力式液位计利用漂浮在液面上的浮子(也称浮标)或浸沉于液体中的浮筒(也称沉筒)所受的浮力随液位变化而变化来进行液位测量的。

浮子式液位计按浮子形状不同，可分为浮子式、浮球式、浮筒式等；按机构不同可分为钢带式、杠杆式等。根据浮子所受浮力的不同又分为恒浮力式液位计和变浮力式液位计两种类型：

(1)恒浮力式液位计，通过浮子随液位升降的位移反映液位变化；

(2)变浮力式液位计，通过液面升降对浮筒所受浮力的改变反映液位变化。

5.1.1　恒浮力式液位计

1. 测量原理

浮力法测液位是依据力平衡原理，通常借助浮子一类的悬浮物，浮子做成空心刚体，使它在平衡时能够浮于液面。当液位高度发生变化时，浮子就会跟随液面上下移动。因此测出浮子的位移就可知液位变化量。恒浮力式液位计浮子的浮力不随液位的变化而变化的。

2. 分类

恒浮力式液位计有浮标式、杠杆浮球式和翻板式等几种液位计。

1)浮标式液位计

浮标式液位计是一种最简单的液位计，一般只能就地显示。浮标形状常见有圆盘形、圆柱形和球形等。下面以圆柱形为例来作分析，如图5.1所示。浮标通过滑轮和绳带与平衡重锤连接，绳带的拉力与浮标的重力及浮力相平衡，以维持浮标处于平衡状态而漂在液面上，平衡重锤位置即反映浮标的位置，从而测知液位。平衡时，浮标重力与钢带拉力之差 W 与浮力相平衡：

$$W=\rho g\frac{\pi D^2}{4}\Delta h \tag{5.1}$$

式中　D——圆柱形浮标外径；

ρ——液体密度；

Δh——浮标浸入深度。

当液位变化 ΔH 时，浮标浸入深度 Δh 应保持不变才能使测量准确，但由于摩擦等因素，浮标不会马上跟随动作(液位计存在不灵敏区)，它的浸入深度的变化量为 ΔH，所受浮力变化量：

$$\Delta F=\rho g\frac{\pi D^2}{4}\Delta H \tag{5.2}$$

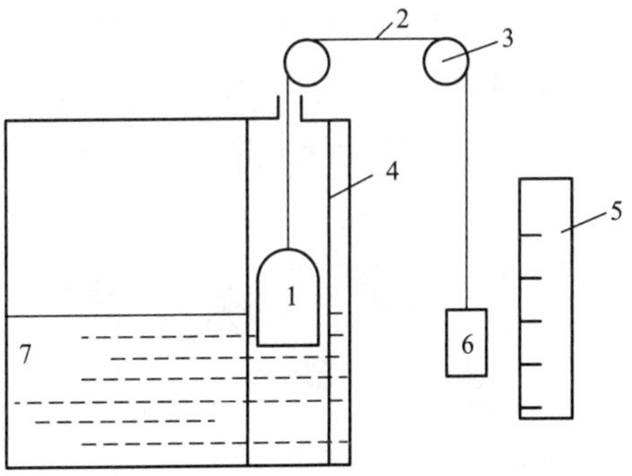

1—浮标；2—绳索；3—滑轮；4—导向杆；
5—标尺；6—重锤；7—容器。

图5.1　浮标式液位计

可知：

$$\frac{\Delta H}{\Delta F}=\frac{4}{\rho g\pi D^2} \tag{5.3}$$

由式(5.3)可知，灵敏度与浮标直径有关，适当增大浮标直径，会使相同摩擦情况下，浮标的浸入深度变化量减小，灵敏度提高，从而提高测量精度。

浮标式液位计具有简单直观，但误差大(滑轮、摩擦、钢丝绳热胀冷缩)等特点。

2)杠杆浮球式液位计

杠杆浮球液位计有内浮式和外浮式之分。内浮式是将浮球直接安装于容器内部，而外浮式是在容器外安装一个与容器连通的浮球室进行测量，如图 5.2 所示。

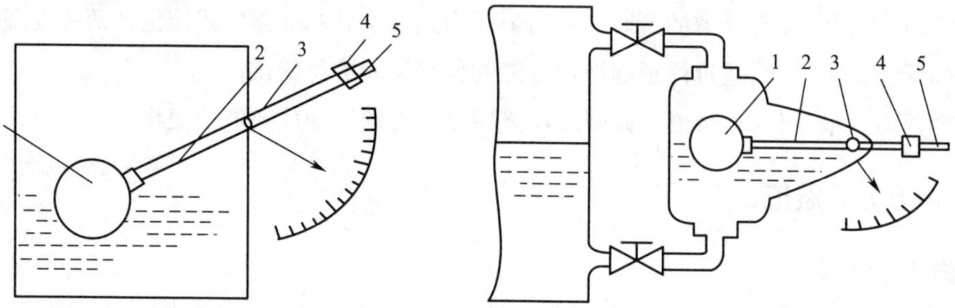

1—浮球；2—连杆；3—转动轴；4—平衡重物；5—杠杆。

图 5.2 浮球式液位计

浮球是一个空心球，测量时浮球的一半浸没在被测液体中，系统满足力矩平衡。当液位升高时，浮球被浸没的体积增加，所受的浮力增加，破坏了原有的力矩平衡状态，杠杆 5 作顺时针方向转动，使浮球位置抬高，直到浮球一半浸没在液体中，实现了新的力矩平衡。在转动轴的外侧安装一个指针，便可以从输出的角位移知道液位的高低。

使用时若有沉淀物或凝结物附在浮球上，要重新调整平衡锤的位置，校正零位。这类仪表变化灵活，容易适应介质的温度、压力、黏度等条件。但受机械杠杆长度的限制，测量范围较小，而且不适用于高压、高黏度介质。

电动浮球式液位变送器是一种力矩平衡式仪表，由检测和转换部分组成。检测部分由浮球、杠杆、平衡锤、法兰、主轴等组成；转换部分由角位移传感器、放大器、电流转换电路及指示表组成。变送器的浮球装在工艺容器内，当液位变化时，浮球的位置受到浮力随之变化，当浮力矩与反馈力矩(平衡杆和平衡锤组成力矩平衡机构)平衡时，反馈杆角度与液位成正比，其变化量经杠杆、主轴传动，表头内角位移传感器与主轴通过齿轮啮合，将液位的变化转换与液位呈线性的 4～20 mA DC 的标准信号。该类仪表具有安装方便、观察清晰、可靠性高，以及无须保温、加热、冲洗等特点。外形如图 5.3 所示。

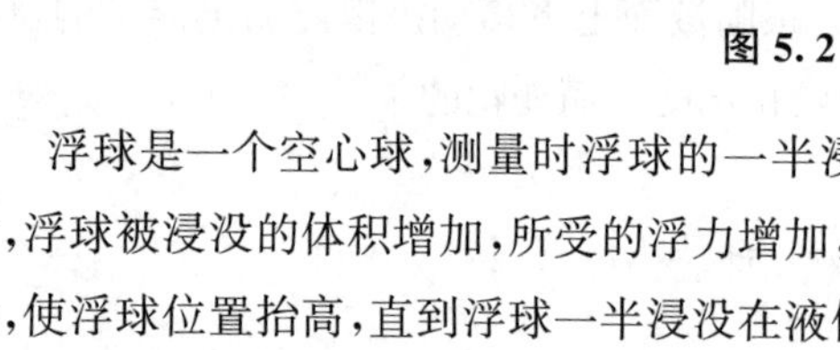

图 5.3 电动浮球液位变送器的外形

3)翻板式液位计(磁浮子液位计)

如图 5.4 所示，磁性浮子主要由本体部分、就地指示器、远传变送器以及上、下限液位报警器等几部分组成。翻板由极薄的导磁金属制成，每片宽 10 mm，垂直排列，并各自能绕框架上的小轴旋转。翻板的一面涂有红漆，另一面涂银灰漆。

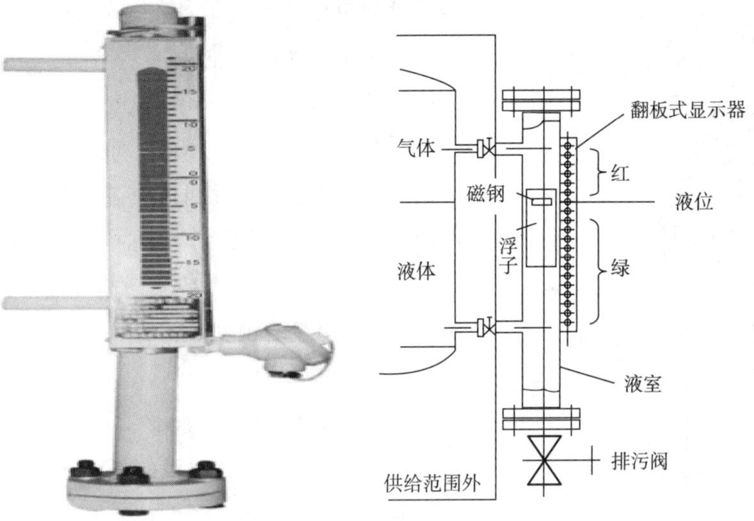

(a) 外形　　(b) 结构

图 5.4　磁浮子液位计外形及结构

磁浮子液位计通过与工艺容器相连的筒体内浮子随液面(或界面)的上下移动，由浮子内的磁钢利用磁耦合原理驱动磁性翻板指示器绕小轴翻转，用红蓝两色(液红气蓝)明显直观地指示出工艺容器内的液位或界位，如图 5.5 所示。磁浮子液位计具有结构牢固、工作可靠、显示直观；但精度较低，可测高温、高压、不透明液体的特点。外形如图 5.6 所示。

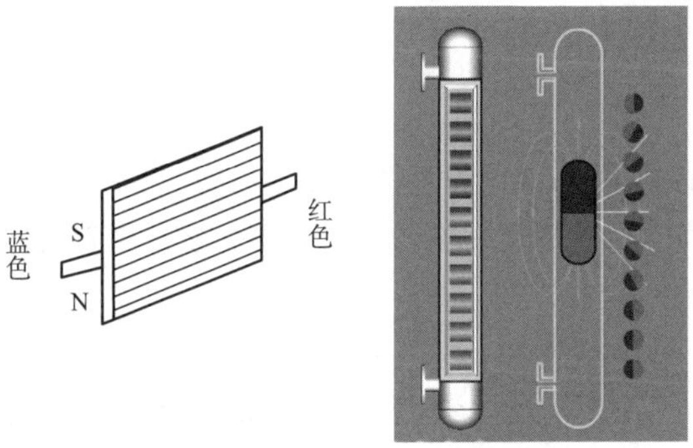

(a) 翻板　　(b) 磁耦合原理

图 5.5　磁浮子液位计工作原理

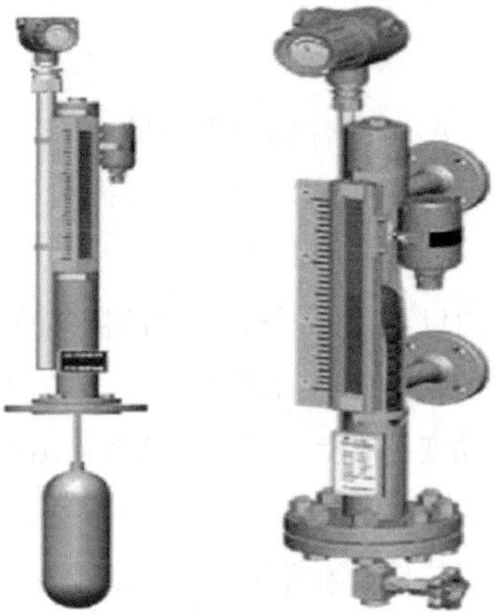

顶装式磁性浮子液位计　　磁性浮子液位计

图 5.6　磁浮子液位计外形图

5.1.2　变浮力式液位计(浮筒式液位计)

1. 测量原理

浮筒式液位计的检测元件是浸没于液体中的浮筒(或沉筒)。浮筒式液位计属于变浮力液位计，当被测液面位置变化时，浮筒浸没体积变化，所受浮力也变化，此浮力变化再以力或位移变化的形式，带动电动或气动元件发出信号给显示仪表以显示液位，也可以实现液位的报警和调节。常用结构又分为位移平衡式和力平衡式两种。

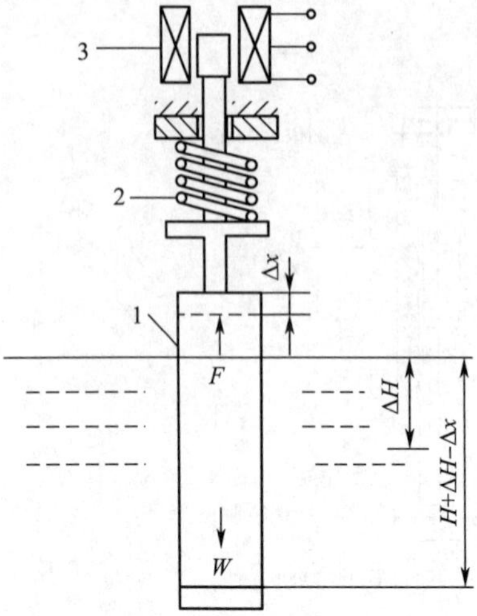

1—浮筒；2—弹簧；3—差动变压器。

图 5.7　力平衡式(变浮力式)

浮筒液位计

1)力平衡式浮筒液位计

如图 5.7 所示，将一横截面积为 A，重量为 W 的圆形空心金属浮筒挂在弹簧上，浮筒的重力被弹簧力所平衡。当浮筒的一部分被液体浸没时，由于受到液体的浮力作用而使浮筒向上移动，重新达到平衡时，浮筒停止移动，此时：

$$Cx = W - A\rho g H \tag{5.4}$$

式中　C——弹簧的刚度，N/m；

x——弹簧拉伸的位移，m；

A——浮筒的截面积，m^2；

H——浮筒被液体浸没的深度，m；

ρ——被测液体的密度，kg/m^3；

g——重力加速度，m/s^2。

当容器内液体的液位变化时，浮筒浸入部分的深度 H 就要发生变化，弹簧所受的力也跟着变化，则弹簧变形产生位移 Δx，形成新的平衡，此时：

$$C(x - \Delta x) = W - A\rho g(H + \Delta H - \Delta x) \tag{5.5}$$

将式(5.5)减去式(5.4)得

$$\Delta H = \frac{C + A\rho g}{A\rho g}\Delta x = K\Delta x \tag{5.6}$$

式中　Δx——浮筒的位移量；

ΔH——液位的变化量；

K——比例系数。

由以上分析可知，浮筒的位移量(即弹簧的位移量)与液位的变化量成正比。比例系数 K 只与弹簧的刚度、浮筒的截面积、液体的密度有关。如果弹簧的顶端连接一铁芯，铁芯随着弹簧的位移，在差动变压器上、下移动，从而输出电信号，就可以进行指示和远传。

2)位移平衡式浮筒液位计

由位移平衡式浮筒液位计测量部分结构(图 5.8)可知，当液位处于浮筒下端时，浮筒的全部质量作用在杠杆上，经杠杆作用使扭力管上的扭力矩最大，从而使扭力管产生了最大的扭角(约为 7°)。

当液体浸没整个浮筒时，液体对浮筒产生的浮力最大，作用在杠杆上的力最小，经杠杆作用使扭力管上的扭力矩最小，扭力管产生的扭角最小(约为 2°)。

由此可以得知，当液位变化时，扭力管的扭角会发生相应的变化。因此，测量扭力管扭角的变化，就能测量液位的变化。浮筒式液位计就是利用以上原理测量液位的。它将扭力管的扭角变化转换为气动或电动标准信号输出。

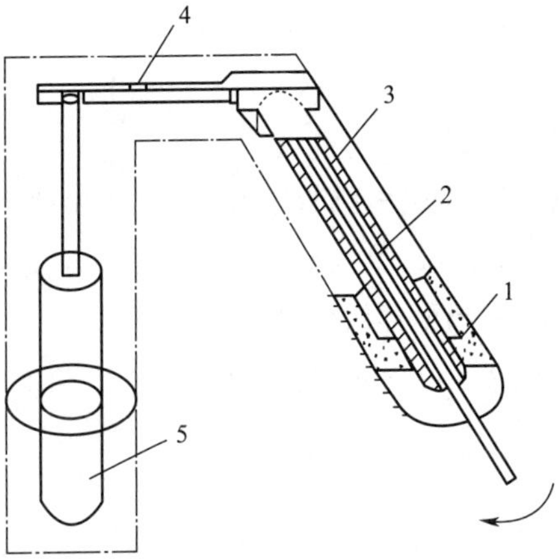

1—外壳；2—芯轴；3—扭力管；4—杠杆；5—浮筒。

图 5.8　位移平衡式浮筒液位计测量部分结构

2. 分类

浮筒式液位计按传输信号的种类可分成两大类。

1)气动浮筒液位计

由检测、变送、调节三环节组成，输出 20～100 kPa 的气动液位变送信号，能防爆，主要用于炼油厂及相关危险场所。

2)电动浮筒液位计

由检测、变送两环节组成。如图 5.9 所示，杠杆的末端吊有内筒，浮筒随介质的浮力 F_1 变化而升降，这个浮力作用在杠杆 1 上，使杠杆系统以轴封膜片为支点而产生微小偏转(轴封膜片一方面作为杠杆的支点，另一方面起密封作用)。带动杠杆 2 转动，传感器将偏移量经信号处理及转换电路转换成 4～20 mA 标准信号输出，即完成变换过程。

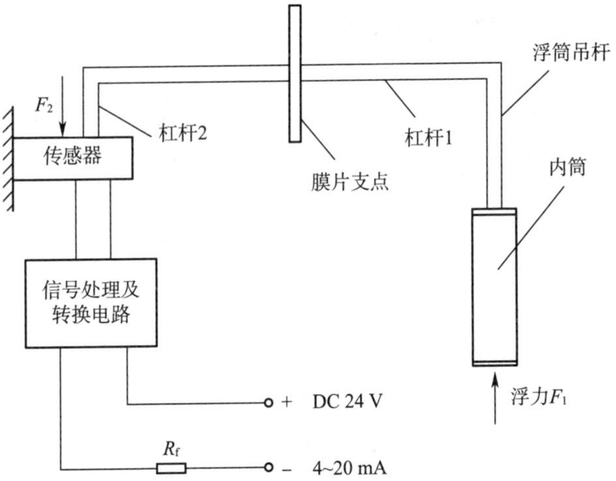

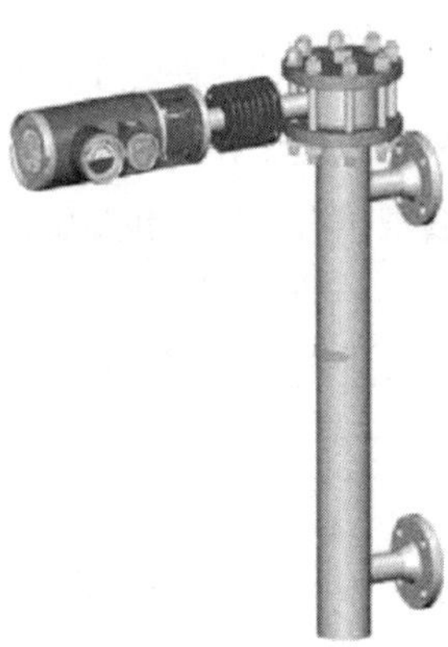

图 5.9　电动浮筒液位计

3. 浮筒液位计的调校过程

仪表在出厂前，已经进行性能调试。但经长途运输、长期库存、检修或运行一段时间后，仍应对仪表各项主要技术指标做全面的检查和校验。浮筒液位计的检查和校验分为初步检查和变送部分的调校。

1)初步检查

(1)检查浮筒组件位置是否正常,轻按浮筒,浮筒应能自由振动 10 次以上。

(2)打开表盖,检查零部件有无缺损,接线是否断开,初始位置是否正常。

(3)接通 220 V、50 Hz 电源,然后向浮筒室通水。

(4)旋动调零转盘(即改变铁芯在差动变压器线圈中位置),输出电信号应能平滑快速地上升到最大值或下降到最小值。

2)变送部分的调校

(1)零位调整

仪表接通电源后,使浮筒底部有 5 mm 浸在液体中,设此点为液位的零处,然后进行仪表的零位调整,仪表的零位调整由粗调和细调两部分组成,粗调、细调均在表头部分。粗调是机械调零,它的原理是调节差动变压器线圈和铁芯之间的相对位置,使铁芯置于差动变压器的中心。零位细调是电气调零,利用电位器 W_2 可使相敏整流后输出电压为零。在调零时,应先将调零电位器置于中间位置,然后旋动调零转盘(机械调零)使输出尽量为零,若尚有少量偏差则可调整电位器调节到零点。

(2)满度调整

在零位调整并使液位处于 100%,旋动满度电位器使仪表输出为满刻度值,再将液位下降到零,观察仪表零点是否改变,如果变动,需将零位和满度重新调整一遍,直至零位和满度都基本调好,再检查仪表的指示精度;在液位分别在 0、50%、100%处,各测量值的误差不应超过仪表最大允许误差。

5.2 压力式液位计

压力式液位计依据液体重量所产生的压力进行测量。由于液体对容器底面产生的压力或压差与液位高度成正比,因此通过测容器中液体的压力或压差即可测算出液位高度。利用压力式检测方法测量液位有静压式和差压式两种。

5.2.1 静压式液位计

1. 工作原理

若被测对象为敞口容器,可直接用压力检测仪表对液位进行检测,即采用静压力式方法测量液位。如图 5.10 所示,将压力仪表通过引压导管与容器底侧零液位相连,此时,液位高度 H 与液体静压力 p 之间有如下关系:

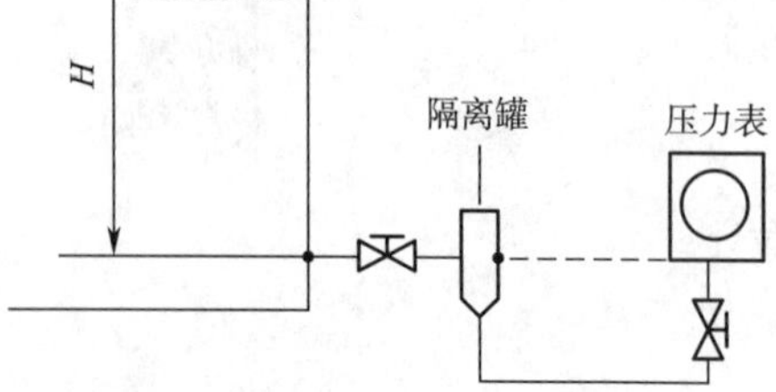

图 5.10 静压式液位计示意图

$$p=\rho g H \tag{5.7}$$

式中　p——测压仪表指示值；

H——液位的高度；

ρ——液体的密度；

g——重力加速度。

2. 分类

静压式液位计主要用于测量开口容器的液位高度，常用的有压力表式液位计、法兰式液位变送器和吹气式液位计三种，如图 5.11 所示。

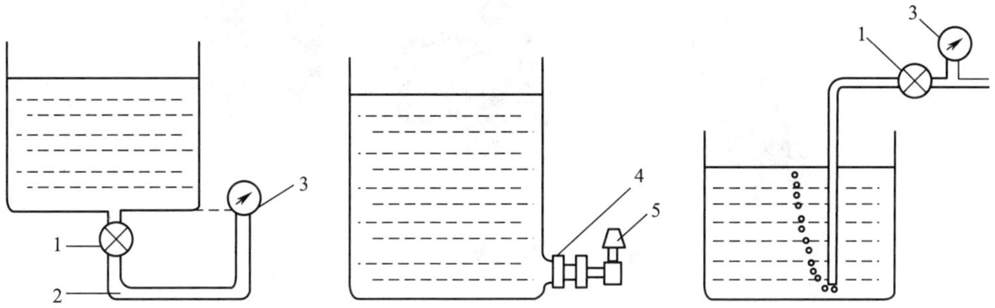

(a)压力表式液位计　(b) 法兰式液位变送器　(c) 吹气式液位计

1—阀门；2—导管；3—压力表；4—法兰；5—压力变送器。

图 5.11　静压式液位计

1)压力表式液位计

如图 5.11(a)所示，当压力计与取压点(即零液位点)不在同一水平位置时，应对由于位置高度差而引起的附加压力进行修正，即“零点迁移”。

2)法兰式液位变送器

如图 5.11(b)所示，压力计通过法兰安装于容器底部，作为敏感元件的金属感压膜盒安装在法兰中，并经充满硅油的带保护套的毛细管与压力计(如变送器等)的测量室相连。在这个密闭系统中充满硅油用以传递压力。

法兰式液位变送器用于黏度大、有沉淀、易结晶、易凝固或具有腐蚀性的介质，为防止导压管堵塞或腐蚀仪表，采用法兰式压力变送器。

当压力计与取压点(即零液位点)不在同一水平位置时，也应进行零点迁移。

3)吹气式液位计

如图 5.11(c)所示，把一根导管插入敞开容器的下部，空气经节流元件和压力计后由导管下部敞开逸出。当空气从导管下端以气泡形式流出时，管内压力与管口处的静压力相等，因此压力计指示值即可反映液位高度。

当液位上升或下降时，管口处静压力变化，导致管口气体的流出量变化，因此管内压力变化。吹气式液位计可将压力检测点移至顶部，其使用和维修均很方便，可用于腐蚀性较强或沉淀严重的液体，很适合于地下储罐、深井等场合。

采用静压力式方法测量液位时应注意以下两点：

(1)液体密度必须为定值,否则会引起误差;

(2)压力仪表实际指示的压力是液面至压力仪表入口之间的静压力,当压力仪表与取压点(零液位)不在同一水平位置时,应对其位置高差而引起的固定压力进行修正。如采用图 5.11(a)压力表式液位计测量时应注意压力表测压点应与液位底面平行。外形如图 5.12 所示。

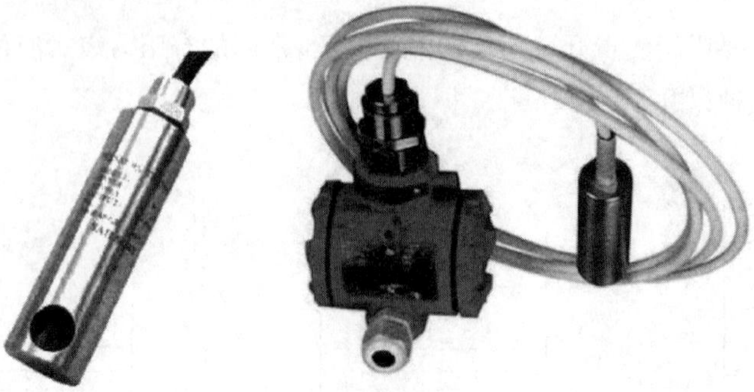

图 5.12　静压液位计的外形

5.2.2　差压式液位计

若被测对象为密闭容器,由于容器下部液体压力除与液位高度有关外,还与液面上部介质压力有关。此时常规的静压液位计不能满足测量要求,而应用较多的是差压式液位计,测量压差的方法来获得液位,它可在测量过程中消除液面上部气压及气压波动对示值的影响。

差压式液位计是利用密闭容器内的液位高度改变时,液柱对某定点产生的静压也发生相应变化的原理而工作的。差压式液位计有气相和液相两个取压口。差压计一端接液相,另一端接气相,如图 5.13 所示。

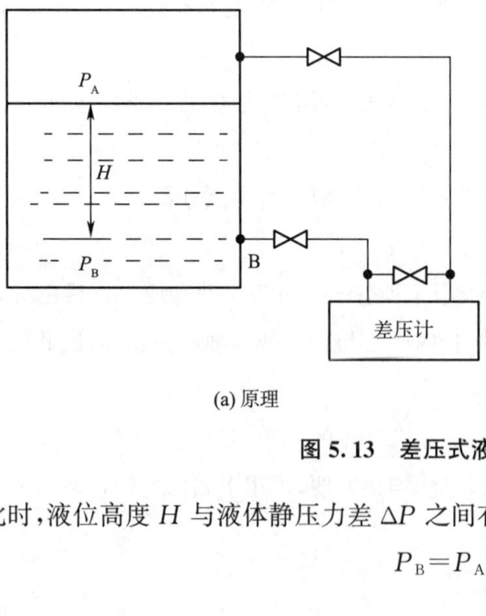

(a) 原理

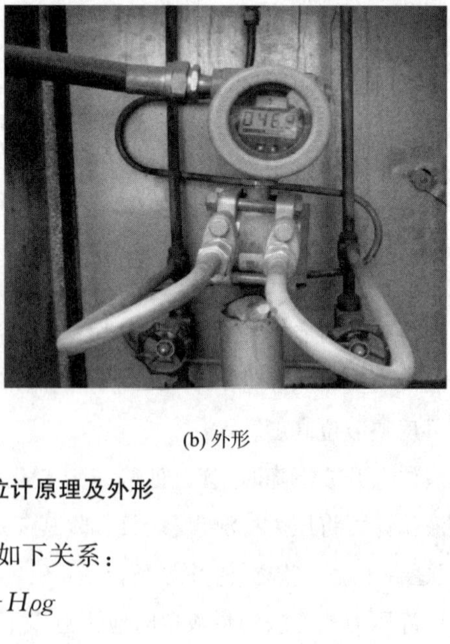

(b) 外形

图 5.13　差压式液位计原理及外形

此时,液位高度 H 与液体静压力差 ΔP 之间有如下关系:

$$P_B = P_A + H\rho g \tag{5.8}$$

$$\Delta P = P_B - P_A = H\rho g \tag{5.9}$$

式中　P_B、P_A——容器内气相和液相的压力；

H——液位的高度；

ρ——液体的密度；

g——重力加速度。

通常，被测介质的密度是已知的，因此差压计两端的压差与液体的高度成正比。测量压差就可以得知容器内液位的高度。

当用差压式液位计来测量液位时，若被测容器是敞口的，气相压力为大气压，则差压计的负压室通大气就可以了，这时也可以用压力计来直接测量液位的高低。若容器是受压的，则需将差压计的负压室与容器的气相相连接。以平衡气相压力 P_A 的静压作用。

差压式液位计适合黏度较小、洁净液体的液位测量。在测量的过程中应注意测压基准点与最低液位一致。凡是能测量压力或差压的仪表，只要量程合适均可用于液位测量；

5.2.3　零点迁移

用差压变送器测量容器内的液位时，由于安装位置不同或导压管存在液柱，会存在零点迁移问题。

在使用压力变送器测量液位时，应对压力变送器进行零点调整，使在只受附加静压力时输出为“零”，这个零点调整的过程就是“零点迁移”，有时也称作“量程迁移”。“量程迁移”可以同时改变量程的下限和上限而量程保持不变。零点迁移有无迁移、正迁移和负迁移三种情况。

1. 无迁移

如图 5.14(a)所示，当差压变送器的安装高度（正压取相口）与容器的最低液位（$H_{min}=0$）处于同一水平位置，而且被测介质的气相部分不会冷凝时，作用于变送器正、负压室的压差 ΔP 与液位高度 H 的关系为 $\Delta P = H\rho g$（其中 ρ 为被测液体的密度，g 为重力加速度），不需进行迁移。

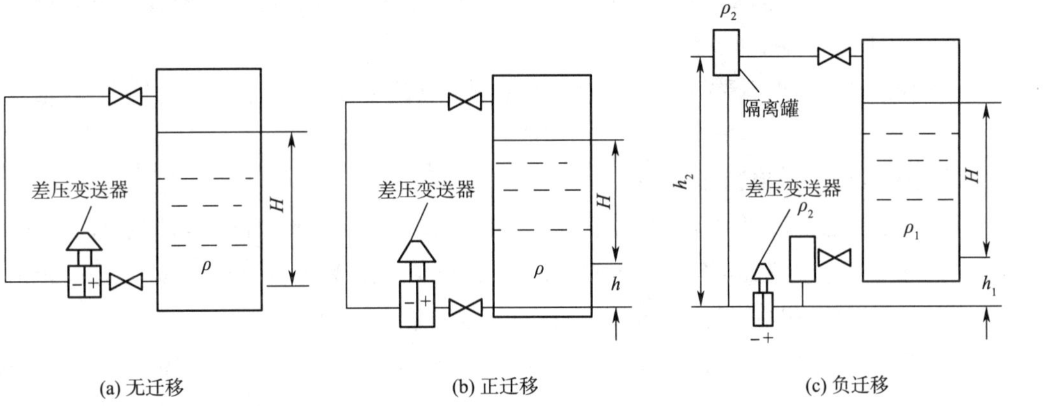

图 5.14　迁移状态

当 $H=0$ 时，正负压室的压差如 $\Delta P=0$，变送器输出信号为 4 mA；当 $H=H_{max}$ 时，压差 $\Delta P = \rho g H_{max}$，变送器的输出信号为 20 mA。

2. 正迁移

当差压变送器的安装位置低于容器的最低液位（$H_{min}=0$）时，需要进行正迁移。如图 5.14(b)所示，差压变送器正、负压室的压差为

$$\Delta P=\rho g(H+h) \tag{5.10}$$

式中　h——差压变送器的安装位置与容器最低液位的距离。

则正迁移量为

$$A=\rho gh \tag{5.11}$$

当 $H=0$ 时，$\Delta P=\rho gh=A>0$，从而使差压变送器受到一个附加正压差作用，使差压变送器的输出电流大于 4 mA。

为使 $H=0$ 时，$I=4$ mA，就需设法消去 A 的作用。由于 $A>0$，故需要正迁移，迁移量为 A，迁移后 $\Delta P=0$。

3. 负迁移

当差压变送器测量液位如图 5.14(c)所示，为防止密闭容器内的液体或气体进入差压变送器的取压室，造成引压管的堵塞或腐蚀。在差压变送器的正、负压室与取压点之间分别装有隔离罐，并充满某种与被测介质不混合的液体，一般把这种液体称为隔离液，其密度为 ρ_2，被测液体的密度为 ρ_1。当差压变送器加装隔离罐或采用法兰式测压差时，需要进行负迁移。

当差压变送器安装在容器的下部时，正导压管内会有隔离液流入形成一个固定的液柱。

这样正、负压室的压力分别为

$$P_+=P_1+\rho_1 gH+\rho_2 gh_1 \tag{5.12}$$

$$P_-=P_1+\rho_2 gh_2 \tag{5.13}$$

式中　P_1——密闭容器内气体的压力。

则正、负压室的压差为

$$\Delta P=P_+-P_-=\rho_1 gH-\rho_2 g(h_2-h_1) \tag{5.14}$$

当被测液位 $H=0$ 时，$\Delta P=-\rho_2 g(h_2-h_1)<0$，从而使变送器在 $H=0$ 时输出电流小于 4 mA；当 $H=H_{max}$ 时，输出电流小于 20 mA。

为了使变送器的输出不受固定压差的影响，采用零点迁移法，进行负迁移，迁移量为 $\rho_2 g(h_2-h_1)$。

4. 零点迁移的方法和仪表的选择

零点迁移的方法是用调整变送器的零点迁移弹簧，使液位由零变化到最高液位时，ΔP 由零变化到最大差压 ΔP_{max}，变送器的输出从下限变化到上限。零点迁移弹簧的作用，实质是改变测量范围的上限值和下限值，相当于测量范围的平移，它不改变量程的大小。

例如，某差压变送器的测量范围为 0～5 000 Pa，当压差由 0 变化到 5 000 Pa 时，变送器的输出将由 4 mA 变化到 20 mA，这是无迁移的情况，如图 5.15 中直线 a 所示。当该变送器安装时存在负迁移 $\rho gh=2\ 000$ Pa 时，$H=0$ 时，变送器两端的固定差压为 $\Delta P=-2\ 000$ Pa，调整迁移弹簧使输出为 4 mA；当液面为最高时，变送器两端压差 $\Delta P=(5\ 000-2\ 000)\text{Pa}=3\ 000$ Pa，也就是说 ΔP 从 $-2\ 000$ Pa 变化到 3 000 Pa 变送器输出从 4 mA 变化到 20 mA，维持了原来的量程，只是向负方向

迁移了一个固定的压差，如图 5.15 直线 b 所示。正迁移的情况与负迁移的情况一样，只是在变送器的两端产生了一个固定的正压差如 2 000 Pa，使变送器的量程维持不变，只是向正方向迁移了一个固定的压差如图 5.15 直线 c 所示，其固定的差压为 2 000 Pa。

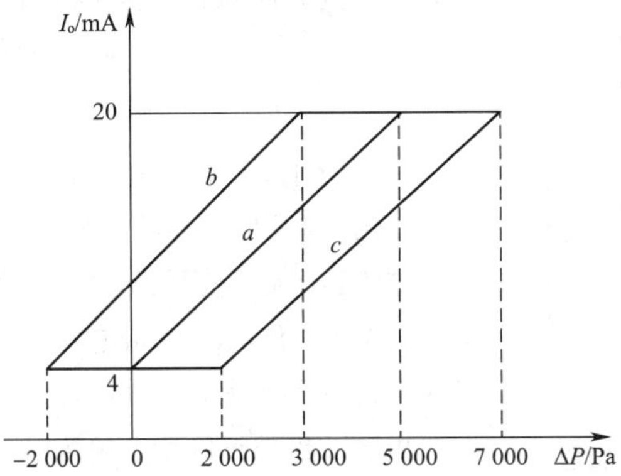

图 5.15　正负迁移示意图

需要特别提出注意的是差压式变送器并非都带有迁移弹簧。在差压变送器规格中，一般都注有是否带正、负迁移装置。型号后面加“A”的为正迁移，加“B”的为负迁移，必须根据现场要求正确使用。

例 5.1　如图 5.14(c)所示安装差压变送器，已知：$\rho_1=1\ 200\ \text{kg/m}^3$，$\rho_2=950\ \text{kg/m}^3$，$h_1=0.1$ m，$h_2=5.0$ m 液位高度 H 变化范围为 0～3 m，试选择合适的差压变送器并进行量程迁移。

解：液位高度变化形成的差压值为

$$\rho_1 gH=1\ 200\times 9.8\times 3\ \text{Pa}=35\ 280\ \text{Pa}$$

所以可选择差压变送器量程为 40 kPa。

因为加装了隔离罐，应进行负迁移，迁移量为

$$\Delta P=\rho_2 g(h_2-h_1)=950\times 9.8\times (5-1)\text{Pa}=37\ 240\ \text{Pa}$$

所以负迁移量为 37.240 kPa，即将差压变送器的零点调为－37.240kPa。迁移后差压变送器的测量范围为－37.24～2.76 kPa。

5.3　电容式液位计

电容式液位传感器是利用被测物的介电常数与空气(或真空)不同的特点进行检测的，电容式液位计由电容式液位传感器和检测电容的测量线路组成。它适用于各种导电、非导电液体液位的远距离连续测量和指示，也可以和电动单元组合仪表配套使用，以实现液位的自动记录、控制和调节。由于它的传感器结构简单，没有可动部分，因此应用范围较广。

5.3.1　电容式液位计的测量原理及特点

电容式液位计原理是通过电容传感器把液位转换成电容量的变化。然后再用测量电容量的方法求得液位的数值。

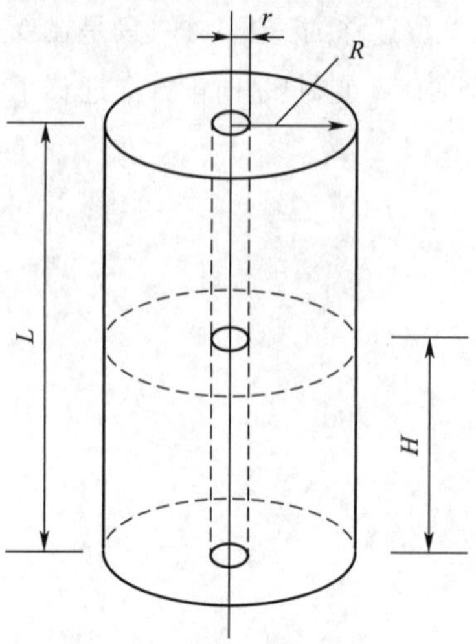

图 5.16　电容式液位传感器测量结构原理

电容式液位传感器是根据圆筒形电容器原理进行工作的，结构如图 5.16 所示。由两个长度为 L，半径分别为 R 和 r 的同轴圆柱极板组成的电容器，在两圆筒极板之间隔以介电常数为 ε 的介质，则两圆筒间的电容量为

$$C=\frac{2\pi\varepsilon L}{\ln\left(\frac{R}{r}\right)} \tag{5.15}$$

由式(5.15)可知，当介电常数为 ε 和圆筒半径 R、r 不变时，L 的变化就会引起电容量 C 的变化，且成正比。由此可知，电容式液位传感器是一种可变电容器，随着液位 L 的变化，其电容量必然会发生变化，只要测得电容量，就能知道液位高度。电容式液位计的外形如图 5.17 所示。

电容式液位计的特点包括以下几点：

(1)与物料密度无关。适合应用于多种导电、非导电液体的连续液位测量。

(2)可以用在高压、真空、高温、低温、强振动及应用于强腐蚀液体等恶劣环境中。

(3)体积小巧、结构简单、动态性能好、灵敏度高、分辨率强。

(4)两线制输出功耗小、使用简便。

(5)工作时无可动部件，工作可靠。

(6)电容式液位计价格低廉、经济耐用。

(7)不适合于以下介质：如介质的介电常数随温度等影响而变化、介质在电极上有沉积或附着、介质中有气泡产生等情况。

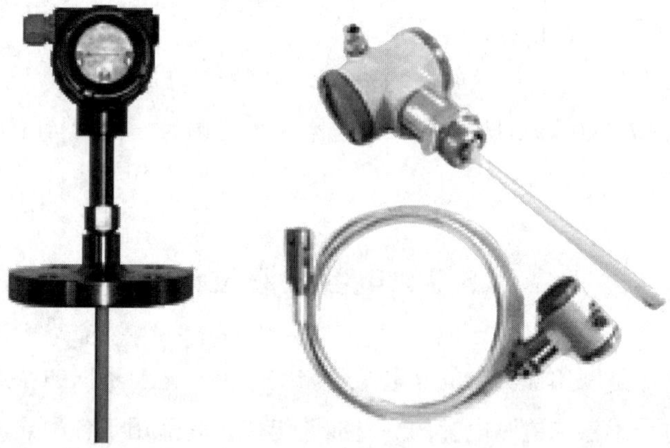

(a) UYB-51型电容式液位计　　(b) TV512电容式液位变送器

图 5.17　电容式液位计的外形

5.3.2　电容式液位计的应用

1. 测量非导电性液体的液位

对非导电介质液位测量的电容式液位计的传感器如图 5.18 所示，它用一个电极 1 作为内电

板，用与内电极同轴的金属圆筒2作为外电极，外电极上开有孔和槽，以便被测液体的自由流动，内外电极间用绝缘材料进行绝缘固定。

当液位为零时，其电容为

$$C_0=\frac{2\pi\varepsilon_0 L}{\ln\left(\frac{R}{r}\right)} \tag{5.16}$$

式中　ε_0——介电系数。

如果液体的介电系数为 ε，当液面升高为 H 时，电容量为两部分的组合，即

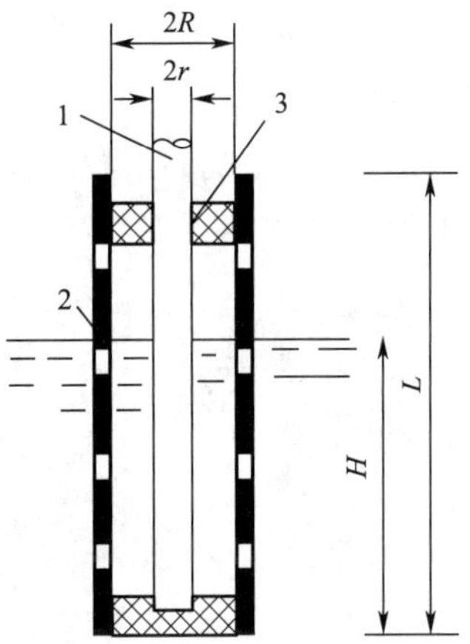

1—内电极；2—外电极；3—绝缘材料。

图5.18　非导电性液体的液位测量

$$C=\frac{2\pi\varepsilon H}{\ln\frac{R}{r}}+\frac{2\pi\varepsilon_0(L-H)}{\ln\frac{R}{r}}=C_0+\frac{2\pi(\varepsilon-\varepsilon_0)H}{\ln\frac{R}{r}}=C_0+KH \tag{5.17}$$

$$\Delta C=C-C_0=\frac{2\pi(\varepsilon-\varepsilon_0)H}{\ln\frac{R}{r}}=KH \tag{5.18}$$

由上式(5.18)可知，当 ε、ε_0、R、r 不变时，电容量的变化 ΔC 与电极浸没的长度即液位高 H 成正比。因此测出电容量的变化数值，便可知液位高度 H。

式(5.18)中 K 为仪表的灵敏度，K 越大，仪表的灵敏度就越高。因此 $(\varepsilon-\varepsilon_0)$ 越大，灵敏度越高，或者在制作电容传感器时使 R 接近于 r，减少分母，提高仪表的灵敏度。

2. 测量导电性液体的液位

如果被测介质为导电性液体时，在液体中插入一根带绝缘套的电极，由于液体是导电的，容器和液体可看作是电容器的一个电极，插入的金属电极作为另一个电极，绝缘套管为中间介质，三者组成圆筒电容器，如图5.19所示。当液位变化时，就改变了电容器两极覆盖面积的大小，液位越高，覆盖面积也就越大，容器的电容量也就越大。假如中间介质的介电常数为 ε，电极被导电液体浸没的长度为 H，则此时电容器的电容量为

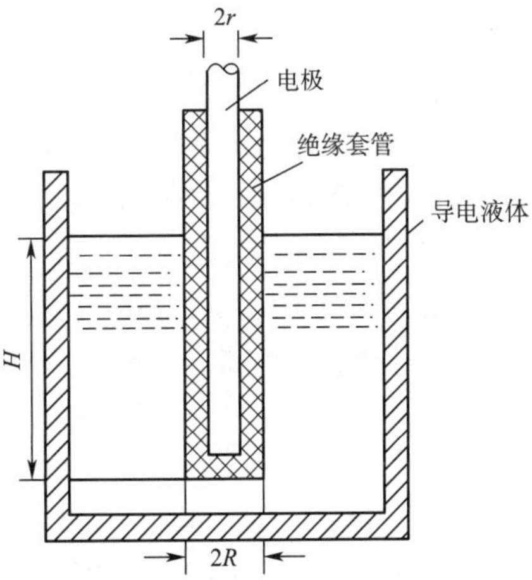

图5.19　导电性液体的液位测量

$$C=\frac{2\pi\varepsilon H}{\ln\left(\frac{R}{r}\right)} \tag{5.19}$$

式中　R——覆盖绝缘层外半径；

r——内电极外半径。

由于式中 ε 为常数，所以 C 与 H 成正比，因此测得电容量的值，便可知液位高度 H。

3. 电容式液位限位计的使用(开关值的设定)

如图5.20为电容式液位限位计。电容式液位限位计与液位变送器的区别在于它不给出模拟量，而是给出

开关量。当液位到达设定值时，它输出低电平。但也可以选择输出为高电平的型号。

液位限位计在使用前应先进行设定，如图 5.20(b)、(c)所示，用手指压住设定按钮，当液位达到设定值时，放开按钮，智能仪器就记住该设定。正常使用时，当水位高于该点后，即可发出报警信号和控制信号。

(a) 外形图　(b) 设定报警值　(c) 设定按钮

图 5.20　电容式液位限位计

4. 电容式液位计的使用注意事项

(1)电极必须垂直安装，安装前要校直。

(2)注意不要把电极安放在管口、孔、凹坑等里面，以防止介质停留而造成误动作。

(3)仪表的同轴电缆芯线不允许进水，必须严格予以注意。

(4)同轴电缆不许切断和加长，因为在校验中已计入初始电容量，否则将影响零点和整个线性。

(5)当被测介质改变后(指浓度和温度与仪表调整时的被测介质相比)，需重新调整仪表(即校核仪表的零点和满刻度值)。

(6)当周围温度与调整时的温度偏离过大时，则必须重新调整仪表，以减小温度的附加误差。也可将显示仪表安放在周围环境温度变化较小的室内。

5.4　超声波液位计

超声波液位计是近年来迅速发展的一种基于超声波传输原理的物位测量仪器，由于探头可以不与被测介质接触，能实现非接触测量。较多地使用在腐蚀性介质、黏稠介质及防爆要求较高环境的物位测量。超声波液位计具有范围广，安装维护方便等特点，超声波液位计如图 5.21 所示。

超声波液位计的最大优势就是能非接触测量，这是很多液位计所不具有的，这正是因为它的这一独特优势，所以超声波液位计广泛应用在轨道交通中。比如应用于地铁站的雨水处理、污水处理以及给排水系统中的水泵的自动控制和报警等。

5.4.1　超声波液位计的工作原理及特点

1. 测量原理

所谓超声波一般是指频率高于可听频率极限(20 kHz 以上频段)的弹性振动，这种振动以波动的形式在介质中的传播过程就形成超声波。超声波可以在气体、液体、固体中传播,并具有一定的传播速度。超声波在穿过介质时会被吸收而衰减,气体吸收最强则衰减最大,液体次之,固体吸收最少则衰减最小。

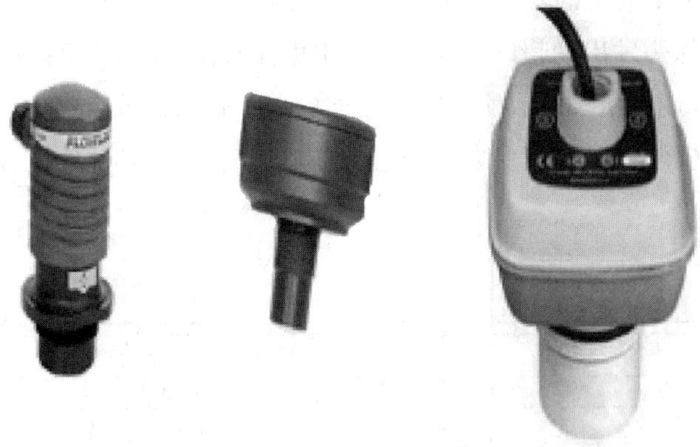

图5.21 超声波液位计外形

当超声波从一种介质向另一种介质传播时,在两种密度不同、声速不同的介质分界面上,传播方向便会发生改变。即一部分被反射(反射角=入射角),一部分折射到相邻介质内。如果两种介质的密度相差悬殊,则超声波几乎全部被反射。因此,根据超声波从发射至接收到反射回波的时间间隔与物位高度之间的关系,即可测得液位的高度。

测量原理如图5.22所示,设超声探头至液位的垂直距离为 H,由发射到接收所经历的时间为 t,超声波在介质中传播的速度为 v,则存在如下关系:

$$H=\frac{1}{2}vt \tag{5.20}$$

对于一定介质,超声波传播的速度 v 是已知的,因此只要测得时间 t 即可确定距离 H,即得知被测液位的高度。

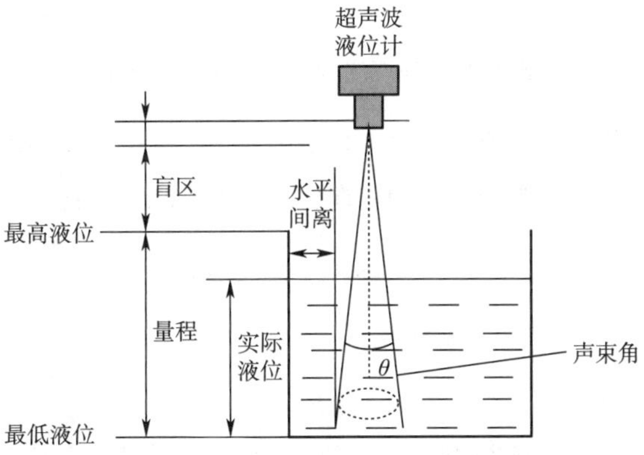

图5.22 超声波液位测量原理

2. 测量方法

应用超声波进行液位测量,通常都用超声波换能器来实现发射和接收超声波,通过转换实现液位测量。根据发射和接收换能器的功能，传感器又可分为单换能器(单探头)和双换能器(双探头)。单换能器的传感器发射和接收超声波使用同一个换能器，而双换能器的传感器发射和接收各由一个换能器担任。

图 5.23 是超声波测量液位的几种基本方法，其中图 5.23(a)是液介式测量方法，探头固定安装在液体中最低液位处，探头发出的超声脉冲在液体中由探头传至液面，反射后再从液面返回到同一探头而被接收。液位高度与从发到收所用时间之间的关系仍可用式(5.20)来表示。图 5.23(c)是气介式测量方法，探头安装在最高液位之上的气体中，式(5.20)仍然完全适用，只是 v 代表气体中的声速。

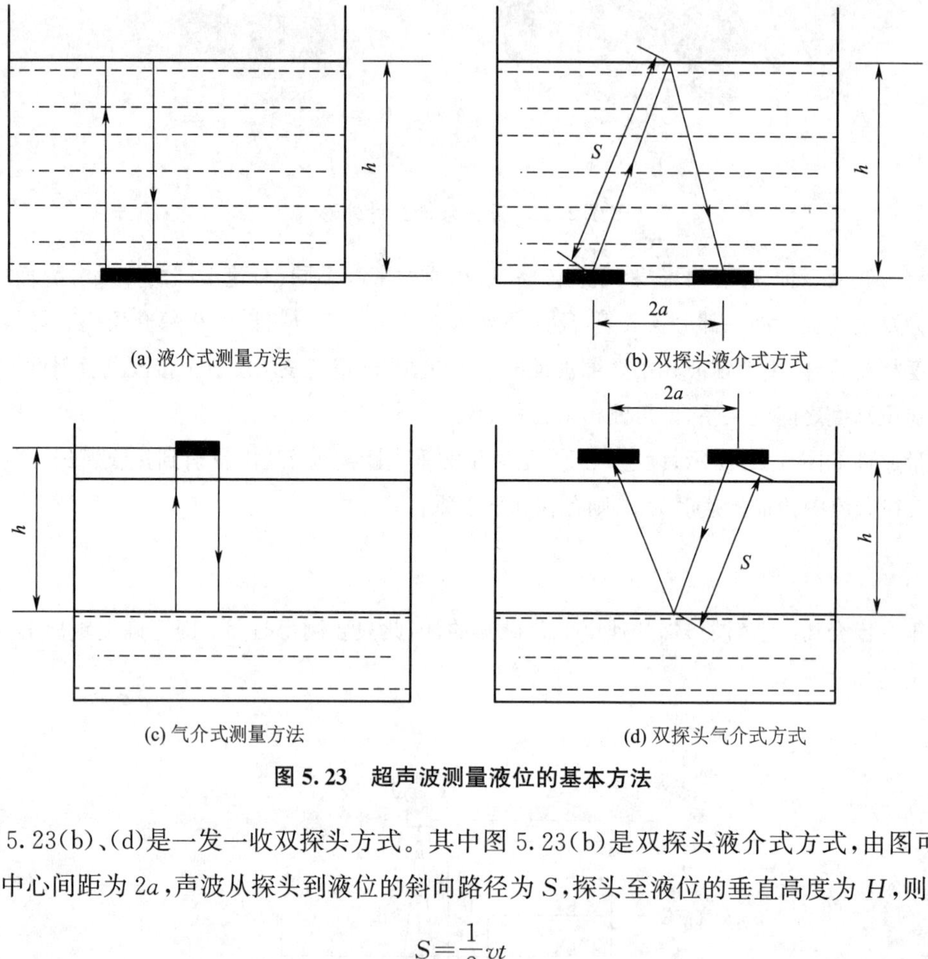

(a) 液介式测量方法　(b) 双探头液介式方式　(c) 气介式测量方法　(d) 双探头气介式方式

图 5.23　超声波测量液位的基本方法

图 5.23(b)、(d)是一发一收双探头方式。其中图 5.23(b)是双探头液介式方式，由图可见，若两探头中心间距为 $2a$，声波从探头到液位的斜向路径为 S，探头至液位的垂直高度为 H，则

$$S=\frac{1}{2}vt \tag{5.21}$$

而

$$H=\sqrt{S^2-a^2} \tag{5.22}$$

图 5.23(d)是双探头气介式方式，只要将 v 理解为气体中的声速，则上面关于双探头液介式的讨论完全可以适用。

一般较多采用单探头方案，因为单探头简单、安装方便、维修工作量也较小，可以直接测出液位高度 H，不必修正。但是，单探头方案有一个接收盲区问题。

3. 超声波液位计的盲区

在发射超声波脉冲时，要在探头上加比较高的激励电压，这个电压虽然持续时间较短，但在停止发射时，在探头上仍存在一定的余振。如果在余振时间内将探头转向接收放大线路，则放大器的输入将还有一个足够强的信号。显然在这段时间内，即使能收到回波信号，该信号也很难被分辨出来，因此称这段时间为盲区时间。过了盲区时间后，接收换能器才能分辨回波信号。

超声波以脉冲形式发射，一般脉冲的持续时间为 2～3 ms，3 ms 的行程将近 1 m，即探头与液面之间的距离不得小于 0.5 m，这就是超声波液位计的盲区，这样才能保证对液位的准确监测及保证超声波液位计的安全。

4. 液位计中的反射挡板(标准参照物)

当超声波液位计测量液位时，如果液面晃动，就会因为反射波散射而接收困难，因此可用直管将超声波传播路径限定在某一小的空间内。另外，由于空气中的声速随温度变化而变化，这样会造成由于温度变化带来的测量误差，通常称之为温漂。为了解决这两个问题，一般在超声波的传播路径中还设置一个反射性良好的小板做标准参照物，随时标定测量环境中的超声波的速度，以便计算修正温度变化造成的测量误差。

5. 超声波物位计的特点

1)优点

(1)能定点及连续测量物位，并提供遥控信号；

(2)无机械可动部分，安装维修方便。换能器压电体振动振幅很小，寿命长；

(3)能实现非接触测量，被测介质几乎不受限制，可广泛用于水、污水、水泥、酸碱、煤粉、泥浆、酒类、饮料等多种环境；

(4)超声波传播速度比较稳定，光线、介质黏度、湿度、介电常数、电导率、热导率等对检测几乎无影响，因此适用于有毒、腐蚀性或高黏度等特殊场合的物位测量；

(5)能测量高速运动或有倾斜晃动的液体的液位，如置于汽车、飞机、轮船中的液位；

(6)能实现安全火花形防爆；

(7)一般使用条件下，超声波物位计的测量误差±0.1%，检测物位范围为 10^{-2}～10^{4} m。

2)缺点

(1)超声波仪器结构复杂，价格相对昂贵；

(2)当超声波传播介质温度或密度发生变化，声速也将发生变化，对此超声波液位计应有相应的补偿措施，否则严重影响测量精度；

(3)有些物质对超声波有强烈吸收作用，选用测量方法和测量仪器时要充分考虑液位测量的具体情况和条件。

5.4.2　超声波液位计的安装要求及应用注意事项

超声波液位计被广泛地应用于液位的测量。在应用中应当正确安装并注意应用事项。

1. 超声波液位计安装要求

(1)探头发射面到最低液位之间的距离应小于液位计的量程。

(2)液位计要保证其声波通道畅通且与液面垂直，其传感器表面到预计最高液位的距离不低于盲区值(盲区值参照参数表)。

(3)若传感器发射面到最高液位的距离小于选购仪表的盲区，需加装延伸管，延伸管管径大于120 mm，长度0.35～0.50 m，垂直安装，内壁光滑，罐上开孔应大于延伸管内径。或者可以将管子直接到罐底，管径大于80 mm，管底留孔便于液体流入。

(4)传感器的发射面应该与液体表面保持平行。

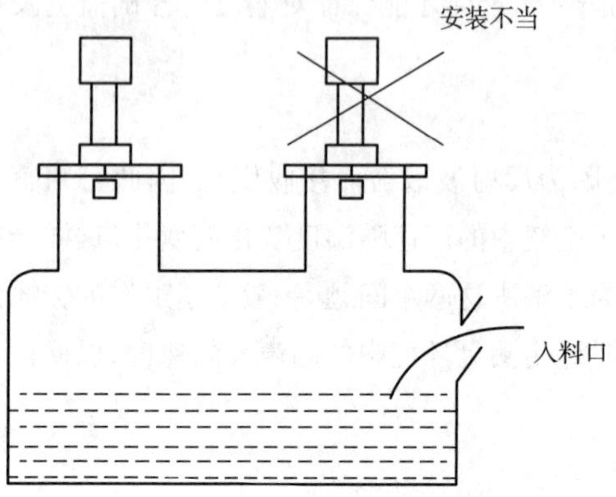

图 5.24　液位计的安装

(5)一般采用法兰或螺纹安装方式，不建议吊装，因为吊装易受风的影响而产生晃动。

(6)液位计不要安装在入料口上方，高度应高于溢流口，并和入料口仓壁保持一定的距离，如图5.24所示。

(7)由于声束角的存在，探头安装时应与器壁或池壁保持一定的间距。

(8)安装地点应尽可能远离易产生强电磁干扰的设备。

(9)不要在同一个容器里安装多个超声波液位计，以避免彼此干扰而产生测量误差。

(10)应尽量避免安装在液面容易堆积泡沫、漂浮物或剧烈波动的地方，因为会影响回波质量，产生虚假回波，从而影响测量精度。必要时可加装导波管，其长度至最低液位即可，应保证管内、外液体能自由、同步升降，内壁要光滑。

(11)若池壁或罐壁不光滑，仪表须离开池壁或罐壁0.3 m以上。

(12)尽量不要使用在有水蒸气的场合，如果有蒸气，易形成水珠附着在探头的表面，对正常测量造成影响。

(13)安装位置应避免强震动，如安装在轻震动区域，可安装橡胶垫圈减振。

(14)露天安装时应加装遮阳(雨)罩。

(15)信号线应采用屏蔽电缆，且单点接地。

(16)液位计安装的管道直径不可太小，以免发射波被管壁反射造成干扰。

(17)在室内使用时，照明电路和灯具尽量不要安装得太接近液位计，建议距离大于2 m。

(18)如果应用场所具有腐蚀性气体，最好使用橡皮泥在仪表内部密封线缆入口，以确保腐蚀性气体不能进入仪表内部。

2. 超声波液位计的接线

在断电的状态下，在确保供电电压符合要求的情况下，依次接好黑线(P－地线)、红线(P＋电源线)、绿线(OUT输出4～20 mA电信号)，最后再给仪表上电。

3. 超声波液位计的应用注意事项

(1)超声波是利用声速特性，采用回声测距的方法进行液位测量。测量的关键在于声速的准确性。由于声波的传播速度与介质的密度有关，因此不同的介质、不同的温度，超声波的声速也不同，在应用前必须对声速进行校正，以保证测量的精度，或者选择带温度补偿的超声波液位测量系统。

(2)不同的传输介质对超声波的吸收率不同，若传输介质对超声波的吸收率太高，可选用量程大一级的换能器，以保证全量程测量。

(3)超声波换能器的发射面采用有机塑料(如 Teflon)或金属(如铝)封装，有机塑料对酸、碱介质有很好的耐腐蚀性，而对于某些有机溶剂反而不耐腐蚀。故在选型时一定要清楚传输介质对换能器的腐蚀程度。

(4)超声波换能器在发射波时，其波束都是圆锥状的，角度一般为 6°～15°。因此，当需要保护套(或安装套)时，其内径应比换能器发射面外径足够大；或者保护套(或安装套)应不高于换能器发射面，以防波束打在套管壁上产生超声干扰，甚至无法正常检测出实际液位。

(5)换能器到控制显示单元之间一般用同轴电缆连接，且不应超过厂家的规定长度。同轴电缆敷设在起屏蔽作用的钢质电缆槽或穿线管内。电缆槽之间、穿线管之间或电缆槽与穿线管之间都必须接触良好并严格统一接地，以减少传输过程中的电气干扰。

5.4.3　超声波液位计的日常维护与故障处理

1. 日常维护

仪表在经过一段时间的使用，其探头部分可能会附着一些杂质，由此会影响测量精度，因此需要定期地对探头进行清理。根据使用的环境，清理的周期为半年至一年不等。对物位计的外表清理完毕后，应对测距、温度传感器和电路输出进行校验。

1)测距校准

仪表可以对准平滑墙面进行测距校验。但应注意，为提高测量稳定性，超出检测窗口的目标仪表需要有一个判断过程，因此，测量距离不能有 0.5 m/s 以上突变，否则仪表需要 5 s 左右的反应时间，对由远及近的距离突变，仪表有时会出现错误。距离的突变在实际测量的过程中通常是不存在的。

2)温度传感器校准

超声波物位计内置有温度传感器用户环境的温度补偿，测温电路出现问题则会影响其测量精度。在正常测量方式下，按下“Ent”键，液晶屏会切换到温度显示界面，检查系统所测量的温度是否正确。

3)4～20 mA 电流输出校准

通过电流表可以测量仪表的电流输出，通过与主界面所指示的电流相比较可以判断电流输出单元是否工作正常。在正常情况下二者的读数是一致的。

2. 故障处理

超声波常见的故障现象、故障原因以及相对应的解决方法见表 5.1。

表 5.1　超声波液位计故障处理

故障现象	故障原因	解决方法
仪表不显示、不工作	供电错误、接线错误	检查 DC 24 V 供电是否正确、稳定检查接线是否正确
仪表有显示、不工作	液位计未对准液面或料面； 液面波动幅度很大； 料面极不平整； 液面有较厚的泡沫层； 液体排空、物料排空后容器底部不是平面； 超出测量量程范围	调整液位计对准方向，可用水平尺校对； 在容器中加入塑料管； 改用更大量程的液位计； 加入塑料管或改用更大量程的液位计； 加液或加料后自然恢复工作； 改用更大量程的液位计
仪表显示不稳定、测量值有大的偏差	液位进入盲区； 供电不稳定； 有强的电磁干扰； 有阻挡声波的物体； 在液位计上配制了金属法兰盘； 探头发射面或侧面与金属接触	加高安装液位计或防止液位过高； 改善供电； 给物位计接大地或加屏蔽； 改变安装位置或加入塑料管； 改用塑料法兰盘； 使用橡胶垫与金属隔离

5.5　其他轨道交通常用液位传感器

5.5.1　液位开关

1. 用途

液位开关，也称水位开关，是用来控制液位的开关，从形式上主要分为接触式和非接触式的液位开关。非接触式的如超声波式液位开关、电容式液位开关等，接触式液位开关有浮球式液位开关、电极式液位开关、电子式液位开关等。电容式液位开关也可以采用接触式方法实现。地铁车站自动扶梯基坑水位监测开关如图 5.25 所示，安装在下平层右侧接线盒下，其主要功能是监测室外扶梯下平层水位，当水位过高时停止扶梯运行。该信号在控制柜处自动复位。

图 5.25　水位监测开关

在这里，主要介绍在轨道交通中应用最广泛的接触式电缆浮球液位开关，有以下几方面的应用：

1)冷冻设备中的膨胀水箱水位自动控制。

利用液位开关自动控制进水电动阀的开启与闭合,使膨胀水箱水位维持在允许范围内,水位超限时进行故障自动报警和记录。

2)给排水系统中的水箱水位自动控制和报警。

利用液位开关自动控制给水泵启、停,使水箱水位维持在设定范围内,当水位超过设定报警线时发出报警信号,同时进行事故记录及打印。

3)污水和废水中的液位控制和报警。

电缆浮球开关具有结构简单,性能稳定,同时无毒、耐腐蚀、安装方便、价格低廉等特点。适用的介质有清水、污水、油类及中度腐蚀性液体。

2. 分类

电缆浮球液位开关又分为使用微动开关做接点输出的微动开关型电缆浮球液位开关(简称微开浮球)[见图5.26(a)]和使用水银开关做接点输出的水银型电缆浮球液位开关(简称水银浮球)[见图5.27(a)],这两种浮球液位开关的外壳大多采用塑胶注塑一体成型,成品结构坚固、价格低廉、寿命长,因此得到广泛的应用。

(a) 外形

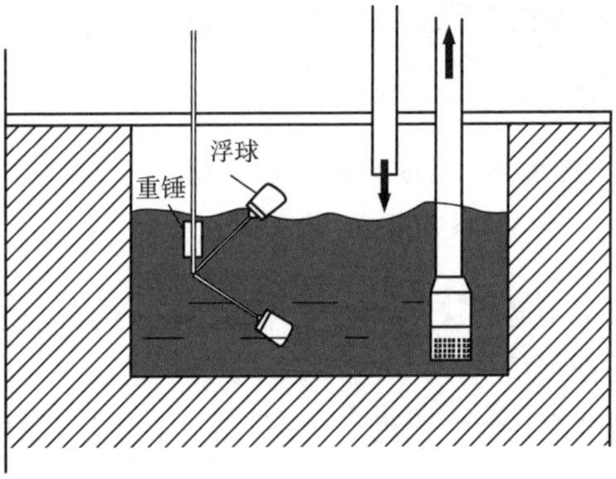

(b) 使用示意图

图5.26 微动开关型电缆浮球液位开关

(a) 外形

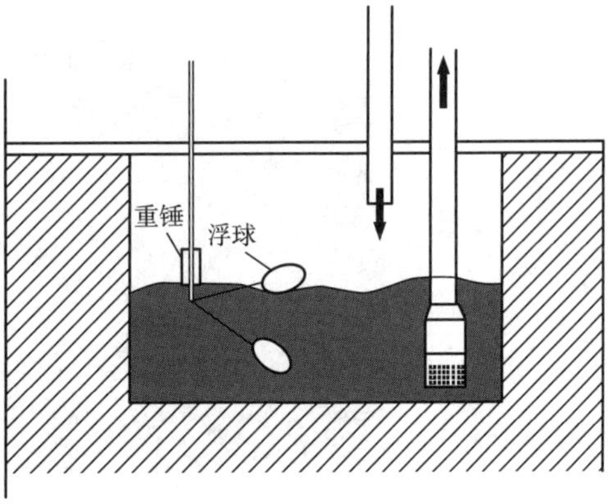

(b) 使用示意图

图5.27 水银型电缆浮球液位开关

1)微动开关型电缆浮球液位开关

微开浮球是利用微动开关做接点输出。当电缆浮球以重锤为原点在水平面以上扬线角度[见图 5.26(b)]超过 28°时，浮球液位开关内部的钢珠会滚动压到微动开关或脱离微动开关，使液位开关 ON 或 OFF 的接点信号输出，其特点是：

(1)接点容量(AC 10 A/250 V)大，可直接(不用接触器)启动小型单相设备，如小型水泵。

(2)水平面以上扬线角度(28°±2°)大。

2)水银型电缆浮球液位开关

水银浮球是利用水银开关做接点零件，当电缆浮球以重锤为原点上扬一定(10°±2°)角度[见图 5.27(b)]时，开关便会有 ON 或 OFF 信号输出。使用水银开关做接点输出，其特点是：

(1)接点容量(AC 2 A/250 V)小。

(2)水平面以上扬线角度小(10°±2°)，适用于液位高度要求较高的场所。

目前许多污水池的排水都在使用微开浮球，如果确实要用水银浮球，要采取减小水平面波动的措施，即在出水口和浮球之间加防波动隔板，如图 5.28 所示。

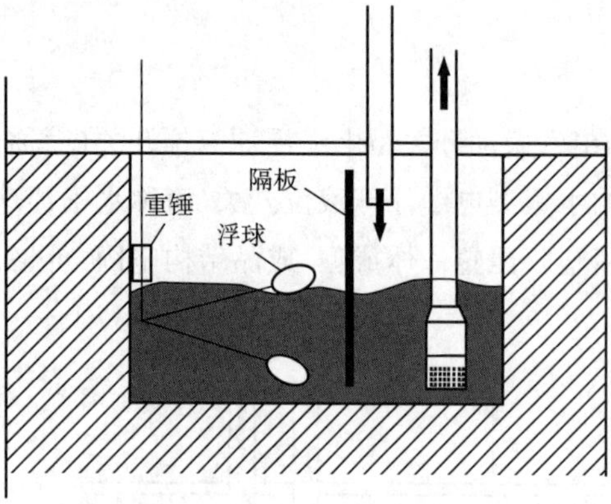

图 5.28　水银型电缆浮球液位开关加隔板示意图

3. 安装方法

1)仪表接线

(1)供水系统

使用“黑色”和“蓝色”的电线：浮球在上液位时，接点是不通的状态，浮球在下液位时，接点是接通的状态。

(2)排水系统

使用“黑色”和“褐色”的电线：浮球在上液位时，接点是接通的状态，浮球在下液位时，接点是不通的状态。

微动开关型电缆浮球液位开关原理示意图如图 5.29 所示。

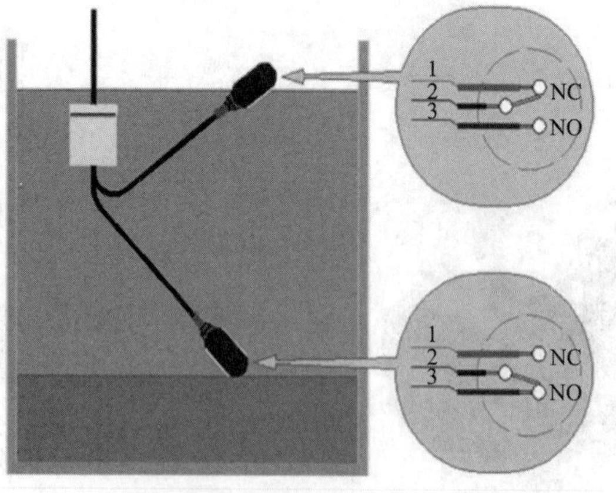

1—褐色电线；2—黑色电线；3—蓝色电线；NO—常开触点；NC—常闭触点

图 5.29　微动开关型电缆浮球液位开关原理示意图

1 kW 及 1 kW 以下的单相泵，可将浮动开关直接串联在电路中(图 5.30)。1 kW 以上的泵，可将浮动开关串联在电控箱的控制电路中(图 5.31)。

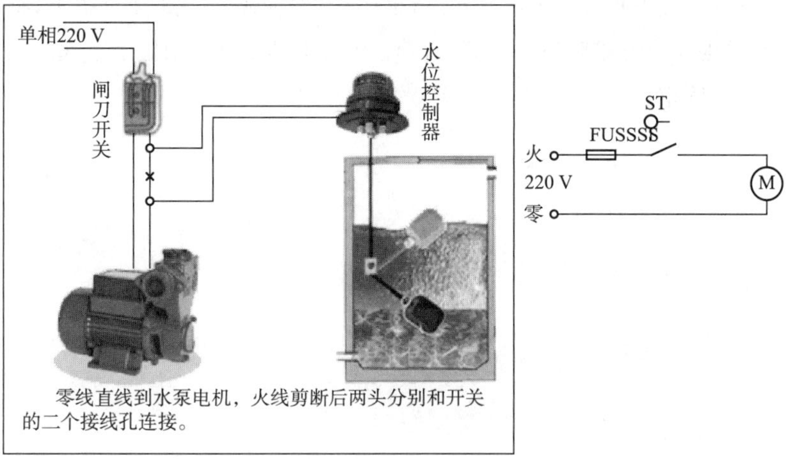

图 5.30　浮动开关直接串联在电路中

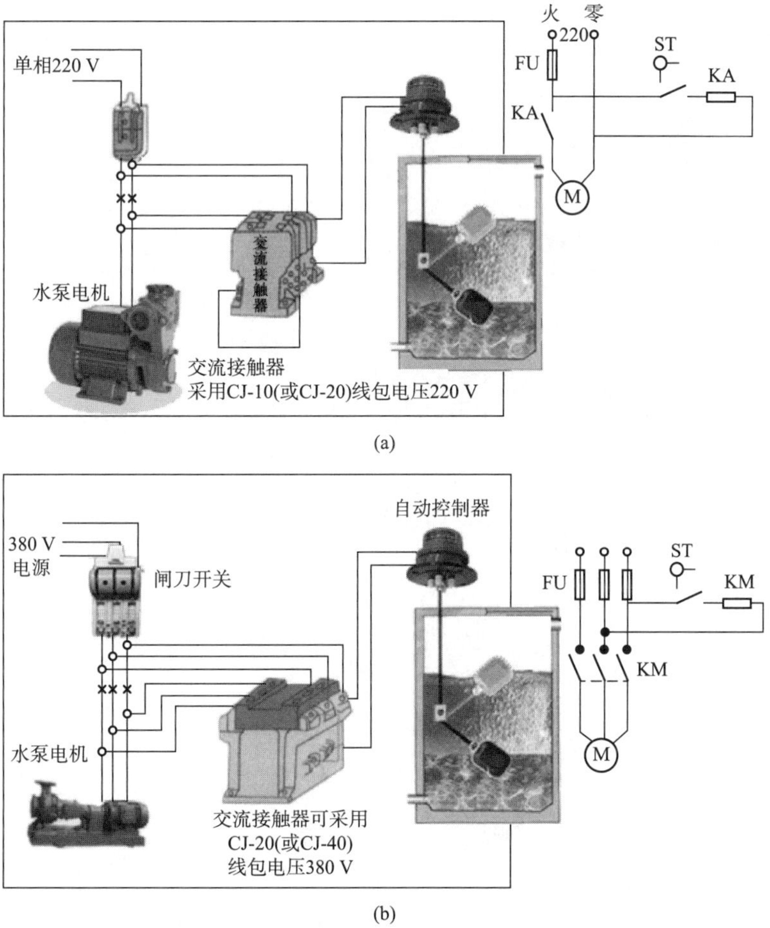

图 5.31　浮动开关串联在电控箱的控制电路中

2)固定重锤的安装

液位的控制高度是由电缆浮球液位开关的电缆在液体中的长度及重锤在电缆的位置决定的。

固定电缆浮球液位开关重锤的方法是:先将重锤从非喇叭口一端的卡环拆下,将其套在电缆的适当位置上,再将电缆从重锤喇叭口一端穿入,套在电缆上的卡环就限定了重锤的位置。最后将电缆在容器外的适当处固定。

第6章

运动量检测

位置、位移、速度、转速及加速度是描述物体运动的量，可将其称为运动量。运动量的测量在城市轨道交通中有非常广泛的应用，如地铁车站的电梯系统、站台门系统、给排水系统中，对位置、位移、速度和转速都有非常多的检测项目。

运动量测量是最基本、最常见的测量，它是许多物理量，如力、压力、振动等测量的前提。运动量的测量方式所涉及的范围相当广泛，运动量传感器的种类也很多，本章主要介绍电涡流式、霍尔式、光电式、光栅式、差动变压器式、激光式等传感器的原理、结构、特性和应用。

6.1 电涡流式接近开关

接近开关又称无触点行程开关，如图6.1所示。它能在一定的距离(几毫米至几十毫米)内检测有无物体靠近。当物体与其接近到设定距离时，就可以发出“动作”信号。接近开关的核心部分是“感辨头”，它对正在接近的物体有很高的感辨能力，这种接近开关只能检测金属。

常用的接近开关有电涡流式、电容式、磁性干簧开关、霍尔式、光电式、热释电式、多普勒式、微波式、超声波式等。

图6.1 无触点行程开关

6.1.1 电涡流效应

电涡流式接近开关俗称电感接近开关，属于一种开关量输出的位置传感器。

根据法拉第电磁感应原理，块状金属导体置于变化的磁场中或者在磁场中运动时，在金属导体中会感应出一圈圈自相闭合的电流，称为电涡流，以上现象称为电涡流效应。如图6.2所示，电涡流式传感器是一个绕在骨架上的导线所构成的空心线圈，它与正弦交流电源接通，通过线圈的交变电流 $\dot{I}_1$ 会在线圈周围空间产生交变磁场 H_1。当导电的金属靠近这个线圈时，金属导体中便会产生电涡流 $\dot{I}_2$，$\dot{I}_2$ 也将产生一个新的交变磁场 $\dot{H}_2$。根据楞次定律 $\dot{H}_2$ 和 $\dot{H}_1$ 方向相反，力图削弱原

磁场 $\dot{H}_1$ 的变化，从而导致线圈的电感、阻抗和品质因数发生变化。这些参数的变化与金属导体的几何形状（厚度 d）、电导率 ρ、磁导率 μ、线圈的几何参数、电流的频率 f 以及线圈到被测金属导体间的距离 x 等参数有关。如果控制上述参数中的一个参数使其改变，其余参数都不变，就能构成测量该参数的传感器。

根据电涡流效应制成的传感器称为电涡流式传感器。电涡流式接近开关是利用导电物体接近这个能产生电磁场的涡流式接近开关时，使物体内部产生涡流。这个涡流反作用到接近开关，使开关内部电路参数发生变化。由此识别出有无导电物体移近，进而控制开关的通或断。这种接近开关所能检测的物体必须是导电体。

电涡流式传感器最大的特点是能对位移、厚度、表面温度、速度、应力、材料损伤等进行非接触式连续测量。工作时不受灰尘等非金属因素的影响，并且功耗低、寿命长，可在各种恶劣环境下使用。另外还具有体积小、灵敏度高、频率响应宽等特点，应用极其广泛。

6.1.2 基本特性

为分析方便，我们将被测导体上形成的电涡流等效为一个短路环中的电流。这样，线圈与被测导体便等效为相互耦合的两个线圈，如图 6.3 所示。

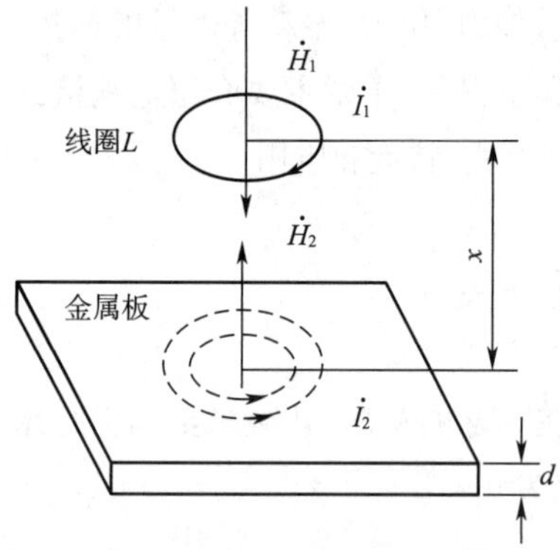

图 6.2 电涡流式传感器原理图

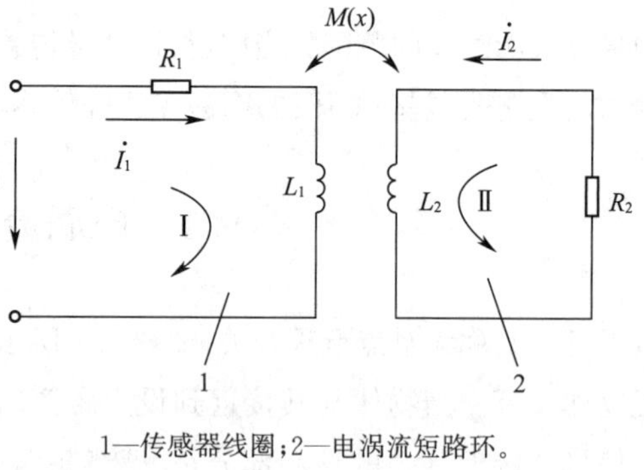

1—传感器线圈；2—电涡流短路环。

图 6.3 电涡流式传感器的等效电路

设线圈的电阻为 R_1，电感为 L_1，阻抗 $Z_1=R_1+\mathrm{j}\omega L_1$；短路环的电阻为 R_2，电感为 L_2；线圈与短路环之间的互感系数为 M，M 随它们之间的距离 x 减小而增大。设加在线圈两端的激励电压为 $\dot{U}_1$。根据基尔霍夫定律，可列出电压平衡方程组：

$$R_1\dot{I}_1+\mathrm{j}\omega L_1\dot{I}_1-\mathrm{j}\omega M\dot{I}_2=\dot{U}_1$$
$$-\mathrm{j}\omega M\dot{I}_1+R_2\dot{I}_2+\mathrm{j}\omega L_2\dot{I}_2=0 \tag{6.1}$$

解以上方程组，可求得线圈受金属导体影响后等效阻抗为

$$Z=R_1+R_2\frac{\omega^2M^2}{R_2^2+\omega^2L_2^2}+\mathrm{j}\omega\left[L_1-L_2\frac{\omega^2M^2}{R_2^2+\omega^2L_2^2}\right]=R_{\mathrm{eq}}+\mathrm{j}\omega L_{\mathrm{eq}} \tag{6.2}$$

线圈受电涡流影响后的等效电感 L_{eq} 为

$$L_{\mathrm{eq}}=L_1-L_2\frac{\omega^2M^2}{R_2^2+\omega^2L_2^2} \tag{6.3}$$

线圈受电涡流影响后的等效电阻 R_{eq} 为

$$R_{eq}=R_1+R_2\frac{\omega^2M^2}{R_2^2+\omega^2L_2^2} \tag{6.4}$$

由式(6.3)和式(6.4)可见，由于涡流的影响，线圈受电涡流影响后的等效电阻增大，等效电感减小，因此线圈的品质因数 Q 下降。由式(6.2)可得：

$$Q=\frac{\omega L_{eq}}{R_{eq}}=Q_0\left[1-\frac{L_2}{L_1}\frac{\omega^2M^2}{|Z_2|^2}\right]\Big/\left[1+\frac{R_2}{R_1}\frac{\omega^2M^2}{R_1|Z_2|^2}\right] \tag{6.5}$$

$$Q_0=\omega L_1/R_1 \tag{6.6}$$

$$|Z_2|=\sqrt{R_2^2+\omega^2L_2^2} \tag{6.7}$$

式中 Q_0——无电涡流影响时线圈的品质因数；

Z_2——短路环的阻抗。

Q 值的下降是由涡流损耗所引起的，并且与金属导体的导电性、线圈和短路环之间距离有关。当金属导体是磁性材料时，影响 Q 值的还有磁滞损耗及磁性材料对等效电感的作用，在这种情况下，磁导率 μ 增大而使式(6.3)中 L_1 变大。

由式(6.2)、式(6.3)、式(6.5)可知，线圈金属导体系统的阻抗、电感及品质因数都是该系统互感系数平方的函数，而互感系数又是距离 x 的非线性函数，因此当电涡流式传感器测位移时，$Z_1=f_1(X)$、$L=f_2(X)$、$Q=f_3(X)$都是非线性函数。但在一定范围内，可以将这些函数近似地用一线性函数来表示，于是在该范围内通过测量 Z、L 和 Q 的变化就可以线性地获得位移的变化。

6.1.3 基本结构

电涡流式传感器的结构比较简单，主要是一个绕制在框架上的线圈，目前比较普遍使用的是矩形截面的扁平线圈，又称涡流探头。线圈的导线应选用电阻率小的材料，一般采用高强度漆包铜线。对线圈框架要求用损耗小、电性能好、热膨胀系数小的材料。图 6.4 所示为 CZF-1 型电涡流传感器的结构图。

电涡流式传感器的性能见表 6.1。由表 6.1 可知，电涡流式传感器的线圈外径越大，线性范围也越大，但灵敏度也越低。理论推导和实践都证明，细而长的线圈灵敏度，线性范围小；扁平线圈则相反。

表 6.1 涡流传感器的性能

型号	线性范围/μm	线圈外径/mm	分辨力/μm	线性误差/%	使用温度/℃
CZF1-1000	1 000	7	1	<3	−15～+80
CZF1-3000	3 000	15	3	<3	−15～+80
CZF1-5000	5 000	28	5	<3	−15～+80

6.1.4 测量电路

电涡流式接近开关是一种属于金属感应的接近传感器，接通电源后，在传感器的感应面将产生

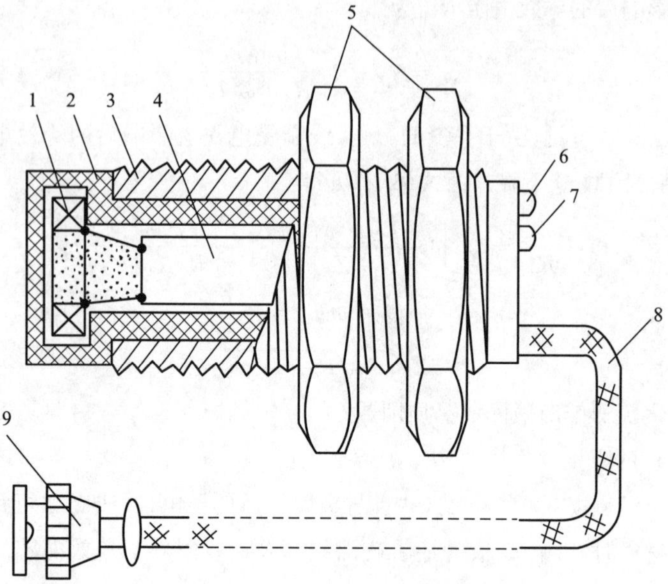

1—电涡流线圈；2—探头壳体；3—壳体上的位置调节螺纹；4—印制线路板；
5—夹持螺母；6—电源指示灯；7—阈值指示灯；8—输出屏蔽电缆线；9—电缆插头。

图 6.4　CZF-1 型电涡流传感器的结构图

一个交变磁场，当金属物体接近此感应面时，金属中产生涡流而吸取振荡器的能量（表 6.2），使振荡器输出幅度线性衰减，然后根据衰减量的变化来完成无接触检测物体的目的。

表 6.2　部分常用材料对振荡器振幅的衰减系数

材　料	衰减系数	材　料	衰减系数
钢	1	铜	0.4
不锈钢	0.85	水	0.01
黄铜	0.3		

电涡流式传感器的测量转换电路有电桥法和谐振法。

1. 电桥法

电桥法测量电路如图 6.5 所示。

当静态时，电桥平衡，输出电压 $U_{ab}=0$。当传感器接近被测金属导体时，传感器线圈的阻抗发生变化，电桥失去平衡，即 $U_{ab}\neq 0$，经过线性放大和检波器检波后输出直流电压 U，显然此输出电压 U 与被测距离成正比，可以实现对位移量的测量。

2. 谐振法

电感式接近开关如图 6.6 所示，由三大部分组成：高频振荡电路、放大处理电路及开关电路。高频振荡电路产生一个交变磁场，当金属导体接近这一磁场，并达到感应距离时，在金属导体内产生涡流，从而导致振荡衰减，以至停振。振荡电路振荡及停振的变化被后级放大电路处理并转换成开关信号，触发驱动控制器件，从而达到非接触式的检测目的。

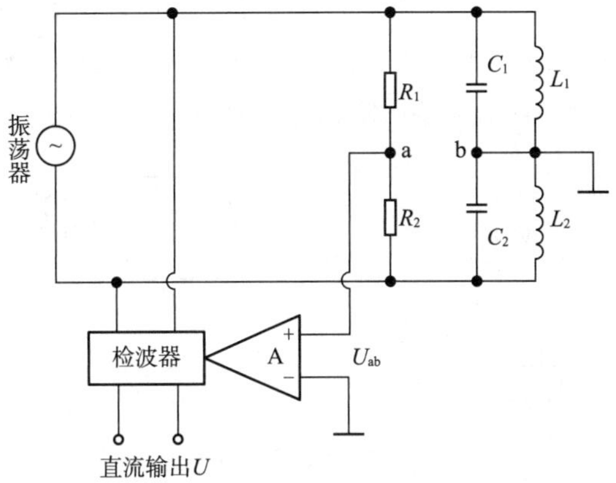

图6.5　电涡流式传感器电桥法测量电路

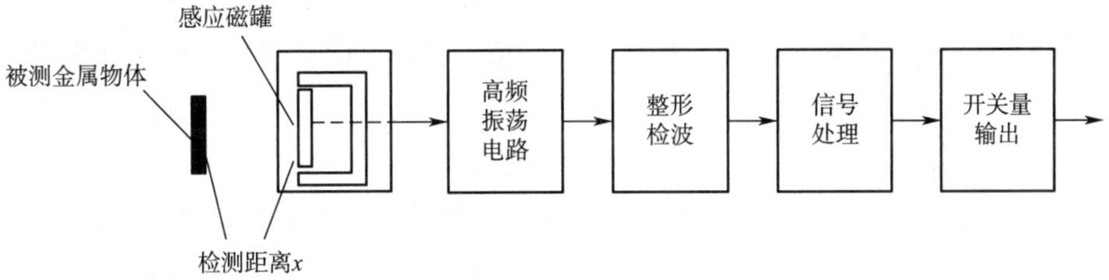

图6.6　电涡流式接近开关测量电路

根据电涡流传感器的原理，被测参量可以由传感器转换为传感器线圈的阻抗 Z、电感 L 和品质因数 Q 等三个电参数。究竟利用哪个参数并将其最后变换为电压或电流信号输出，要由测量电路决定。用电涡流传感器测量时，为了提高灵敏度，用已知电容 C 与传感器线圈并联（一般在传感器内）组成 LC 并联谐振回路。传感器线圈等效电感的变化使并联谐振回路的谐振频率发生变化，将其被测量变换为电压或电流信号输出。并联谐振回路的谐振频率为

$$f_0=\frac{1}{2\pi\sqrt{LC}} \tag{6.8}$$

且谐振时回路的等效阻抗最大，等于：

$$Z_0=\frac{L}{R'C} \tag{6.9}$$

式中　R'——回路的等效损耗电阻。

当电感 L 发生变化时，回路的等效阻抗和谐振频率都将随 L 的变化而变化，因此可以利用测量回路阻抗的方法或测量回路谐振频率的方法间接测出传感器的被测值。

目前所用的谐振电路有三种类型：定频调幅式、变频调幅式与调频式。

1）定频调幅电路

图6.7为定频调幅测量原理图，L 为传感器线圈电感，与电容 C 组成并联谐振回路，晶体振荡器提供高频激励信号。在无被测导体时，LC 并联谐振回路调谐在与晶体振荡器频率一致的谐振状态，这时回路阻抗最大，回路压降最大（图6.8所示定频调幅谐振曲线的 U_0）。当被测导体接近

传感器时，损耗功率增大，回路失谐，输出电压相应变小。这样在一定范围内输出电压幅值与位移呈近似线性关系。由于该电路输出电压的频率 f_0 始终恒定，因此称定频调幅式电路。当被测导体为软磁材料时，由于 L 增大而使谐振频率下降(向左偏移)。

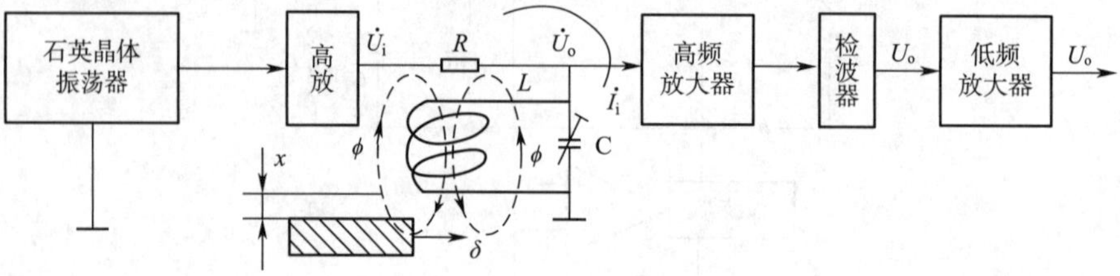

图 6.7　定频调幅测量原理图

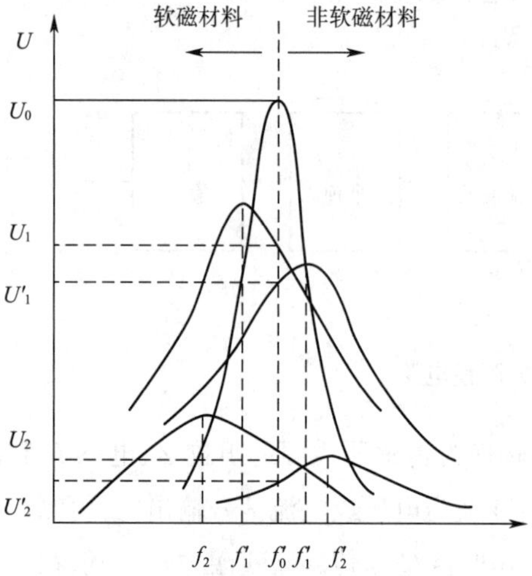

图 6.8　定频调幅谐振曲线图

当被测导体为非软磁材料时，谐振频率增大(向右偏移)，如图 6.8 所示。为了获得最稳定频率的高频激励信号，以保证稳定地输出，定频调幅式电路采用石英晶体振荡器。因为振荡频率若变化 1%，一般将引起输出电压 10%的漂移。图 6.7 所示中 R 为耦合电阻，用来减小传感器对振荡器的影响，并作为恒流源的内阻。R 的大小直接影响灵敏度，R 大灵敏度低，R 小则灵敏度高，但 R 过小时，由于对振荡器起旁路作用，也会使灵敏度降低。谐振回路的输出电压为较小的高频载波信号，所以设有高频放大、检波和滤波等环节，使输出信号便于传输与测量。

2)变频调幅电路

定频调幅电路虽然有很多优点，并获得广泛应用，但线路较复杂，装调较困难，线性范围也不够宽。因此，人们又研究了一种变频调幅电路，这种电路的基本原理是将传感器线圈直接接入电容三点式振荡回路，如图 6.9 所示。当导体接近传感器线圈时，由于电涡流效应的作用，振荡器输出电压的幅度和频率都发生变化，利用振荡幅度的变化来检测线圈与导体间的位移变化，而对频率变化不予理会。

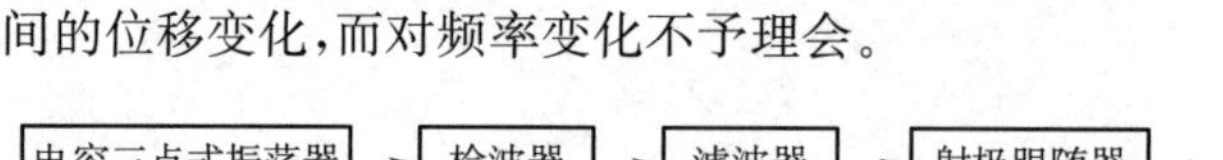

图 6.9　变频调幅式测量原理图

变频调幅电路的谐振曲线如图 6.10 所示。无被测导体时，振荡回路的 Q 值最高，振荡电压幅值最大，振荡频率为 f_0。当有金属导体接近线圈时，涡流效应使回路 Q 值降低，谐振曲线变钝，振荡幅度降低，振荡频率也发生变化。当被测导体为软磁材料时，由于磁效应的作用，谐振频率降低，曲线左移；被测导体为非软磁材料时，谐振频率升高，曲线右移。所不同的是，振荡器输出电压不是各谐振曲线与 f_0 的交点，而是各谐振曲线峰点的连线。

这种电路除结构简单、成本较低外，还具有灵敏度高、线性范围宽等优点，因此监控等场合常采用它。必须指出，该电路用于被测导体为软磁材料时，虽由于磁效应的作用使灵敏度有所下降，但磁效应对电涡流效应的作用相当于在振荡器中加入负反馈，因而能获得很宽的线性范围。所以如果配用涡流板进行测量，应选用软磁材料。

3)调频电路

调频式测量原理电路如图 6.11 所示，传感器线圈接入 LC 振荡回路，当传感器与被测导体距离 x 改变时，电涡流线圈的电感量 L 也随之改变，引起 LC 振荡器的输出频率变化，此频率可直接用计算机测量。如果要用模拟仪表进行显示或记录时，必须使用鉴频器，将 Δf 转换为电压 ΔU_0。

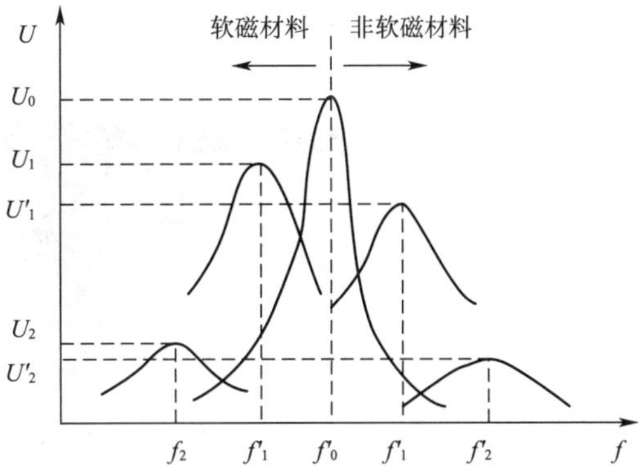

图 6.10　变频调幅电路的谐振曲线

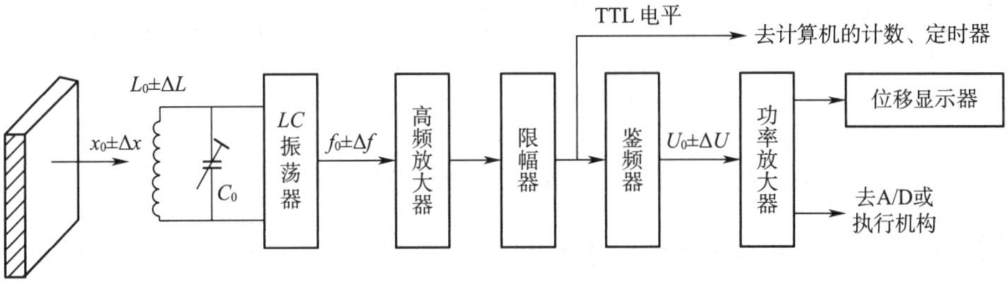

图 6.11　调频式测量原理图

6.1.5　安装接线

常见电涡流式接近开关的外形如图 6.12 所示。

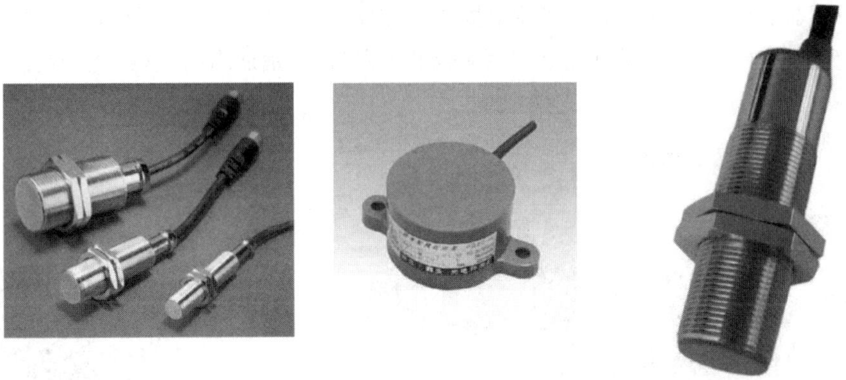

图 6.12　电涡流式接近开关外形

电涡流式接近开关的安装方式分为齐平式和非齐平式，如图 6.13 所示。齐平式(又称埋入型)的接近开关表面可与被安装的金属物件形成同一表面，不易被碰坏，但灵敏度较低；非齐平式(非埋入安装型)的接近开关则需要把感应头露出一定高度，否则将降低灵敏度。

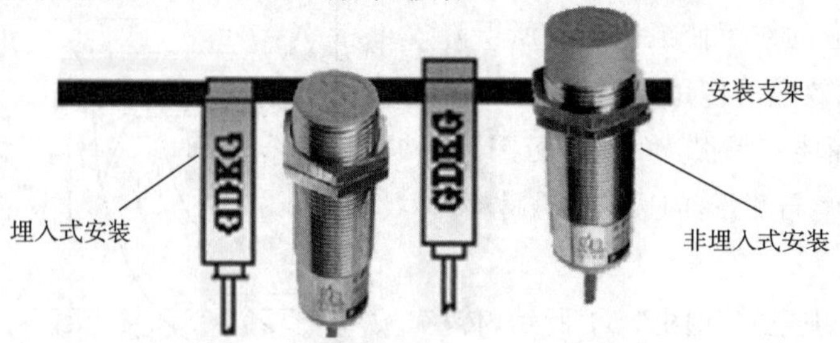

图 6.13　电涡流式接近开关的安装图

电涡流式接近开关的接线方式有多种。这里主要介绍一种三线制常开输出模式(NPN)电涡流接近开关的接线方式，如图 6.14 所示。

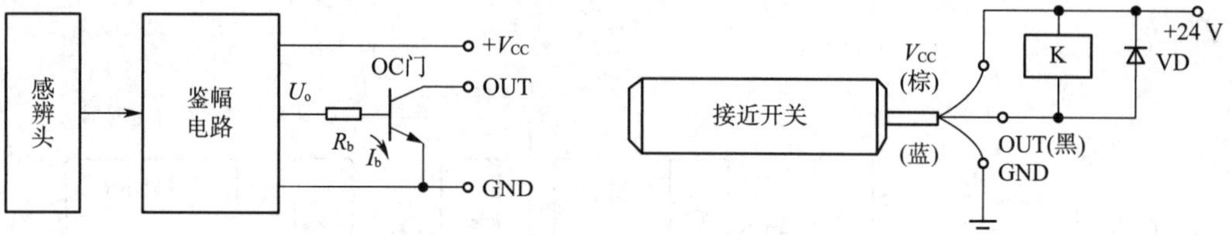

图 6.14　三线制(常开输出模式)电涡流式接近开关的接线

被测物体未靠近接近开关时，OC 门截止，OUT 端为高阻态，中间继电器 KA 不能吸合；被测物体靠近到动作距离时，OC 门输出对地导通，OUT 端为低电平，KA 得电吸合。

6.1.6　电涡流式传感器的其他应用

涡流式传感器除了当作接近开关，来检测金属物体的位置外，还有很多应用，主要介绍以下几方面。

1. 电磁炉

电磁炉是我们日常生活中常备的家用电器之一，涡流传感器是其核心器件之一，高频电流通过励磁线圈，产生交变磁场；在铁质锅底会产生无数的电涡流，使锅底自行发热，烧开锅内的食物，如图 6.15 和图 6.16 所示。

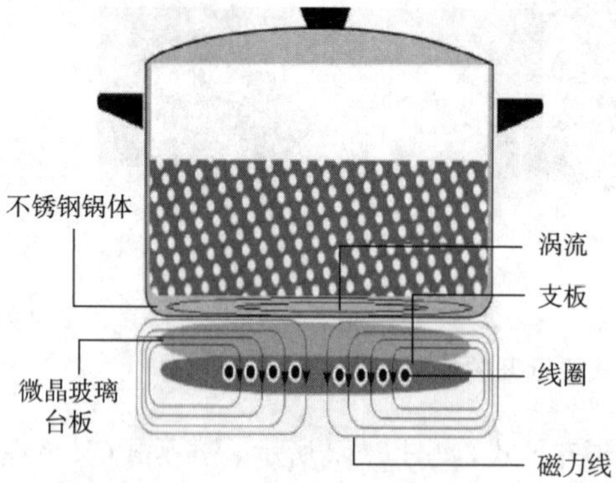

图 6.15　电磁炉工作示意图

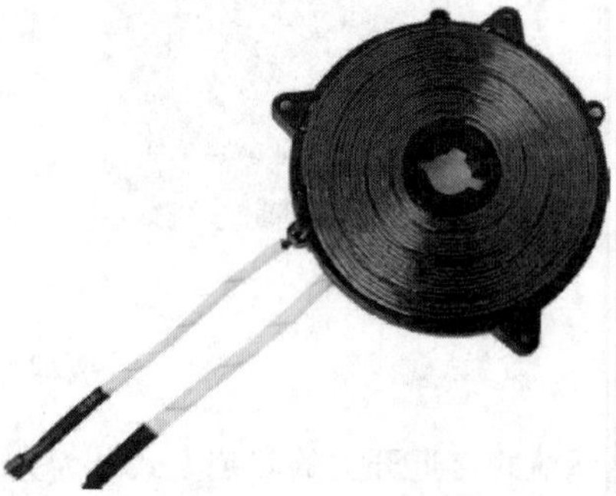

图 6.16　电磁炉内部励磁线圈

2. 测位移

电涡流式传感器主要用于测量金属物体的位置或位移。测量位移范围可从 0～1 mm 到 0～30 mm，有些个别产品能测量到 80 mm，一般的分辨率为满量程的 0.1%，有的分辨力可以达到 0.05 μm（其满量程为 0～15 μm）。凡是可转换为位移量的参数，如机器转轴的轴向窜动、金属材料的热膨胀系数、钢线张力、流体压力等，都可用电涡流式传感器测量。

如图 6.17 所示，通过浮子和杠杆带动涡流板上、下位移，由电涡流式传感器发出信号，控制电动泵的启、停而使液位保持一定。

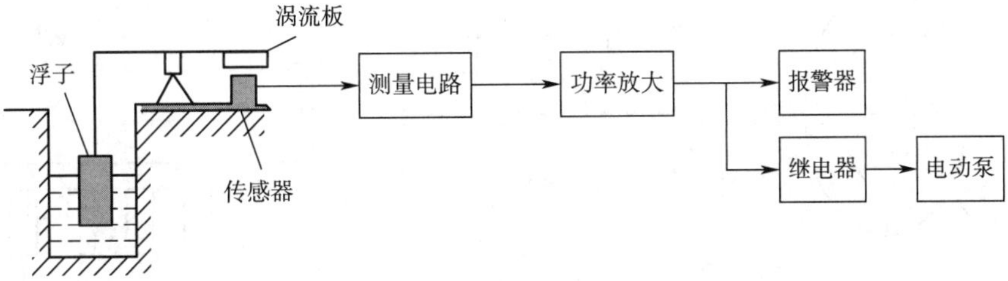

图 6.17　电涡流式传感器构成的液位监控系统

3. 电涡流转速计

电涡流转速计的工作原理如图 6.18 所示，在一个旋转体上开一条或数条槽，如图 6.18(a)所示，或者做成齿，如图 6.18(b)所示，旁边安装一个涡流传感器。当旋转体转动时，涡流传感器便能检出传感器与轴表面的间隙变化，从而得到相对于键槽的脉冲信号，经过放大、整形，可用频率计指示出频率数值。此值与槽数和被测转速有关，即

$$N=\frac{f}{n}\times 60 \tag{6.10}$$

式中　f——频率值，Hz；

n——旋转体的槽（齿）数；

N——被测轴的转速，r/min。

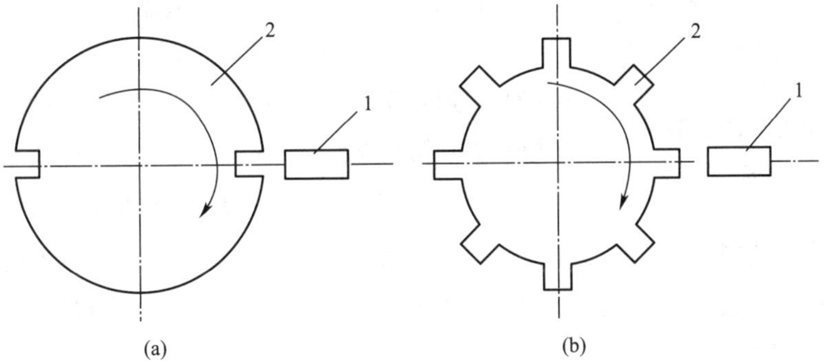

1—电涡流式传感器；2—旋转体。

图 6.18　电涡流式转速计原理

为了提高转速测量的分辨率，可采用细分方法，在轴圆周上增加键槽数。开一个键槽，转一周输出一个脉冲；开 4 个键槽，转一周可输出 4 个脉冲，以此类推。用同样的方法可将电涡流传感器

安装在金属产品输送线上，对产品进行计数。

4. 测振动

图 6.19(a)为常用的以电涡流式传感器来监控主轴的径向振动的示意图，实物外形图如图 6.20 所示；图 6.19(b)为测量发动机涡轮叶片的振幅的示意图；在研究轴的振动时，常需要了解轴的振动形状，做出轴振形图。通常使用数个传感器探头并排地安置在轴附近。用多通道指示仪输出至记录仪。在轴振动时，可以获得各个传感器所在位置轴的瞬时振幅，从而画出轴振形图，如图 6.19(c)所示。

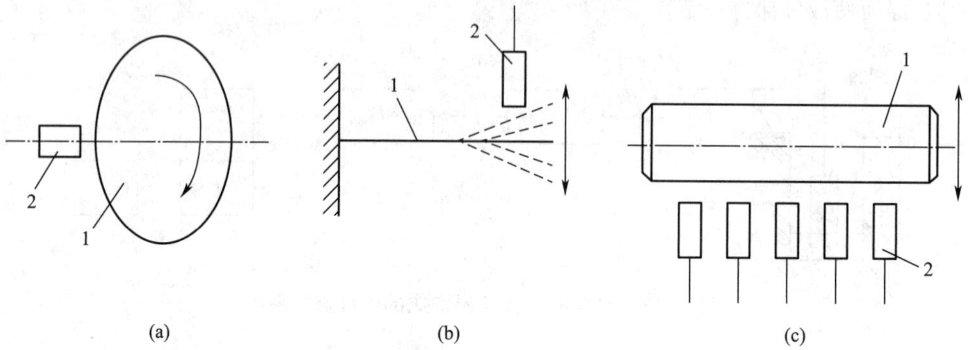

1—被测体；2—传感器探头。

图 6.19 振幅测量示意图

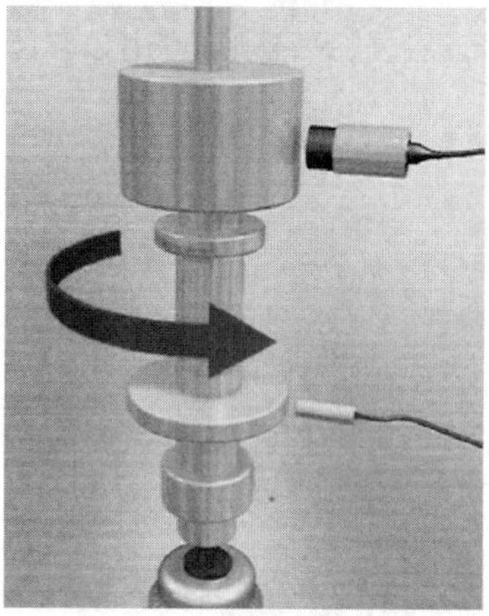

图 6.20 电涡流式传感器实物外形

5. 识别自动售票机的硬币

由于电涡流传感器体积小、操作简便，识别效果较好，目前国内地铁的硬币检测模块的识别都是采用电涡流传感器。这些硬币检测模块对于不同面额的硬币都能准确识别，对于假币也可以轻易地识别出来。

自动售票机内部的检测线圈在有硬币通过时，其振荡频率会发生变化，一般的检测方法是检测其振荡频率变化的最大值。另外，当硬币通过时，由于硬币的重量、投币的初始速度、投入力度以及硬币的光滑程度等的区别，并不是每一种硬币经过检测线圈时的速度都是一样的；同一种乃至同一个硬币，每次通过检测线圈时的速度都是不一致的。因此硬币检测模块存在一个容错范围，对于一些材质、大小与真币接近的代币所检测出的数据往往在真币的容错范围内。要消除这种问题一方面可以通过提高电涡流传感器的识别能力来区分，另一方面也可以通过增加采样点来提高效果。现在新的硬币识别模块有的已经可以成功地区分材质、大小与真币接近的代币了。

6.2 霍尔式传感器

霍尔式传感器是利用霍尔元件基于霍尔效应原理而将被测量，如电流、磁场、位移、压力等转换成电动势输出的一种传感器。虽然它的转换效率较低,温度影响大,要求转换精度较高时必须进行温度补偿,但霍尔式传感器结构简单、体积小、坚固、频率响应宽(从直流到微波)、动态范围(输出电势的变化)大、无触点、使用寿命长、可靠性高、易微型化和集成电路化,因此在电磁测量、位置、位移、压力、加速度、振动、转速等方面得到广泛的应用。

6.2.1 霍尔元件的工作原理和结构

1. 霍尔效应

金属或半导体薄片置于磁感应强度为 B 的磁场(磁场方向垂直于薄片)中,如图6.21所示。当有电流 I 流过时,在垂直于电流和磁场的方向上将产生电动势 U_H,这种物理现象称为霍尔效应。所产生的电动势称为霍尔电势,这种薄片(一般为半导体)称为霍尔元件。

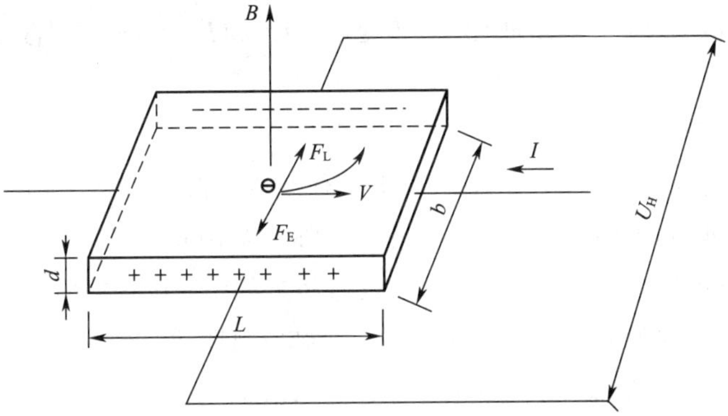

图6.21 霍尔效应原理图

霍尔效应是半导体中自由电荷受磁场中洛仑兹力作用而产生的。设霍尔元件为N型半导体,当它通以电流 I 时,半导体中的自由电荷即载流子(电子)受到磁场中洛仑兹力 F_L 的作用,使电子向垂直于 B 和自由电子运动方向偏移,其方向符合右手螺旋定律或左手定则,即电子有向某一端积聚的现象,使半导体一端面产生负电荷积聚,另一端面则为正电荷积聚。由于电荷聚积,产生静电场,即霍尔电场。该静电场对电子的作用力 F_E 与洛仑兹力 F_L 方向相反,将阻止电子继续偏转,当 $|F_L=F_E|$ 时,电子的积累达到平衡。这时在半导体薄片的两端面之间建立的电势就是霍尔电动势 U_H,其大小可表示为

$$U_H=R_H \cdot \frac{IB}{d} \tag{6.11}$$

式中 R_H——霍尔常数(m^3/C^{-1}),霍尔系数由半导体材料性质决定,它决定霍尔电势的强弱;

I——控制电流,A;

B——磁感应强度,T;

d——霍尔元件的厚度,m。

需要指出的是,在上述公式(6.11)中,施加在霍尔元件上的磁感应强度 B 的方向和霍尔元件的平面法线是一致的。当磁感应强度 B 和霍尔元件平面法线成一角度 θ 时,作用在霍尔元件上的有效磁场是其法线方向的分量,即 $B\cos\theta$,那么式(6.11)应改为

$$U_H = R_H \cdot \frac{IB}{d}\cos\theta \tag{6.12}$$

令 $K_H=\frac{R_H}{d}$，K_H 称为霍尔元件的灵敏度，它表征在单位磁感应强度 B 和单位控制电流 I 作用时，所能输出的霍尔电势的大小，一般要求它越大越好。K_H 与霍尔元件材料的性质和几何尺寸有关。由于半导体（特别是 N 型半导体）的霍尔常数要比金属的大得多，所以在实际应用中，一般都采用 N 型半导体做霍尔元件。元件的厚度 d 对灵敏度的影响也很大，元件越薄，灵敏度就越高，但是也不能太薄，因为这样元件的输入/输出电阻会增加。

式(6.12)可改为

$$U_H = K_H IB\cos\theta \tag{6.13}$$

由式(6.13)可以看出，霍尔电动势 U_H 的大小正比于输入电流 I 和磁感应强度 B，并且 I 或 B 的方向改变时，霍尔电动势 U_H 的方向也随之改变，但当 I 和 B 的方向同时改变时霍尔电动势极性不变。

2. 霍尔元件的结构

霍尔元件的结构很简单，它由霍尔片、引线和壳体组成。霍尔片是一块矩形半导体薄片，一般采用 N 型的锗、锑化铟和砷化铟等半导体单晶材料制成。如图 6.22(b)所示，在霍尔元件的长边两端面上焊有两根控制电流端引线 a 和 b，在霍尔元件短边的中间以点的形式焊有两根霍尔电压输出端引线 c 和 d，要求焊接处的接触电阻很小，并且呈纯电阻性，即欧姆接触（无 PN 结）。霍尔元件的壳体采用非导磁金属、陶瓷或环氧树脂封装。近年来采用外延及离子注入工艺或采用溅射工艺制造的产品，尺寸小、性能好，并且生产成本低。图 6.23 所示为锑化铟霍尔元件的结构，它由磁性体顶部（用来提高输出灵敏度）、十字形溅射薄膜、引线（电极）和衬底组成，采用陶瓷或塑料封装。

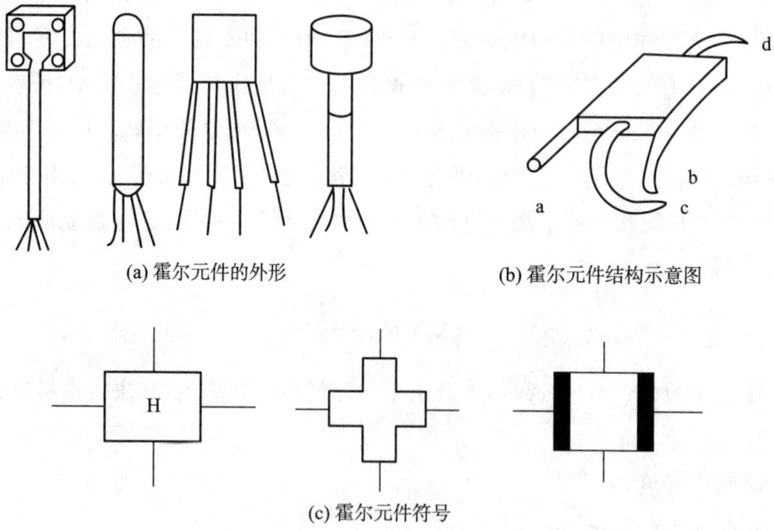

图 6.22　霍尔元件

3. 霍尔传感器的命名方法

国产霍尔元件型号命名的方法如图 6.24 所示。

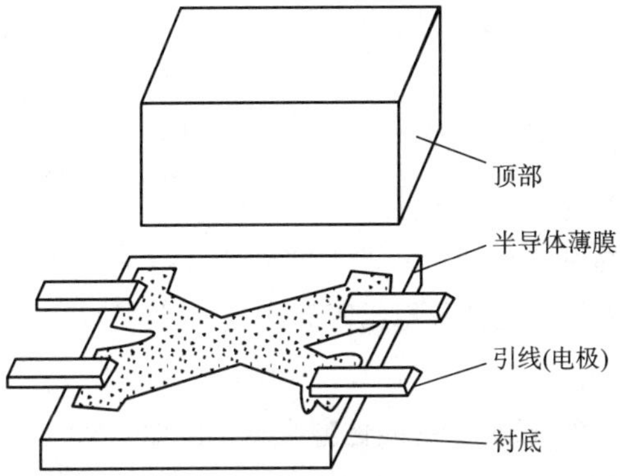

图 6.23 溅射薄膜霍尔元件的结构示意图

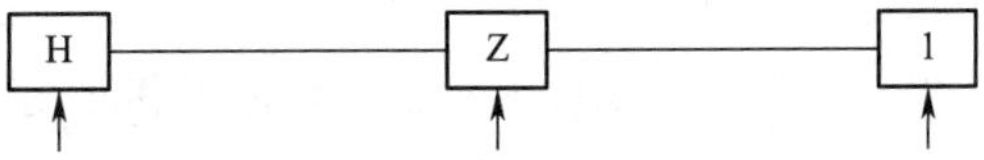

图 6.24 霍尔传感器的命名

其中第一位 H 表示霍尔元件,第二位表示材料(Z 为锗、T 为锑化铟和 S 为砷化铟),第三位产品序号。

6.2.2 霍尔元件的主要特性参数

1. 输入电阻 R_i 和输出电阻 R_o

霍尔元件两控制电流端的直流电阻称为输入电阻。两个霍尔电动势输出端之间的电阻称为输出电阻。通常 R_i、R_o 为 100～2 000 Ω,且 R_i 远大于 R_o。

2. 额定控制电流 I_c 和最大允许控制电流 I_M

额定控制电流是指霍尔元件在空气中产生 10 ℃温升的控制电流 I_c。

由于霍尔电势随激励电流增大而增大,故在应用中总希望选用较大的激励电流。但激励电流增大,霍尔元件的功耗增大,元件的温度升高,从而引起霍尔电势的温漂增大,因此每种型号的元件均规定了相应的最大允许控制电流,它的数值从几毫安至十几毫安。

3. 灵敏度 K_H

灵敏度 K_H 是指在单位磁感应强度下,通过单位控制电流所产生的霍尔电动势。它反映了霍尔元件本身所具有的磁电转换能力,一般希望它越大越好。

4. 不等位电动势 U_M 和不等位电阻 R_M

霍尔元件在额定电流控制作用下,当外加磁场为零时,霍尔输出端之间的开路电压称为不等位电动势,它与电极的几何尺寸和电阻率不均匀等因素有关。不等位电势和额定控制电流 I_c 之比为不等位电阻 R_M。一般要求霍尔元件的 U_M<1 mV。

5. 霍尔电动势温度系数 α

在一定磁场强度和控制电流作用下,温度每变化 1 ℃,霍尔电动势变化的百分数称为霍尔电动势温度系数,它与霍尔元件的材料有关。

6.2.3 霍尔集成传感器

霍尔集成传感器是利用硅集成电路工艺将霍尔元件和测量线路集成在一起的一种传感器。它取消了传感器和测量电路之间的界限,实现了材料、元件、电路三位一体。霍尔集成传感器与分立相比，由于减少了焊点，因此显著地提高了可靠性。此外，它具有体积小、质量轻、功耗低等优点。

集成霍尔传感器可分为线性型和开关型两大类。

1. 霍尔线性型集成传感器

1）工作原理和结构

霍尔线性型集成传感器是把霍尔元件与放大线路集成在一个芯片上的传感器，其输出信号与磁感应强度成比例。通常由霍尔元件、差动放大器、射极跟随器及稳压四部分组成。它的输出电压为伏级，电路比较简单，用于精度要求不高的一些场合。

霍尔线性型集成传感器有单端输出和双端输出两种，较典型的线性型霍尔器件如 GN3501 等，它们的外形如图 6.25 所示，电路结构如图 6.26 和图 6.27 所示。在 UGN3501M 的 5、6、7 脚接一调整电位器，可以补偿不等位电动势，并且可以改善线性度，但灵敏度有所降低，若允许不等位电动势输出，则可以不接电位器。

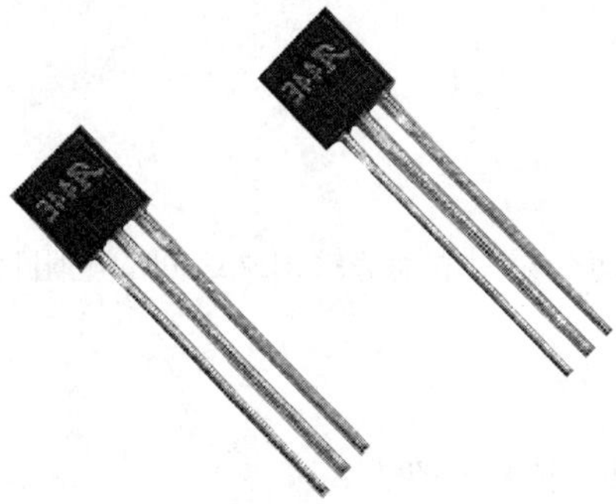

图 6.25　线性型三端的霍尔集成传感器外形

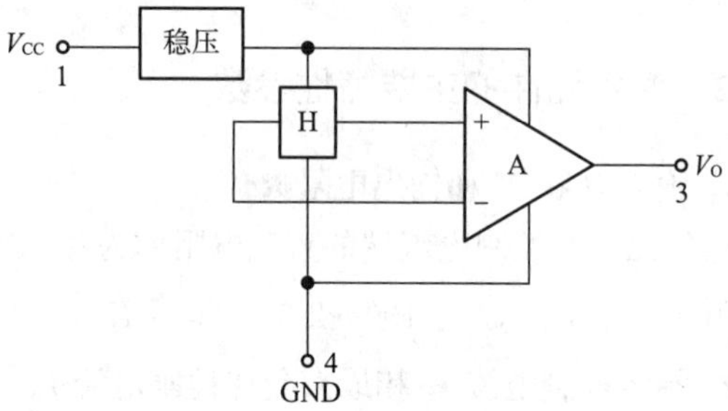

1—电源端；3—输出端；4—接地端。

图 6.26　单端输出霍尔线性传感器的电路结构（UGN3501T）

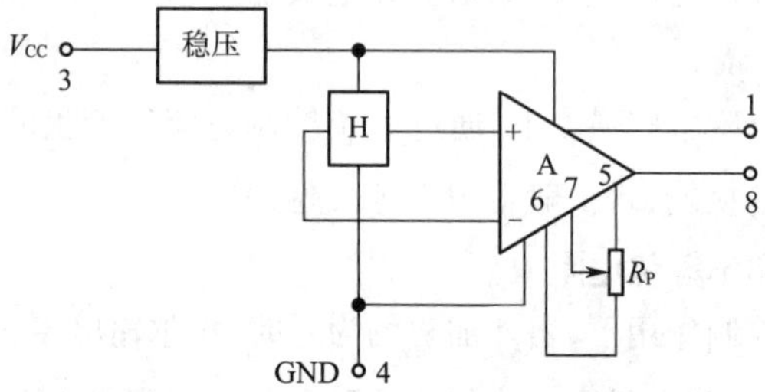

1—输出端；3—电源端；4—接地端；5、6、7—补偿（外接电位器）；8—输出端。

图 6.27　双端输出霍尔线性传感器电路结构（UGN3501M）

2）工作特性

单端输出霍尔线性传感器的特性曲线如图 6.28 所示，由图可以看出，UGN3501T 传感器在磁感应强度为±0.2 T 范围内有较好的线性度，超出此范围输出呈饱和状态。

双端输出霍尔线性传感器的特性曲线如图 6.29 所示。由图可以看出，UGN3501M 传感器的输出和磁感应强度呈线性关系。UGN3501M 的 1、8 两脚的输出与磁感应强度的方向有关，当磁场为零时，它的输出电压等于零；当感受的磁场为正向（磁钢的 S 极对准霍尔器件的正面）时，输出为正；磁场反向时，输出为负。

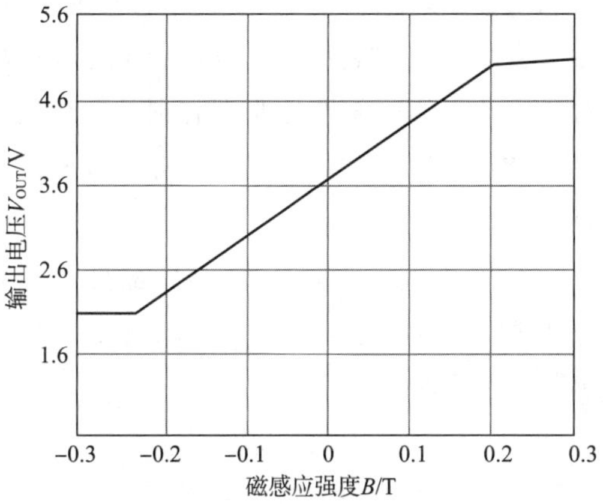

图6.28　单端输出霍尔线性传感器的特性曲线(UGN3501T)

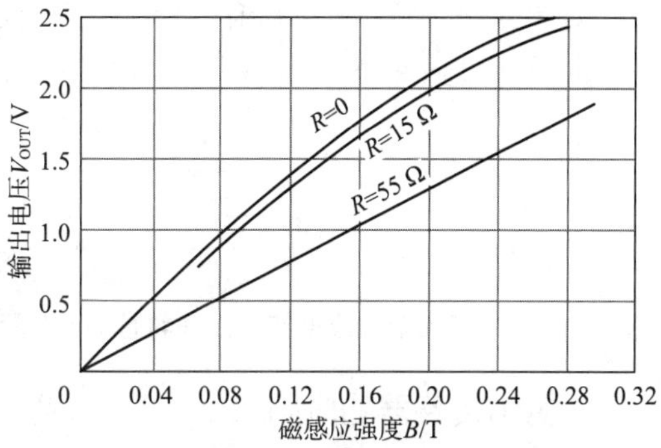

图6.29　双端输出霍尔线性传感器的特性曲线(UGN3501M)

2. 霍尔开关型集成传感器

1)工作原理和结构

霍尔开关型集成传感器是把霍尔元件的输出经过处理后输出一个高电平或低电平的数字信号。霍尔开关电路又称霍尔数字电路，将稳压电路、霍尔元件、差分放大电路，施密特触发(整形电路)和输出电路等电路做在同一个芯片上。

当有磁场作用在传感器上时，根据霍尔效应原理，霍尔元件输出霍尔电压，该电压经放大器放大后，送给施密特触发(整形电路)，当放大后的电压大于施密特触发器“开启”阈值电压时，施密特整形电路翻转，输出高电平，使V导通，这种状态我们称作“开状态”；当磁场减弱时，霍尔元件输出的电压很小，经放大器放大后其值仍然小于施密特整形电路的“关闭”阈值电压，施密特整形电路再次翻转，输出低电平，使V截止，这种状态我们称作“关状态”。这样，一次磁场强度的变化，就使传感器完成了一次开关动作。

霍尔开关型集成电路的外形及内部电路如图6.30所示。

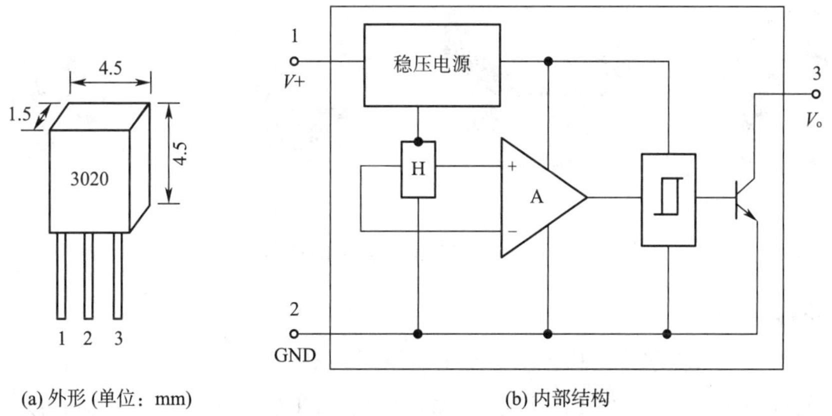

图6.30　霍尔开关型集成电路的外形及内部电路

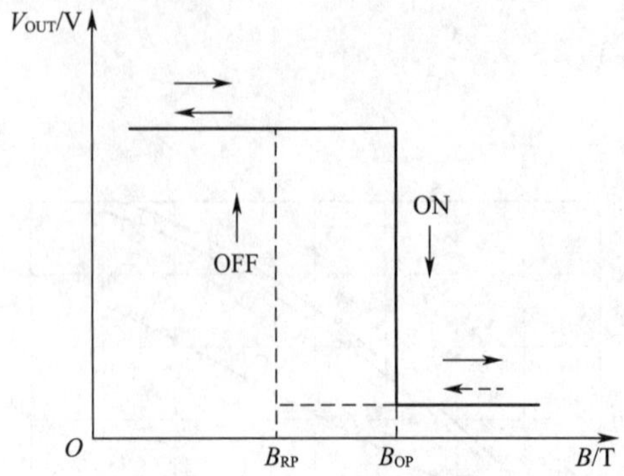

图 6.31　霍尔开关型集成电路的工作特性曲线

2)工作特性

霍尔开关型集成传感器的工作特性曲线如图 6.31 所示。从工作曲线上看，有一定的迟滞特性，这对开关动作的可靠性是非常有利的。从霍尔开关型集成传感器的工作特性曲线，可以看出外加磁场与传感器输出电平的关系。当外加磁感应强度高于 B_{OP} 时，输出电平由高变低，传感器处于开状态；当外加磁感应强度低于 B_{RP} 时，输出电平由低变高，传感器处于关状态。

6.2.4 霍尔传感器的应用

霍尔电势是关于 I、B、θ 三个变量的函数，即 $U_H=K_H IB\cos\theta$。利用这个关系可以使其中两个量不变，将第三个量作为变量，或者固定其中一个量，其余两个量都作为变量。这使得霍尔传感器有许多用途。

1. 霍尔接近开关

霍尔接近开关是一个无接触磁控开关，当磁铁靠近时，开关接通；当磁铁离开后，开关断开。霍尔接近开关电路原理和外形，分别如图 6.32 和图 6.33 所示。

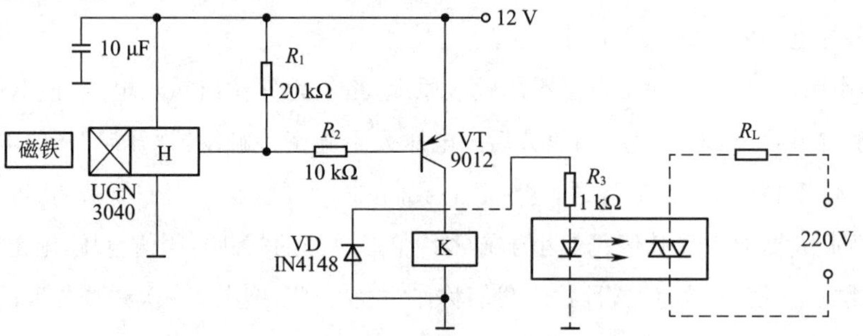

图 6.32　霍尔接近开关电路原理

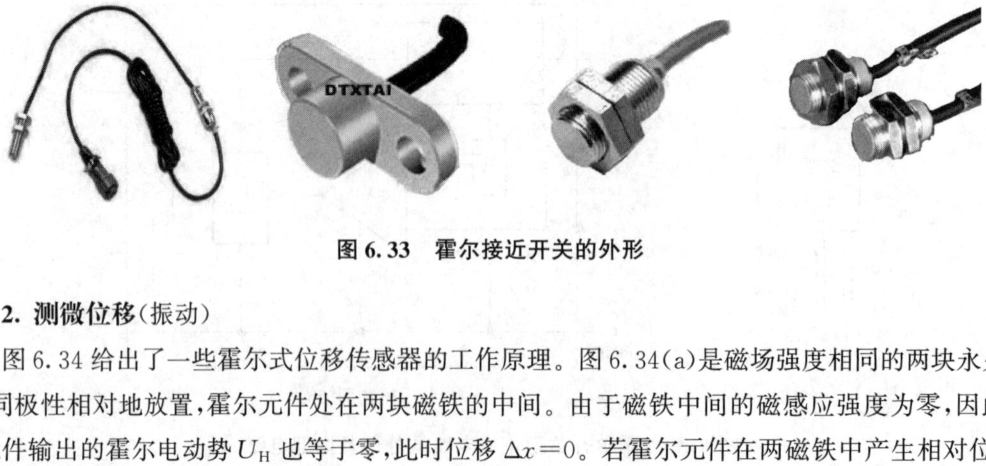

图 6.33　霍尔接近开关的外形

2. 测微位移(振动)

图 6.34 给出了一些霍尔式位移传感器的工作原理。图 6.34(a)是磁场强度相同的两块永久磁铁，同极性相对地放置，霍尔元件处在两块磁铁的中间。由于磁铁中间的磁感应强度为零，因此霍尔元件输出的霍尔电动势 U_H 也等于零，此时位移 $\Delta x=0$。若霍尔元件在两磁铁中产生相对位移，

霍尔元件感受到的磁感应强度也随之改变,这时 U_H 不为零,其量值大小反映出霍尔元件与磁铁之间相对位置的变化量。这种结构的传感器,其动态范围可达 5 mm,分辨率为 0.001 mm。

图 6.34(b)所示是一种结构简单的霍尔位移传感器,由一块永久磁铁组成磁路的传感器,在 $\Delta x=0$ 时,霍尔电压不等于零。

图 6.34(c)是一个由两个结构相同的磁路组成的霍尔式位移传感器,为了获得较好的线性分布,在磁极端面装有极靴,霍尔元件调整好初始位置时,可以使霍尔电压 $U_H=0$。霍尔式位移传感器灵敏度很高,但它所能检测的位移量较小,适合于微位移量及振动的测量。

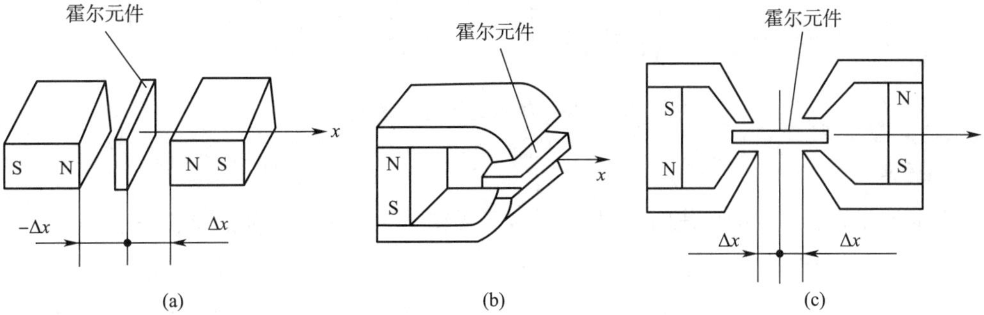

图 6.34　霍尔式位移传感器的工作原理

3. 测压力

霍尔压力传感器是把压力先转换成位移后,再应用霍尔电动势与位移的关系测量出压力。霍尔元件组成的压力传感器包括两部分:一部分是弹性元件,如弹簧管或膜盒等,用它感受压力,并把它转换成位移量;另一部分是霍尔元件和磁路系统。图 6.35(a)中弹性元件是弹簧管,当被测压力发生变化时,弹簧管端部发生位移,带动霍尔片在均匀梯度磁场中移动,作用在霍尔片的磁场发生变化,输出的霍尔电压随之改变,从霍尔元件输出的电压的大小即可反映出压力的大小。图 6.35(b)的波纹管式工作原理与此相似。

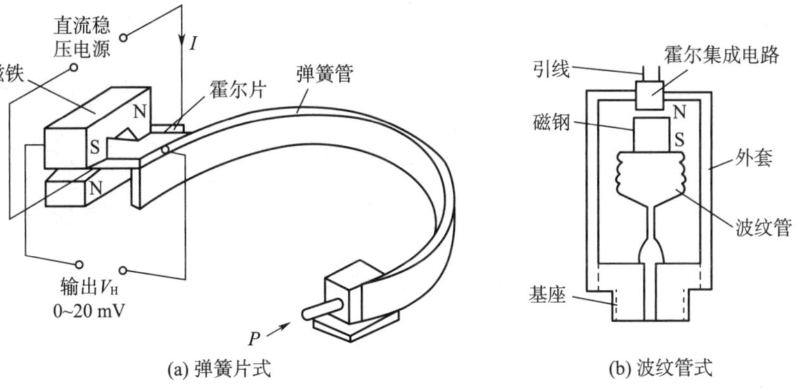

图 6.35　霍尔式压力传感器

霍尔传感器在应用于电梯称重变送装置时,如图 6.36 所示,将集成了线性霍尔传感器的整个变送装置固定在活络桥箱的底部,并在桥箱底部放置一块永久磁铁。当人进入桥箱内时,桥箱底部因受重而产生形变，磁铁和霍尔传感器之间产生位移，引起霍尔传感器感应的磁场的磁通量变化，从而产生相应的线性电压输出，进而获得载重、位移与电压的对应关系。

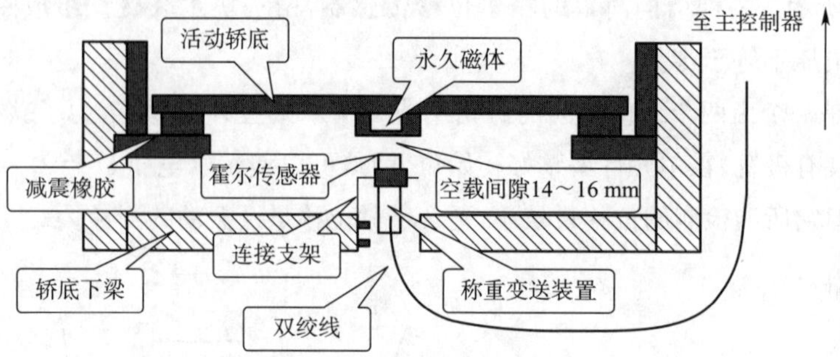

图 6.36　霍尔式称重传感器

4. 测转速

利用霍尔开关器件测量转速的原理很简单，只要在被测转速的主轴上安装一个非金属圆形薄片，将磁钢嵌在薄片圆周上，主轴转动一周，霍尔传感器输出一个检测信号。当磁钢与霍尔器件重合时，霍尔传感器输出低电平；当磁钢离开霍尔器件时，输出高电平。信号可经非门(或施密特触发器)整形后，形成脉冲，只要对此脉冲信号计数就可以测得转速。为了提高转速测量的分辨率，可增加薄片圆周上磁钢的个数。

图 6.37 所示是几种不同结构的霍尔式转速传感器。磁性转盘的输入轴与被测转轴相连，当被测转轴转动时，磁性转盘随之转动，固定在磁性转盘附近的霍尔传感器便可在每一个小磁铁通过时产生一个相应的脉冲，检测出单位时间的脉冲数 N，便可知被测转速 n。磁性转盘上小磁铁数目的多少决定了传感器测量转速的分辨率。转速即

$$n=60\,\frac{f}{N} \tag{6.14}$$

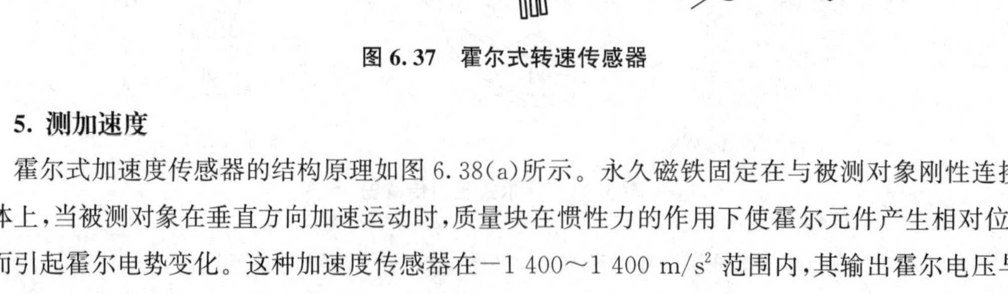

图 6.37　霍尔式转速传感器

5. 测加速度

霍尔式加速度传感器的结构原理如图 6.38(a)所示。永久磁铁固定在与被测对象刚性连接的壳体上，当被测对象在垂直方向加速运动时，质量块在惯性力的作用下使霍尔元件产生相对位移，从而引起霍尔电势变化。这种加速度传感器在－1 400～1 400 m/s^2 范围内，其输出霍尔电压与加速度之间有较好的线性关系，如图 6.38(b)所示。

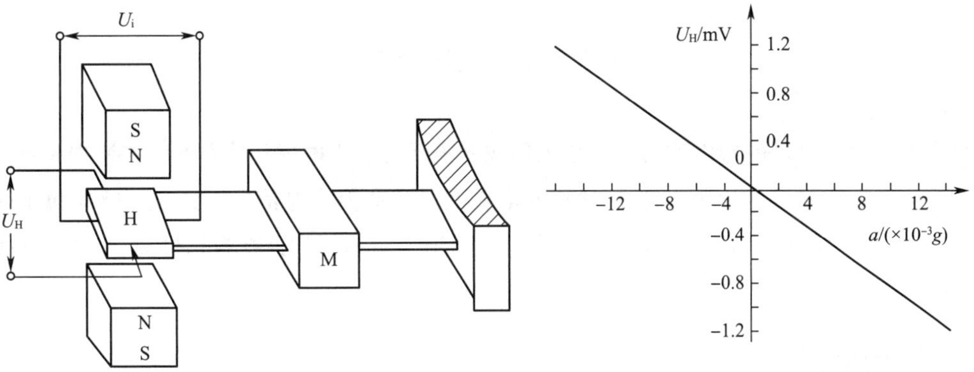

(a) 结构原理　　(b) 加速度与输出电压的线性关系

图 6.38　霍尔式加速度传感器的工作原理

6. 霍尔传感器在电梯中的速度监控作用

扶梯速度监控器 A6 在异常情况时发挥着控制扶梯辅助抱闸的重要功能。扶梯速度监控器 A6 的控制电路如图 6.39 所示。

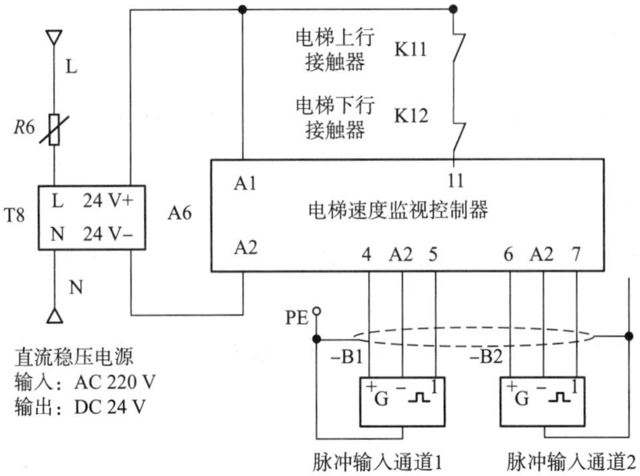

图 6.39　扶梯速度监控器 A6 的控制电路

速度控制器的速度检测部分为脉冲式霍尔转速传感器探头，外形如图 6.40 所示。该探头安装于测速端盖上，感应导磁体上凸起的齿或是凹下的槽，相应的给出高低电平，用于检测轮轴的转速，测量原理如图 6.41 所示。

图 6.40　脉冲式霍尔转速传感器探头外形

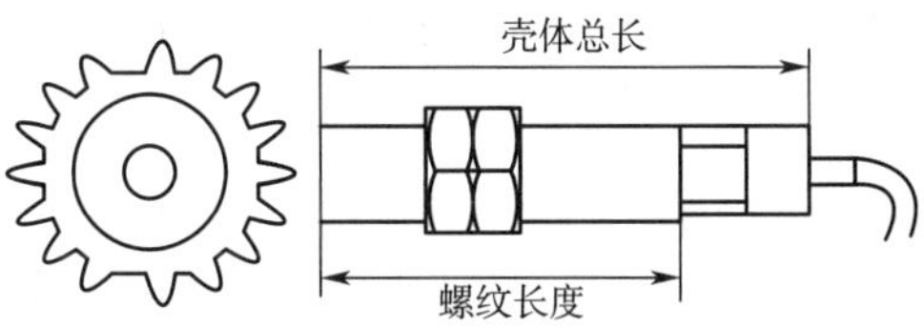

图 6.41　脉冲式霍尔转速传感器探头测量原理

6.3 光电式传感器

将光量转换为电量的器件称为光电传感器或光电元件。光电式传感器的工作原理是首先把被测量的变化转换成光信号的变化，然后通过光电转换元件变换成电信号。光电传感器属于非接触传感器，具有响应快、结构简单、使用方便，而且有较高的可靠性，因此在自动检测、计算机和控制系统中，应用非常广泛。

6.3.1 光电效应

光电传感器是基于光电效应制成的。当物质受光照后，物质的电子吸收了光子的能量所产生的电现象称为光电效应。

光电效应可分为三类。

1. 外光电效应

在光线作用下能使电子逸出物体表面的称为外光电效应。基于该效应的光电器件有光电管、光电倍增管等。

2. 内光电效应

在光线作用下能使物体电阻率改变的称为内光电效应，又称光电导效应。基于该效应的光电器件有光敏电阻等。

3. 半导体光生伏特效应

在光线作用下能使物体产生一定方向电动势的称为半导体光生伏特效应。基于该效应的光电器件有光电池等。

基于外光电效应的光电器件属于真空光电器件，基于内光电效应和半导体光生伏特效应的光电器件属于半导体光电器件。

6.3.2 光电器件

1. 光敏电阻

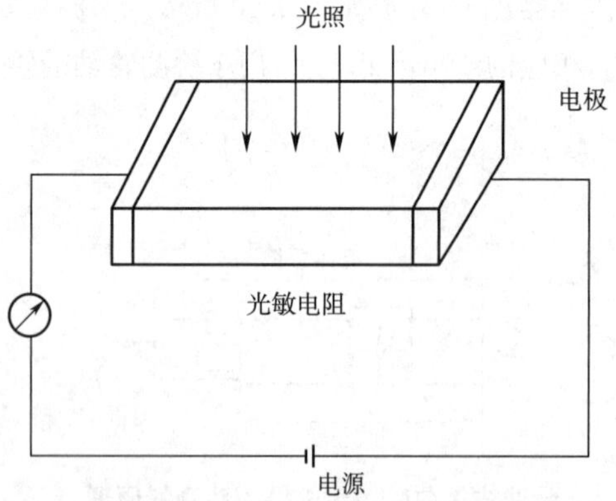

图 6.42　光敏电阻的工作原理图

1)光敏电阻的工作原理

光敏电阻又称光导管，利用内光电效应原理制成，主要材料是用半导体。光敏电阻没有极性，纯粹是一个电阻器件，使用时既可加直流电压，也可以加交流电压。

如图 6.42 所示，光敏电阻没有受到光照时，光敏电阻值（暗电阻）很大，电路中电流（暗电流）很小。当它受到一定波长范围的光照射时，其阻值（亮电阻）急剧减小，电路中电流迅速增大。

2)光敏电阻的结构

光敏电阻的结构很简单,在半导体光敏材料的两端引出电极,再将其封装在透明管壳内。为了防止周围介质的影响,在半导体光敏材料上覆盖了一层漆膜,漆膜的成分应使它在光敏层最敏感的波长范围内透射率最大。图 6.43 所示为光敏电阻的结构与外形。

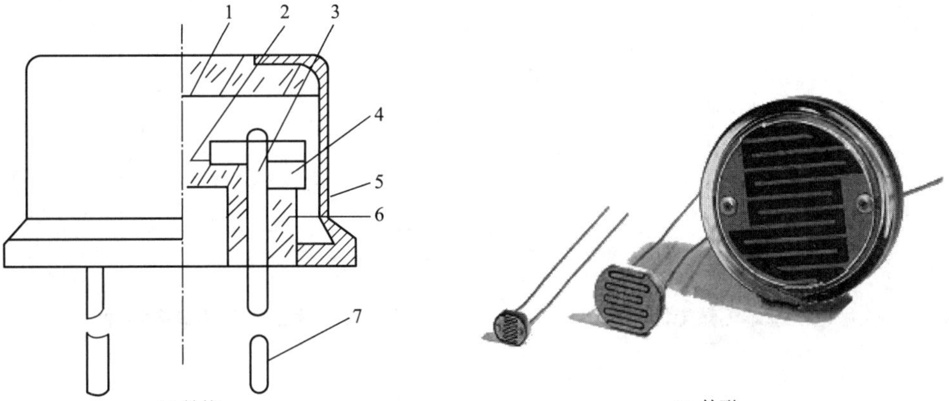

(a) 结构　　(b) 外形

1—玻璃;2—光电导层;3—电极;4—绝缘衬底;5—金属壳;6—黑色绝缘玻璃;7—引线。

图 6.43　光敏电阻的结构与外形

制作光敏电阻的材料种类很多,如硒化镉、硒化铅、硫化镉、硫化铅等,其中硫化镉光敏电阻是目前应用最广泛的一种,光敏电阻基本测量电路如图 6.44 所示。

3)光敏电阻的主要参数

(1)暗电阻和暗电流

光敏电阻在室温条件下,在全暗后经过一定时间测量的电阻值,称作暗电阻。此时流过的电流,称作暗电流。

(2)亮电阻

光敏电阻在某一光照下的阻值,称作该光照下的亮电阻,此时流过的电流称作亮电流。

(3)光电流

亮电流与暗电流之差,称作光电流。一般希望暗电阻越大越好,亮电阻越小越好,此时光敏电阻的灵敏度高。实际光敏电阻的暗电阻值一般在兆欧级,亮电阻在几千欧以下。

(4)响应时间

指光敏电阻中光电流的变化滞后于光的变化的时间。如图 6.45 所示,光敏电阻突然受到光照时,光电流并不是立刻就上升到稳定数值,而且当光突然消失时,光电流也不会立刻下降到零,这说明光电流的变化对于光的变化,在时间上有一个滞后,因此光敏电阻不能用在要求快速响应的场合。

2. 光电管和光电倍增管

1)光电管

光电管有真空光电管和充气光电管或称电子光电管和离子光电管两类。两者结构相似,如

图 6.46 所示。它们由一个光电阴极 K 和一个光电阳极 A 构成，并且密封在一只真空玻璃管内。阴极装在玻璃管内壁上，其上涂有光电发射材料。阳极通常用金属丝弯曲成矩形或圆形，置于玻璃管的中央。

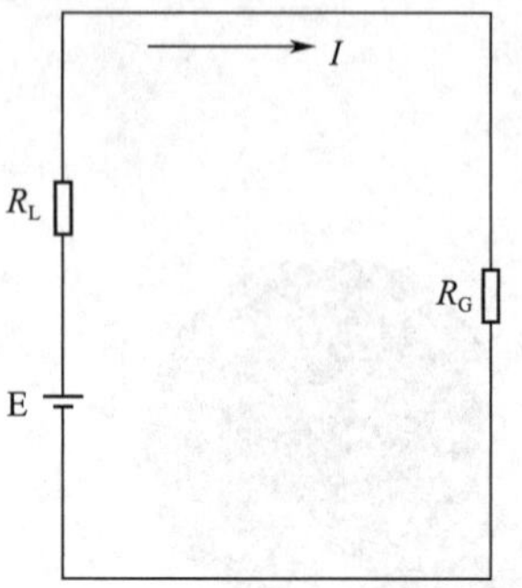

图 6.44　光敏电阻基本测量电路

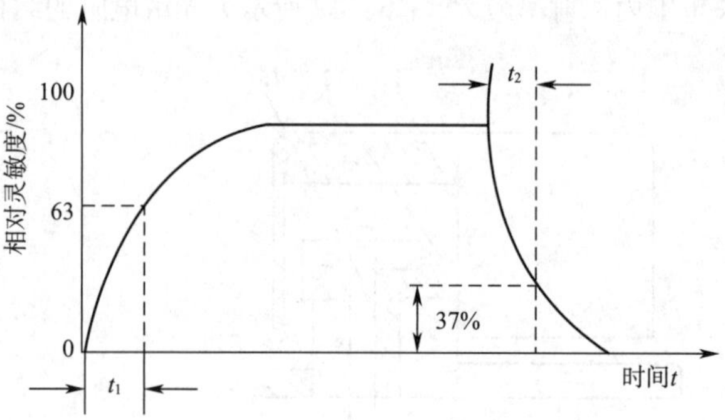

图 6.45　光敏电阻的响应特性

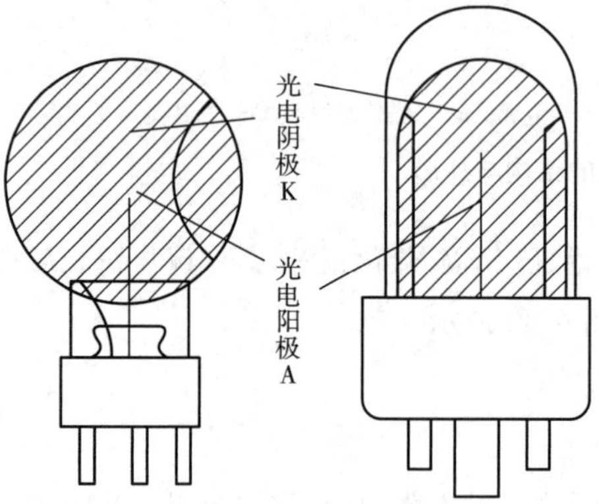

（a）结构

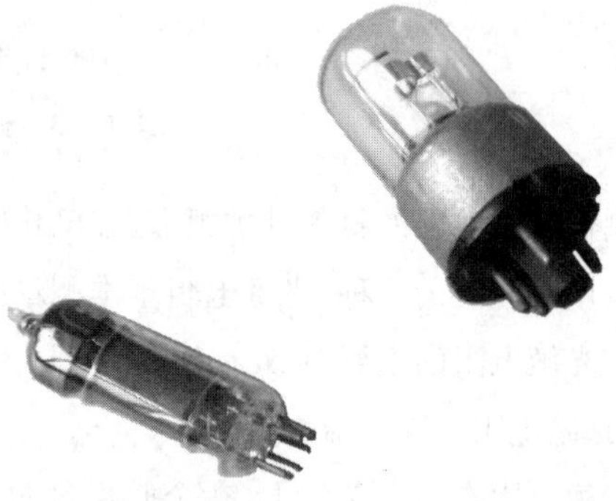

（b）外形

图 6.46　光电管结构与外形

光电管基于外光电效应，当一定频率的光照射到光电阴极上时，光电阴极吸收了光子的能量后有电子逸出而形成光电子。这些光电子被具有正电位的阳极所吸引，因而在光电管内便形成定向电子流，外电路就有了电流。如果在外电路中串入一适当阻值的电阻，则电路中的电流便转换为电阻上的电压。这电流或电压的变化与光成一定函数关系，从而实现了光电转换。光电管的图形的符号及基本测量电路如图 6.47 所示。

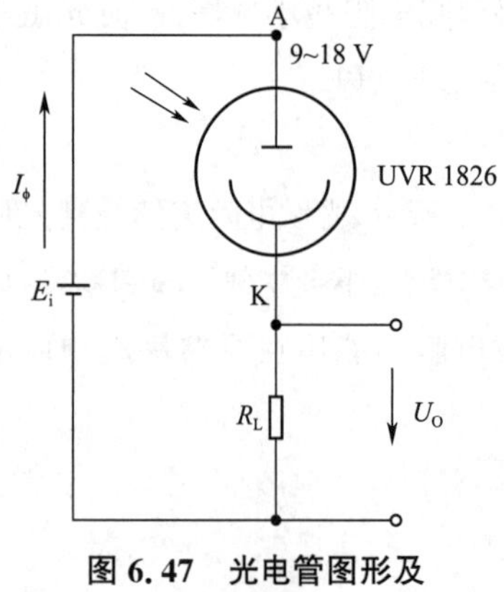

图 6.47　光电管图形及基本测量电路

2)光电倍增管

光照很弱时，光电管产生的电流很小，为提高灵敏度常常使用光电倍增管。如核仪器中闪烁探测器都使用光电倍增管做光电转换元件。光电倍增管是利用二次电子释放效应，高速电子撞击固体表面，发出二次电子，将光电流在管内进行放大。

光电倍增管由光阴极、次阴极(倍增电极)D以及阳极三部分组成,工作原理及外形如图 6.48 所示。次阴极多的可达 30 级;阳极是最后用来收集电子的,收集到的电子数是阴极发射电子数的 $10^5 \sim 10^6$ 倍,即光电倍增管的放大倍数可达几万倍到几百万倍。光电倍增管的灵敏度就比普通光电管高几万倍到几百万倍。因此在很微弱的光照时,它就能产生很大的光电流,因此使用时应注意避免强光照射而损坏光电阴极。

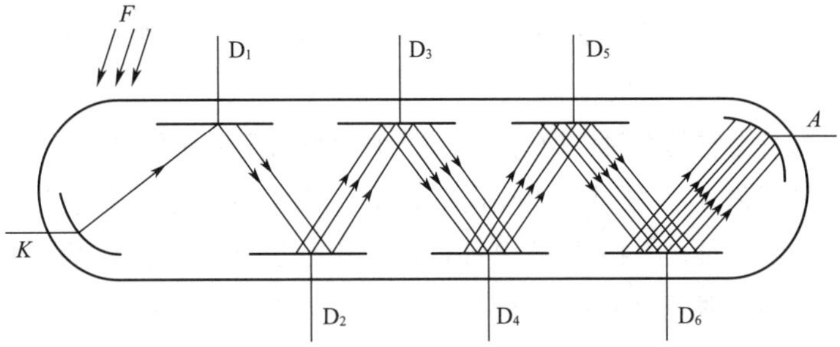

(a) 工作原理

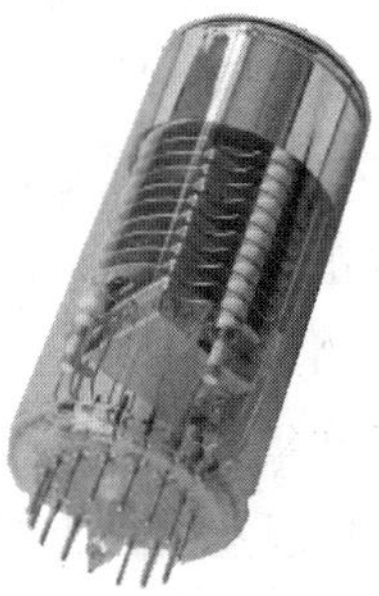

(b) 外形

图 6.48 光电倍增管工作原理及外形

3. 光敏二极管、光敏晶体管和光敏晶闸管

1)光敏二极管

光敏二极管的结构与普通的二极管相似,其基本结构也是一个 PN 结。所不同的是为了提高转换效率大面积受光,PN 结面积比一般二极管大,而且它的 PN 结装在透明管壳的顶部,可以直接受到光照射,如图 6.49 所示。

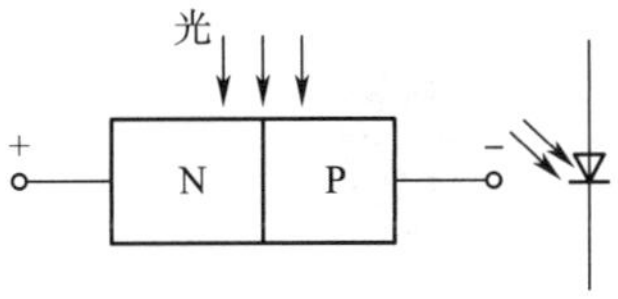

(a) 结构示意及符号

(b) 外形

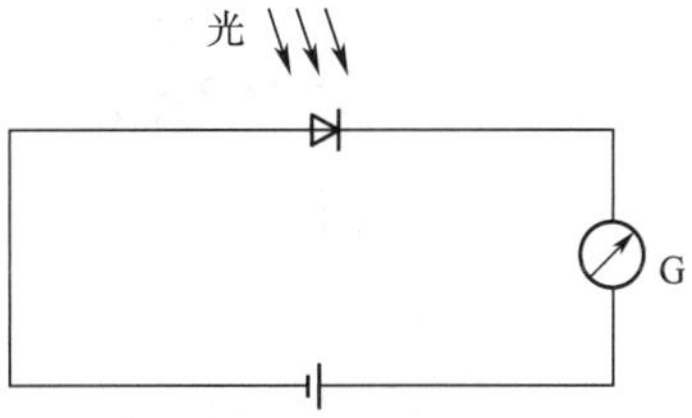

(c) 基本测量电路

图 6.49 光敏二极管

光敏二极管在电路中必须反向偏置。在无光照射时,与普通二极管一样,电路中反向电阻很大,反向电流(暗电流)很小,此时光敏二极管处于截止状态,只有少数载流子在反向偏压作用下,越过阻挡层形成微小的反向电流即暗电流。

当有光照射时,PN 结受到光子的轰击,吸收其能量而产生电子—空穴对,从而使 P 区和 N 区的少数载流子浓度大大增加,因此在外加反向偏置电压和内电场的作用下,P 区的少数载流子越过阻挡层进入 N 区,N 区的少数载流子越过阻挡层进入 P 区,从而使通过 PN 结的反向电流大为增加,形成光电流。

光敏二极管的光电流 I 与照度之间呈线性关系，光的照度越大，光电流越大。因此光敏二极管在不受光照射时，处于截止状态，受光照射时，处于导通状态。所以适合检测等方面的应用。

2）光敏三极管

光敏三极管有PNP型和NPN型两种。与普通三极管相似，有电流增益，灵敏度比光敏二极管高。多数光敏三极管的基极没有引出线，只有正负（C、E）两个引脚，所以其外形与光敏二极管相似，从外观上很难区别。

用N型硅材料为衬底制作的光敏三极管为NPN型结构，称为3DU型；用P型硅材料为衬底制作的光敏三极管为PNP型结构，称为3CU型。

光敏三极管也具有电流增益，只是它的发射极做得很大，以扩大光的照射面积，且其基极不接引线。当集电极加上正电压，基极开路时，集电结处于反向偏置状态，发射结处于正向偏置。当光线照射在集电结时，会产生电子—空穴对，在内电场的作用下，光生电子被拉到集电极，基区留下空穴，使基极与发射极间的电压升高，这样便有大量的电子流向集电极，形成输出电流，且集电极电流为光电流的β倍。可以用一只光敏二极管和普通三极管的组合来等效光敏三极管，如图6.50所示。

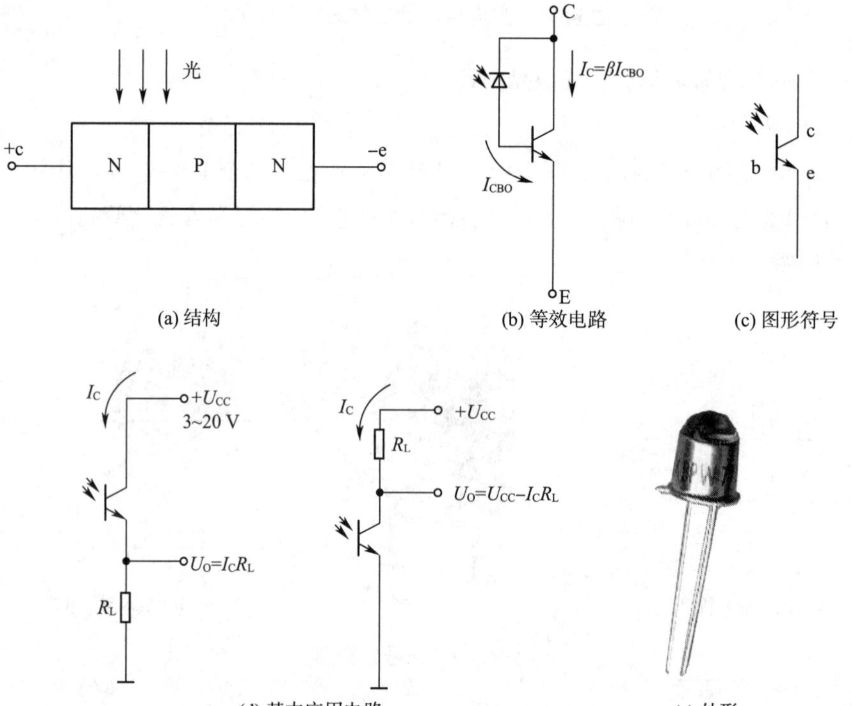

(a) 结构　(b) 等效电路　(c) 图形符号

(d) 基本应用电路　(e) 外形

图6.50　光敏三极管

3）光敏晶闸管

光敏晶闸管也称为光控晶闸管，同普通晶闸管一样，有三个引出电极分别为阳极A、阴极K和门极G，有三个PN结，即J_1、J_2、J_3。在电路中，阳极接电源正极，阴极接电源负极，门极可悬空。这时J_1、J_3正偏，J_2反偏，反偏的PN在透明管壳的顶部，相当于受光照控制的光敏二极管。光照射在J_2产生的光电流相当于普通晶闸管的门极电流，当光电流大于某一阈值时，光敏晶闸管触发导通。

由于光敏晶闸管一旦导通，控制极就失去作用，所以即使光照消失，光敏晶闸管仍然维持导通。要切断已触发导通的光敏晶闸管，必须将阳极电压反向或使阳极电流小于维持电流。光敏晶闸管的导通电流比光敏三极管大得多。工作电压可达数百伏，因此，其最大特点是输出功率大，在自动检测与控制中得到广泛应用。光敏晶闸管结构、外形、符号如图 6.51 所示。

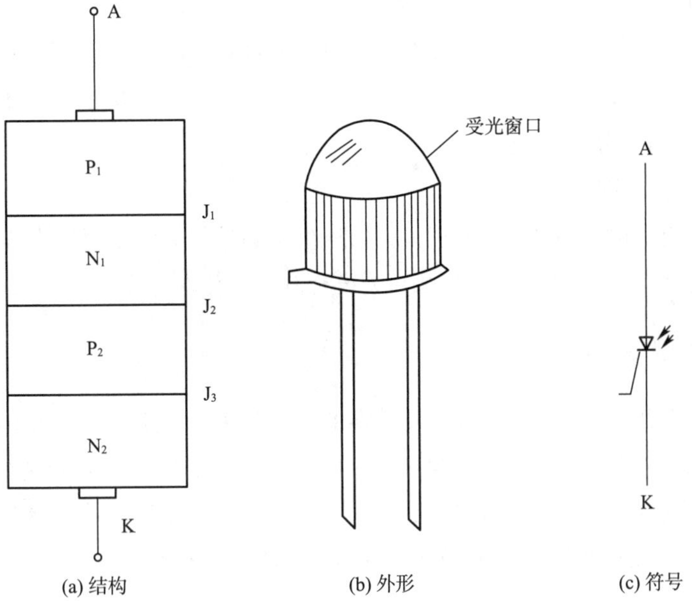

图 6.51　光敏晶闸管

4. 光电池

半导体 PN 结在受到光照射时能产生电动势的效应，叫光生伏特效应。光电池就是利用光生伏特效应将光能直接转换成电能的半导体器件，它的制作材料种类很多，其中应用最广泛的是硅光电池。硅光电池性能稳定、光谱范围宽、频率特性好、转换效率高且价格便宜。

硅光电池的结构很简单，在 N 型衬底上制造一薄层 P 型层作为光照敏感面（一个大面积的 PN 结）就构成最简单的光电池，如图 6.52(a)所示。P 型层做得很薄，从而使光线能穿透到 PN 结上。硅光电池的 PN 结面积要比二极管的 PN 结大得多，所以受到光照时产生的电动势和电流也大得多。

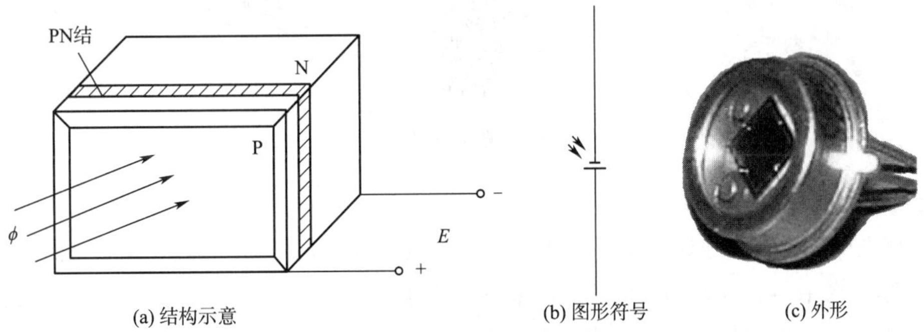

图 6.52　硅光电池

当入射光子的能量足够大时，P 型区每吸收一个光子就产生一对光生电子—空穴对，光生电子—空穴对的扩散运动使电子通过漂移运动被拉到 N 型区，空穴留在 P 区，所以 N 区积累了多余电子成为光电池的负极，P 区积累了空穴成为光电池的正极。如果光照是连续的，经短暂的时间，PN 结两侧就有一个稳定的光生电动势输出，这就是光生伏特效应。

光电池主要有两大类型的应用：

1）作光伏器件使用

利用光伏作用直接将太阳能转换成电能，即太阳能电池。这是全世界范围内人们所追求、探索新能源的一个重要研究课题。太阳能电池已在宇宙开发、航空、通信设施、太阳电池地面发电站、日常生活和交通事业中得到广泛应用。

2）作光电转换器件应用

要求光电池具有灵敏度高、响应时间短等特性，但不必需要像太阳电池那样的光电转换效率。这一类光电池需要特殊的制造工艺，主要用于光电检测和自动控制系统中。

6.3.3 开关式光电传感器

光电开关和光电断续器是开关式光电传感器的常用器件，主要用来检测物体的靠近、通过等状态（开关量）的检测。光电开关和光电断续器从原理上讲是一样的，都是由红外线发射元件与光敏接收元件组成，所不同的是光电断续器是整体结构，因而检测距离小，只有几毫米至几十毫米，而光电开关可根据检测现场灵活安装，检测距离大可达几米甚至几十米。

1. 光电开关

光电开关是一种利用感光元件对变化的入射光加以接收，并进行光电转换，同时加以某种形式的放大和控制，从而获得最终的控制输出“开”“关”信号的器件，如图 6.53 所示。

图 6.53 光电开关的外形

光电开关可分为遮断型和反射型两大类。

遮断型光电开关的发射器和接收器相对安放，轴线严格对准。当有物体在两者中间通过时，红外光束被遮断，接收器接收不到红外线而产生一个负脉冲信号。遮断型光电开关的检测距离一般可达十几米，对所有能遮断光线的物体均可检测，如图 6.54(a)所示。

反射型光电开关又可分为两种情况：反射镜反射型和被测物漫反射型（简称散射型），反射型光电开关采用单侧安装方式，如图 6.54(b)、(c)所示。当有物体在反射镜反射型光电开关前通过时，红外光束被反射回来，接收器接收到红外线而产生一个正脉冲信号。但它需要调整反射镜的角度以取得最佳的反射效果，检测距离一般不超过 1 m，对暗色物体无法检测。散射型安装最为方便，因为只要不是全黑的物体均能产生漫反射，正因为光敏接收元件接收的是漫反射光线，所以散射型的检测距离更小，只有几百毫米。

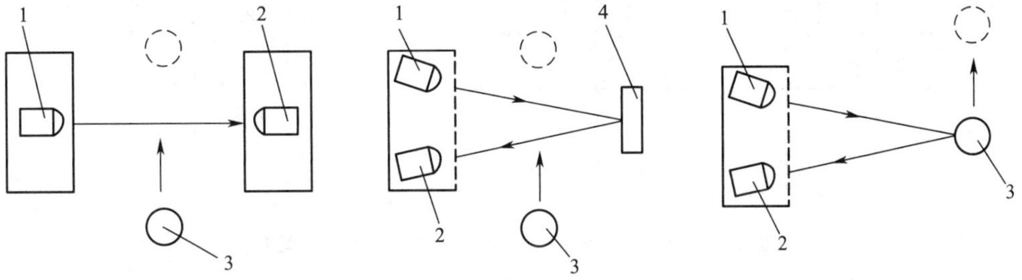

1—发射器；2—接收器；3—被测物；4—反射镜。

图 6.54　光电开关类型

光电开关中的红外发射器一般采用功率较大的红外发光二极管（红外 LED），接收器一般采用光敏三极管或光电池。为了防止其他光源的干扰而产生误动作，可在光敏元件表面上加装红外滤光透镜。

2. 光电断续器

光电断续器可分为遮断型和反射型两种，外形如图 6.55 所示，内部结构如图 6.56 所示。遮断型光电断续器也称作槽式光电开关，通常是标准的 U 字形结构。其发射器和接收器坐在体积很小的同一塑料壳体中，分别位于 U 形槽的两边，并形成一光轴，两者能可靠地对准，不需要调整安装位置，为安装和使用提供了方便。当被检测物体经过 U 形槽且阻断光轴时，光电开关就产生表示检测到的开关量信号。槽式光电开关比较可靠，较适合高速检测。

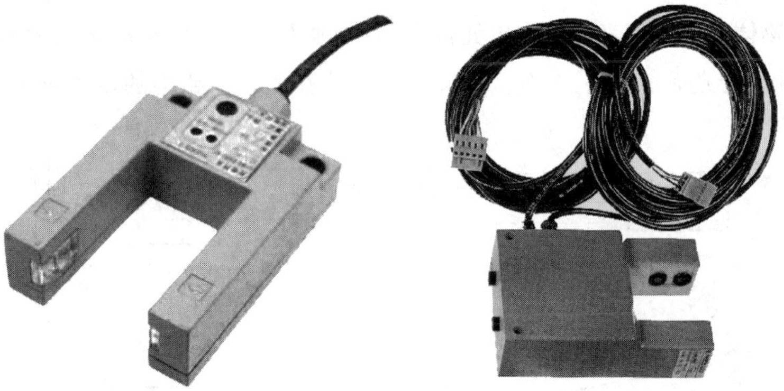

图 6.55　槽式光电开关外形

6.3.4　光电传感器的应用

光电传感器由光源（白炽灯或发光二极管）、光学元器件（各种反射镜、透镜等）和光电元器件组

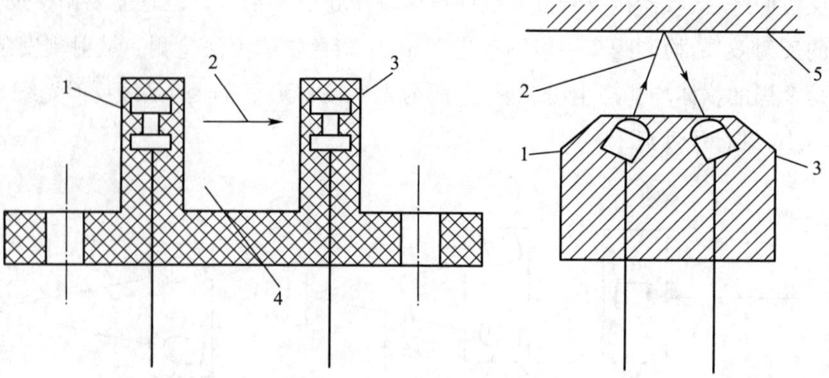

1—发光二极管；2—红外光；3—光电元器件；4—槽；5—被测物。

图 6.56　光电断续器

成的光路系统，结合相应的测量转换电路构成的，可以应用于多种非电量的测量。

根据光通量对光电元件的作用原理不同，按照其输出量的性质可将光电传感器分为两类：一类是把被测量转换为与之成单值对应关系的连续变化的光电流，称作模拟式光电传感器；另一类是把被测量转换为断续变化的光电流，系统输出为开关量的电信号，称作数字式光电传感器。

光电传感器的常见几种形式如图 6.57 所示。图 6.57(a)为辐射式光电传感器，被测物体本身就是辐射源，它可以直接照射在光电元件上，也可以经过一定的光路后作用在光电元件上。光电高温计、比色高温计、红外侦察和红外遥感等均属于这一类。这种方式也可被用于防火报警和构成光照度计等。图 6.57(b)为吸收式光电传感器，被测物体位于恒定光源与光电元件之间，根据被测物对光的吸收程度或对其谱线的选择来测定被测参数。如测量液体、气体的透明度、浑浊度，对气体进行成分分析，测定液体中某种物质的含量等。图 6.57(c)为反射式光电传感器，恒定光源发出的光投射到被测物体上，被测物体把部分光通量反射到光电元件上，根据反射的光通量多少测定被测物表面状态和性质。例如测量零件的表面粗糙度、表面缺陷、表面位移等。图 6.57(d)为遮光式光电传感器，被测物体位于恒定光源与光电元件之间，光源发出的光通量经被测物遮去其一部分，使作用在光电元件上的光通量减弱，减弱的程度与被测物在光学通路中的位置有关。利用这一原理

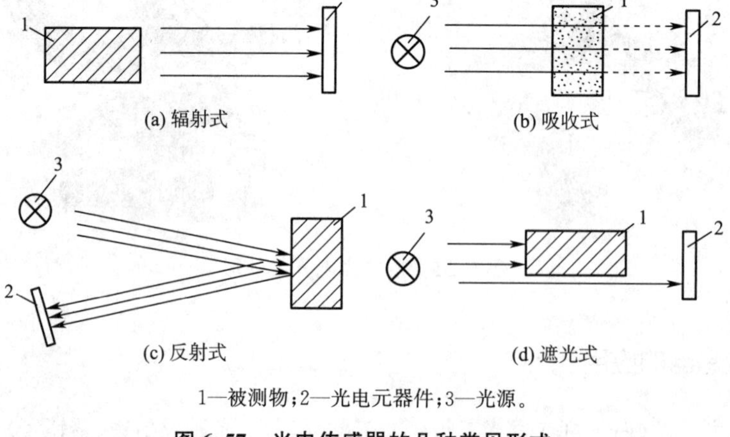

1—被测物；2—光电元器件；3—光源。

图 6.57　光电传感器的几种常见形式

可以测量长度、厚度、线位移、角位移、振动等。

1. 测运动速度

在实际工作中，经常利用光电元件检测运动物体的速度，如图 6.58 所示。

当运动物体 3 自左向右运动时，光源 1 的光线被遮挡，光敏元件输出低电平，RS 触发器 6 被触发并置“1”，与非门打开，高频脉冲可以通过，计数器开始计时。

当运动物体 3 经过距离 S_0 到达并遮断光源 4 时，光敏元件 5 输出低电平，RS 触发器 6 被触发并置“0”，与非门关断，计数器停止计数。

若高频脉冲的频率 $f=1$ MHz，周期 $T=1$ μs，计数器的计数脉冲个数为 N，则可得出运动物体通过已知距离 S_0 所用的时间 $t=NT=N$ μs，则运动物体的平均速度为 $v=\frac{S_0}{t}=\frac{S_0}{NT}$。

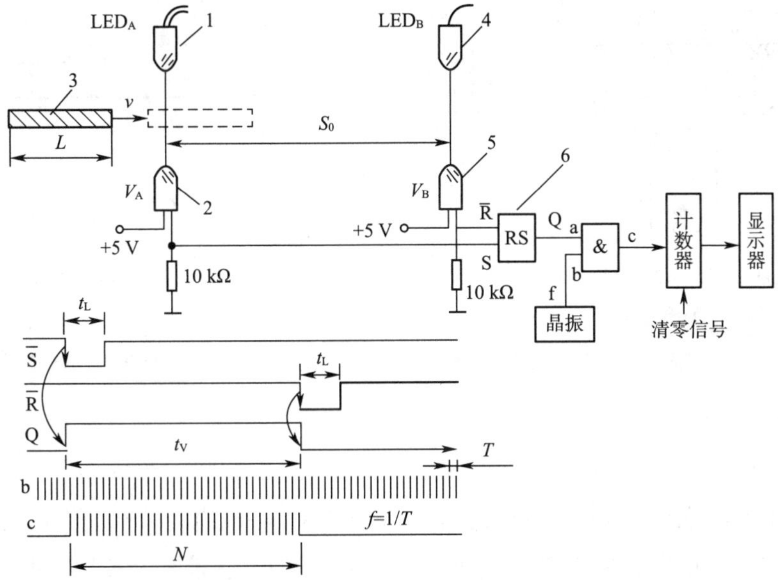

1—光源 A；2—光敏元件；3—运动物体；4—光源 B；5—光敏元件；6—RS 触发器。

图 6.58 光电式传感器测速度的示意图

2. 测转速

用光电管、光敏晶体管等光电元件将光脉冲转换成电脉冲，再对电脉冲计数，进而得到转速。由光电管构成的转速计分反射型和直射型两种。

反射型光电式转速计的工作原理如图 6.59 所示。将被测轴 5 的圆周表面顺轴线方向按均匀间隔做成一段黑白相间的反射面和吸收面充当“光栅”，传感器对准此反射面和吸收面。光源 1 发射的光线经过透镜 2 成为平行光，照射在膜片 3 上。部分光线透过膜片，部分光线被反射，经聚光镜 4 聚焦成一点，照射在被测轴黑白相间的“光栅”上。当轴转动时，白色反射面将光线反射，黑色吸收面不反射。反射光再经透镜照射在膜片上，透过膜片并经聚焦透镜 6 聚焦后，照射在光电管 7 的阴极上，使阳极产生光电流。由于“光栅”黑白相间，转动时将获得与转速及黑白间隔数有关的光脉冲，使光电管产生相应的电脉冲。当间隔数一定时．该电脉冲与转速成正比。电脉冲送至数字测量电路．即可计数和显示转速。

直射型光电式转速计的工作原理如图 6.60 所示。被测轴 1 上装有带孔的圆盘 2,圆盘的一边设置光源 3,另一边设置光电管 4. 圆盘随轴转动,当光线通过小孔时,光电管产生一电脉冲。转轴连续转动,光电管就输出一列与转速及圆盘上的孔数成正比的电脉冲数。在孔数一定时,该列电脉冲数和转速成正比。电脉冲经测量电路放大和整形后再送入频率计计数和显示。经换算或标定后,可直接读出被测转轴的转速。

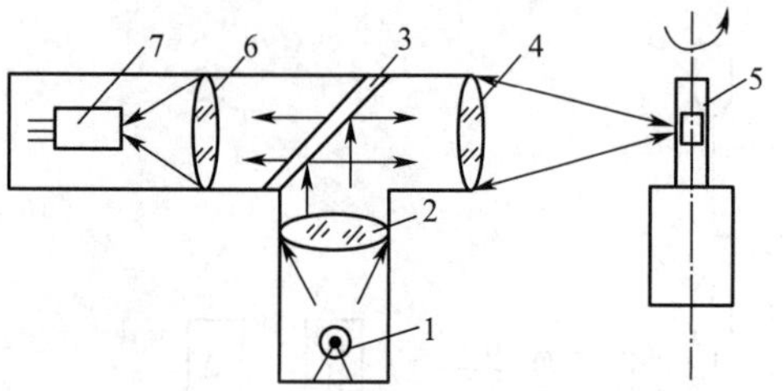

1—光源;2—透镜;3—膜片;4—聚光镜;

5—被测轴;6—聚焦透镜;7—光电元器件。

图 6.59　反射型光电式转速计工作原理

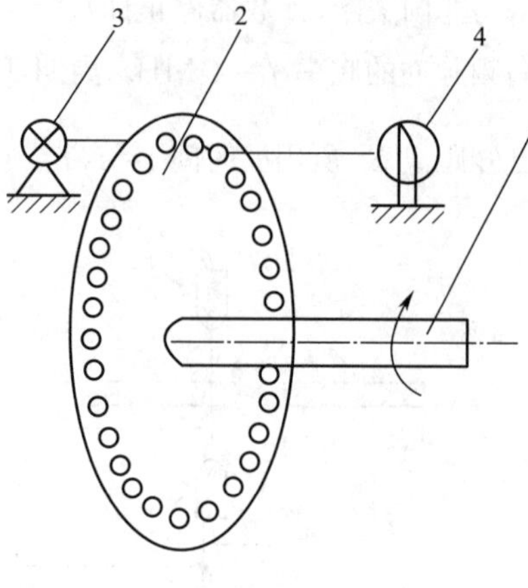

1—被测轴;2—圆盘;

3—光源;4—光电管。

图 6.60　直射型光电式转速计工作原理

3. 安全保护装置

(1)光电传感器在电梯中的应用

光电传感器广泛应用于地铁中电梯、安全门、站台门和 AFC(自动售检票系统)等装置。

光电传感器主要应用于电梯门机上保护人或物不被夹伤。保护装置的工作原理是运用红外线扫描探测技术。发射装置和接收装置安装于两侧,光电传感器发出一束装置,照射到电梯门另一边安装的发射板或接收器。内部由单片机和微处理器进行数字程序控制,使红外线收发单元在高速扫描状态下,形成红外线光幕警戒屏障,当人和物体进入光幕屏障区内,控制系统迅速转换输出电平信号,使负载动作,当人和物体离开光幕警戒区域,则负载正常自动关闭,从而达到安全保护的目的。

光电传感器也应用于安全门和站台门的门机上的保护人或物不被夹伤,同样也应用于 AFC 系统的闸门保护,防止闸门夹伤乘客。

(2)光电传感器在安全门中电子锁紧装置的应用

在每扇门的两端均安装有电子锁紧装置,在每个电子锁里安装了两个光电传感器,以检测其插销的位置。若电子锁紧装置的插销在门关到位后没有落下来(也就是门没有被锁住),或在执行开门命令时,其插销没有被提起来,则 DCU 将这些故障信息通过网络通信(DP、ModBus)送到 PSC 主控画面,操作员立即便会知道哪扇门由于何种原因发生了故障。安全门电子锁紧装置如图 6.61 所示。

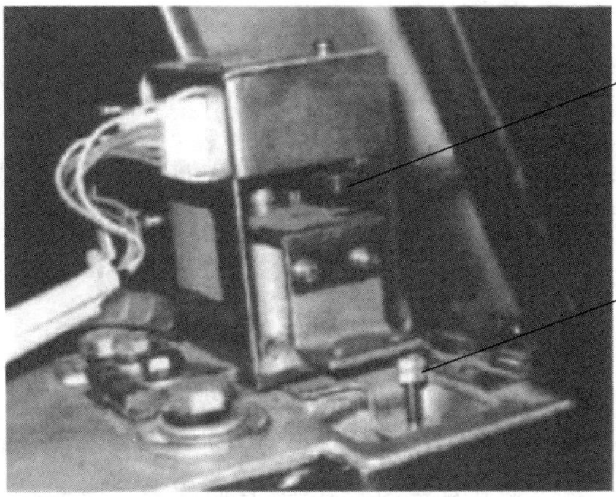

图 6.61　安全门电子锁紧装置

4. 光电传感器在 AFC 终端设备中的应用

自动售检票(AFC)系统有很多涉及到计数方面的情况，例如纸币、硬币的找零情况，票卡的清点，人流的统计等。这里主要涉及的是对射光电传感器，到上位机将计算的结果传给找零部位的工控主板，主板会执行找零的命令，而需要找零的硬币或纸币都是通过固定的通道依次排除，当光电传感器被遮挡一次，就会返回一个信号，这样，经过这样反复的传输指令后以达到计数的功能。

5. 光电耦合器

光电耦合器件是由发光元件(如发光二极管)和光电接收元件合并使用，以光作为媒介传递信号的光电器件。光电耦合器中的发光元件通常是半导体的发光二极管，光电接收元件有光敏电阻、光敏二极管、光敏三极管或光耦合器等。光电耦合器的发光和接收元件都封装在一个外壳内，一般有金属封装和塑料封装两种。光电耦合器件的工作原理与输入/输出特性如图 6.62 所示。

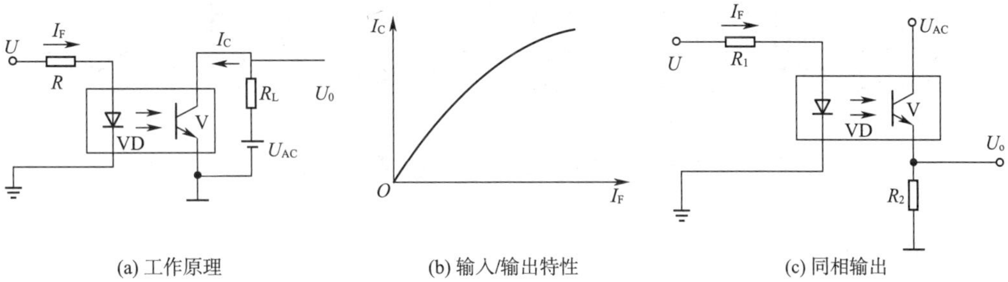

图 6.62　工作原理与输入/输出特性

光电耦合器实际上是一个电量隔离转换器，它具有抗干扰性能和单向信号传输功能，广泛应用在电路隔离、电平转换、噪声抑制、无触点开关及固态继电器等场合。

光电耦合器用于隔离用途以提高传感器的抗干扰能力时，U 与 U_{AC} 必须是不同电源，光耦合器两边的参考“地”不能连在一起，如图 6.62(a)、(c)，否则起不了提高抗干扰能力的作用。

6.4 差动变压器式位移传感器

差动变压器式位移传感器是感应式位移传感器中应用最广的一种，它能把被测的非电量变化转化成线圈的互感变化。这种传感器是根据变压器的基本原理制成的，并且其二次绕组都用差动形式连接，所以称作差动变压器式位移传感器。

6.4.1 螺线管式结构

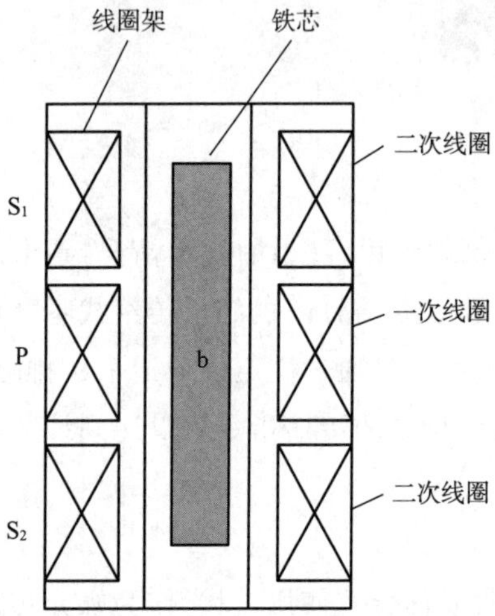

图 6.63 螺线管式差动变压器示意图

差动变压器式位移传感器的结构形式有变隙式、变面积式和螺线管式等，它们的工作原理基本一样，都是基于线圈互感量的变化来进行测量的。在非电量测量中，应用最多的是螺线管式差动变压器，它可以测量 1～100 mm 范围内的位移，具有结构简单、灵敏度高、测量范围广、性能可靠等优点。本节重点介绍螺线管式差动变压器传感器。

螺线管式差动变压器的结构由铁芯、衔铁和线圈三部分组成，一次绕组（绕组的匝数为 P）位于中间，两个二次绕组（反向串接，绕组匝数分别为 S_1 和 S_2 位于边缘，在绕组中央插入圆柱形衔铁，如图 6.63 所示。

螺线管式差动变压器根据一次侧、二次侧排列不同有二节式、三节式、四节式和五节式等形式，如图 6.64 所示。其结构虽有很多形式，但其工作原理基本相同。通常采用的是二节式和三节式两类。

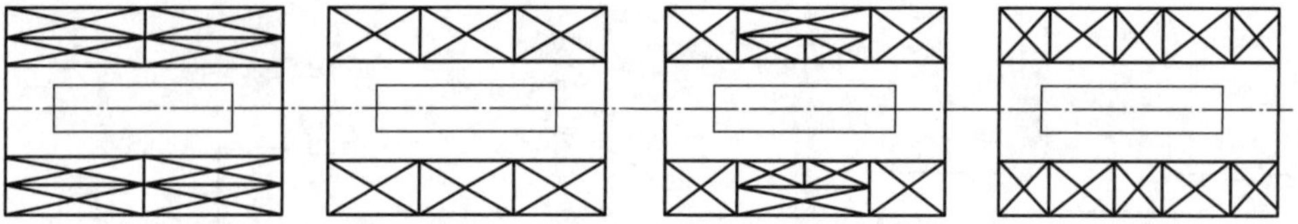

(a) 二节式　(b) 三节式　(c) 四节式　(d) 五节式

图 6.64 差动变压器线圈各种排列形式

6.4.2 工作原理

在忽略铁损、导磁体磁阻和绕组分布电容的理想条件下，差动变压器式位移传感器的等效电路如图 6.65 所示。

根据变压器的工作原理，当一次绕组加上激励电压 $\dot{U}_i$ 时，在两个二次绕组中就会产生感应电动势 $\dot{U}_1$ 和 $\dot{U}_2$。假如在工艺上保证变压器的结构完全对称，则当活动衔铁处于初始平衡位置时，必然会使两互感系数相等（$M_1=M_2$）。根据电磁感应原理，产生的两个感应电动势也将相等（$\dot{U}_1=$

$\dot{U}_2$)。由于变压器的两个二次绕组反向串接,因此差动变压器的输出为零,即

$$\dot{U}_0=\dot{U}_1-\dot{U}_2 \tag{6.15}$$

当活动衔铁向上移动时,由于磁阻的影响($\Phi=\dfrac{IW}{R_m}$,活动衔铁向上移时上部分 S_1 绕组 R_m 减小,则磁通 Φ 增加),上部分 S_1 的磁通将大于下部分 S_2 绕组的磁通,从而使得 $M_1>M_2$,$\dot{U}_1$ 增加,$\dot{U}_2$ 减小;反之,$\dot{U}_1$ 减小,$\dot{U}_2$ 增加。所以,随着衔铁位移 x 的变化,差动变压器式位移传感器的输出电压 $\dot{U}_0$ 也发生变化。图 6.66(a)给出了差动变压器式位移传感器的输出电压 $\dot{U}_0$ 与衔铁位移 x 的关系曲线。

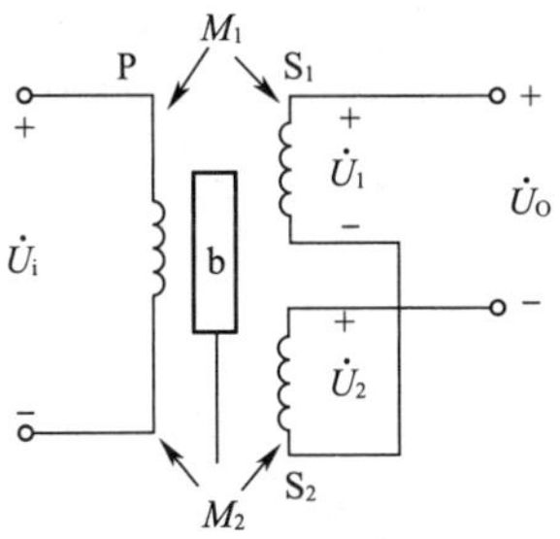

图 6.65　螺线管式差动变压器等效电路

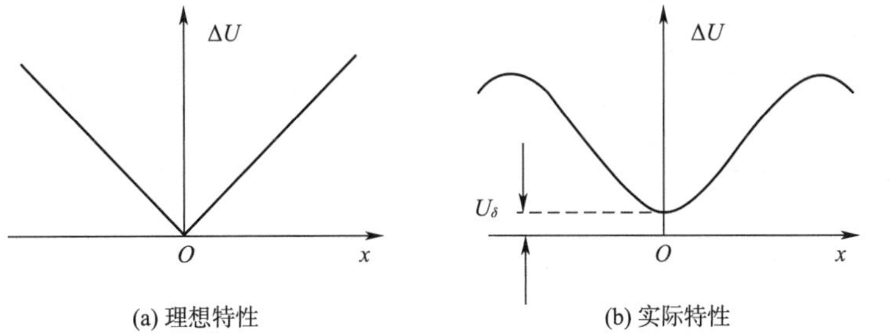

图 6.66　差动变压器的输出特性曲线

实际上,当衔铁处于中心位置时,差动变压器式位移传感器的输出电压并不等于零,我们把差动变压器在零位移时的输出电压称为零点残余电压,它的存在使传感器的输出特性不过零点,造成实际特性与理论特性不一致。零点残余电压一般在几十毫伏以下,在实际使用时应设法减小它。如图 6.66(b)所示为差动变压器的输出特性曲线。

6.4.3　基本特性

由图 6.65 所示差动变压器等效电路可知,当二次侧开路时一次绕组中的电流为

$$\dot{I}_1=\frac{\dot{U}_i}{r_1+j\omega L_1} \tag{6.16}$$

式中　ω——激励电压 $\dot{U}_1$ 的角频率;

$\dot{U}_i$——次绕组激励电压;

r_1、L_1——次绕组直流电阻和电感。

根据电磁感应定律,二次绕组中感应电动势的表达式分别为

$$\dot{U}_1=-j\omega M_1\dot{I}_1 \tag{6.17}$$

$$\dot{U}_2=-j\omega M_2\dot{I}_1 \tag{6.18}$$

式中　M_1、M_2——一次绕组与两个二次绕组间的互感。

由于两个二次绕组反向串联,且考虑到二次绕组开路,则输出电压为

$$\dot{U}_0=\dot{U}_1-\dot{U}_2=-\frac{j\omega(M_1-M_2)\dot{U}_i}{r_1+j\omega L_1} \tag{6.19}$$

其有效值为

$$U_0=\frac{\omega(M_1-M_2)}{\sqrt{r_1^2+(\omega L_1)^2}}U_i \tag{6.20}$$

(1)当活动衔铁处于中间位置时，$M_1=M_2=M$，故输出电压 $U_0=0$。

(2)当活动衔铁向上移动时，$M_1=M+\Delta M$，$M_2=M-\Delta M$，故输出电压为

$$U_0=\frac{2\omega\Delta M}{\sqrt{r_1^2+(\omega L_1)^2}}U_i \tag{6.21}$$

(3)当活动衔铁向下移动时，$M_1=M-\Delta M$，$M_2=M+\Delta M$，故输出电压为

$$U_0=\frac{-2\omega\Delta M}{\sqrt{r_1^2+(\omega L_1)^2}}U_i \tag{6.22}$$

6.4.4 测量电路

差动变压器的输出电压是交流信号，它输出的有效值与铁芯位移成正比，它的相位与铁芯位移的方向有关。如果用交流电压表进行测量，只能反映衔铁位移的大小，而不能反映移动方向。此外差动变压器的输出总有零点残余电压输出，这就造成零点附近的小位移测量误差大，线性差。为此常利用相敏检波电路、差动整流电路来解决此问题。

1. 差动相敏检波电路

图 6.67 所示为一种差动相敏检波电路，这种电路要求比较电压 $\dot{U}_2$ 与差动变压器的次级输出电压 $\dot{U}_1$(信号电压)具有相同频率、相同相位，而且比较电压的幅值要尽可能大，一般情况下，其幅值应为信号电压的 3～5 倍。相敏检波电路输出直流电压信号，输出电压的极性能反映铁芯位移的方向，即铁芯位置从零点向上、下移动，对应输出电压符号为负极性或正极性，而且还可以消除残余电压。

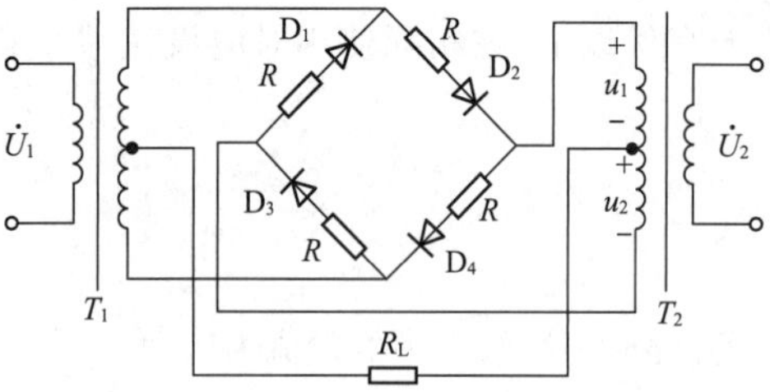

图 6.67 差动相敏检波电路

1)当衔铁在中间位置时，位移 $x(t)=0$，传感器输出电压 $\dot{U}_1=0$，只有 $\dot{U}_2$ 起作用

(1)正半周时，从图 6.68(a)分析可得：

$$i_4=\frac{u_1}{R+R_L} \tag{6.23}$$

从图 6.68(b)分析可得：

$$i_3=\frac{u_2}{R+R_L} \tag{6.24}$$

因为变压器是中心抽头结构，所以 $u_1=u_2$，故 $i_3=i_4$。流经 R_L 的电流为 $i_0=i_3-i_4=0$。

(2)负半周时，从图 6.69(a)分析可得：

$$i_1=\frac{u_2}{R+R_L} \tag{6.25}$$

从图 6.69(b)分析可得：

$$i_2=\frac{u_1}{R+R_L} \tag{6.26}$$

同理可知 $i_1=i_2$，所以流经 R_L 的电流为 $i_0=i_1-i_2=0$。

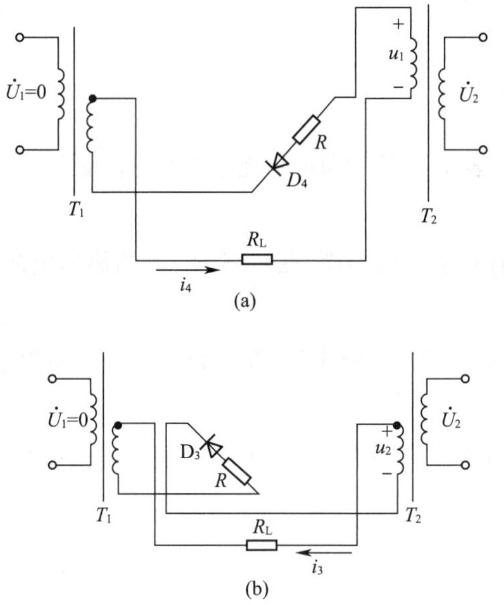

图 6.68　衔铁在中间位置(正半周)

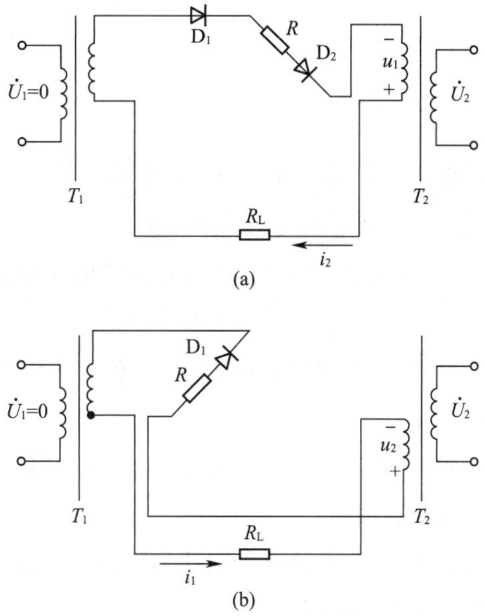

图 6.69　衔铁在中间位置(负半周)

2)当衔铁在零位以上时，位移 $x(t)>0$，$\dot{U}_1$ 与 $\dot{U}_2$ 同频同相

(1)正半周时：

$$i_4=\frac{u_1+e_2}{R+R_L} \tag{6.27}$$

$$i_3=\frac{u_2-e_2}{R+R_L} \tag{6.28}$$

所以 $i_4>i_3$，流经 R_L 的电流为 $i_0=i_4-i_3>0$。

(2)负半周时：

$$i_1=\frac{u_2+e_1}{R+R_L} \tag{6.29}$$

$$i_2=\frac{u_1-e_1}{R+R_L} \tag{6.30}$$

故 $i_1>i_2$，流经 R_L 的电流为 $i_0=i_1-i_2>0$。

3)当衔铁在零位以下时，位移 $x(t)<0$，$\dot{U}_1$ 与 $\dot{U}_2$ 同频反相

(1)$\dot{U}_2$ 正半周，$\dot{U}_1$ 负半周时：

$$i_4=\frac{u_1-e_2}{R+R_L} \tag{6.31}$$

$$i_3=\frac{u_2+e_2}{R+R_L} \tag{6.32}$$

所以 $i_4<i_3$，流经 R_L 的电流为 $i_0=i_4-i_3<0$

(2)$\dot{U}_2$ 负半周 $\dot{U}_1$ 正半周时：

$$i_1=\frac{u_2-e_1}{R+R_L} \tag{6.33}$$

$$i_2=\frac{u_1+e_1}{R+R_L} \tag{6.34}$$

所以 $i_1<i_2$，流经 R_L 的电流为 $i_0=i_1-i_2<0$，表示 i_0 的方向也与规定正方向相反。

从上述分析可以得出以下结论：

(1)衔铁在中间位置时，无论参考电压是正半周还是负半周，在负载 R_L 上的输出电压始终为 0；

(2)衔铁在零位以上移动时，无论参考电压是正半周还是负半周，在负载 R_L 上得到的输出电压始终为正；

(3)衔铁在零位以下移动时，无论参考电压是正半周还是负半周，在负载 R_L 上得到的输出电压始终为负。

由此可见，该电路能判别铁芯移动的方向。

2. 差动整流电路

差动整流电路能够消除零点残余电压，它把两个二次输出电压分别整流，然后将经过整流的电压或电流的差值作为输出。常见的几种差动整流电路如图 6.70 所示，图 6.70(a)和 6.70(b)是电压输出型的半波与全波差动整流电路，适用于连接高阻抗负载；图 6.70(c)和 6.70(d)是电流输出型的半波与全波差动整流电路，适用于连接低阻抗负载，电位器 R_0 用于消除零点残余电压。

差动整流电路简单，不需要参考电压，不需要考虑相位调整和零位电压影响，对感应和分布电容影响不敏感，经差动整流后变成直流输出便于远距离输送。

6.4.5 差动变压器式位移传感器的应用

差动变压器式位移传感器可以直接用于位移测量，也可测量与位移有关的任何机械量，如力、力矩、压力、压差、振动、加速度、应变、液位等。

1. 测量振动

图 6.71 所示为差动变压器式加速度传感器的结构示意图。它由悬臂弹簧梁和差动变压器构成。

测量时，将悬臂弹簧梁底座和差动变压器的线圈骨架固定，而将衔铁的一端与被测振动体相连。当被测体带动衔铁振动时，此时传感器作为加速度测量中的惯性元件，它的位移与被测加速度成正比，使加速度测量转变为位移的测量。当被测体带动衔铁以 $\Delta x(t)$振动时，导致差动变压器的输出电压也按相同规律变化。

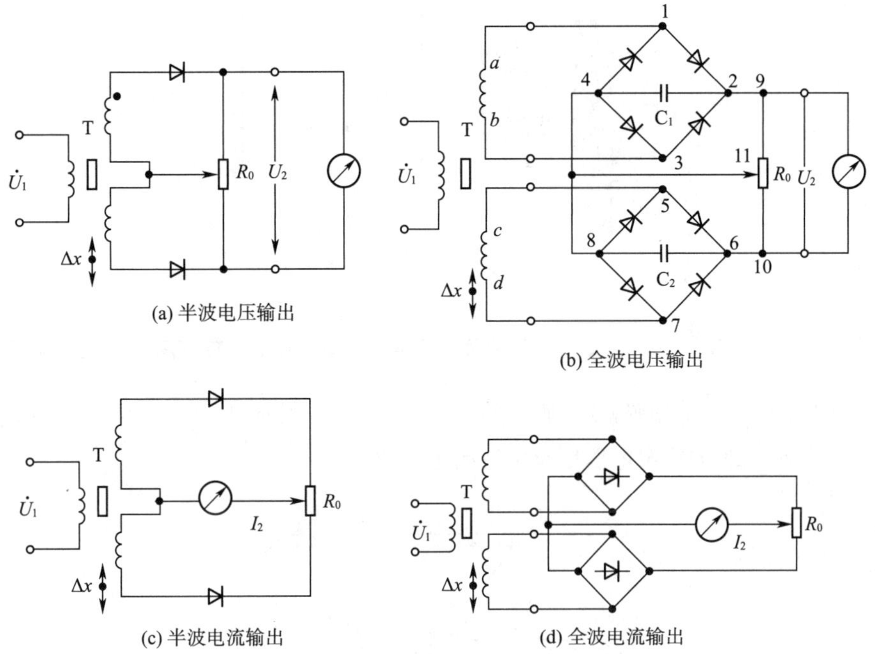

图 6.70　差动整流电路

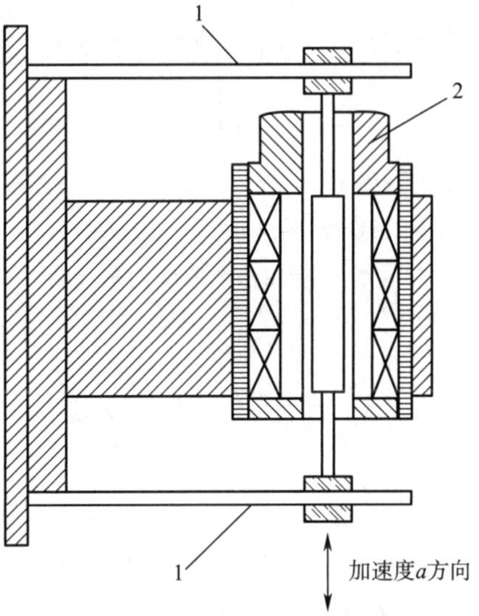

1—弹性支承；2—差动变压器。

图 6.71　差动变压器式加速度传感器的结构示意图

测量振动物体的频率和振幅时，信号源频率必须大于振动频率的 10 倍，这样测定的结果是十分精确的，可测量振动的振幅为 0.1～5.0 m，振动物体的频率一般为 0～150 Hz。差动变压器式位移传感器测量振动的原理框图如图 6.72 所示。

2. 测量微压

如图 6.73 所示，没有压力作用时，固定在膜盒中心的衔铁位于差动变压器的中部，此时输出为

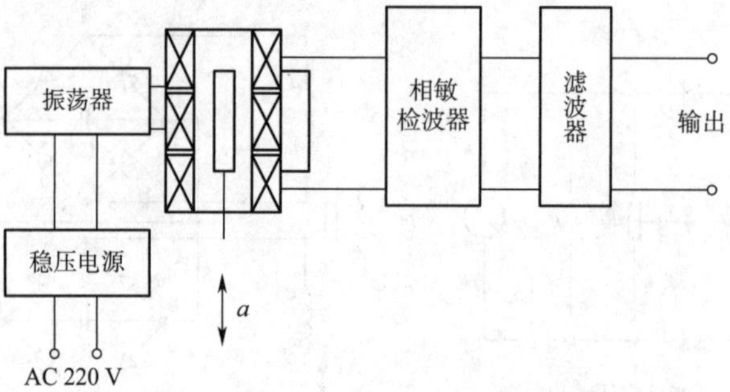

图 6.72　差动变压器式位移传感器测量振动的原理框图

零。当被测压力由接头输出到膜盒时，膜盒的自由端产生一正比于被测压力的位移，并带动衔铁在差动变压器中移动，产生的输出电压反映出被测压力的大小。

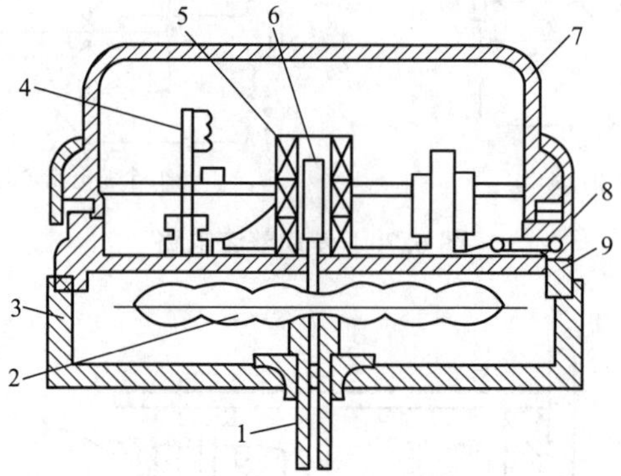

1—接头；2—膜盒；3—底座；4—电路板；5—差动变压器；
6—衔铁；7—壳体；8—插头；9—通孔。

图 6.73　微压传感器结构示意图

6.5　光栅位移传感器

光栅式位移传感器是一种数字式传感器，它直接把非电量转换成数字量输出。它具有检测精度和分辨率高、抗干扰能力强、稳定性好、易与微机接口，便于信号处理和实现自动化测量等特点，所以广泛应用于数控机床等闭环系统的线位移和角位移的自动检测以及精密测量等方面，测量精度可以达到几微米。还可以检测能够转换为长度的速度、加速度、位移等其他物理量。

6.5.1　光栅的结构及分类

1. 光栅

由大量等宽、等间距的平行狭缝组成的光学器件称为光栅，如图 6.74(a)所示。用玻璃制成的光栅称为透射光栅，它是在透明玻璃上刻出大量等宽、等间距的平行刻痕，每条刻痕处是不透光的，而两刻痕之间是透光的；用具有强反射能力的金属（如不锈钢）或玻璃镀金属膜（如铝膜）制成的光栅称为反射式光栅。

平行等距的刻线称为栅线，栅线密度一般为每厘米 10、25、50、100、250 线。刻痕之间的距离称为栅距 W（也称为光栅节距或光栅常数）。设刻痕宽度为 a，狭缝宽度为 b，则 $W=a+b$，一般情况下 $a=b$。如图 6.74(b)为圆光栅，圆光栅上相邻两刻线所夹的角称为栅距角 r（也称为节距角），栅距 W 和栅距角 r 是光栅的重要参数。

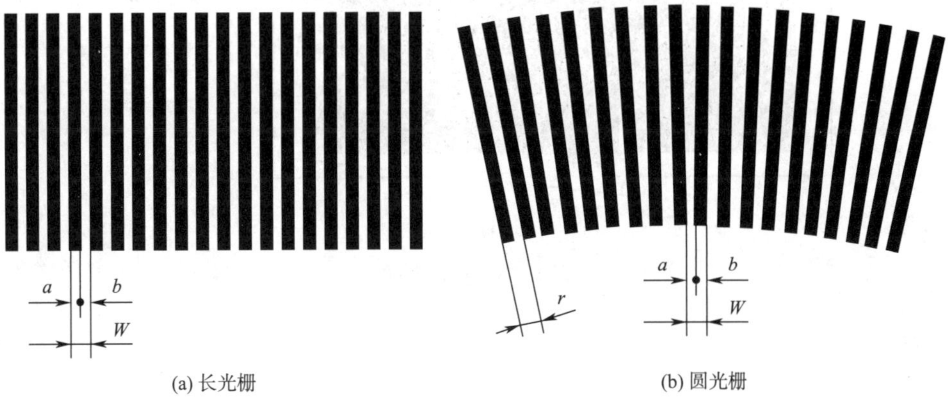

图 6.74　光栅

2. 光栅的分类

如图 6.75 所示，光栅按用途可分为透射光栅和反射光栅，按其工作原理可分为黑白光栅（辐射光栅）和闪烁光栅（相位光栅）；按其用途可分为长光栅和圆光栅。长光栅也称光栅尺，主要用于测量长度或直线位移。刻画在玻璃盘上的光栅称作圆光栅，也称光栅盘，主要用来测量角度或角位移。

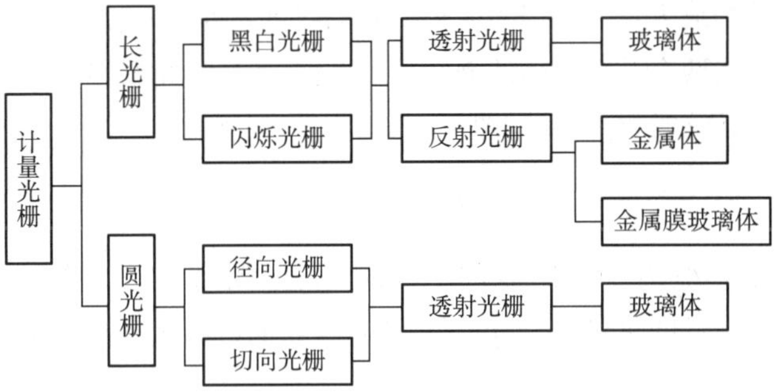

图 6.75　光栅的分类

6.5.2　莫尔条纹的形成原理与特点

1. 形成原理

如果把两块栅距 W 相等的光栅面平行安装，且让它们的刻痕之间有较小的夹角 θ 时，这时光栅上会出现若干条明暗相间的条纹，这种条纹称莫尔条纹。如图 6.76 所示。莫尔条纹是光栅非重合部分光线透过而形成的亮带，它由一系列四棱形图案组成，如图 6.76 的 a 线；在两光栅刻线的错开处，由于相互挡光作用而形成暗带，如图 6.76 中的 b 线。

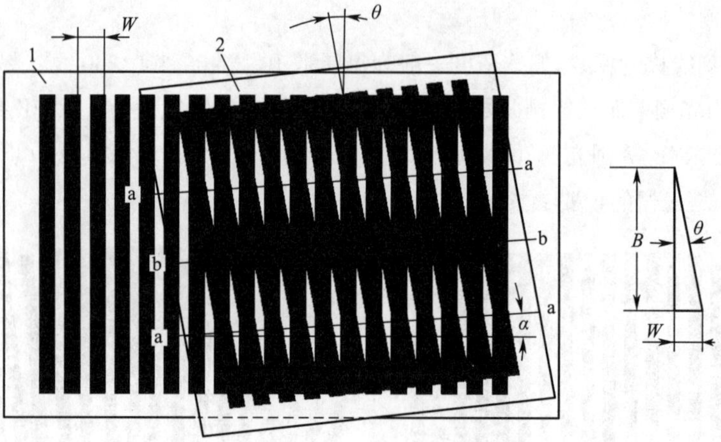

1—指示光栅；2—主光栅。

图 6.76　莫尔条纹

2. 特点

1)减小误差

莫尔条纹是由光栅的大量刻线共同形成，对光栅的刻画误差有平均作用，从而能在很大程度上消除光栅刻线不均匀引起的误差。

2)位移的方向性

当指示光栅不动，主光栅左右平移时，莫尔条纹将沿着指示栅线的方向上下移动。查看莫尔条纹的上下移动方向，即可确定主光栅左右移动方向。

3)放大作用

莫尔条纹具有位移的放大作用。当主光栅沿有刻线垂直的方向移动一个栅距 W 时，莫尔条纹移动一个条纹间距 B。当两个等距光栅的栅间夹角 θ 较小时，主光栅移动一个栅距 W，莫尔条纹移动 KW 距离，K 为莫尔条纹的放大系数，即

$$K=\frac{B}{W}\approx\frac{1}{\theta} \tag{6.35}$$

从式(6.35)可知，θ 越小，条纹间距 B 将变得越大，莫尔条纹有放大作用，这样可以把肉眼看不到的光栅位移变成清晰可见的莫尔条纹，可以用测量条纹的位移来测量光栅的位移，从而实现高精度的位移测量。

例 6.1　一直线光栅，每毫米刻线数为 50，主光栅与指示光栅的夹角 $\beta=1.8°$，分辨力、放大倍数、莫尔条纹的宽度分别为多少？

解　分辨力 $\Delta=W=1/50=0.02\ \text{mm}=20\ \mu\text{m}$

放大倍数 $K\approx1/\theta=1/(1.8°\times3.14/180°)\approx31.83$

莫尔条纹的宽度 $B=W/\theta\approx0.637\ \text{mm}$

6.5.3　光栅位移传感器的结构及工作原理

1. 结构

如图 6.77 所示，光栅传感器由主光栅、指示光栅、光源、透镜和光电器件等组成。光源一般采

用具有转换效率高、使用寿命长、响应速度快的半导体发光器件，如砷化镓发光二极管。主光栅固定在被测物体上，它随被测物体一起运动，其长度取决于测量范围。指示光栅相对于光电元件固定。光电接收器件一般是光敏器件，如光敏三极管。

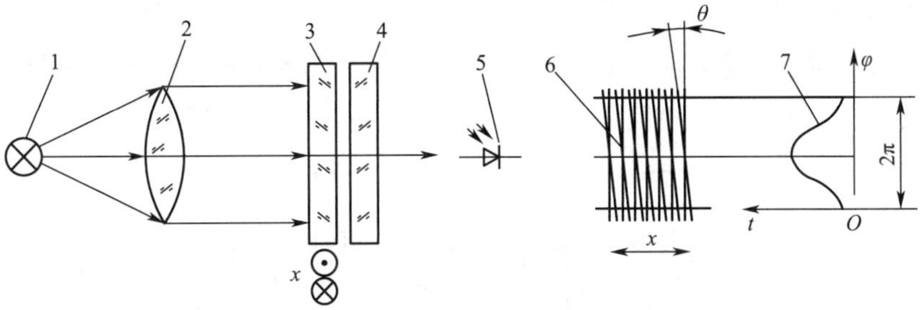

(a) 透射式光栅传感器

1—光源；2—透镜；3—主光栅；4—指示光栅；5—光敏元件；6—莫尔条纹；7—输出信号。

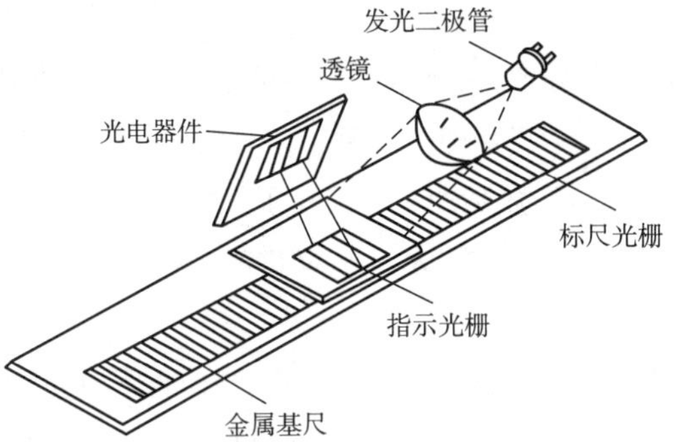

(b) 反射式光栅传感器

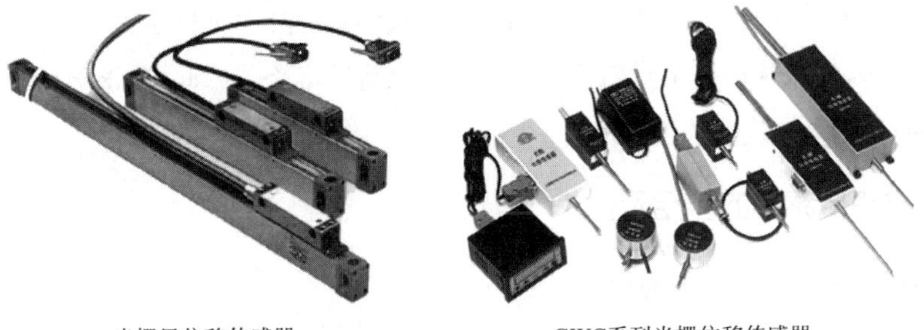

光栅尺位移传感器　　GWC系列光栅位移传感器

(c) 光栅传感器的外形

图 6.77　光栅传感器

2. 工作原理

由于光栅的遮光作用，透过光栅的光强随莫尔条纹的移动而变化，变化规律接近于一直流信号和一交流信号的叠加(近似于正弦波变化)。光栅移动一个栅距 W，发光强度变化一个周期。固定在指示光栅一侧的光电元件的输出，可以用光栅位移量 x 的正弦函数表示，莫尔条纹移过的条纹数与光栅移过的刻线数相等。只要测量波形变化的周期数 N(等于莫尔条纹移动数)就可知道光栅的位移量 x，其数学表达式为

$$x=NW \tag{6.36}$$

因此，当主光栅产生位移时，莫尔条纹便随着产生位移。用光电器件记录莫尔条纹通过某点的数目，便可知主光栅移动的距离，也就测得了被测物体的位移量。

3. 测量电路

图 6.78 所示为光栅传感器测量电路的原理框图。光电元件接收光信号后，由光电转换电路转换为电信号，再经过后续的测量电路输出反应位移大小、方向的脉冲信号。

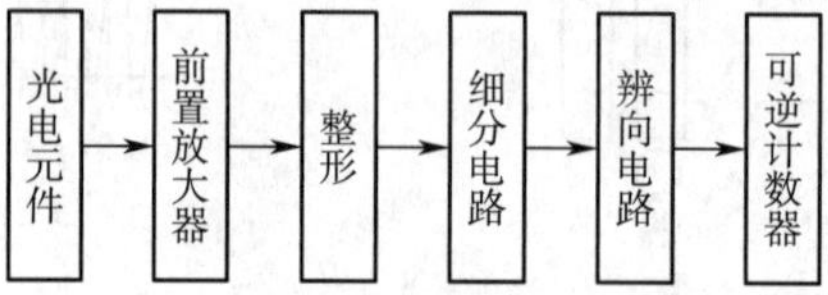

图 6.78　光栅传感器测量电路原理框图

1)细分技术

为了进一步提高光栅传感器分辨力，测量比栅距更小的位移量，在测量系统中往往采用细分技术。细分技术的基本思想是在一个栅距即一个莫尔条纹信号变化周期内，发出 n 个脉冲，每个脉冲代表原来栅距的 $1/n$，由于细分后计数脉冲频率提高了 n 倍，因此也称为 n 倍频。细分的方法有很多种，常用的细分方法是直接细分，细分数为 4，故又称四倍频细分。

2)辨向原理

在实际应用中，大部分被测物体的移动往往不是单向的，既有正向运动，也可能有反向运动。单个光电元件接收已固定的莫尔条纹信号，只能判别明暗的变化而不能辨别莫尔条纹的移动方向，因而就不能判别光栅的运动方向，以致不能正确测量位移。如果能够在物体正向移动时，并将得到的脉冲数累加，而物体反向移动时就从已累加的脉冲数中减去反向移动所得的脉冲数，这样就能得到正确的测量结果，完成这样一个辨向任务的电路就是辨向电路。因此，要正确辨别光栅的运动方向，必须加入辨向电路。

6.5.4　光栅位移传感器的应用及维护

1. 光栅传感器在节能电梯上的应用

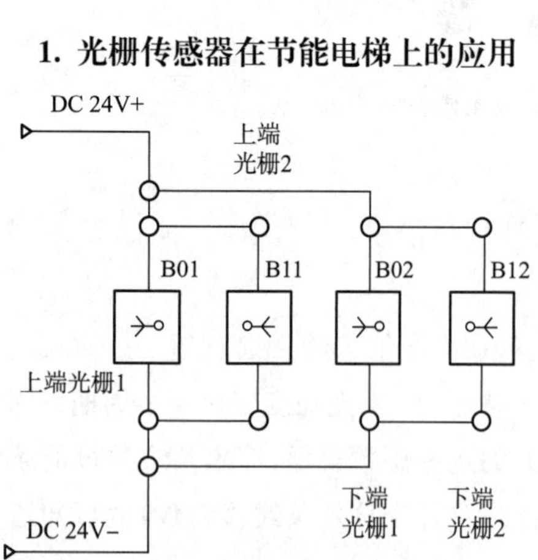

图 6.79　扶梯光栅控制电路

扶梯的光栅控制原理如图 6.79 所示。控制系统可通过护栏光栅或扫描器控制扶梯的运行。检测装置在一段设定的时间内未检测到有人使用扶梯时，扶梯自动停止运行，处于待命状态。当有人经过护栏或踏上踏板时，扶梯便按预定的运行方向自动启动运行。这样可起到节省电能，减少机械磨损。

该光栅传感器是一种基于模拟信号、数字信号和模糊逻辑技术的高性能智能化探测装置，如图 6.80 所示。发光器发出的光直射到受光器，形成保护光幕。当光幕被遮挡时，受光器产生一遮光信号，通过信号光缆传输到控制器，控制器将此信号进行处理，产生一控制输出信号，控制扶梯的运行。

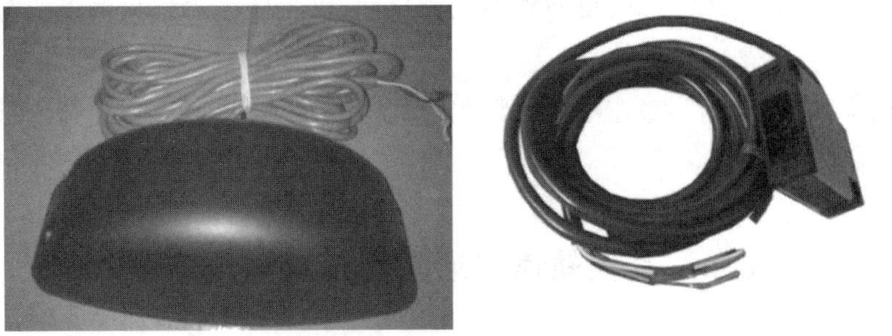

图 6.80　扶梯光栅探测装置

2. 光栅传感器在防夹电梯上的应用

防夹直梯的光栅控制示意图如图 6.81 所示，光栅控制系统安装在门体的左右两侧。光栅传感器装置中的发光器发出的光直射到受光器，形成保护光幕。当有人或手处在电梯门中时，光幕被遮挡，受光器产生一遮光信号，此信号被转换成开关电信号，传送给直梯的门体控制电路，控制直梯的门体自动开启，完成防夹手功能。

图 6.81　防夹直梯的光栅控制示意图

3. 光栅位移传感器的维护

(1)尽可能外加保护罩，并及时清理溅落在尺上的切屑和油液，严格防止任何异物进入光栅位移传感器壳体内部；

(2)定期检查各安装连接螺钉是否松动、定期使用干燥的洁净布擦拭表面；

(3)光栅位移传感器严禁剧烈震动及摔打、踩踏，以免破坏光栅尺，如光栅尺断裂，光栅位移传感器即失效了；

(4)不要自行拆开光栅位移传感器，更不能任意改动主栅尺与副栅尺的相对间距，否则一方面可能破坏光栅尺传感器的精度；另一方面还可能造成主栅尺与副栅尺的相对摩擦，损坏铬层也就损坏了栅线，从而造成光栅尺报废；

(5)应注意防止油污及水污染、硬物划伤光栅尺面，以免破坏光栅尺线条纹分布，引起测量误差；

(6)光栅尺位移传感器应尽量避免在有严重腐蚀作用的环境中工作，以免腐蚀光栅铬层及光栅尺表面，破坏光栅尺质量。

6.6 其他轨道交通常用运动量传感器

6.6.1 激光位移传感器

激光位移传感器广泛用于地铁轨道平直度的测量、地铁运行引起地表振动的现场测试与分析、地铁车辆的轮对几何尺寸检测(包括轮对直径、轮缘高度、轮缘宽度、轮对内侧距、圆跳动和磨耗)，也用于站台门系统主轴的振动测量等。

激光是20世纪60年代出现的最重大的科学技术成就之一。它发展迅速，已广泛应用于国防、生产、医学和非电测量等各方面。激光与普通光不同，需要用激光器产生。激光器的工作物质，在正常状态下，多数原子处于稳定的低能级 E_1，在适当频率的外界光线的作用下，处于低能级的原子吸收光子能量受激发而跃迁到高能级 E_2。光子能量为

$$E=E_2-E_1=h\gamma \tag{6.37}$$

式中 h——普朗克常数；

γ——光子频率。

反之，在频率为 γ 的光的诱发下，处于高能级 E_2 的原子会跃迁到低能级释放能量而发光，称为受激辐射。激光器首先使工作物质的原子反常地多数处于高能级(即粒子数反转分布)，就能使受激辐射过程占优势，从而使频率为 γ 的诱发光得到增强，并可通过平行的反射镜形成雪崩式的放大作用而产生强大的受激辐射光，简称激光。

激光具有三个重要特性：

(1)高方向性(即高定向性，光速发散角小)，激光束在几千米外的扩展范围不过几厘米；

(2)高单色性，激光的频率宽度比普通光小10倍以上；

(3)高亮度，利用激光束会聚最高可产生达几百万度的温度。

激光器按工作物质可分为四种：

1)固体激光器

它的工作物质是固体。常用的有红宝石激光器、掺钕的钇铝石榴石激光器(即YAG激光器)和钕玻璃激光器等。它们的结构大致相同，特点是小而坚固、功率高，钕玻璃激光器是目前脉冲输出功率最高的器件，已达到数十兆瓦。

2)气体激光器

它的工作物质为气体。现已有各种气体原子、离子、金属蒸气、气体分子激光器。常用的有 CO_2 激光器、氦氖激光器和一氧化碳激光器，其形状如普通放电管，特点是输出稳定，单色性好，寿

命长，但功率较小，转换效率较低。

3）液体激光器

它又可分为螯合物激光器、无机液体激光器和有机染料激光器，其中最重要的是有机染料激光器，它的最大特点是波长连续可调。

4）半导体激光器

它是较年轻的一种激光器，其中较成熟的是砷化镓激光器。特点是效率高、体积小、质量轻、结构简单，适宜于在飞机、军舰、坦克上以及步兵随身携带。可制成测距仪和瞄准器。但输出功率较小、定向性较差、受环境温度影响较大。

1. 激光位移传感器的组成及工作原理

激光传感器是新型测量仪表，利用激光技术进行测量的传感器。它由激光器、激光检测器和测量电路组成。

激光传感器的基本原理是光学三角法：半导体激光器 1 被镜片 2 聚焦到被测物体 6。反射光被镜片 3 收集，投射到 CCD 阵列 4 上；信号处理器 5 通过三角函数计算阵列 4 上的光点位置得到距物体的距离，如图 6.82 所示。

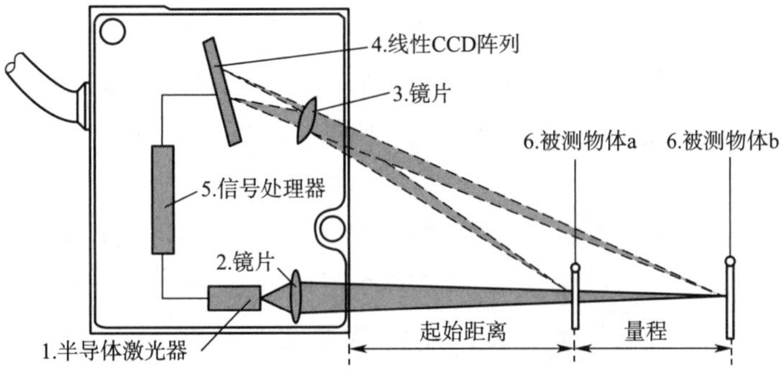

图 6.82　激光位移传感器的测量原理

2. 激光位移传感器的应用

激光传感器可用于测量物体的几何尺寸、振动、位移、速度、加速度、转角、方向、探伤及成分分析等。由于具有精度高、量程范围宽、反应迅速、非接触、抗干扰能力强和易于数字化等一系列优点，因此应用极为广泛。

1）激光测距

激光测距的原理与无线电雷达相同，将激光对准目标发射出去后，测量它的往返时间，再乘以光速即得到往返距离。由于激光具有高方向性、高单色性和高功率等优点，这些对于测远距离、判定目标方位、提高接收系统的信噪比、保证测量精度等都是很关键的，因此激光测距仪日益受到重视。在激光测距仪基础上发展起来的激光雷达不仅能测距，而且还可以测目标方位、运动速度和加速度等，已成功地用于人造卫星的测距和跟踪，例如采用红宝石激光器的激光雷达，测距范围为 500～2 000 km，误差仅几米。目前常采用红宝石激光器、钕玻璃激光器、CO_2 激光器以及砷化镓激光器作为激光测距仪的光源。

2)激光测振

激光测振基于多普勒频移原理测量物体的振动速度。多普勒原理是指若波源或接收波的观察者相对于传播波的媒质而运动，那么观察者所测到的频率不仅取决于波源发出的振动频率，而且还取决于波源或观察者的运动速度的大小和方向。所测频率与波源的频率之差称为多普勒频移。在振动方向与方向一致时多普频移为

$$f_{\mathrm{d}}=\frac{v}{\lambda} \tag{6.38}$$

式中 v——振动速度；

λ——波长。

在激光多普勒振动测量仪中，由于光往返的原因，$f_{\mathrm{d}}=2\,\dfrac{v}{\lambda}$。

测振仪在测量时由光学部分将物体的振动转换为相应的多普勒频移，并由光检测器将此频移转换为电信号，再由电路部分作适当处理后送往多普勒信号处理器将多普勒频移信号变换为与振动速度相对应的电信号，最后记录于磁带。

这种测振仪采用波长为 6328 埃的氦氖激光器，用声光调制器进行光频调制，用石英晶体振荡器加功率放大电路作为声光调制器的驱动源，用光电倍增管进行光电检测，用频率跟踪器来处理多普勒信号。它的优点是使用方便，不需要固定参考系，不影响物体本身的振动，测量频率范围宽、精度高、动态范围大。缺点是测量过程受其他杂散光的影响较大。

3)激光测速

激光测速也是基多普勒原理的一种激光测速方法，多普勒测速系统原理是从开过来的机车所听到的声波间的距离被压缩了，就好像一个人正在关手风琴。这个动作的结果产生一个明显的较高的音调。当火车离去时，声波传播开来，就出现了较低的声音，这种现象被称为“多普勒”效应。

检查机动车速度的雷达测速仪也是利用这种多普勒效应。从测速仪里射出一束射线，射到汽车上再返回测速仪。测速仪里面的微型信息处理机把返回的波长与原波长进行比较。返回波长越紧密，前进的汽车速度也越快，那就证明驾驶员超速驾驶的可能性也越大。

多普勒测速工作原理可以用干涉条纹来说明。当聚焦透镜把两束入射光以某角会聚后，由于激光束良好的相干性，在会聚点上形成明暗相间的干涉条纹，条纹间隔正比干光波波长，而反比干半交角的正弦值。当流体中的粒子从条纹区的方向经过时，会依次散射出光强随时间变化的一列散射光波，称为多普勒信号。这列光波强度变化的频率称为多普勒频移。经过条纹区粒子的速度愈高，多普勒频移就愈高。将垂直于条纹方向上的粒子速度，除以条纹间隔，考虑到流体的折射率就能得到多普勒频移与流体速度之间线性关系。多普勒测速系统就是利用速度与多普勒频移的线性关系来确定速度的。各个方向上的多普勒频率的相位差和粒子的直径成正比，利用监测到的相位差可以来确定粒径。

利用激光的高方向性制成的车速测量仪，是公路车辆速度监测常用的仪器，其工作原理如图 6.83(a)所示。该仪器有两套完全相同的光学系统，如图 6.83(b)所示。光学系统的作用是把激光束经发射透镜、光栅和接收透镜后，准确地投射在光敏元件上。

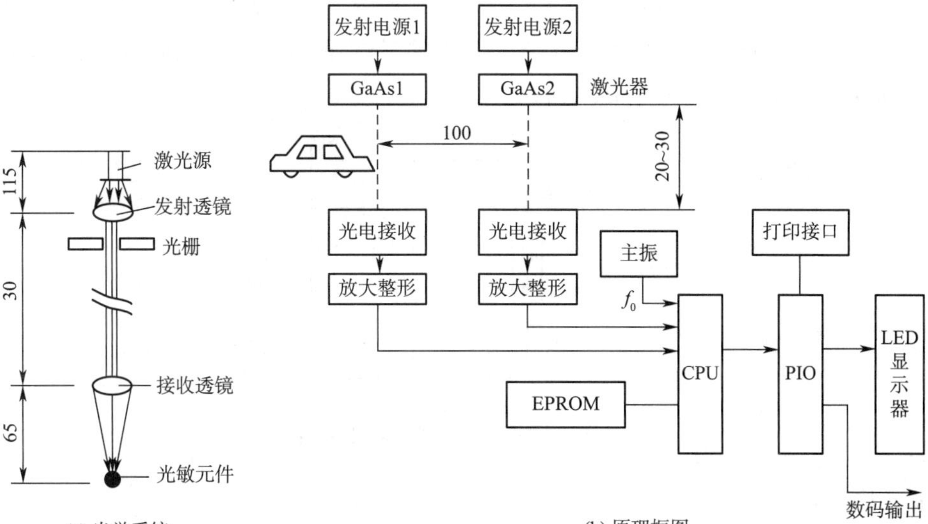

图 6.83　激光车速测量仪原理(单位:m)

6.6.2　热释电红外传感器

图 6.84　热释电红外传感器实物图

热释电红外线传感器是 20 世纪 80 年代末期出现的一种新型传感器件。它不受白天黑夜的影响,可昼夜不停地用于监测,广泛地用于防盗报警、自动门、自动灯等。

热释电红外(PIR)传感器,亦称作热红外传感器,是一种能检测人体发射的红外线的新型高灵敏度红外探测元件。它能以非接触形式检测出人体辐射的红外线能量的变化,并将其转换成电压信号输出。将输出的电压信号加以放大,便可驱动各种控制电路,如作电源开关控制、防盗防火报警等。图 6.84 所示为热释电红外传感器实物图。

1. 热释电红外传感器的结构

热释电红外传感器由探测元(敏感元)、滤光片和场效应管阻抗变换器等三大部分组成,并向壳内充入氮气封装起来。

1)敏感元

对不同的传感器来说,敏感元所用的红外热释电材料有所不同。如 SD02 的敏感元由锆钛酸铅制成;P2288 由 $LiTaO_3$ 制成。将这些材料经极化处理后,其剩余极化强度随温度 T 升高而下降。制作敏感元件时,将热释电材料制成很小的薄片,再在薄片两面镀上电极,构成两个反串联的、有极性的小电容。把两个极性相反的热释电敏感元做在同一晶片上,由于温度的变化影响整个晶片产生温度变化时,两个敏感元产生的热释电信号互相抵消,起到补偿作用。

2)场效应管阻抗变换器

敏感元的阻值可达 10^{13} Ω,因此需用场效应管进行阻抗变换才能应用。由于探测元输出的是电荷信号,不能直接使用,因而需要将其转换为电压形式。场效应管输入阻抗高达 10^4 MΩ,接成共漏极形式来完成阻抗变换。使用时 D 端接电源正极，G 端接电源负极；S 端为信号输出。高阻值电阻 R_g 的作用是释放栅极电荷，使场效应管安全正常工作，源极输出接法时，源极电压约 0.4～1.0 V。如传感器内部接线图如图 6.85 所示。

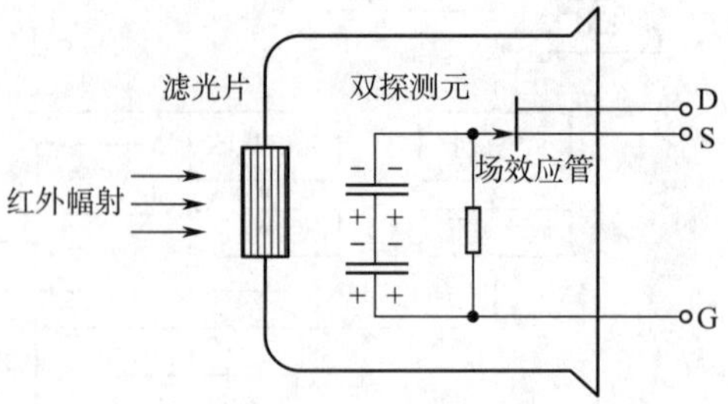

图 6.85　双探测元热释电红外传感器

3)滤光片(FT)

PZT 制成的敏感元件是一种光谱材料，能探测各种波长辐射。为了使传感器对人体最敏感，而对太阳、电灯光等有抗干扰性，传感器采用了滤光片作窗口。滤光片是在硅 Si 基片上镀多层膜制成的。每个物体都能发出红外辐射，其辐射峰值波长满足维恩位移定律。对于人体体温（约 36 ℃），辐射的最长波长为 $\lambda=2\ 898/309=9.4\ \mu m$，也就是说，人体辐射在 9.4 μm 处最强，红外滤光片选取了 6.5～14 μm 波段，能有效地选取人体的红外辐射。FT 可以有效地防止、抑制电灯、太阳光的干扰，但对电灯发热引起的红外辐射光有时也能产生误动作。

2. 热释电红外传感器的工作原理

热释电红外传感器是一种被动式调制型温度敏感器件，利用热释电效应工作，它是通过目标与背景的温差来探测目标的。

热释电效应是指当一些晶体受热时，在晶体两端将会产生数量相等而符号相反的电荷。这种由于热变化而产生的电极化现象称为热释电效应。

当传感器没有检测到人体辐射出的红外线信号时，在电容两端产生极性相反、电量相等的正、负电荷，所以，正负电荷相互抵消，回路中无电流，传感器无输出。

当人体静止在传感器的检测区域内时，照射到两个电容上的红外线光能能量相等，且达到平衡，极性相反、能量相等的光电流在回路中相互抵消，传感器仍然没有信号输出。

当人体在传感器的检测区域内移动时，照射到两个电容上的红外线能量不相等，光电流在回路中不能相互抵消，传感器有信号输出。综上所述，传感器只对移动或运动的人体和体温近似人体的物体起作用。

对于移动速度非常缓慢的物体，如阳光，两个电容上的红外线光能能量仍然可以看作是相等的，在回路中相互抵消；再加上传感器的响应频率很低（一般为 0.1～10 Hz），即传感器对红外光的波长的敏感范围很窄（一般为 5～15 μm），因此，传感器对它们不敏感，因而无输出。

热释电红外传感器的特点是它只在由于外界的辐射而引起它本身的温度变化时，才会给出一个相应的电信号，当温度的变化趋于稳定后，就再没有信号输出，即热释电信号与它本身的温度的变化率成正比。因此，热释电传感器只对运动的人体或物体敏感。

3. 热释电红外报警器

热释电红外报警器主要由光学系统、热释电红外传感器、信号滤波和放大、信号处理和报警电路等几部分组成，其结构框图如图 6.86 所示。

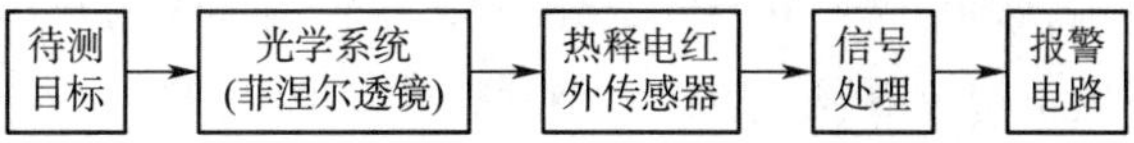

图 6.86　热释电红外报警器结构框图

使用热释电红外传感器时，通常要在使用菲涅尔透镜将外来红外辐射通过透镜会聚光于一个传感元上，它产生的信号不会被抵消。菲涅尔透镜的外形如图 6.87 所示。菲涅尔透镜利用透镜的特殊光学原理，在探测器前方产生一个交替变化的"盲区"和"高灵敏区"，以提高它的探测接收灵敏度。当有人从透镜前走过时，人体发出的红外线就不断地交替从"盲区"进入"高灵敏区"，这样就使接收到的红外信号以忽强忽弱的脉冲形式输入，从而加强其能量幅度，如图 6.88 所示。如果传感器不加菲涅尔透镜时，其检测距离小于 2 m，而加上该透镜后，其检测距离可增加 3 倍以上。

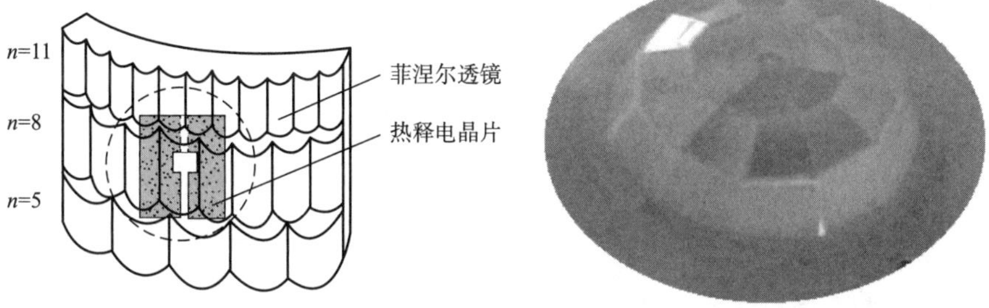

图 6.87　菲涅氏透镜外形

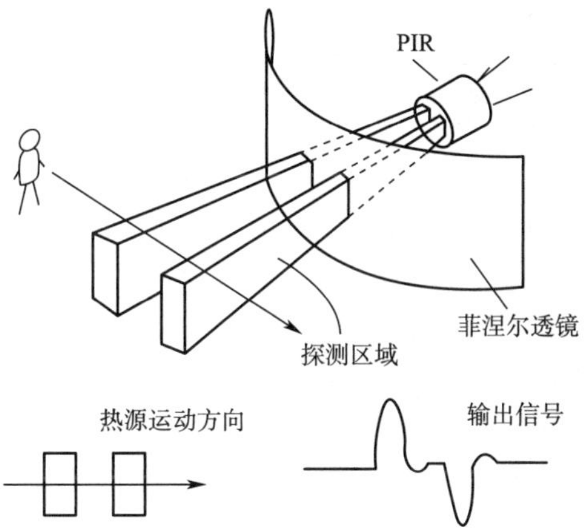

图 6.88　人体通过传感器产生的信号

热释电红外传感器是报警器设计中的核心器件，它可以把人体的红外信号转换为电信号以供信号处理部分使用；信号处理主要是把传感器输出的微弱电信号进行放大、滤波、延迟、比较，为报警功能的实现打下基础。

热释电红外报警器只能安装在室内，其误报率与安装的位置和方式有极大的关系。正确的安装应满足下列条件：

(1)报警器应离地面 2.0～2.2 m。

(2)报警器应远离空调、冰箱、火炉等空气、温度变化比较敏感的地方。

(3)报警器探测范围内不得有隔屏、家具、大型盆景或其他隔离物。

(4)报警器不要直对窗口，否则窗外的热气流扰动和人员走动会引起误报，有条件的话最好把窗帘拉上。另外，报警器也不要安装在有强气流活动的地方。

第7章

成分与含量检测

现代化的城市轨道交通系统给人们提供了舒适、便捷的出行环境。地铁一般都深处地下,车站和列车行车隧道被数米至数十米厚的土层覆盖,与外界的空气交换只能通过车站的出入口和有限的隧道风井来进行。同时,地铁列车牵引系统,车站照明及其他设备产生巨大的热量,列车刹车产生大量粉尘,乘客和工作人员的新陈代谢也产生大量的热湿负荷和 CO_2 气体,仅靠空气的自然流动和扩散,是无法排除如此大量的热湿负荷和污染物,保持地铁内环境的舒适的。因此成分与含量的检测是城市轨道交通车站等场所重要的检测内容,直接关系乘客乘车的舒适感和安全。

混合气体或液体中各个组分被称为成分,成分检测的目的是要确定某一或全部组分在混合气体或液体中所占的百分含量。在工业生产或日常生活中,应能及时、准确地对易燃、易爆、有毒、有害气体及空气的湿度进行监测、预报和自动控制,从而保护了环境,也保证了生产或生活的安全与舒适。

7.1　气敏传感器

在现代社会的生产和生活中,会接触到各种各样的气体,需要进行检测和控制。比如化工生产中气体成分的检测与控制、煤矿瓦斯浓度的检测与报警、环境污染情况的监测、煤气泄漏、火灾报警和燃烧情况的检测与控制等。图 7.1 为部分常见气敏传感器的外形图。

7.1.1　气敏传感器的定义及分类

1. 气敏传感器的定义

气敏传感器是一种能够感知环境中气体成分及其浓度的一种敏感器件,它将气体种类及其浓度有关的信息转换成电信号,根据这些电信号的强弱便可获得与待测气体在环境中存在情况有关的信息,从而可以检测、监控、报警,还可以通过接口电路与计算机组成自动检测、控制和报警系统。

气敏传感器是暴露在各种成分的气体中使用的,由于检测现场温度、湿度的变化很大,又存在大量粉尘和油污等,所以其工作条件较恶劣,而且气体对传感元件的材料会产生化学反应物,附着

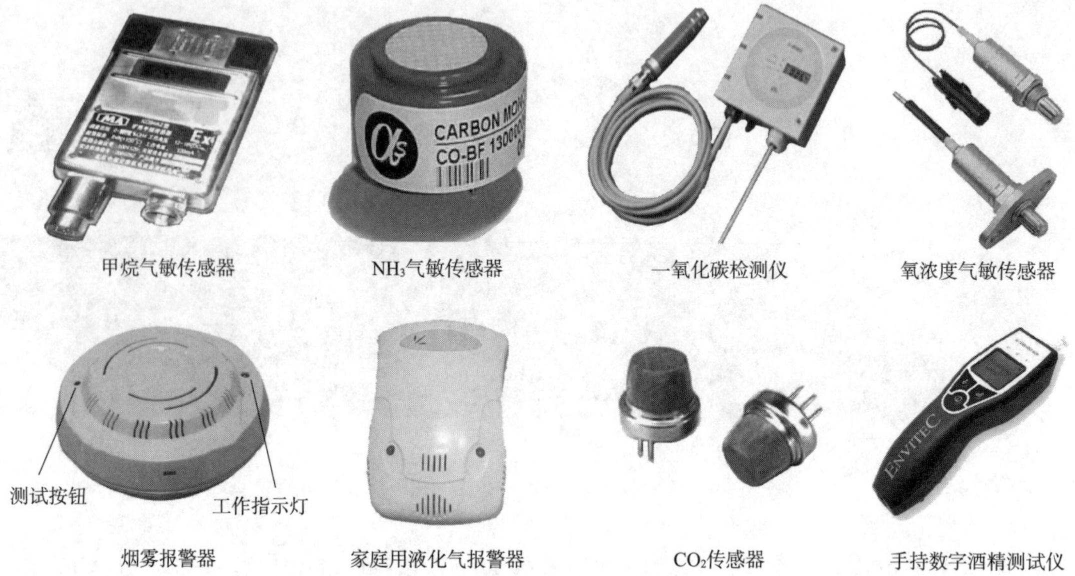

图 7.1　常见气敏传感器的外形

在元件表面，往往会使其性能变差。因此，对气敏元件有下列要求：

(1)只对被测气体具有较高的灵敏度，对被测气体以外的共存气体或物质不敏感。

(2)动态特性好，对检测信号响应迅速。

(3)性能稳定，重复性好。

(4)制造成本低，使用与维护方便。

(5)使用寿命长。

2. 气敏传感器的分类

由于被测气体的种类繁多，性质各不相同，所以气敏传感器的种类很多。气敏传感器按工作原理可分为半导体式、接触燃烧式、化学反应式、光干涉式、热传导式和红外线吸收散射式等不同类型，见表 7.1。从材料、结构和应用范围来看，半导体式气敏传感器目前仍是应用最多的。

表 7.1　气敏传感器类型及其分类

类　型	原　理	检测对象	特　点
半导体式	气体接触加热的金属氧化物(SnO_2、Fe_2O_3、ZnO_2 等)电阻值的变化	还原性气体、城市排放气体、丙烷气等	灵敏度高，构造与电路简单，但输出与气体浓度不成比例
接触燃烧式	可燃性气体接触到氧气就会燃烧，使得作为气敏材料的铂丝温度升高，电阻值相应增大	可燃气体	输出与气体浓度成比例，但灵敏度较低
化学反应式	化学溶剂与气体反应后，产生电流、颜色、电导率等发生变化	CO、H_2、CH_4、C_2H_5OH、SO_2 等	气体选择性好，但不能重复使用
光干涉式	利用与空气的折射率不同而产生的干涉现象	和空气折射率不同的气体，如 CO_2 等	寿命长，但选择性差
热传导式	根据热传导率差而放热的发热元件的温度降低进行检测	和空气热传导率不同的气体，如 H_2 等	构造简单，但灵敏度低，选择性差

续上表

类　型	原　　理	检测对象	特　　点
红外线吸收式	利用气体对红外线的吸收原理而制成的	CO、CO_2 等	能定性测量，但装置大，价格高

7.1.2　半导体式气敏传感器

半导体式气敏传感器是利用半导体气敏元件（主要是金属氧化物）同待测气体接触时，引起其电学特性（如电导率、电阻）发生变化，借此来检测特定气体的成分或者测量其浓度。

半导体式气敏传感器可分为电阻式和非电阻式两类，见表7.2。

表7.2　半导体式气敏传感器分类

	主要物理特性	基本类型	检测气体	气敏元件
电阻型	电导率、电阻	烧结型 薄膜型 厚膜型	可燃气体、酒精、O_2	SnO_2、ZnO、氧化镁、氧化钛、T-Fe_2O_3
非电阻型	二极管整流特性	二极管气敏传感器 MOS二极管气敏传感器	CO、H_2、酒精	铂—硫化镉、铂—氧化钛（金属—半导体结型二极管）
	晶体管特性	Pd—MOSFET气敏传感器	H_2、硫化氢	铂栅MOS场效应管、钯栅MOS场效应管

电阻式半导体气敏传感器是用氧化锡、氧化锌等金属氧化物材料制作成敏感元件，利用其接触气体时的电阻值变化来检测气体的成分或浓度的；非电阻式半导体气敏传感器也是一种半导体器件，它们与被测气体接触后，如二极管的伏安特性或场效应管的阈值电压等将会发生变化，根据这些特性的变化来测定气体的成分或浓度。这里着重介绍使用较多的电阻式半导体气敏传感器。

1. 工作原理

金属氧化物半导体分为N型半导体（如氧化锡、氧化铁、氧化锌等）和P型半导体（如氧化钴、氧化铅、氧化铜、氧化镍等）。P型半导体材料中，多数载流子为空穴，以空穴导电作为主要导电方式。N型半导体材料中，多数载流子为电子，以电子导电作为主要导电方式。为了提高气敏元件对某些气体成分的选择性和灵敏度，在合成材料时还可添加其他一些金属元素催化剂，如钯（Pd）、铂（Pt）、银（Ag）等。

金属氧化物在常温下是绝缘的，制成半导体后却显示出气敏特性。通常N型气敏元件工作在空气中，空气中的 O_2 和 NO_2 等具有电子兼容性大的气体（氧化型气体），接受来自半导体材料的电子而吸附负电荷，结果使N型半导体材料的表面空间电荷层区域的电子载流子减少，使其导电能力减弱，因而气敏元件电阻增大。一旦N型气敏元件与被测还原性气体（易失去电子，如CO、H_2、甲烷等）接触，就会与吸附的氧起反应，将被氧束缚的电子释放出来，敏感膜表面导电能力增强，使气敏元件电阻减小，图7.2所示为气体接触到N型半导体时所产生的器件阻值的变化。

同理，当氧化型气体吸附到P型半导体气敏材料时，气敏元件的载流子数增加，电阻减小。当还原型气体吸附到P型半导体气敏材料时，气敏元件的载流子数减小，电阻增加。根据这一特性，

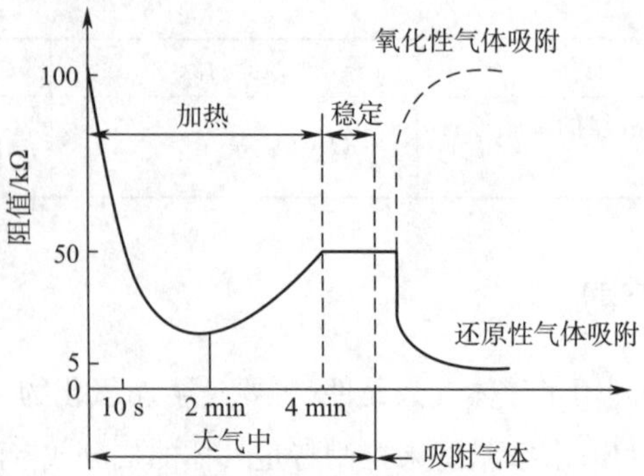

图 7.2　N 型半导体吸附气体时器件阻值变化

就可以从阻值变化的情况得知吸附气体的种类和浓度。

2. 基本类型

电阻式半导体气敏传感器按其结构可分为三类:烧结型、薄膜型和厚膜型。其中烧结型气敏元件是目前工艺最成熟,应用最广泛的元件。

1)烧结型气敏器件

烧结型气敏器件的制作是将一定比例的敏感材料(SnO_2、ZnO 等)和一些掺杂剂用水或黏合剂调合,经研磨后使其均匀混合,然后将混合好的膏状物倒入模具,埋入加热丝和测量电极,经传统的制陶方法烧结。最后将加热丝和电极焊在管座上,加上特制外壳。烧结型根据加热方式的不同,可分为直热式和旁热式两种。

直热式气敏器件的结构和符号如图 7.3 所示。直热式器件管芯体积很小,将加热丝、测量丝直接埋在 SnO_2 或 ZnO 金属氧化物半导体粉末材料内烧结而成。加热丝兼作一个测量电极,工作时,加热丝通电加热,测量丝用于测量器件的阻值。该结构制造工艺简单、成本低、功耗小;但也有它自身的缺点,如热容量小,易受环境气温的影响;测量电路与加热电路之间因没有隔离而相互干扰,影响其测量参数;加热丝在加热与不加热两种情况下产生的膨胀与冷缩,容易造成器件接触不良。

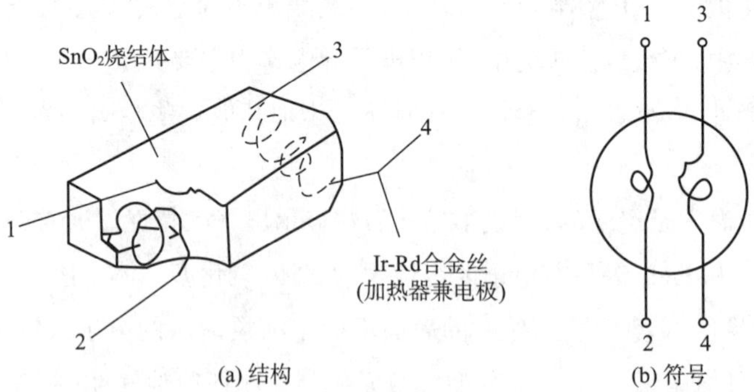

图 7.3　直热式气敏器件的结构和符号

旁热式气敏器件的结构和符号如图 7.4 所示。旁热式气敏器件是把高阻加热丝放置在陶瓷绝缘管内,在管外涂上梳状金电极作为测量极,再在金电极外涂上 SnO_2 等气敏半导体材料,就构成了器件。这种结构形式克服了直热式结构中测量极与加热极不隔离的缺点,加热丝不与气敏材料

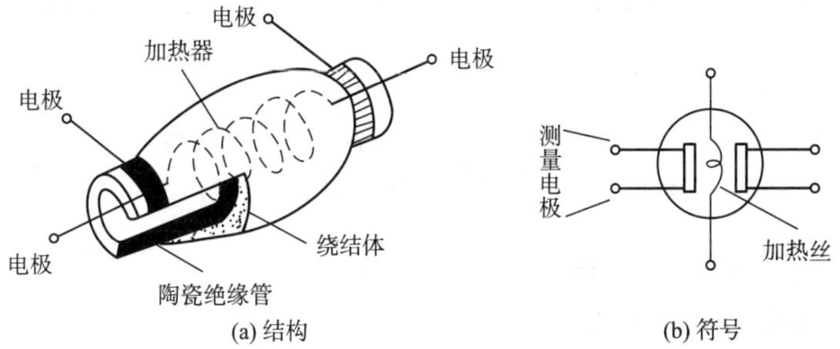

图 7.4　旁热式气敏器件的结构和符号

接触，避免了相互影响；器件热容量大，降低了环境温度的影响，器件的稳定性、可靠性都得到了提升。

2）薄膜型气敏器件

薄膜型气敏器件的结构如图 7.5 所示。薄膜型气敏器件的制作是采用真空镀膜或溅射的方法，在处理好的石英或陶瓷基片上形成一薄层金属氧化物薄膜（如 SnO_2、ZnO 等），再引出电极，就构成了薄膜型气敏器件。大量实验证明，SnO_2 和 ZnO 薄膜的气敏特性较好。这种器件具有较高的机械强度，而且具有互换性好，产量高、成本低等优点。

3）厚膜型气敏器件

厚膜型气敏器件是将 SnO_2 和 ZnO 等材料与 3%～12%质量的硅凝胶混合制成能印刷的厚膜胶，把厚膜胶用丝网印制到装有铂电极的氧化铝基片上，在 400～800 ℃高温下烧结 1～2 h 制成，其结构如图 7.6 所示。该类器件的优点是一致性好，机械强度高，适于批量生产。

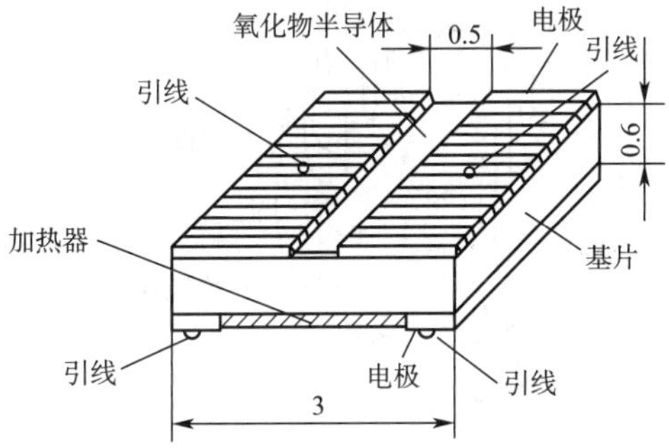

图 7.5　薄膜型气敏器件的结构（单位：mm）

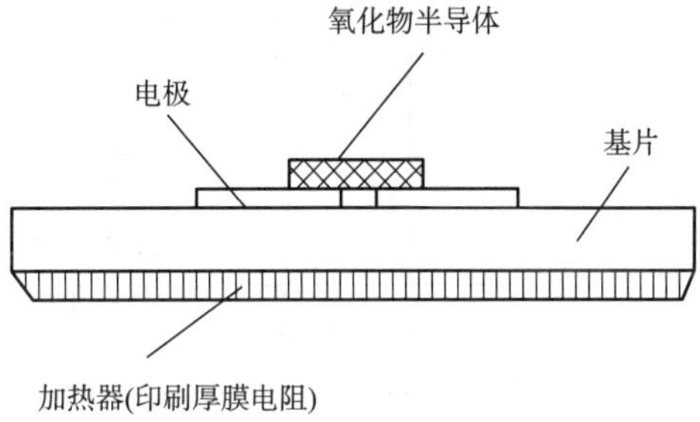

图 7.6　厚膜型气敏器件的结构

以上三种气敏器件都附有加热器。在实际应用时，加热器能使附着在控测部分上的油雾，尘埃等烧掉，同时加速气体的吸附，从而提高了器件的灵敏度和响应速度，一般加热到 200～400 ℃，具体温度视所掺杂质不同而异。

这种气敏器件的优点是：工艺简单，价格便宜，使用方便；对气体浓度变化时的响应快；即使在低浓度（3 000 mg/kg）下，灵敏度也很高。其缺点是：稳定性差、老化较快、气体识别能力不强，各器件之间的特性差异大等。

3. 测量电路

电阻式半导体气敏传感器的基本测量电路包括加热回路和测试回路两部分，图 7.7 所示为采用直流稳压电源的旁热式气敏元件测量电路。负载电阻 R_L 兼作取样电阻，由图 7.7 可知：

$$U=I_o(R_S+R_L) \tag{7.1}$$

$$U_o=I_oR_L=\frac{R_L}{R_S+R_L}U \tag{7.2}$$

式中 R_S——气敏电阻元件测试回路电阻；

R_L——负载电阻(兼做取样电阻)。

由式(7.2)可知，当 R_S 减小时，输出电压 U_o 增大；反之，当 R_S 增大时，输出电压 U_o 减小。因此，通过测量输出电压即可测得气敏元件电阻 R_S 的阻值，从而确定被测气体的成分及浓度。

4. 主要应用

半导体式气敏传感器具有较高的检测灵敏度和较快的响应速度，它适用于检测大气中的微量可燃性气体浓度而无须准确定量的场合。

1)自动通风扇

采用 SnO_2 半导体式气敏电阻的 TGS109 型传感器，可以用于各种可燃性气体、有毒气体的预警，其结构如图 7.8 所示，加热器兼作电极直接埋入块状 SnO_2 半导体内。

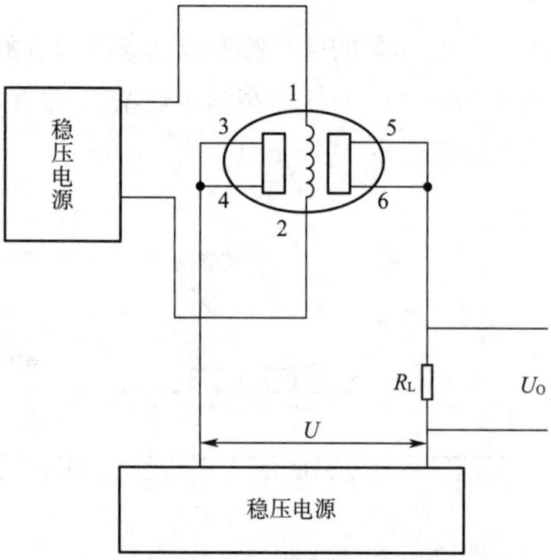

图 7.7 采用直流稳压电源的旁热式气敏元件测量电路

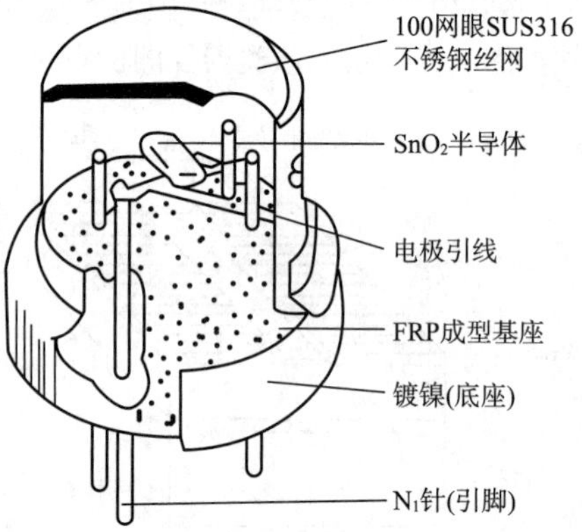

图 7.8 TGS109 型气敏传感器结构

TGS109 型气敏传感器用于自动通风扇的原理框图，如图 7.9 所示。当被测气体(如油烟、煤气等)的浓度达到一定值时，气敏电阻的阻值将发生变化，经放大电路放大并转换成电压信号输出，再送入比较器电路与给定上限电压(即报警电压)进行比较，如果高于报警电压，就会产生触发脉冲，使晶闸管电路导通产生直流电压，给排风扇提供电源，自动通风，同时还可以从比较器电路的输出端，通过声光报警驱动电路驱动喇叭和闪光指示，产生报警信号。随着气体浓度的降低，放大电路输出电压也随之降低，当其低于某一电压的给定下限时，晶闸管电路截止，通风扇停止工作，报警消除。在系统工作的同时还需借助辅助电路(如加热电源、温度补偿)。

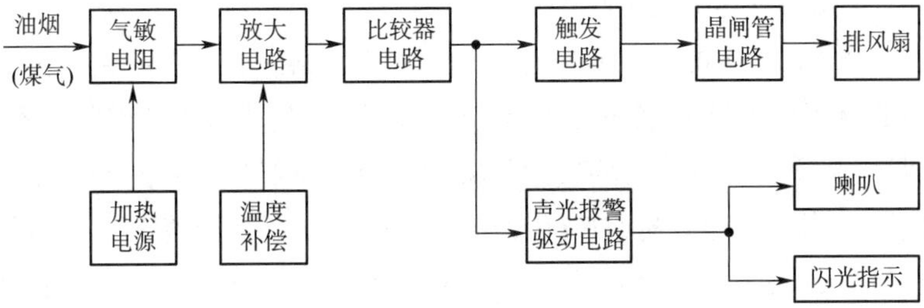

图 7.9　自动通风扇的原理框图

2)可燃气体泄漏报警器

可燃气体泄漏报警器的电路图如图 7.10 所示。它采用载体催化型 MQ 系列气敏元件作为检测探头,报警灵敏度可从 0.2%起连续可调,当空气中可燃气体的浓度达 0.2%时,报警器可发出声光报警提醒用户及时处理,并自动驱动排风扇向外抽排有害气体。

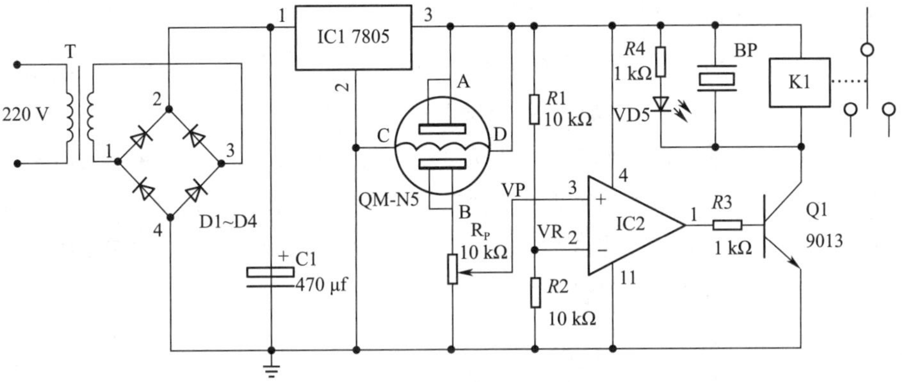

图 7.10　可燃气体泄漏报警器电路

可燃气体泄漏报警器电路的气敏元件采用 MQ 系列气敏元件 QM-N5,该元件具有灵敏度高、响应快、恢复迅速、长期稳定性好、抗干扰能力强等特点。市电经变压、整流、IC1(7805)稳压后,向报警器供给+5 V 直流电源。IC2(LM324)构成一个比较器,R_1、R_2 分压后,设定一个比较电压值 *VR*,一旦气敏元件 MQ 感测到被测气体或烟雾后,MQ 电阻值下降,R_P 上的取样电压升高,超过了基准参考电压 *VR* 后,比较器的输出由正常状态下的低电平翻转成高电平,通过三极管 Q_1 驱动发光二极管 VD5 发光,继电器 K 吸合,与此同时压电陶瓷片 BP 鸣叫,起到控制外电路和报警的作用。

7.1.3　红外线吸收式 CO_2 传感器

CO_2 在空气中的含量越高,对人体的影响就越大,当 CO_2 含量高出 0.7%时,人体就会感到不舒服,当超过 10%时,人体就会出现昏迷和死亡。达到 20%,人就会在几秒内死亡。因此在人群比较密集的地方,CO_2 含量是一个非常重要的参数,直接关系到人体舒适度和安全。

CO_2 传感器是轨道交通较常用的一种传感器,在车站的回风室内安装 CO_2 浓度传感器,以监测车站内 CO_2 的浓度。在车站里,由于人的呼吸,CO_2 的浓度会增加,当 CO_2 浓度处于较大值时,当前车站的空气质量就对乘客的健康产生了威胁，所以，运营人员可以根据 CO_2 浓度传感器采集上来的数据对车站公共区的工况进行及时地调整，以保证车站的空气质量始终处于好的状态。

保证良好的通风不但对人员的舒适重要，也对加热和空调系统的经济运行重要。CO_2 是 HVAC(暖通空调系统)的一个非常重要的参数，CO_2 浓度传感器是安装在空调机组上面，但不是由空调系统采集信号，一般由机电设备监控(BAS)进行信号采集，利用采集所得的信号来自动化调节空调的风量和启停状态，来控制新风的换送，从而改变 CO_2 的浓度，使环境保持最佳舒适度时，而运行费用被减到最小。

目前比较常用的 CO_2 传感器主要有两种：一种是固态电解质 CO_2 传感器，另外一种就是红外线吸收式 CO_2 传感器。

(1)固态电解质 CO_2 传感器

固态电解质 CO_2 传感器/变送器工作原理是指气敏材料在有气体通过时产生离子而形成电动势，根据测量电动势大小而测量气体的浓度。

(2)红外线吸收式 CO_2 传感器

红外线吸收式 CO_2 传感器/变送器原理是根据 CO_2 对特定波段红外辐射的吸收作用，通过对透过测量室的辐射能量的减弱与增加，从而测量出 CO_2 的浓度。

固体电解质 CO_2 传感器存在对气体的选择性差、易出现误报、需要频繁校准、使用寿命较短等不足。而红外吸收式 CO_2 传感器具有测量精度高、灵敏度高、调校周期长、重复性好、测量范围宽、使用寿命长、不受其他气体(CH_4、H_2S、SO_2、N_2、O_2 等)影响等优点，在轨道交通中得到广泛应用。红外线吸收式 CO_2 传感器的外形如图 7.11 所示。

图 7.11　红外线吸收式 CO_2 传感器的外形

1. 红外吸收式 CO_2 传感器的工作原理

红外吸收式 CO_2 传感器是基于气体的吸收光谱随物质的不同而存在差异的原理制成的。不同气体分子化学结构不同，对不同波长的红外辐射的吸收程度就不同，因此，不同波长的红外辐射依次照射到某种气体物质时，某些波长的辐射能被某种气体物质选择吸收而变弱，产生红外吸收光谱，故当知道某种气体物质的红外吸收光谱时，便能从中获得该气体物质在红外区的吸收峰。同一种气体物质不同浓度时，在同一吸收峰位置有不同的吸收强度，吸收强度与浓度成正比关系。因此通过检测气体对光的波长和强度的影响，便可以确定气体的浓度。红外吸收工作原理如图 7.12 所示。

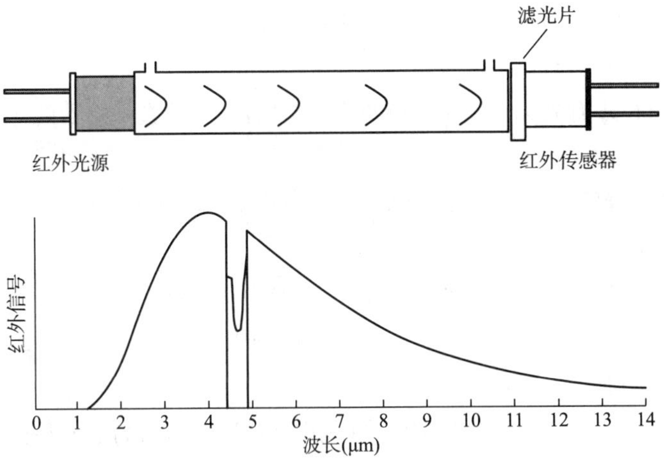

图 7.12　红外吸收工作原理

根据比尔朗伯定律，输出光强度 I、输入光强度 I_0 和气体浓度 C 之间的关系为

$$I=I_0\exp(-\alpha_m LC) \tag{7.3}$$

式中　α_m——摩尔分子吸收系数；

C——待测气体浓度；

L——光和气体的作用长度(传感长度)。

对式(7.3)进行变换得：

$$C=\frac{1}{\alpha_m L}\ln\frac{I_0}{I} \tag{7.4}$$

从式(7.4)可以看出，通过检测相关数据就可以得知气体的浓度 C。

2. 红外线吸收式 CO_2 传感器的结构

红外线吸收式 CO_2 传感器探头结构如图 7.13 所示，主要由红外光源、测量气室、可调干涉滤光镜、光探测器、光调制电路、放大系统等组成。红外光源采用镍铬丝，其通电加热后可发出 3～10 μm 的红外线，其中包含了 4.26 μm 处 CO_2 气体的强吸收峰。在气室中，CO_2 吸收光源发出特定波长的光，经探测器检测则可显示出 CO_2 对红外线的吸收情况。干涉滤光镜是可调的，调节他可改变其通过的光波波段，从而改变探测器探测到信号的强弱。红外探测器为薄膜电容，吸收了红外能量后，气体温度升高，导致室内压力增大，电容两极间的距离就要改变，电容值随之改变。CO_2 气体的浓度愈大，电容值改变也就愈大。

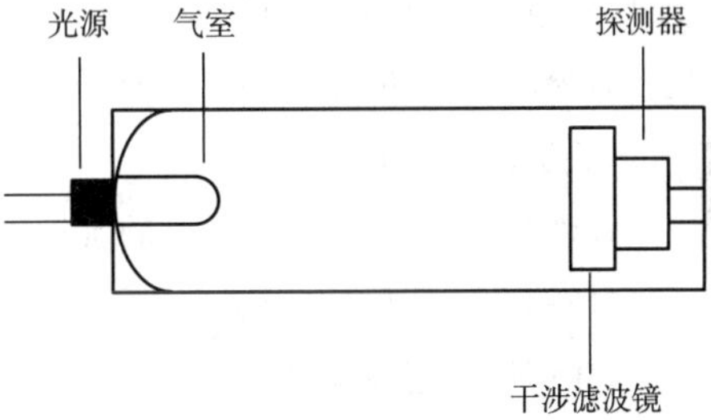

图 7.13　红外线吸收式 CO_2 传感器探头结构

3. 红外线吸收式 CO_2 传感器的故障处理与维护

1)红外线吸收式 CO_2 传感器的故障处理

(1)传感器显示数值乱跳

当传感器显示数值乱跳时，可能是传感头内部接线不正确或有松动。

处理方法是将传感器断电带至地面，打开后盖查看圆形板和各接线拄接线是否松动，如无松动则寄回厂家予以维修，不可私自拆卸，以免造成不可修复错误。

(2)报警时有光无声或声音嘶哑

当传感器报警时出现有光无声或声音嘶哑现象时，首先应检查蜂鸣器的连线有无断线，如无断线则属蜂鸣器故障。

处理方法时可先用橡胶等弹性物对蜂鸣器片予以衬垫以排除嘶哑现象。如不行，则更换蜂鸣器片。

(3)报警时无光无声

如传感器显示已达报警值但传感器仍无光无声，经检查确定报警灯连线无断线时，则需要检查传感器电路板上的相关报警控制芯片是否损坏，必要时予以更换。

(4)传感器接收不到遥控信号

当出现传感器接收不到遥控信号现象时，首先应确认遥控器内的电池是否有电。如有电，则应及时将传感器带回地面，检查、更换传感器线路板上数码管旁的(SFH)红外接收头。

(5)小数码管显示的功能位数字乱跳且无法控制

当传感器显示窗内的小数码管(功能位)出现数字乱跳且无法控制时，检查电路板上按键是否短路或更换传感器电路板上数码管旁的(SFH)红外接收头。

(6)传感器开机即显示闪烁显示“0 Erro”

传感器开机即闪烁显示“0 Erro”，应首先将传感器带回地面，上电后若还闪烁显示“0 Erro”则将传感器后盖打开查看元件排线插头是否有松动。若还闪烁显示“0 Erro”则寄回厂家予以维修，不可私自拆卸，以免造成不可修复错误。

(7)传感器开机倒计时结束后闪烁显示“Erro”

传感器开机倒计时结束后闪烁显示“Erro”，首先检查传感器线路及供电是否异常，若问题依然不能排除，应将传感器带回地面，上电后若还闪烁显示“Erro”则将传感器后盖打开查看元件排线插头是否有松动。若还闪烁显示“Erro”则说明传感元件有可能损坏，则寄回厂家予以维修，不可私自拆卸，以免造成不可修复错误。

2)红外线吸收式 CO_2 传感器的维护

(1)使用中应严格按照使用说明书进行操作；

(2)在使用中避免猛烈摔打、碰撞；

(3)传感器的零点、测试精度都需要定期调校，调校期限为 6 个月。若无超差则可继续使用；

(4)应经常擦拭仪器外部的煤尘、污垢，保持传感器的清洁、美观。

7.2 湿敏传感器

地铁大多在地下运营，通风不畅，而且地铁人流量大，造成地铁的隧道内和站台的湿度特别大，远大于国家湿度二级标准的相对湿度 RH 值。湿度过高会造成很多问题，比如地铁运行电子电气设备房的湿度过高、会引起电器短路问题。如果隧道工程的巷道湿度过高、冷凝水形成壁露水滴，导致无法施工或影响工期的问题。所以有效控制地铁空间的相对湿度，不仅可以让车站环境始终处于较为舒适的环境之中，而且可以确保工程施工的质量和地铁运营的安全。

7.2.1　湿度的定义及其表示方法

一般将空气或其他气体中的水汽含量称为“湿度”，湿度通常有如下几种表示方法：绝对湿度、相对湿度和露点等。目前，应用最多的是相对湿度。

1. 绝对湿度(AH)

绝对湿度是指在一定温度和压力条件下，单位体积空气内所含水蒸气的质量，其数学表达式为

$$H_a = \frac{m_V}{V} \tag{7.5}$$

式中　m_V——待测空气中水蒸气的质量；

V——待测空气的总体积；

H_a——绝对湿度，g/m^3 或 kg/m^3。

绝对湿度给出了水分在空气中的具体含量。

2. 相对湿度(RH)

相对湿度是指待测空气中实际所含的水蒸气分压与相同温度下饱和水蒸气分压比值的百分数。其数学表达式为

$$H_T = \frac{P_V}{P_W} \times 100\% \tag{7.6}$$

式中　P_V——待测空气的水蒸气分压；

P_W——与待测空气同温度下的饱和水蒸气分压；

H_T——相对湿度，它是一个无量纲的量。

相对湿度给出了大气的潮湿程度。

相对湿度也可定义为气体的绝对湿度 P_a 与同一温度下达到饱和状态的绝对湿度 P_s 的百分比，其定义式为

$$H_T = \frac{P_a}{P_s} \times 100\% \tag{7.7}$$

3. 露点

在一定大气压下，将含有水蒸气的空气冷却，当温度下降到某一特定值时，空气中的水蒸气达到饱和状态，开始从气态变成液态而凝结成露珠，这种现象称为结露，这一特定温度就称为露点温度，简称露点。在一定大气压下，湿度越大，露点越高；湿度越小，露点越低。

7.2.2　湿敏传感器的基本原理

湿敏传感器是能感受外界湿度变化，并通过器件材料的物理或化学性质变化，将湿度转换成可用信号的器件或装置。

根据湿敏传感器的作用机理可以分为水分子亲和力型和非水分子亲和力型两种。

1. 水分子亲和力型湿敏传感器

水分子易于吸附在固体表面并渗透到固体内部，这种特性称为水分子亲和力特性。水分子亲

和力型湿度传感器就是利用水分子吸附和渗透后引起一些物质的感湿特征量(如电阻值、电容值等)发生变化而制成的。

水分子亲和力型湿敏传感器可分为电阻式湿敏传感器和电容式湿敏传感器,电阻式湿敏传感器是利用水分子吸附和渗透后引起一些物质的电阻值发生变化而制成的,常见的有电解质式、陶瓷式和高分子式三类。电容式湿敏传感器是利用水分子作用后引起一些物质的介电常数发生变化而制成的,常见的有陶瓷式和高分子式两类。

2. 非水分子亲和力型湿敏传感器

利用物理效应制成,与水分子亲和力无关的湿度传感器称为非水分子亲和力型湿敏传感器。常见的有热敏电阻式、红外吸收式、超声波式和微波式湿敏传感器。

水分子亲和力型湿敏传感器,因为响应速度低、可靠性较差,不能很好地满足人们的需要。随着其他技术的发展,现在人们正在开发非水分子亲和力型的湿敏传感器。例如,利用微波在含水蒸气的空气中传播,水蒸气吸收微波使其产生一定损耗而制成的微波湿敏传感器。又如,利用水蒸气能吸收特定波长的红外线这一现象构成的红外湿敏传感器等。它们都能克服水分子亲和力型湿敏传感器的缺点。因此,开发非水分子亲和力型湿敏传感器是湿敏传感器重要的研究方向。

7.2.3 常见湿敏传感器

1. 电解质式电阻湿敏传感器

1)基本原理

电解质式电阻湿敏传感器的典型代表是氯化锂湿敏电阻,它是利用吸湿性盐类潮解,离子导电率发生变化(即吸湿后氯化锂电阻变小;在干燥环境下又会脱湿,电阻变大)而制成的测试元件,其结构如图 7.14 所示。由引线、基片、感湿层和电极组成。感湿层是在基片上涂敷的按一定比例配制的氯化锂—聚乙烯醇混合溶液。

氯化锂通常与聚乙烯醇组成混合体,在非饱和氯化锂(LiCl)溶液中,Li^+ 和 Cl^- 均以正负离子的形式存在,其溶液的离子导电能力与溶液浓度成正比。当溶液置于一定温度的环境中时,若环境相对湿度高,由于 Li^+ 对水分子的吸引力强,离子水合程度高,溶液将吸收水分,浓度降低,因此,溶液导电能力随之下降,电阻率增高;反之,当环境相对湿度变低时,溶液浓度升高,导电能力随之增强,电阻率下降。由此可见,氯化锂湿敏电阻的阻值会随环境相对湿度的改变而变化,从而实现对湿度的测量。

氯化锂湿敏电阻感湿特性曲线如图 7.15 所示。图中吸湿和脱湿曲线不重合,是因为湿敏元件吸湿和脱湿的响应时间是不相同的,一般总是脱湿比吸湿滞后,这种现象称为湿滞现象、吸湿和脱湿曲线所构成的同线称为湿滞回线。在湿滞回线上对于同一相对湿度下的不同感湿特征量的最大差值称为湿滞回差。一般高湿时的回差比低湿时大。

从图 7.15 还可以看出,在相对湿度为 50%～80%的范围内,电阻值随湿度的变化曲线近似成线性关系。为了扩大湿度测量的线性范围,可以将多个氯化锂含量不同的组合使用,如将测量范围分别为(10%～20%)RH,(20%～40%)RH,(40%～70%)RH,(70%～80%)RH 和(80%～99%)RH 的五种传感器件配合使用,就可自动地转换完成整个湿度范围的湿度测量。

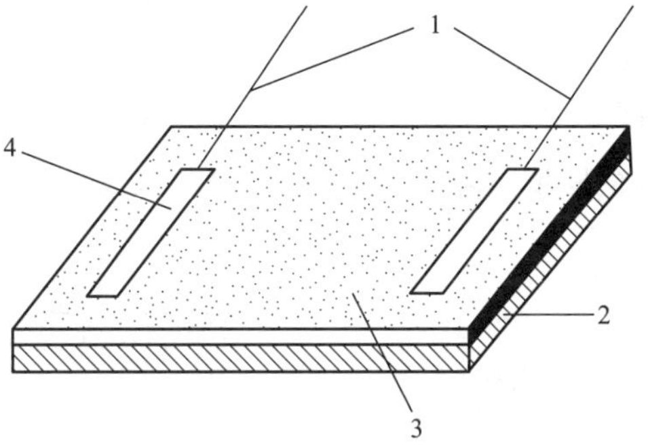

1—引线；2—基片；3—感湿层；4—金电极。

图 7.14　氯化锂湿敏电阻结构

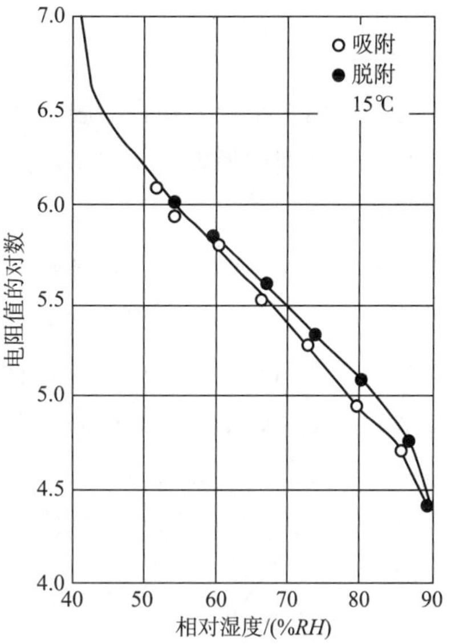

图 7.15　氯化锂湿敏电阻感湿特性

2)氯化锂湿敏电阻的特点

优点：滞后小，不受测试环境(如风速)影响，检测精度高达±5%。

缺点：耐热性差，不能用于露点以下测量，器件重复性差，使用寿命短，电流必须用交流，以免出现极化。

2. 陶瓷式电阻湿敏传感器

陶瓷式电阻湿敏传感器通常是用两种以上金属氧化物半导体材料混合烧结而成的多孔陶瓷。陶瓷的化学稳定性好，耐高温，多孔陶瓷的表面积大，易于吸湿和脱湿，所以响应时间可以小至几秒。这种湿敏器件的感湿体外常罩一层加热丝，以便对器件进行加热清洗，排除周围恶劣环境对器件的污染。

制作陶瓷式电阻湿敏传感器的材料有 $ZnO\text{-}LiO_2\text{-}V_2O_5$ 系、$Si\text{-}Na_2O\text{-}V_2O_5$ 系、$TiO_2\text{-}MgO\text{-}Cr_2O_3$ 系和 Fe_3O_4 系等。前三种材料的电阻率随湿度的增加而下降，称作负特性湿敏半导体陶瓷；后一种的电阻率随湿度的增加而增加，称作正特性湿敏半导体陶瓷。

1)陶瓷式湿敏材料的导电机理

负特性湿敏半导体陶瓷的导电机理是水分子中的氢原子具有很强的正电场，当水在半导体陶瓷表面吸附时，就可能从半导体陶瓷表面俘获电子，使半导体瓷表面带负电。若该半导体陶瓷是 P 型半导体，则由于水分子的附着使表面电位下降，电阻值下降。若该半导体陶瓷为 N 型，则由于水分子的附着同样会使表面电位下降，如果表面电位下降很多，不仅使表面层的电子耗尽，同时将更多的空穴吸引到表面层，并有可能使到达表面层的空穴载流子浓度大于电子载流子浓度，出现所谓表面反型层(即空穴载流子浓度大于电子载流子浓度)，这些空穴称作反型载流子，它们同样可以在半导体陶瓷表面迁移而使电阻率下降。由此可见，不论是 P 型还是 N 型半导体陶瓷，其电阻率都随湿度的增加而下降，这就是负特性湿敏半导瓷的导电原理。图 7.16 表示了几种负特性材料半导瓷阻值与湿度的关系。

正特性湿敏半导体陶瓷的导电机理认为这类材料的结构、电子能量状态与负特性材料有所不同。当水分子吸附在半导体陶瓷的表面使其表面电位下降，造成表面层电子浓度下降，但还不足以使表面层的空穴浓度增加到出现反型层的程度，此时仍以电子导电为主，于是表面电阻将随着电子浓度的下降而增大。

由于通常湿敏半导体陶瓷材料都是多孔的，表面电阻占的比例很大，故表面层电阻的升高，必将引起总电阻值的明显升高。因此这类半导体陶瓷材料的电阻值将随环境湿度的增加而加大，但正特性半导瓷材料的阻值的升高没有负特性材料的阻值下降得那么明显。图 7.17 所示为 Fe_3O_4 正特性半导瓷湿敏电阻阻值与湿度的关系曲线。

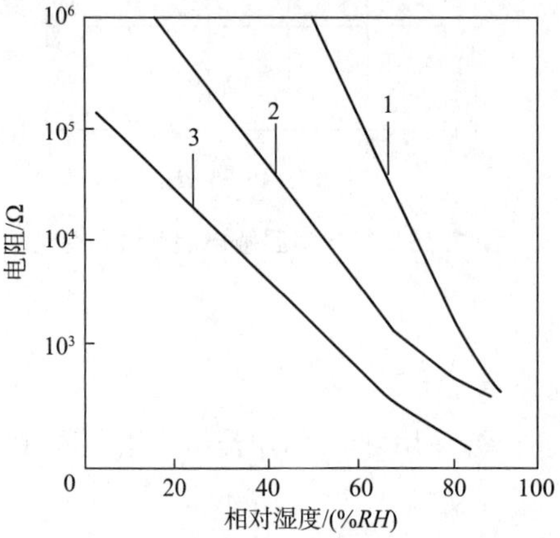

1—$Zn\text{-}LiO_2\text{-}V_2O_5$ 系；2—$Si\text{-}Na_2O\text{-}V_2O_5$ 系；
3—$TiO_2\text{-}MgO\text{-}Cr_2O_3$ 系。

图 7.16　几种半导瓷负湿敏特性

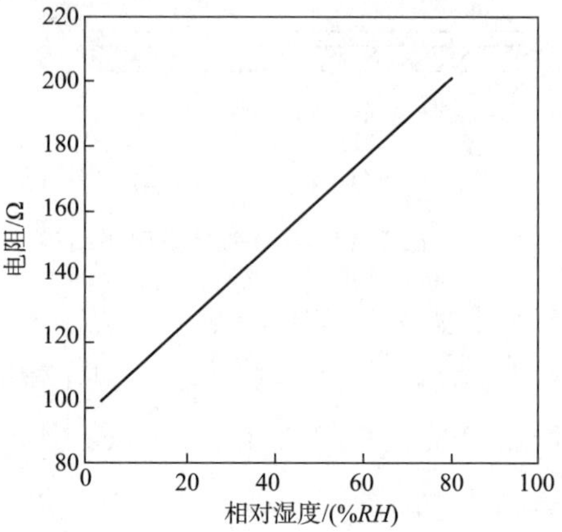

图 7.17　Fe_3O_4 半导瓷的正湿敏特性

2）几种典型陶瓷式湿敏传感器

（1）$MgCr_2O_4\text{-}TiO_2$ 陶瓷式湿敏传感器

氧化镁复合氧化物－二氧化钛（$MgCr_2O_4\text{-}TiO_2$）陶瓷式湿敏传感器是较常用的一种湿敏传感器，通常制成多孔陶瓷型“湿－电”转换器件。它是负特性半导瓷，$MgCr_2O_4$ 为 P 型半导体，它的电阻率较低，阻值温度特性好。

如图 7.18 所示，在 $MgCr_2O_4\text{-}TiO_2$ 湿敏传感器陶瓷片的两面涂覆多孔的金电极，并用掺金玻璃粉将引出线与金电极烧结在一起。在半导体陶瓷片的外面设置一个用镍铬丝烧制而成的加热线圈，以便频繁加热清洗传感器，排除有害气体对器件的污染，减少测量误差。整个器件安装在一个陶瓷基片上。为了消除底座上的测量电极 2 和 3 之间由于吸湿和污染引起的漏电，在电极 2 和 3 周围设置了金短路环。图中 1 和 4 为加热线圈引出线。$MgCr_2O_4\text{-}TiO_2$ 陶瓷式湿度传感器的感湿特性如图 7.19 所示。

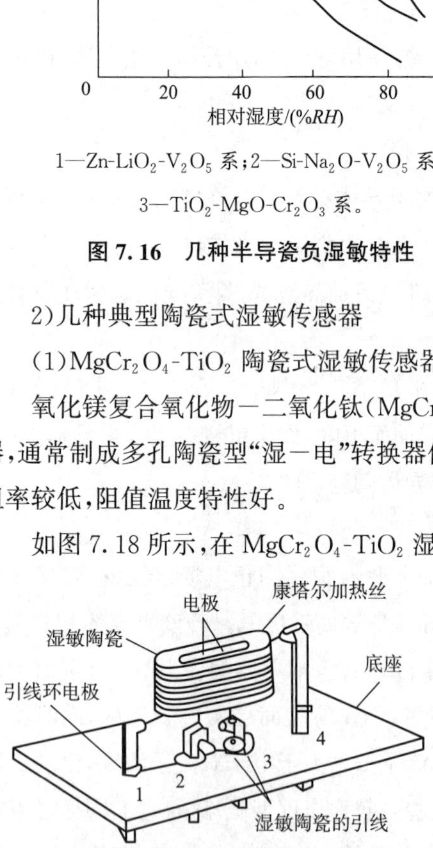

图 7.18　$MgCr_2O_4\text{-}TiO_2$ 陶瓷式湿度传感器的结构

(2) $ZnO\text{-}Cr_2O_3$ 陶瓷式湿敏传感器

$ZnO\text{-}Cr_2O_3$ 陶瓷式湿敏传感器是将多孔金电极烧结在多孔陶瓷圆片的两表面上，并焊上铂引线，然后将敏感元件装入有网眼过滤的方形塑料盒中用树脂固定而制成，结构如图 7.20 所示。这种传感器能连续稳定地测量湿度，无须加热除污装置，功耗低、体积小、成本低，是一种常用的测湿传感器。

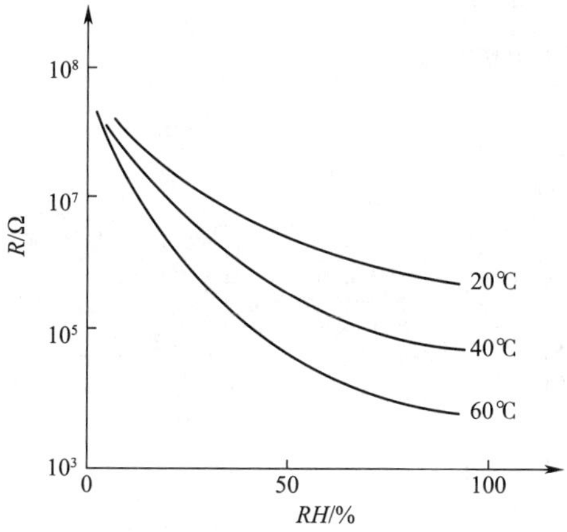

图 7.19　$MgCr_2O_4\text{-}TiO_2$ 陶瓷式湿度传感器的感湿特性

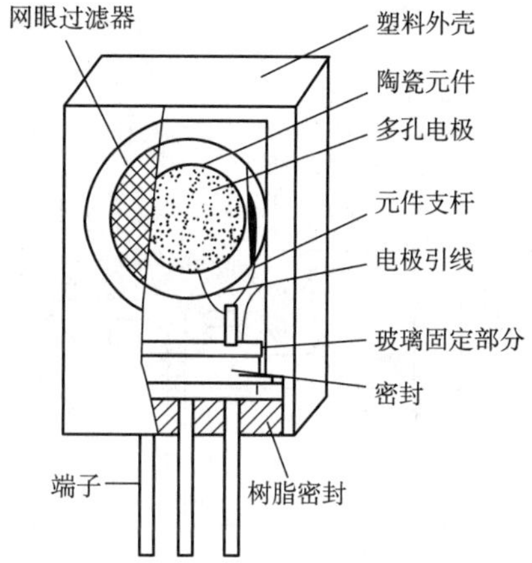

图 7.20　$ZnO\text{-}Cr_2O_3$ 陶瓷式湿敏传感器结构

3) 陶瓷式电阻湿敏传感器的特点。

陶瓷式电阻湿敏传感器的优点：

①传感器表面与水蒸气的接触面积大，易于水蒸气的吸收与脱湿；

②陶瓷烧结体能耐高温，物理、化学性质稳定，适合采用加热去污的方法恢复材料的湿敏特性；

③可以通过调整烧结体表面晶粒、晶粒界和细微气孔的构造，改善传感器湿敏特性。

7.2.4　湿敏传感器的测量电路

电阻式湿度传感器的测量电路主要有三种形式。

1. 电桥测量电路

图 7.21 所示为湿敏传感器电桥测量电路，此电桥测量法适合于氯化锂湿度传感器。图中振荡器对电路提供交流电源，电桥的一臂为湿度传感器，由于湿度变化使湿度传感器的阻值发生变化，于是电桥失去平衡，产生信号输出，放大器可把不平衡信号加以放大，整流器将交流信号变成直流信号，由直流毫安表显示。振荡器和放大器都由 9 V 直流电源供给。图 7.22 所示为便携式湿度计的实际电路。

2. 欧姆定律测量电路

图 7.23 所示为欧姆定律测量电路，此电路适用于可以流经较大电流的陶瓷湿度传感器。由于测试电路可以获得较强信号，故可以省去电桥和放大器，可以用市电作为电源，只要用降压变压器即可。

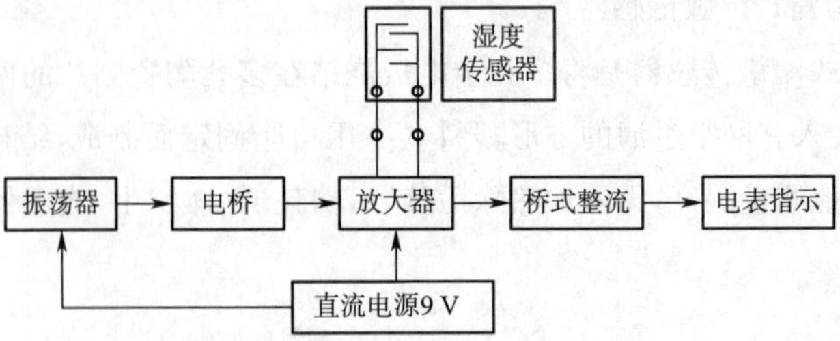

图 7.21　湿敏传感器电桥测量电路

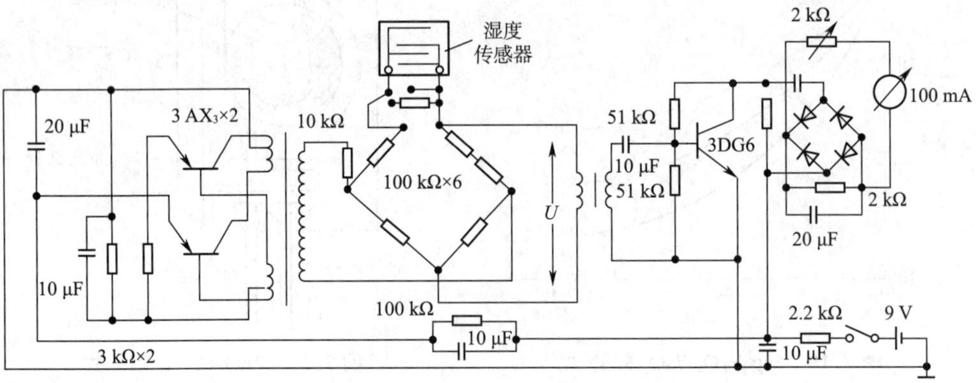

图 7.22　便携式湿度计的实际电路

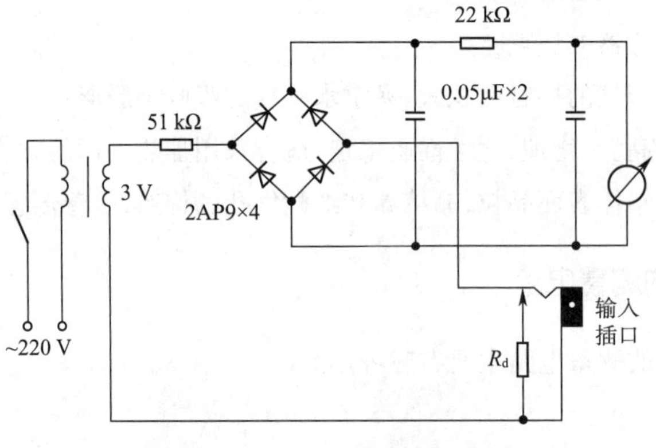

图 7.23　欧姆定律测量电路

3. 带温度补偿的湿度测量电路

在大多数情况下，湿度传感器难以得到相对于湿度变化而线性变化的输出电压，这给湿度的测量、控制和补偿带来了困难。因此，在需要精确测量湿度的场合，必须加入线性化电路，使传感器测量电路的输出信号转换成正比于湿度变化的电压；湿度传感器在低湿、中湿或高湿状态下的线性关系一般会有所不同，因此，可采用放大倍数随输入值变化的放大电路，使其输出与输入呈折线近似线性关系（即分段近似关系），常用运算放大器。

在实际应用中，还要考虑温度补偿。图 7.24 为一种带温度补偿的湿度测量电路，图中 R_t 是热敏电阻（20 kΩ，B=4 100 K）；RH 为 H_2O_4C 湿度传感器，运算放大器型号为 LM2904。该电路的湿度电压特性及温度特性表明在相对湿度为(30%～90%)RH、温度为 15～35 ℃范围内,输出电压表示的湿度误差不超过 3%RH。

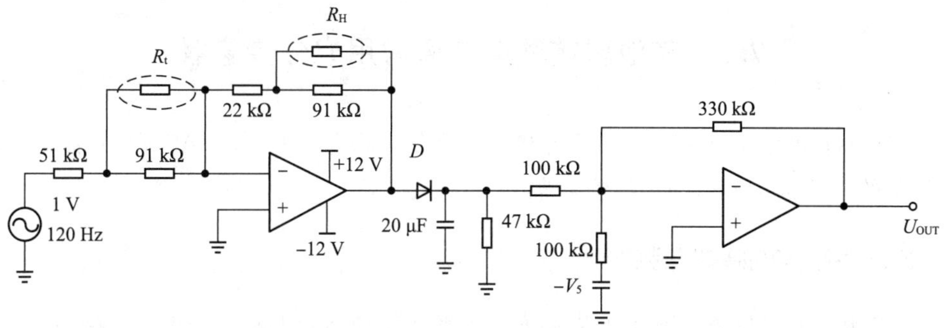

图 7.24　带温度补偿的湿度测量电路

7.2.5　湿敏传感器的应用

湿度及对湿度的测量和控制对人类日常生活、工业生产、气象预报、物质仓储等都起着极其重要的作用,相对湿度的过高或过低都会给生产与生活带来负面影响。

房间湿度控制电路如图 7.25 所示。将湿敏传感器输出的电压信号分成三路,分别接在电压比较器 A_1 的反相输入端、电压比较器 A_2 的同相输入端和显示器的正输入端,A_1 和 A_2 由可调电阻 R_{P1} 和 R_{P2} 根据设定值调到适当的位置。当房间内湿度下降时,传感器的输出电压下降,当降到 A_1 设定数值时,A_1 同相输入端电压高于反相输入端电压,因此输出高电平,使 V_1 导通,LED_1 发出绿光,表示空气干燥,继电器 J_1 吸合接通加湿器。当房间内相对湿度上升时,传感器输出电压升高,当升到一定数值即超过设定值时,A_1 输出低电平,J_1 释放,加湿器停止工作。同理,当房间内湿度升高时,传感器输出电压随之升高,当升到 A_2 设定数值时,A_2 输出高电平,使 V_2 导通,LED_2 发出

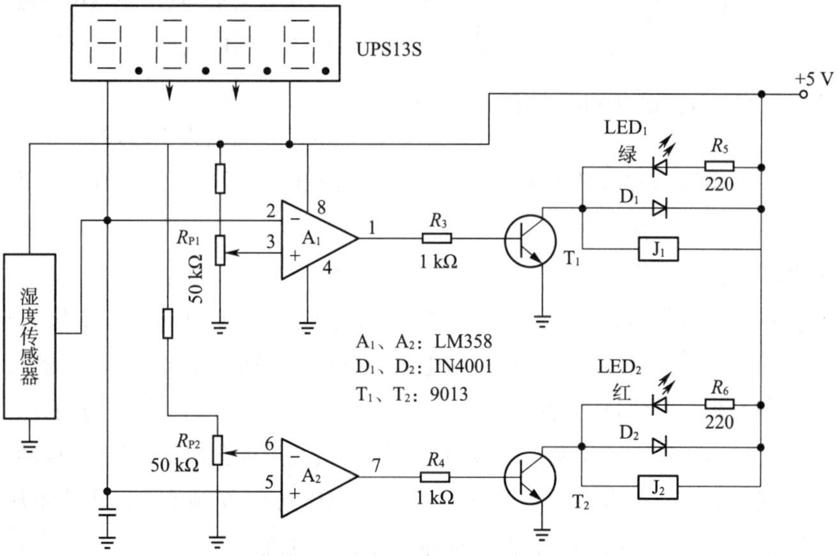

图 7.25　房间湿度控制电路

红光，表示空气太潮湿，继电器 J_2 吸合接通排气扇排除潮气，当相对湿度降到设定值时，J_2 释放，排气扇停止工作，这样就可以控制室内空气的湿度范围，达到我们所需求的空气湿度环境。

7.3 其他城市轨道交通常用成分传感器

成分传感器在城市轨道交通FAS系统和BAS系统中均有应用。如FAS系统中感烟探测器和BAS系统中的温湿度传感器，应用都较为普遍。

7.3.1 FAS系统中的感烟探测器

绝大多数物质在燃烧的开始阶段，首先产生烟雾，因此要实现早期发现火灾，减少火灾损失，在通常情况下利用感烟式火灾探测器会有良好效果。这种探测器可探测70%以上的火灾。感烟火灾探测器是目前世界上应用最普遍、数量最多的探测器。

根据感烟探测的基本原理的不同，感烟探测器可以分为离子感烟探测器、光电感烟探测器和红外光束线性火灾探测器。

1. 离子感烟探测器

离子感烟探测器是应用放射性同位素组成的火灾报警专用传感器，采用离子感烟传感器制作的火灾报警器，具有极高的报警灵敏度，只要空气中飘浮着因起火产生的烟雾粉尘，报警器就能立即报警。

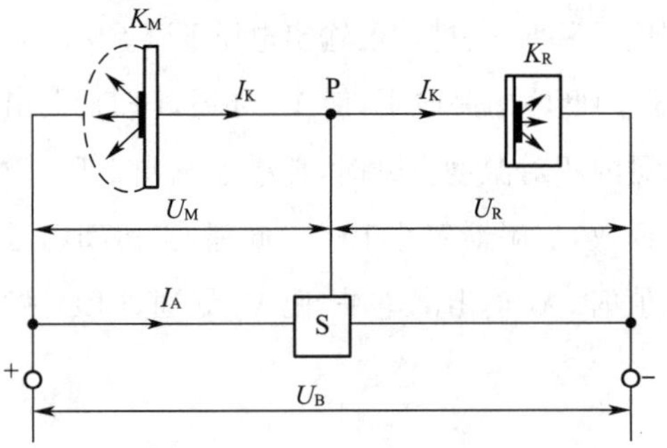

图 7.26 离子感烟探测器的结构示意图

1)离子感烟探测器的结构

离子感烟探测器是由两个内含 Am^{241} 放射 α 射线源串联室，场效应管及开关电路组成。如图7.26所示，内电离室即补偿室（K_R）是密封的，烟不易进入。外电离室即检测室（K_M）是开孔的，烟气能够顺利进入。两电离室形成一个分压器，当两电离室电压之和 U_M+U_R 等于工作电压 U_B 为24 V，流过两个电离室的电流相等，同为 I_K。

采用内外电离室串联的方法是为了减少环境温度、湿度、气压等自然条件对电离室电流的影响，提高传感器的稳定性，防止误报。

2)离子感烟探测器的工作原理

离子感烟探测器是根据烟雾（烟粒子）黏附（亲附）电离离子，使电离电流变化的原理设计的。如图7.27所示，在外电离室内有 P_1 和 P_2 一对电极，在这对电极之间放有 Am^{241} 的放射源。由于这个放射源能不断发出 α 射线，从而使得极间空气电离为正离子和负离子（即电子）。如果在两极之间加上直流24 V电压，则正离子就向负极板 P_2 移动，负离子就会向正极板 P_1 移动，从而形成离子电流。离子电流的大小与极板外加电压的大小有关，电压愈高，电流愈大。但当电压高到一定值时，离子电流也升到一定值而不再升高，此值称作饱和离子电流。

当燃烧生成物或烟雾进入感烟传感器的外电离室时，部分正离子和负离子吸附到燃烧生成物和烟雾颗粒上，这就使得正、负离子在电场中的移动速度比原来慢得多，并且在移动过程中，还有部分正、负离子中和，这样达到正负极板的离子数量相对减少，即离子电流变小，烟雾颗粒数量愈多，离子电流就愈小。

由于内电离室是密封的，无烟雾或燃烧生成物颗粒进入，离子电流是恒定的。如图 7.28 所示，无烟雾时，P 点电位约为 1/2 U_B；如果有烟雾时，外电离室的离子电流减小，等效电阻增加，P 点电位下降。其下降程度与烟雾数量成正比，有烟雾与无烟雾时，P 点电位变化可达到 1 V 以上。

F732、F712、SDN 离子感烟探测器分别是引进瑞士、英国和德国技术生产的国产产品，而 2098-9201 为美国公司生产的产品，被广泛用于轨道交通公共区域，其外形如图 7.29 所示。离子感烟探测器是核技术应用产物，在正常使用和良好的维护条件下，其使用寿命一般在 10～15 年。

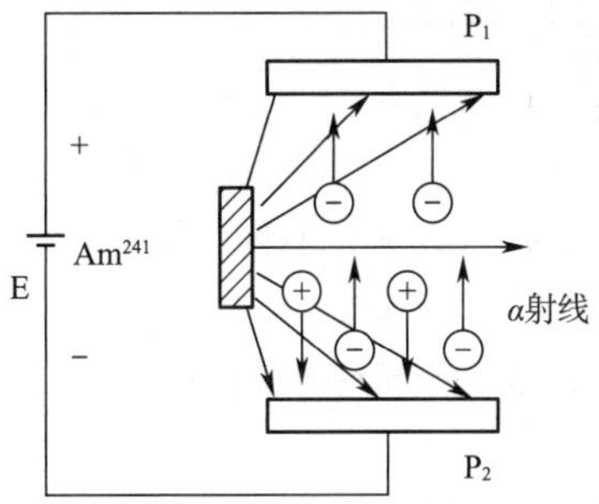

图 7.27　离子感烟探测器的工作原理

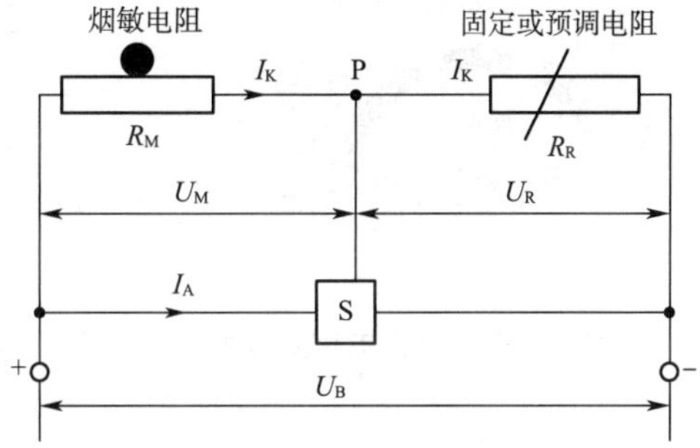

图 7.28　离子感烟探测器的等效电路图

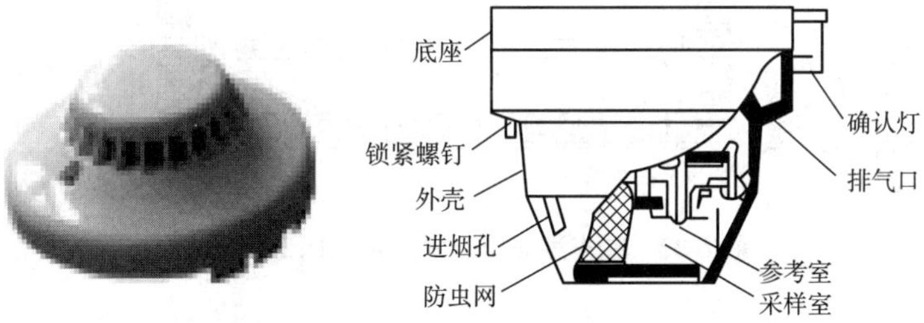

图 7.29　离子感烟探测器的外形

2. 光电感烟探测器

光电感烟探测器是由光源、光电元件和电子开关组成。利用火灾时产生的烟雾粒子对光线产生吸收遮挡、散射原理并通过光电效应而制成的火灾探测器。根据结构和原理分为减光型和散射光型。图 7.30 为点型光电感烟火灾探测器外形。

1)散射光型光电烟雾探测器

在没有烟雾时，由于红外对管相互垂直，烟雾室内又涂有黑色吸光材料，所以红外 LED 发出的红外光无法到达红外光敏三极管。当烟雾进入烟雾室后，烟雾的固体粒子对红外光产生漫反射(图中示出几个微粒的反射示意)，使部分红外光到达光敏三极管。烟雾越大，接收到光也越强流过光敏三极管的电流也越大，智能报警电路判断是否超过阈值，如果超过发出警报。图 7.31 为散射光型光电烟雾探测器的工作原理图。

2)减光型(或遮光型)光电烟雾探测器

该探测器的检测室内装有发光器件及受光器件。在正常情况下,受光器件接收到发光器件发出的一定光量;而在有烟雾时,发光器件的发射光道受到烟雾的遮挡,使受光器件接收的光量减少,光电流降低,探测器发出报警信号。图 7.32 为减光型光电烟雾探测器的工作原理图。

图 7.30　点型光电感烟火灾探测器外形

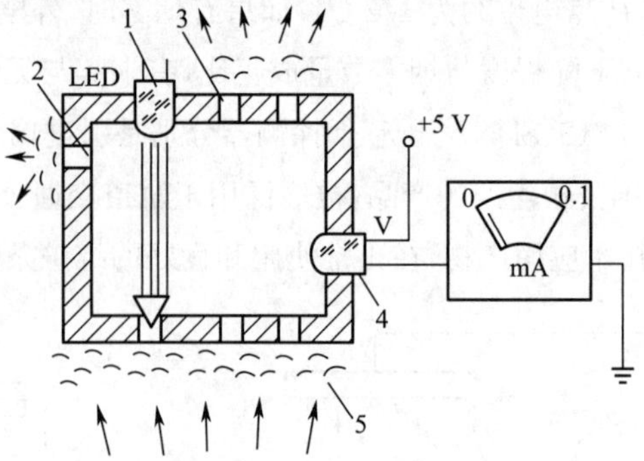

1—红外线 LED;2—黑色吸光材料;3—孔;
4—光敏元件;5—烟雾固体粒子。

图 7.31　散射光型光电烟雾探测器的工作原理

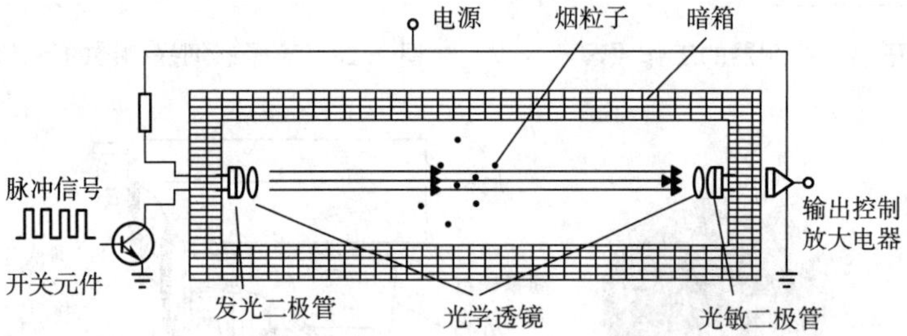

图 7.32　减光型光电烟雾探测器的工作原理

3. 红外光束感烟探测器

红外光束感烟探测器是一种线型火灾探测器,是响应某一种连续线路附近的火灾产生的物理和化学现象的探测器。红外光束感烟探测器是应用烟粒子吸收或散射红外光束,光的强度发生变化原理而工作的一种探测器。其特点是保护面积大、安置位置较高、在相对湿度较高和强电场中反应速度快,适用于保护较大空间的场所,尤其适宜保护难以使用点型探测器甚至根本不可能使用点型探测器的场所。

红外探测器由发射器和接收器两部分组成,其工作原理是:在正常情况下红外光束探测器的发射器发送一个不可见的,波长 940 mm 脉冲红外光束。它经过保护空间不受阻挡地发射到接收器的光敏元件上。当发生火灾时,由于受保护空间的烟雾气溶胶扩散到红外光束内,使到达接收器的红外光束衰减(这里灰色烟和黑色烟的衰减作用效果几乎相同),接收器接收的红外光束辐射通量减弱。当辐射通量减弱到预定的感烟动作阈值(响应阈值)时,如果保持衰减 5 s(或 10 s)时间,探测器立即动作,发出火灾报警信号。

在使用过程中，探测器窗口若积聚灰尘破受到污染，会减弱红外光束到达接收器光敏元件上的辐射通量。使探测器的感烟灵敏度受到影响，在接收器中，对感烟响应阈值设有自动增益控制电路，补偿辐射通量的损失，为了自动监视探测器线路故障和红外光束被全部遮挡，设有故障监控环节。例如，探测器线路断线或光束受遮光的持续时间超过 1 s 时，将引起探测器信号的输出，发生故障报警信号，如图 7.33 所示。

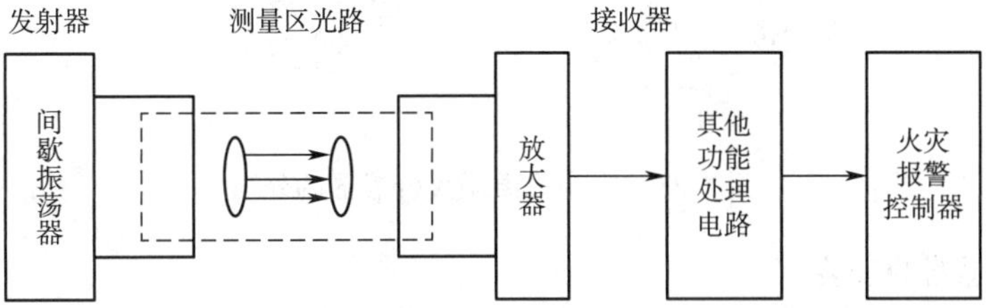

图 7.33　红外探测器的工作框图

7.3.2　温湿度传感器

地铁中的温湿度传感器主要是用在地铁车站，由于地铁车站人多，必须要保证地铁车站的温度和湿度，因此每个角落都得严格控制。利用温湿度传感器感应出地铁站内的温度和湿度，反馈到地铁的控制系统，再由控制系统控制暖通空调的工作，从而保证地铁运行在合适的温湿度环境下。

1. 温湿度传感器的类型

温湿度传感器主要有风管式、室内式和室外式三种类型，在这里主要介绍风管式温湿度传感器和室内式温湿度传感器。

1）风管式温湿度传感器

风管式温湿度传感器为风道安装式，湿度传感器采用具有专利技术的固态聚合物结构的电容元件，温度部分采用进口铂电阻 Pt100 作为感温元件。主要用来测量空调系统送风及回风的温湿度，该传感器安装在风管上或风室内，可在潮湿及多尘的使用环境下保证传感器的测量精度及延长使用寿命，能够满足不同测量环境及各种高精度及高稳定性的测量要求。外形如图 7.34 所示。

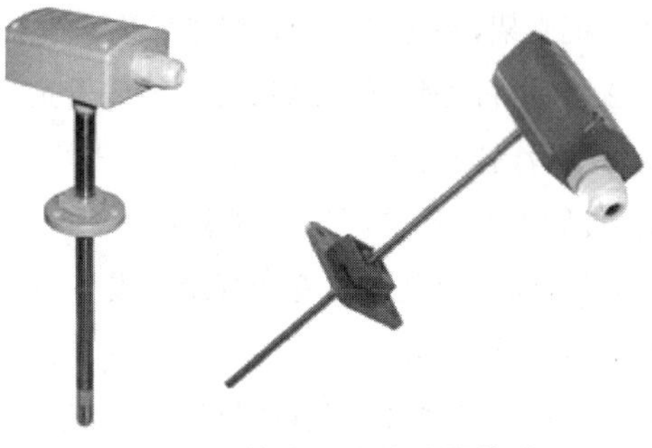

图 7.34　风管式温度传感器的外形

2）室内式温湿度传感器

室内式温湿度传感器主要用来检测站厅、站台或房间的温湿度，由于安装条件限制，一般选择安装在墙壁、柱子、天花板上或天花板内。室内式温湿度传感器具有精度高、稳定性高、体积小、安装方便等特点，能够满足不同测量环境及各种高精度、高稳定性的测量要求。外形如图 7.35 所示。

图 7.35　室内式温湿度传感器的外形

2. 温湿度传感器的安装

1)风管式温湿度传感器的安装

风管式温湿度传感器的安装方法是将变送器探头放进风道内，然后将法兰固定好即可，具体安装尺寸如图 7.36 所示。风管式温湿度传感器安装时，要注意以下几点：

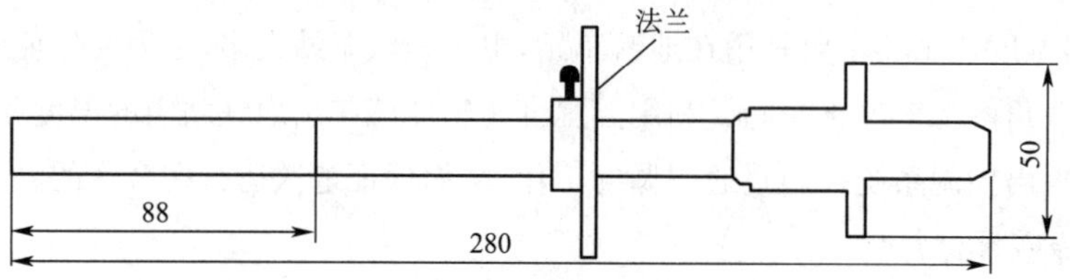

图 7.36　风管式温湿度传感器的安装示意图(单位:mm)

(1)传感器应安装在气流稳定、高度适宜的位置，并要固定牢固。

(2)传感器的检测元件应该侧对风向安装，为减少灰尘附着或湿气侵蚀，并提高读数的准确性，经过传感器的风速不应超过 15 m/s，尽可能长时间保证检测元件的灵敏度。

(3)在空调机组上一般设置送风温湿度、回风温湿度检测。传感器安装在风管上时，选择在空调机组所在的设备机房内或明装风管的侧面即可。对于回风总管，位置可选距离机组近一点，距离出风口大于 600 mm 即可。对于送风总管，位置尽量远离机组并安装在所有支风管的前面。安装在送风室或回风室内时，应装固定支架，并选择气流通畅的位置。这样便于调试、维修和检查。

(4)安装风管式温湿度传感器时，将探针通过隔热材料插入管道里，注意探针和管道连接处的气密性，探针插入管道的长度以管道内径的 1/2～2/3 为宜。

(5)用 $\phi 4$ 木牙螺钉将风管传感器/变送器固定到管道上。

(6)进线软管应垂直向下安装，以防冷凝水顺着线管滴入设备内。

(7)注意防水接头和盒盖安装的紧密性。

(8)安装好传感器后，应立即用塑料袋将传感器密封包扎好，避免灰尘进入传感器，直到开始系统联调，车站环境整洁后，在专业人员同意后方可拆除包装。

2)室内式温湿度传感器的安装

室内式温室湿度传感器安装在室内、站厅或站台，具体安装尺寸如图 7.37 所示。室内式温湿度传感器安装时，要注意以下几点：

(1)合理均匀布置传感器在室内、站厅或站台的安装位置，两个传感器的距离要求大于10 m。

(2)要求安装在回风口附近，不能距离出入口和送风口太近，不能选择空气流通不畅的位置(即死角)。为减少灰尘附着或湿气侵蚀，并提高读数的准确性，经过传感器的风速不应超过5 m/s。

(3)根据设计要求，在墙壁上的安装高度为距地面或静电地板2 m。在站厅和站台内的传感器，应安装在两块天花之间的空隙，高度与天花平齐，保证整体的美观。

(4)按照图7.37所示，将底板通过安装孔安装固定到墙体上，并将线缆通过外壳底板中心的综合布线孔穿过PCB板，接入PCB板上的接线端子。

(5)如需用进线软管安装时，软管应垂直向下安装，以防冷凝水顺着线管滴入设备内。

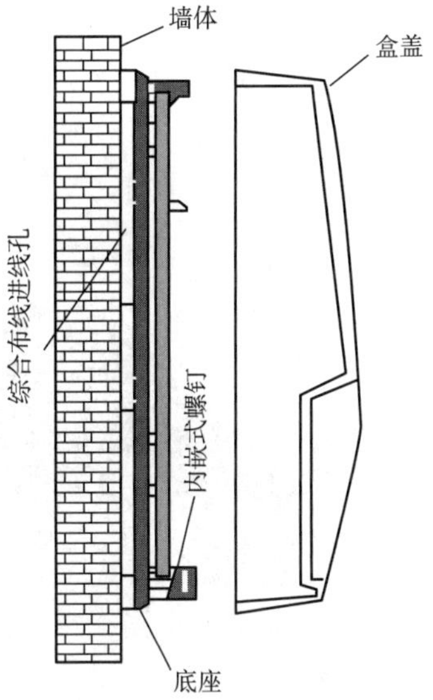

图7.37　室内式温湿度传感器的安装示意图

(6)安装完后应立即用塑料袋将传感器密封包扎好，避免灰尘进入传感器。直到开始系统联调，车站环境整洁后，在专业人员同意后方可拆除包装。

3. 温湿度传感器的接线

温湿度传感器/变送器的接线方法如图7.38所示。电流输出型温湿度传感器，变送器为共地采样型。用户可在计算机的A/D板直接由变送器输出端(湿度温度)与地串接一个固定电阻采样。

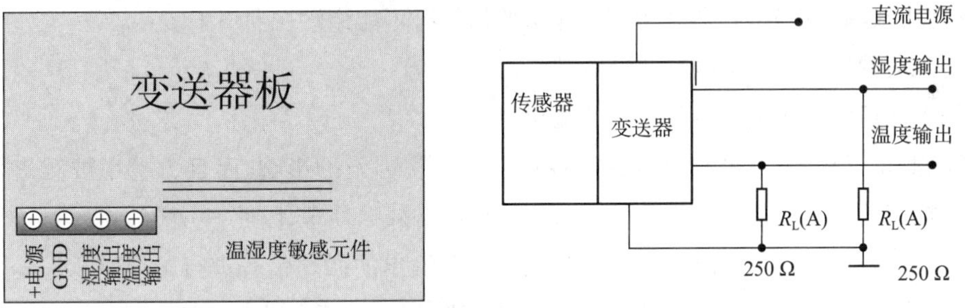

图7.38　温湿度传感器及变送器接线方法

在对温湿度传感器接线的过程中，要注意以下几点：

(1)当变送器连接到控制器上时，为了防止噪声干扰，应使用屏蔽电缆线；

(2)在接通电源线必须确认控制器的模拟输入端一定要和变送器的信号输出端相匹配；

(3)注意电源的正负极及信号输出端接线，勿接反；

(4)当温度超过工作温度范围(−40～100 ℃)时，不要安装；

(5)应安装在能有效反应出被测区域温度的位置，并注意远离冷源或热源。

第 8 章

检测系统信号转换与处理

一般测量系统通常由传感器、测量电路(信号转换与信号处理电路)以及显示记录部分组成。传感器是直接与被测对象相接触,具有提取和传输被测量信息的功能,一般传感器的输出信号具有以下特点。

(1)输出量为电压、电流、频率等电信号;输出的电信号可以是模拟量,也可以是数字量。

(2)输出的电信号一般较微弱电压;一般电压信号为毫伏级、微伏级,电流信号为毫安级、纳安级。

(3)输出信号与噪声混杂在一起;传感器输出的信号与传感器内部噪声混合在一起,如果传感器的信噪比小或输出信号弱,那么传感器输出的信号有可能淹没在噪声中。

(4)传感器的输出特性呈线性或非线性。

(5)外界环境的变化会影响传感器的输出特性。

由于在测量过程中,不可避免地遭受各种内外干扰因素的影响,而且为了用被测信号驱动显示、记录和控制等仪表或进一步将信号输入计算机进行数据处理,因此,一个检测装置(或系统)中,必须具有对电信号进行转换和处理的电路,把传感器输出的微弱信号进行转换、放大、隔离、滤波、调制、解调、线性化处理、温度补偿等信号的加工处理,以抑制干扰噪声、提高信噪比,便于进一步地传输和后续环节的处理。

8.1 电　　桥

当参量型传感器把被测量转换为电阻 R、电感 L、电容 C 等参量的变化后,电桥可以把这些参数的变化转换为电压或电流输出变化的一种测量电路。由于电桥电路简单可靠,而且具有很高的精度和灵敏度,因此被广泛用作仪器测量电路。

电桥按其所采用的激励电源类型可分为直流电桥和交流电桥两类,按其输出方式又可分为平衡桥式电桥和不平衡桥式电桥,在传感器的应用中主要是不平衡桥式电桥。

8.1.1　直流电桥

直流电桥的供桥电源是直流电压，只能适用于电阻 R 变化的转换。

1. 工作原理

图 8.1 给出了直流电桥的基本结构形式，其中电阻 R_1、R_2、R_3 和 R_4 组成电桥的四个桥臂，电桥的激励电源为直流电源 U，接在电桥的对角线两端 a 和 c。而在电桥的另一对角线两端 b 和 d 上输出电压值 U_o，该输出可直接用于驱动指示仪表，也可接入后续放大电路。

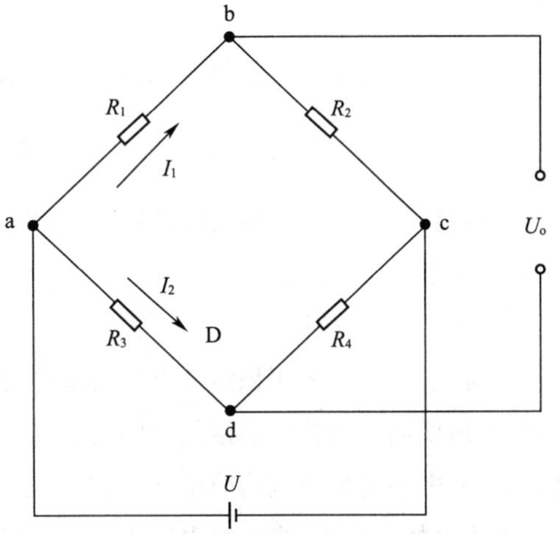

图 8.1　直流电桥的基本结构形式

由电工学知识分析电路可以得出：

$$U_o=U_{ab}-U_{ad}=\left(\frac{R_1}{R_1+R_2}-\frac{R_3}{R_3+R_4}\right)U_o=\frac{R_1R_4-R_2R_3}{(R_1+R_2)(R_3+R_4)}U_o \tag{8.1}$$

当输出端接输入阻抗较大的仪表或放大电路时，可视为开路，若要使输出为零，亦即当电桥平衡时，则应有：

$$R_1R_4=R_2R_3 \tag{8.2}$$

式(8.2)为直流电桥的平衡条件。可以看出，电桥中四个电阻的任何一个或数个阻值发生变化而使电桥不平衡时，均可引起电桥输出电压的变化，因此适当选取各桥臂电阻值，可使输出电压仅与被测量引起的电阻值变化有关。

2. 工作方式

电桥的工作方式按其电阻值参与变化的桥臂数可以分为三类。

(1)单臂工作电桥

电桥中只有一个臂接入被测量，其他三个臂采用固定电阻，此时电桥称作单臂工作电桥。

设 $R_1=R_o+\Delta R$，$R_2=R_3=R_4=R_o$，则有：

$$U_o=\frac{U}{4}\cdot\frac{\Delta R}{R_0} \tag{8.3}$$

(2)双臂工作电桥

如果电桥两个臂接入被测量，另两个为固定电阻就称作双臂工作电桥，又称作半桥形式。

设 $R_1=R_o+\Delta R$，$R_2=R_o-\Delta R$，$R_3=R_4=R_o$，则有：

$$U_o=\frac{U}{2}\cdot\frac{\Delta R}{R_0} \tag{8.4}$$

(3)全桥工作电桥

如果四个桥臂都接入被测量则称作全桥形式。全桥形式灵敏度最高，结构最复杂，要综合考虑选择。

设 $R_1=R_4=R_o+\Delta R$，$R_2=R_3=R_o-\Delta R$，则有：

$$U_o=U\cdot\frac{\Delta R}{R_o} \tag{8.5}$$

从式(8.3)、式(8.4)和式(8.5)可以看出，对于相同的电阻变化量，全桥测量电路输出的电压信号最大，灵敏度也最高。

3. 直流电桥的特点

直流电桥优点：采用稳定性高的直流电源作为激励电源时，电桥的输出是直流量，可用直流仪表测量，精度高。电桥与后接仪表间的连接导线不会形成分布参数，因此对导线连接的方式要求较低。另外，电桥的平衡电路简单，仅需对纯电阻的桥臂进行调整即可。

直流电桥的缺点：当电源电压不稳定，或环境温度变化时，会引起电桥输出的变化，从而产生测量误差，极易引入工频干扰，易受零漂和接地电位的影响，因此直流电桥适合于静态量的测量。

8.1.2 交流电桥

为适应电感、电容式传感器的需要或在频率较高的情况下需要考虑分布电感和分布电容的影响，可以采用交流电桥。交流电桥通常是采用正弦交流电压供电，可以适用于电阻 R、电感 L 和电容 C 变化的转换，主要用于随时间变化的被测量。

1. 交流电桥的平衡条件

设交流电桥的电源电压为 $u=U\sin\omega t$，式中 U 为电源电压的幅值；ω 为电源电压的角频率，$\omega=2\pi f$；f 为电源电压的频率，一般取被测量最高频率的 5～10 倍。输出电压可表示为

$$\dot{U}_o=\frac{Z_1Z_4-Z_2Z_3}{(Z_1+Z_2)(Z_3+Z_4)}\dot{U}=\frac{Z_1Z_4-Z_2Z_3}{(Z_1+Z_2)(Z_3+Z_4)}U\sin\omega t \tag{8.6}$$

如图 8.2 所示，设交流电桥四个桥臂的阻抗为 Z_1、Z_2、Z_3、Z_4，与直流电桥类似，其平衡条件是：$Z_1Z_3=Z_2Z_4$。

由于阻抗是复数，则有：

$$\begin{cases}|Z_1\|Z_3|=|Z_2\|Z_4|\\ \varphi_1+\varphi_3=\varphi_2+\varphi_4\end{cases} \tag{8.7}$$

由式(8.7)可知交流电桥平衡必须满足两个条件，即：两相对两臂阻抗模的乘积相等，其阻抗角的和也必须相等。

2. 交流电桥的类型

由于阻抗角表示桥臂电流与电压之间的相位差，而当桥臂为纯电阻时，$\varphi=0$，即电流与电压同相位；若为电感性阻抗，$\varphi>0$；若为电容性阻抗时，$\varphi<0$。由于交流电桥平衡必须同时满足阻抗模及阻抗角两个条件，因此，桥臂结构可采取不同的组合方式，以满足相对桥臂阻抗角之和相等这一条件。

交流电桥常见的类型有以下四种。

(1)电阻交流电桥

设一个单臂接入纯电阻的等臂电桥，即 $Z_1=R+\Delta R$，$Z_2=Z_3=Z_4=R$，当 ΔR 远小于 R 时，忽

略分母中的 ΔR 的影响，根据式(8.6)可以得到电桥的输出电压为

$$\dot{U}_o \approx \frac{1}{4}\frac{\Delta R}{R} \cdot \dot{U} \tag{8.8}$$

从式(8.8)可以看出，交流电桥的输出电压与电阻的相对变化量成正比。

由于交流电桥是正弦交流电压供电，所以即使是纯电阻交流电桥，电桥导线之间形成的分布电容也会影响桥臂阻抗值，相当于在各桥臂的电阻上并联了一个电容，如图 8.3 所示。为此，在调电阻平衡时尚需进行电容的调平衡。如图 8.4 所示为一种用于动态应变仪的纯电阻电桥，其中采用差动可变电容器 C_2 来调电容，使并联的电容值得到改变，来实现电桥电容的平衡。

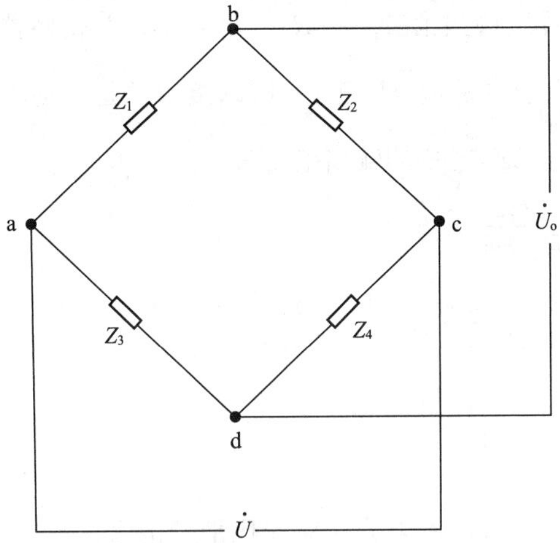

图 8.2 交流电桥的电路结构

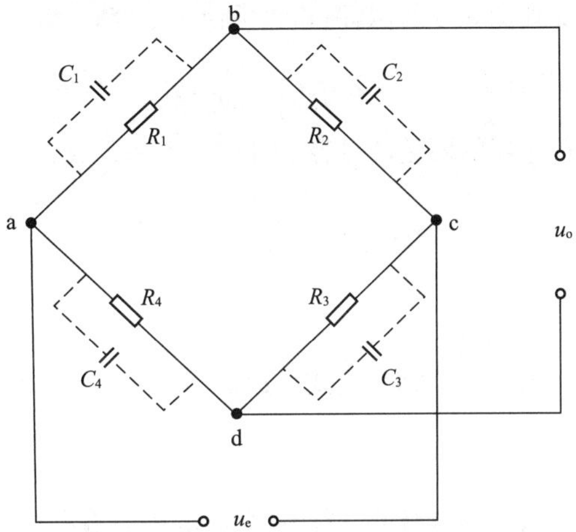

图 8.3 电桥的分布电容

(2)电感交流电桥

如图 8.5 所示，两相邻桥臂为电感 L_1 和 L_2，另两桥臂为纯电阻 R_1 和 R_2。若设 Z_1、Z_2 为传感器阻抗，并且 $Z_1=Z_2=Z=R'+j\omega L$，另有 $R_1=R_2=R$。由于电桥是双臂工作，所以接入的是差动电感式传感器的两差动电感，工作时，$Z_1=Z+\Delta Z$，$Z_2=Z-\Delta Z$，电桥的输出电压为

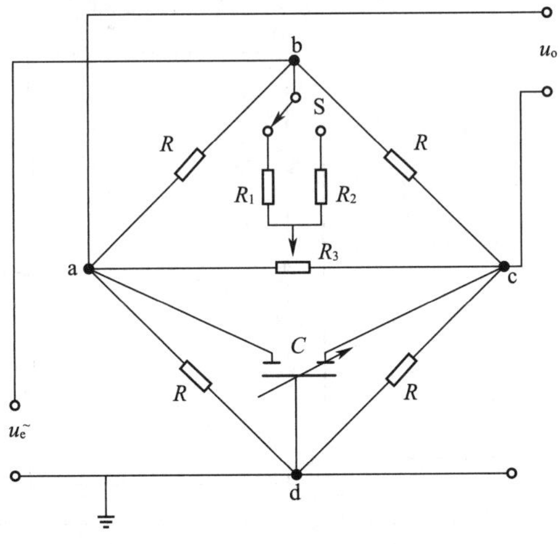

图 8.4 采用电阻电容平衡的交流电阻电桥

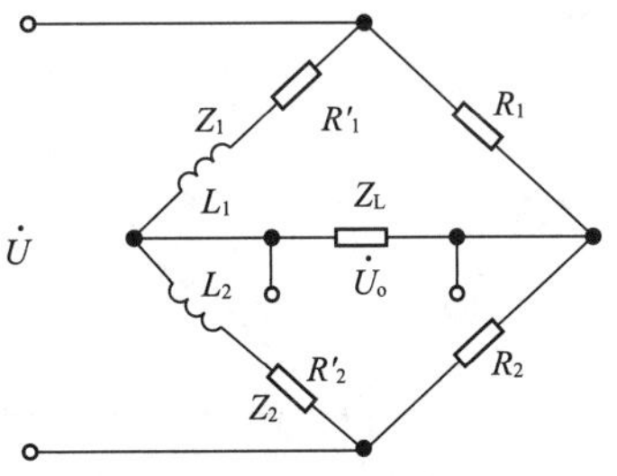

图 8.5 电感交流电桥

$$\dot{U}_o=\frac{Z_1}{Z_1+Z_2}\dot{U}-\frac{R_1}{R_1+R_2}\dot{U}$$
$$=\frac{Z_2\times 2R-R(Z_1+Z_2)}{(Z_1+Z_2)\times 2R}\dot{U}=\frac{\dot{U}}{2}\cdot\frac{\Delta Z}{Z}\tag{8.9}$$

当 $\omega L\gg R'$时，上式可近似为

$$\dot{U}_o\approx\frac{\dot{U}}{2}\cdot\frac{\Delta L}{L}\tag{8.10}$$

从式(8.10)可以看出，交流电桥的输出电压与传感器线圈的电感相对变化量成正比。

(3)电容交流电桥

如图 8.6 所示，两相邻桥臂为电容 C_1 和 C_2，另两臂为纯电阻 R_1 和 R_2。设 Z_1、Z_2 为传感器阻抗，并且 $Z_1=Z_2=Z=R'+\frac{1}{j\omega C}$，另有 $R_1=R_2=R$。由于电桥是双臂工作，所以接入的是差动电容式传感器的两差动电容，工作时，$Z_1=Z+\Delta Z$，$Z_2=Z-\Delta Z$，电桥的输出电压为

$$\dot{U}_o=\frac{Z_1}{Z_1+Z_2}\dot{U}-\frac{R_1}{R_1+R_2}\dot{U}$$
$$=\frac{Z_1\times 2R-R(Z_1+Z_2)}{(Z_1+Z_2)\times 2R}\dot{U}=\frac{\dot{U}}{2}\cdot\frac{\Delta Z}{Z}\tag{8.11}$$

当 $\omega C\gg R'$时，上式可近似为

$$\dot{U}_o\approx\frac{\dot{U}}{2}\cdot\frac{\Delta C}{C}\tag{8.12}$$

从式(8.12)可以看出，交流电桥的输出电压与传感器线圈的电容相对变化量成正比。

(4)变压器电桥电路

如图 8.7 所示，电感式传感器和电容式传感器的转换电路还常采用变压器电桥，它的平衡臂为变压器的两个二次侧绕组，差动传感器的两差动电容或差动电感分别接在另两个臂，设其阻抗分别为 Z_1 和 Z_2，由于被测量使传感器的阻抗发生变化，$Z_1=Z+\Delta Z$，$Z_2=Z-\Delta Z$，电桥的输出电压为

$$\dot{U}_o=\dot{I}Z_2-\frac{\dot{U}}{2}=\frac{\dot{U}}{Z_1+Z_2}Z_2-\frac{\dot{U}}{2}=\frac{\dot{U}}{2}\cdot\frac{\Delta Z}{Z}\tag{8.13}$$

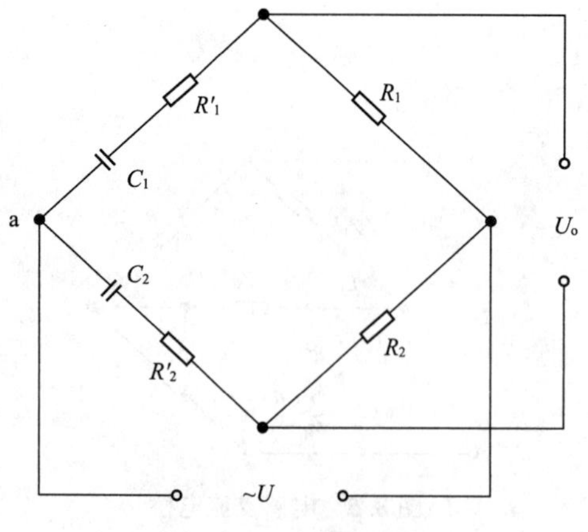

图 8.6　电容交流电桥

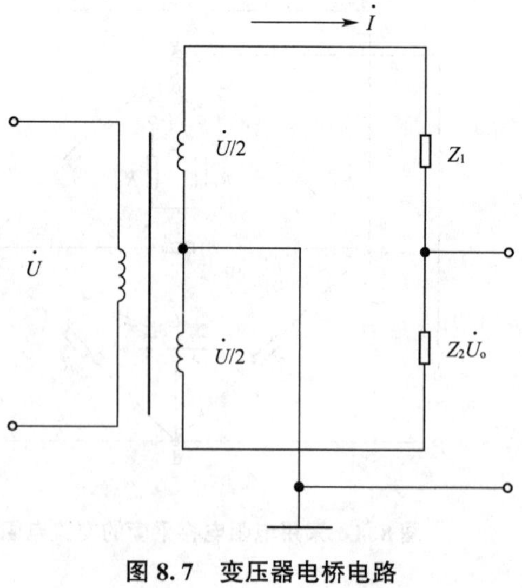

图 8.7　变压器电桥电路

8.2 信号放大与隔离

传感器的输出通常需要接入放大器，以便进行缓冲、隔离、放大和电平转换等处理。这些功能大都可应用运算放大器来实现。

8.2.1 基本放大器

1. 反相放大器

反相放大器是最基本的电路，如图8.8所示。其闭环电压增益A_V为

$$A_V=-\frac{R_f}{R} \tag{8.14}$$

反馈电阻R_f值不能太大，否则会产生较大的噪声及漂移，一般为几十千欧至几百千欧。R的取值应远大于信号源V_i的内阻。

2. 同相放大器

同相放大器也是最基本的电路，如图8.9所示。其闭环电压增益A_V为

$$A_V=1+\frac{R_f}{R} \tag{8.15}$$

同相放大器具有输入阻抗非常高，输出阻抗很低的特点，广泛用于前置放大级。

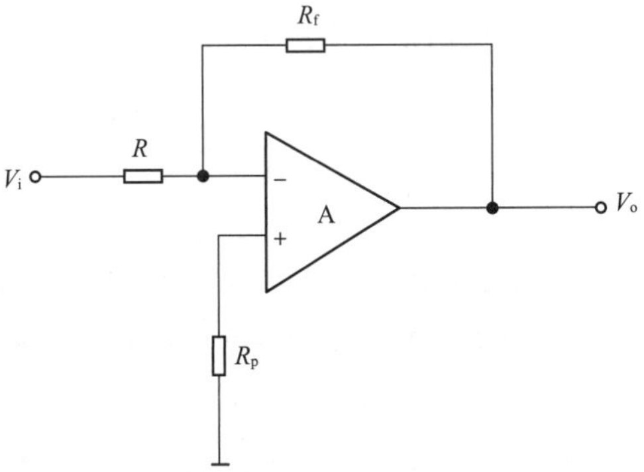

图8.8 反相放大器

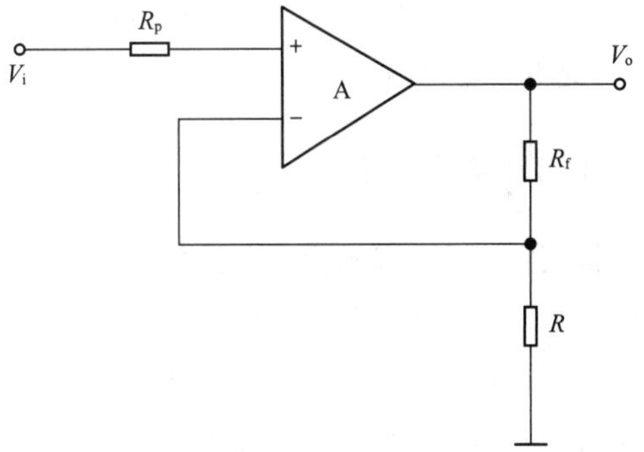

图8.9 同相放大器

3. 差动放大

当运算放大器的反相端和同相端分别输入信号V_{i1}和V_{i2}时，如图8.10所示，输出电压V_o为

$$V_o=-\frac{R_2}{R_1}V_{i1}+\left(1+\frac{R_2}{R_1}\right)\left(\frac{R_4}{R_3+R_4}\right)V_{i2} \tag{8.16}$$

当$R_1=R_3$，$R_2=R_4$时，差动放大器的差模电压增益为

$$A_V=\frac{V_o}{V_{i1}+V_{i2}}=\frac{R_2}{R_1}=\frac{R_4}{R_3} \tag{8.17}$$

当$R_1=R_2=R_3=R_4$时，差动放大器为减法器，其输出电压为$V_o=V_{i1}-V_{i2}$

由于差动放大器具有双端输入、单端输出、共模抑制比较高的特点，通常用作传感放大器或测

量仪器的前端放大器。

4. 交流放大器

若只需要放大交流信号，可采用下图 8.11 所示的集成运放交流电压同相放大器（或交流电压反相放大器）。其中电容 C_1、C_2 及 C_3 为隔直电容，因此交流电压放大器无直流增益，其交流电压放大倍数为

$$A_V=1+\frac{R_f}{R_1} \tag{8.18}$$

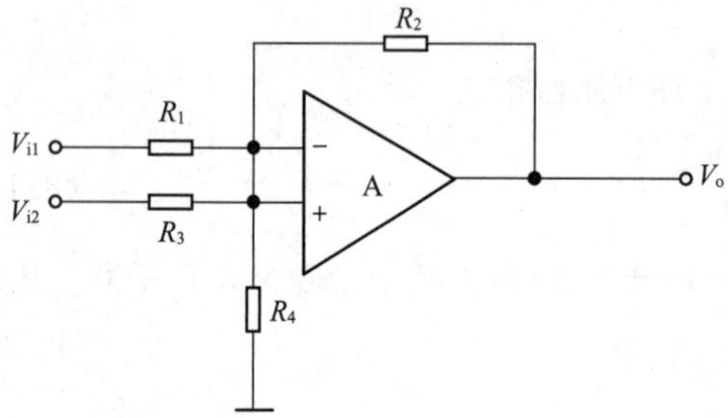

图 8.10 差动放大器

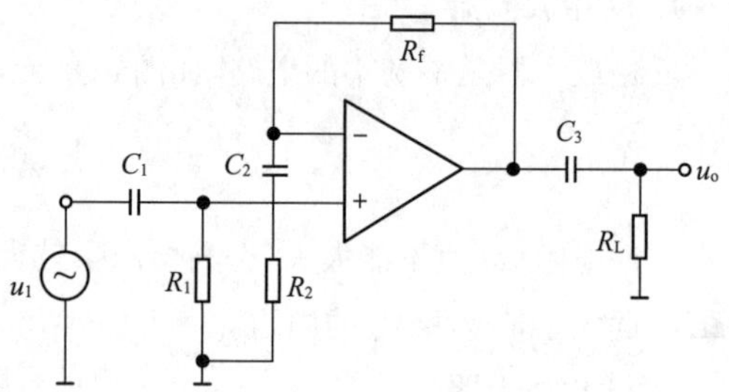

图 8.11 交流放大器

其中电阻 R_1 接地是为了保证输入为零时，放大器的输出直流电位为零。R_1 不能太大，否则会产生噪声电压，影响输出，但也不能太小，否则放大器的输入阻抗降低，将影响前级信号源输出，R_1 一般取几十千欧。耦合电容 C_1、C_3 可根据交流放大器的下限频率来确定。

一般情况下，集成运放交流电压放大器只放大交流信号，输出信号受运放本身的失调影响较小，因此不需要调零。

8.2.2 测量放大器

被测量由传感器转换为电信号，在没有干扰的情况下，信号源为单一有效信号，可以直接加到放大器上将微弱信号放大。但在许多检测技术的应用场合，传感器输出的微弱电信号还包含有工频、静电和电磁耦合等干扰信号，有时甚至是与有效信号相同频率的干扰信号（称作共模干扰）。对这种含有共模干扰的信号的放大就需要放大电路具有很好的共模抑制比、高增益、低干扰和高输入阻抗等特点。习惯上，将具有上述特点的放大器称作测量放大器或仪用放大器。

通常对一个单纯的微弱信号，可以采用运算放大器进行放大。但由于传感器的工作环境往往比较恶劣，在传感器的两个输出端上经常产生干扰较大的信号，有时是完全相同的共模干扰信号。简单的反相输入或同相输入接法，由于电路结构不对称，抵御共模干扰的能力很差。

我们可以采用运算放大器的差动接法，从比较大的共模信号中检出差值信号并加以放大。对于传感器输出的微弱信号，通常是用一组运算放大器构成的测量放大器来进行放大的，经典的测量放大器由三个运算放大器构成，如图 8.12 所示。

从电路图 8-12 可知：

$$U_{o1}=U_1\left(1+\frac{2R_1}{R_p}\right) \tag{8.19}$$

$$U_{o2}=U_2\left(1+\frac{2R_1}{R_p}\right) \tag{8.20}$$

$$U_o=\frac{R_f}{R}(U_{o2}-U_{o1})=\frac{R_f}{R}\left(1+\frac{2R_1}{R_p}\right)(U_2-U_1) \tag{8.21}$$

其增益为

$$A_u=\frac{U_o}{U_2-U_1}=\frac{R_f}{R}\left(1+\frac{2R_1}{R_p}\right) \tag{8.22}$$

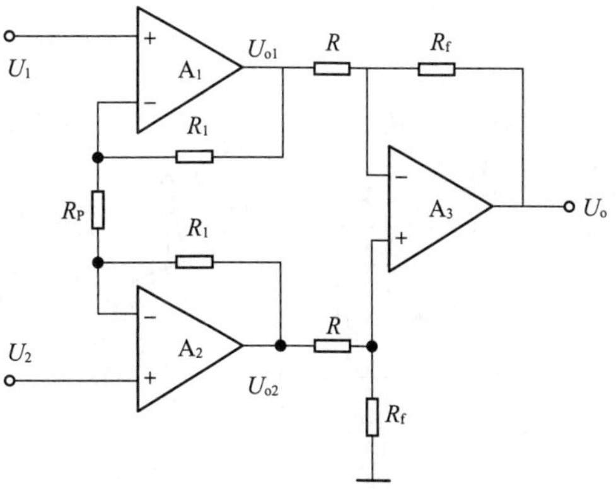

图 8.12　测量放大器原理

这种电路是由三个放大器构成的，差动输入端 U_1 和 U_2 分别是二个个运算放大器（A_1、A_2）的同相输入端，因此输入阻抗很高。A_3 实际上是 1 个差动电压跟随器，其增益近似为 1。采用对称电路结构，其漂移将大大减少，加上高输入阻抗和高共模抑制比，对微小差模电压很敏感，并适于测量远距离传输信号，因而适宜与传感器配合使用。

8.2.3　实用测量放大器

在信号处理过程中，需对微弱信号放大时，可以不必再用分立的通用运算放大器来构成测量放大器。采用单片测量放大器芯片显然具有性能优异、体积小、电路结构简单、成本低等优点。如 AD 公司推出的单片精密测量放大器 AD521 和 AD522 就是最常用的两种单片测量放大器。

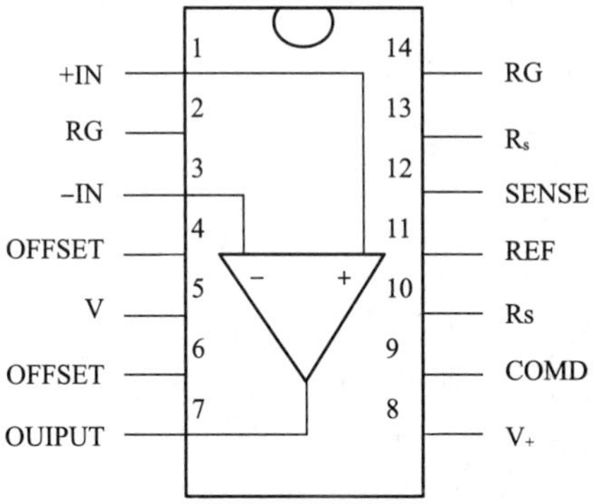

图 8.13　AD521 管脚功能

1. AD521

AD521 的管脚功能与典型接法如图 8.13 和图 8.14 所示。管脚 OFFSET(4、6)用来调节放大器零点，调整方法是将该端子接到 10 kΩ 电位器的两个固定端，滑动端接电源负端。

AD521 是第二代测量放大器，具有高输入阻抗、低失调电压、高共模抑制比等特点。其增益可在 $0.1\sim10^3$ 之间调整，增益调整不需精密外接电阻，各种增益参数已进行了内部补偿；有输入输出保护功能，有较强的过载能力。其使用温度在 $-25\sim+85$ ℃之间，常用于 $0\sim+70$ ℃。

在使用 AD521(或其他任何测量放大器)时，要特别注意为偏置电流提供回路，防止放大器输出饱和。为此，输入端(1 或 3)必须与电源的地线构成回路。可以直接相连，也可以通过电阻相连，如图 8.15 所示。

2. AD522

AD522 主要可用于恶劣环境下要求进行高精度数据采集的场合。由于 AD522 具有低电压漂移(2 μV/℃)、低非线性(0.005%，增益为 100 时)、高共模抑制比、低噪声、低失调电压等特点，主要

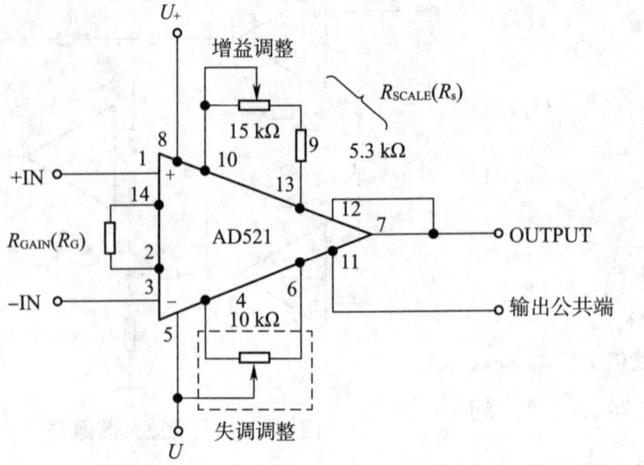

增益	R_G
0.1	1 MΩ
1	100 kΩ
10	10 kΩ
100	1 kΩ
1 000	100 Ω

图 8.14　AD521 典型接线图

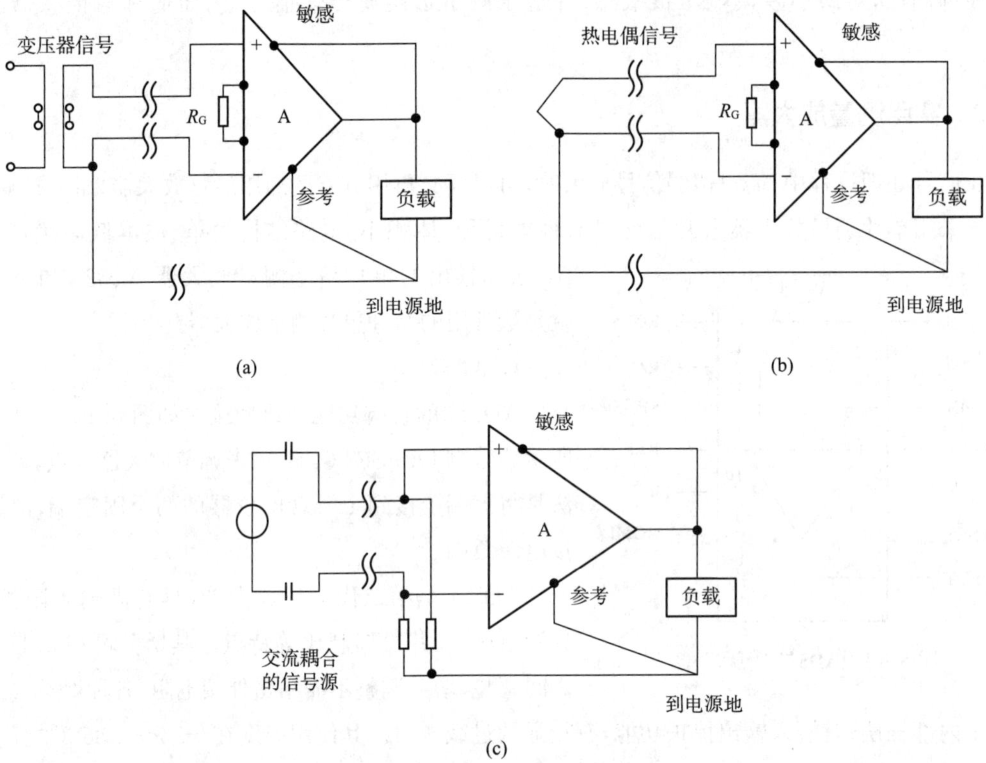

图 8.15　偏置电流回路接线图

用于恶劣环境下高精度数据采集(12 位采集位数)系统中。

AD522 也是单芯片集成精密测量放大器，AD522 典型接线如图 8.16 所示。管脚 4、6 是调零端，2 和 14 端连接调整放大倍数的电阻。与 AD521 不同的是，该芯片引出了电源地 9 和数据屏蔽端 13，该端用于连接输入信号引线的屏蔽网，以减少外电场对信号的干扰。

AD522 典型应用电路如图 8.17 所示，用于电桥放大器。数据防护端的作用是提高交流输入时的共模抑制比。对于远距离传感器输入的电信号，通常采用屏蔽电缆传送到测量放大器。电缆

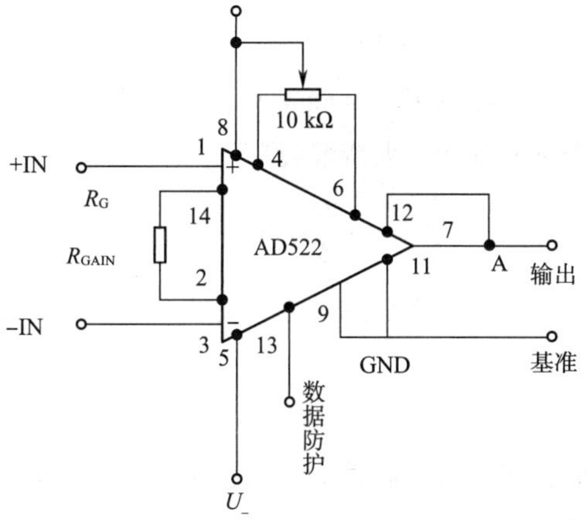

图 8.16　AD522 典型接线图

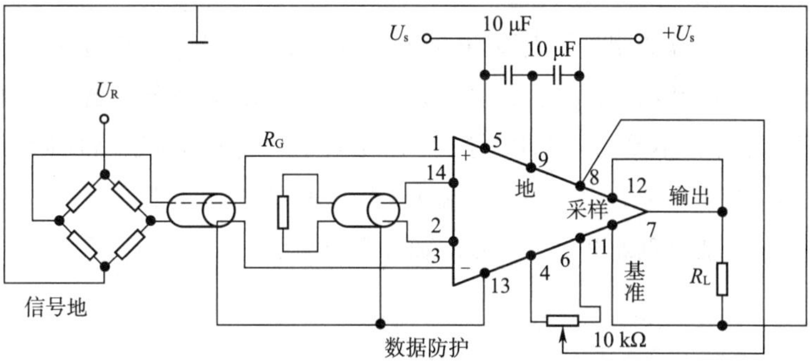

图 8.17　AD522 典型应用电路

分布参量会使输入信号产生相移，当出现交流共模信号时，这些相移将使共模抑制比下降。利用数据防护端 13，可提供输入信号的共模分量，用来驱动同轴输入电缆的屏蔽层，从而克服上述影响。

8.2.4　程控增益放大器

经过处理的模拟信号送入微机前，必须进行量化，即 A/D 转换。为减少转换误差，希望模拟信号尽可能大。在 A/D 输入的允许范围内，输入的模拟信号尽可能达到最大值。在另一种情况下，由于被测量在较大的范围内变化，如果较小的模拟信号也放大成较大的信号，显然只使用一个放大倍数的放大器是不行的。因此，在模拟系统中，为放大不同的模拟信号，需要使用不同放大倍数。为了解决上述问题，工程上采用改变放大器放大倍数的方法解决。在微机控制的测试系统中，希望用软件控制实现增益的自动变换。具有这种功能的放大器称作程控增益放大器（programmable gain amplifier，PAG）。

利用程控增益放大器与 A/D 转换器组合，配合软件控制实现输出信号的增益或量程变换，间接地提高输入信号的分辨率。程控增益放大器应用广泛，与加法 A/D 转换电路配合构成减法器电路；与乘法 D/A 转换器配合构成程控低通滤波器电路，用以调节信号和抑制干扰等。

检测系统中使用的可编程增益放大器主要有浮点放大器型、增益电阻切换型和 D/A 转换型。下面简单介绍下增益电阻切换型的工作原理。

图 8.18 所示为利用改变反馈电阻实现量程变换的可变换增益放大器电路原理。当开关 K_1、K_2、K_3 中之一闭合，其余两个则断开。放大器增益为

$$A_{uf}=-\frac{R_i}{R}(i=1,2,3) \tag{8.23}$$

利用软件对开关闭合进行选择，实现程控增益变换。

8.2.5 隔离放大电路

在自动检测系统中，人们希望在输入通道中把工业现场传感器输出的模拟信号与检测系统的后续电路隔离开来，即无电的联系，这样可以避免工业现场送出的模拟信号带来的共模电压及各种干扰对系统的影响。解决模拟信号的隔离问题要比解决数字信号的隔离问题困难得多。目前，对于模拟信号的隔离广泛采用隔离放大器。

隔离放大器是一种特殊的测量放大器，其输入回路与输出回路之间是电绝缘的，没有直接的电耦合，即信号在传输过程中没有公共的接地端，如图 8.19 所示。隔离放大器具有以下特点：

(1)能保护系统中器件不受高共模电压损害，防止高压对低压信号系统的损坏。

(2)泄漏电流低，对于测量放大器的输入端无须提供偏置电流回路。

(3)共模抑制比高，能对直流和低频信号准确安全地测量。

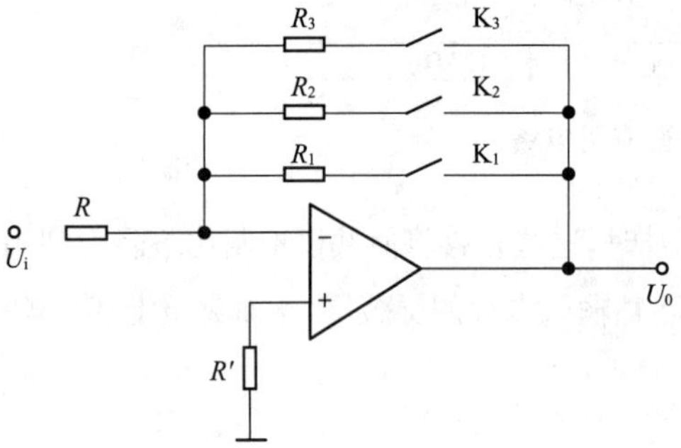

图 8.18 增益电阻切换型原理

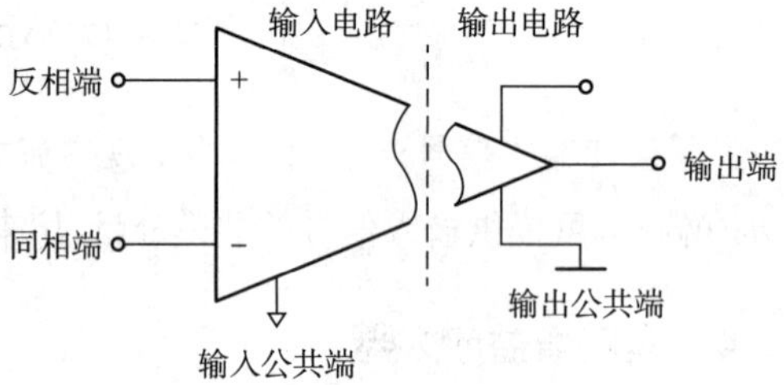

图 8.19 隔离放大器的组成

隔离放大器由输入部件、调制和解调部件、耦合部件和输出部件组成。

隔离放大器的耦合方式主要有两种：变压器耦合和光电耦合，如图 8.20 所示。利用变压器耦合实现载波调制，具有较高的线性度和隔离性能，但其频带宽度一般小于 1 kHz。利用光电耦合实现载波调制，可获得 10 kHz 频带宽度，但耦合性能不如变压器耦合。不论哪种耦合方式都必须对差动输入级提供隔离电源，以达到隔离作用。

1. 284 型隔离放大器(变压器隔离)

图 8.21 所示为 284 型隔离放大器的电路结构。284 型隔离放大器作用为提高微电流和低频信号的测量精度，减小漂移，其电路采用调制式放大，其内部分为输入、输出和电源三个彼此相互隔离的部分，并由低泄漏高频载波变压器耦合在一起。通过变压器的耦合，将电源电压送入输入电路

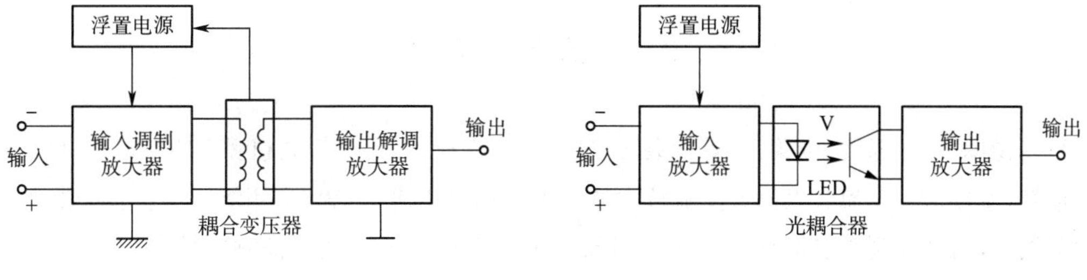

(a) 变压器耦合　　(b) 光电耦合

图 8.20　变压器耦合和光电耦合隔离放大器原理

并将信号从输出电路送出。输入部分包括双极型前置放大器、调制器；输出部分包括解调器和滤波器，一般在滤波器后还有缓冲放大器。

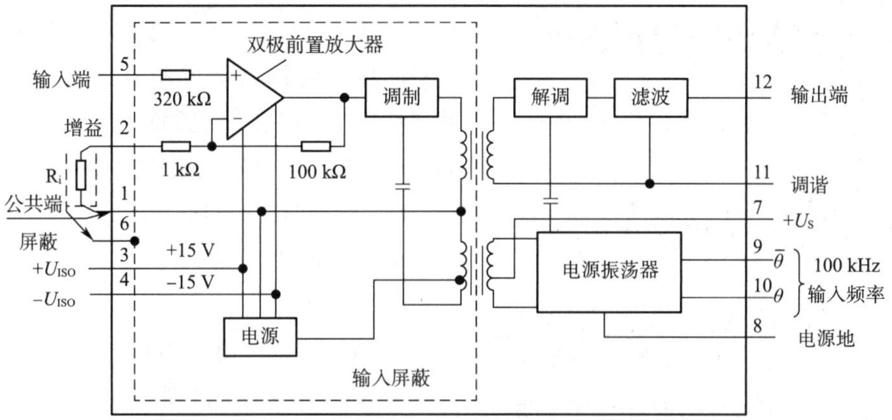

图 8.21　284 型隔离放大器电路结构

2. 光电隔离

光电隔离放大器可用光电耦合器件组成，但光电耦合器件的电流传输系数是非线性的，直接用来传输模拟量时，非线性失真比较大，精度差。近年来，线形光耦合器的性能不断提高，误差可以小于千分之几。

如图 8.22 所示，由两个性能、规格相同的光电耦合器或同一封装的光耦合器 G_1 和 G_2，可组成一个线性度较好的光电隔离放大器。利用 G_1 和 G_2 的电流传输系数的对称性补偿了它们之间的非线性。集成运放 A_2 接成跟随器形式，用来提高光电隔离放大器的输出能力。电容 C 用来消除电路的自激振荡。由于光电耦合器初次级之间存在着传输延迟，使 G_1 和 R_2 组成的负反馈电路显得迟缓，容易引起电路的自激振荡，连接了电容 C 之后，保证了电路对瞬变信号的负反馈作用，提高了电路的稳定性。电容 C 的容量可根据电路的频率特性要求来确定。

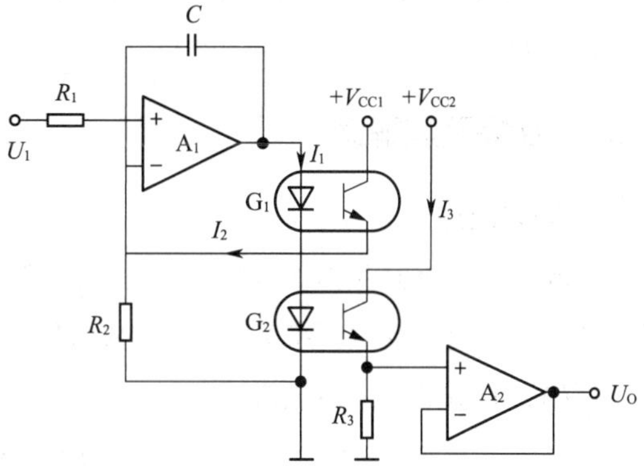

图 8.22　光电隔离放大器

8.3 调制与解调

被测物理量，如温度、位移、力等参数，经过传感器交换以后，多为低频缓变的微弱信号，对这样一类信号，直接送入直流放大器或交流放大器放大会遇到困难，因为，采用级间直接耦合式的直流放大器放大，将会受到零点漂移的影响。当漂移信号大小接近或超过被测信号时，经过逐级放大后，被测信号会被零点漂移淹没，所以，一般是先调制而后用交流放大。在检测技术中，调制是工程测试信号在传输过程中常用的一种调理方法，主要是为了解决微弱缓变信号的放大以及信号的传输问题。

所谓调制就是使一个信号的某些参数在另一信号的控制下而发生变化的过程。前一信号称作载波信号，一般是高频正弦交流信号或脉冲信号。后一信号（控制信号）称作调制信号，用来改变载波信号的某一参数，如幅值、频率、相位。经过调制的载波信号叫已调信号，已调制信号一般都便于放大和传输。最终从已经调制的信号中恢复出调制信号（反映被测量值的测量信号）的过程，称作解调。

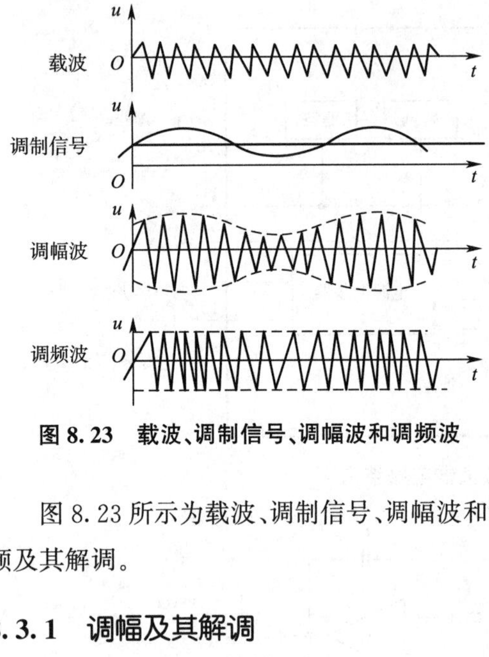

图 8.23　载波、调制信号、调幅波和调频波

根据载波受调制的参数不同，调制可分为三类：

(1)调幅(AM)：载波幅值随调制信号变化。

(2)调频(FM)：载波频率随调制信号变化。

(3)调相(PM)：载波相位随调制信号变化。

图 8.23 所示为载波、调制信号、调幅波和调频波。本节着重讨论检测技术中较常用的调幅、调频及其解调。

8.3.1 调幅及其解调

1. 调幅原理

调幅是将一个高频谐波信号（载波）与测试信号（调制信号）相乘，使高频信号的幅值随测试信号的变化而变化。现以频率为 f_0 的余弦信号作为载波进行讨论。

调幅的时域数学表达式为

$$x_{\mathrm{m}}(t)=x(t)\cdot z(t)=x(t)\cdot \cos 2\pi f_0 t \tag{8.24}$$

由傅里叶变换的性质可知，在时域中两个信号相乘，则对应于在频域中这两个信号进行卷积，即

$$x(t)\cdot z(t)\Leftrightarrow X(f)\times Z(f) \tag{8.25}$$

余弦函数的频域图形是一对脉冲谱线，即

$$z(t)=\cos(2\pi f_0 t)\Leftrightarrow \frac{1}{2}\delta(f-f_0)+\frac{1}{2}\delta(f+f_0) \tag{8.26}$$

所以，调幅的频域数学表达式为

$$X_m(f)=X(f)\times\frac{1}{2}[\delta(f-f_z)+\delta(f+f_z)]$$
$$=\frac{1}{2}X(f)\times\delta(f-f_z)+\frac{1}{2}X(f)\times\delta(f+f_z)$$
$$=\frac{1}{2}X(f-f_z)+\frac{1}{2}X(f+f_z) \tag{8.27}$$

由式(8.27)可以看出，调幅是在时域将一个高频谐波信号(载波)与测试信号(调制信号)相乘，使载波信号的幅值随测试信号的变化而变化。而在频域，则是将信号的频谱搬移到载波的频率处，且其幅值减半，如图 8.24 所示，所以调幅过程就相当于频率“搬移”过程。

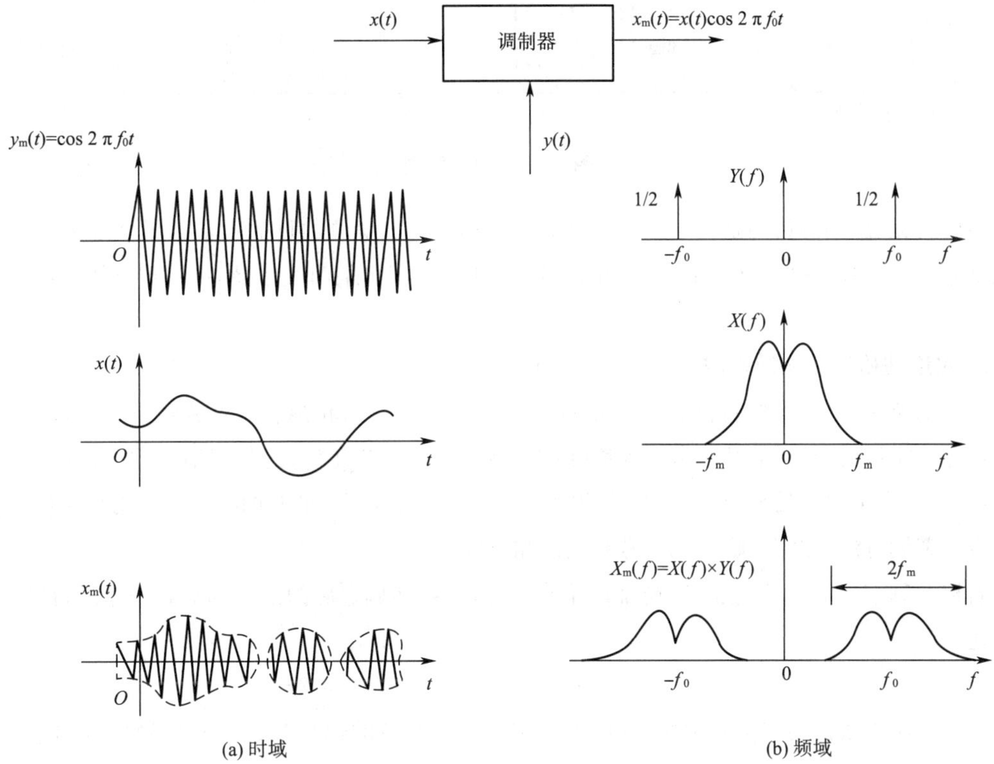

图 8.24　调制过程

从调幅过程图可以看出，载波频率 f_0 必须高于原信号中的最高频率 f_m，才能使已调波仍保持原信号的频谱图形，不产生重叠失真。为了减小放大电路可能引起的失真，信号的频宽($2f_m$)相对中心频率(载波频率 f_0)应越小越好，实际载波频率常至少数倍甚至数十倍于调制信号频率。

2. 解调原理

若把调幅波再次与原载波信号相乘，则频域图形将再二次进行“搬移”，其结果如图 8.25 所示。若用一个低通滤波器滤去中心频率为 $2f_0$ 的高频成分，那么将可以复现原信号的频谱(只是其幅值减小为一半，这可用放大处理来补偿)，这一过程称为同步解调。“同步”指解调时所乘的信号与调制时的载波信号具有相同的频率和相位。

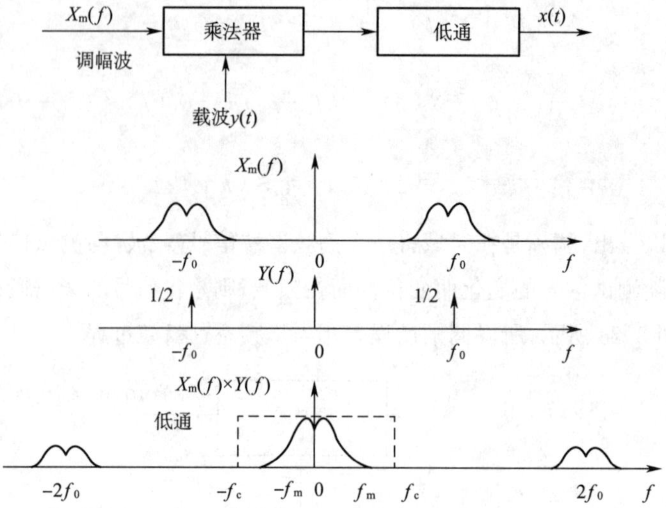

图 8.25　同步解调

由此可见，调幅的目的是便于缓变信号的放大和传送。解调的目的则是为了恢复原信号。如在电话电缆、有线电视电缆中，由于不同的信号被调制到不同的频段，因此，在一根导线中可以传输多路信号。

3. 包络法检波和相敏检波

上述的调制方法，是将调制信号 $x(t)$ 直接与载波信号 $z(t)$ 相乘。这种调幅波具有极性变化，即在信号过零线时，其幅值发生由正到负（或由负到正）的突然变化，此时调幅波的相位（相对于载波）也相应地发生 180°的相位变化，此种调制方法称为抑制调幅。抑制调幅波须采用整流检波或相敏检波的解调方法，才能反映出原信号的幅值和极性。

若把调制信号 $z(t)$ 进行偏置，叠加一个直流分量 A，使偏置后的信号都具有正电压，此时调幅波表达式为

$$x_m(t)=x(t)\cdot z(t)=[A+x(t)]\cdot\cos 2\pi f_0 t \tag{8.28}$$

这种调制方法称为非抑制调幅，或偏置调幅。其调幅波的包络线具有原信号形状，如图 8.26(a)所示。对于非抑制调幅波，可采用整流、滤波的方法，就可以恢复原信号，这种解调方法称为包络检波。

包络检波是一种对调幅信号进行解调的方法，其原理是利用二极管所具有的单向导电性能的器件，截去调幅信号的下半部，再用滤波器滤除其高频成分，从而得到按调幅波包络线变化的调制信号，如图 8.27 所示。

若所加的偏置电压未能使信号电压都在零线的一侧，则对调幅波只是简单地整流就不能恢复原调制信号，如图 8.26(b)所示，相敏检波技术可以解决这一问题。

采用相敏检波时，对原信号可不必再加偏置。交变信号在过零线时符号（+、−）发生突变，调幅波的相位（与载波比较）也相应地发生 180°的相位跳变。利用载波信号与之相比，便既能反映出原信号的幅值，又能反映其极性。

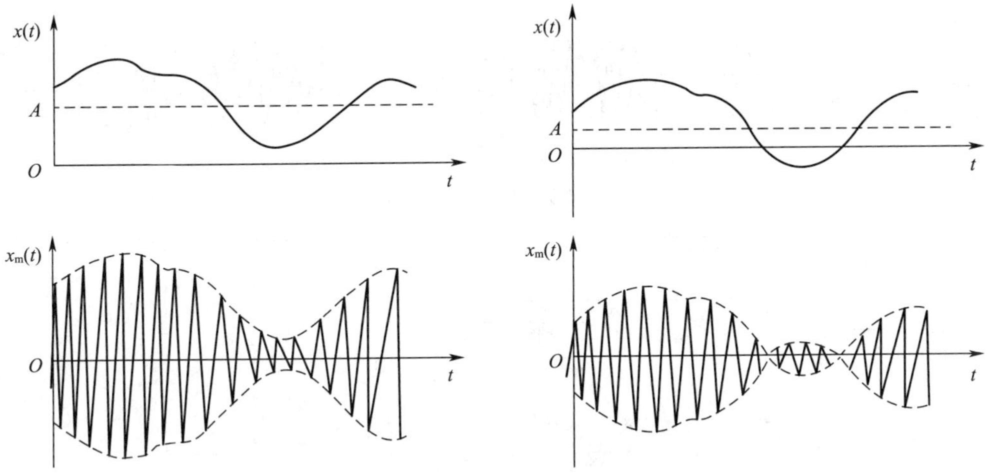

(a) 偏置电压足够大　　(b) 偏置电压不够大

图 8.26　调制信号加偏置的调幅波

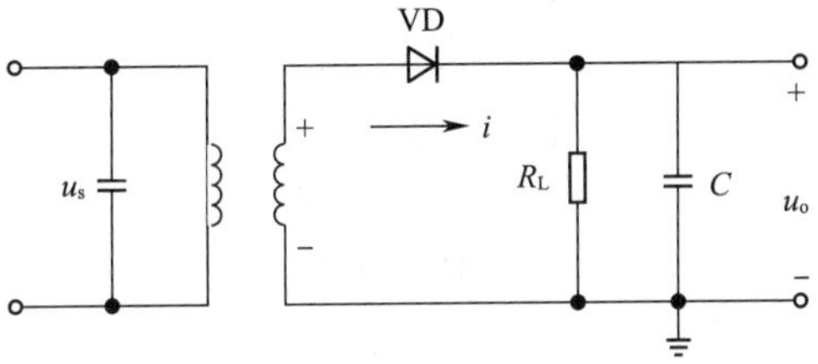

图 8.27　二极管包络检波

如图 8.28(a)所示，$x(t)$是调制信号；$y(t)$是载波，$x_{\mathrm{m}}(t)$为调幅波。变压器 A 二次输出电压大于 A 二次输入电压，若原信号 $x(t)$为正，调幅波 $x_{\mathrm{m}}(t)$与载波 $y(t)$同相，如图 8.28(a)中 oa 段所示。当载波电压为正时，VD_1 导通，电流的流向是 d—1—VD_1—2—5—c—负载—地—d；当载波电压为负时，变压器 A 和 B 的极性同时改变，电流的流向是 d—3—VD_3—4—5—c—负载—地—d。若原信号 $x(t)$为负，调幅波 $x_{\mathrm{m}}(t)$与载波 $y(t)$反相，如图中 ab 段所示。这时，当载波为正时，变压器 B 的极性如图 8.28(b)所示，变压器 A 的极性却与图中相反。这时 VD_2 导通，电流的流向是 5—2—VD_2—3—d—地—负载—c—5；当载波电压为负时，电流的流向是 5—4—VD_4—d—地—负载—c—5。因此在负载 R_L 上所检测的电压 u_L 就重现 $x(t)$的波形。

这种相敏检波是利用二极管的单向导通作用将电路输出极性换向。这种电路相当于在 oa 段把 $x_{\mathrm{m}}(t)$的零线下的负部翻上去，而在 ab 段把正部翻下来，所检测到的信号 u_L 是经过“翻转”后信号的包络。

动态电阻应变仪是电桥调幅与相敏检波的典型实例。如图 8.29 所示，电桥由振荡器供给等幅高频振荡电压，经过放大、相敏检波和滤波取出被测信号。该种电路称作动态电阻应变仪，是因为它最早用于应变测量。实际上电感、电容传感器所接交流电路电桥都采用该种电路。

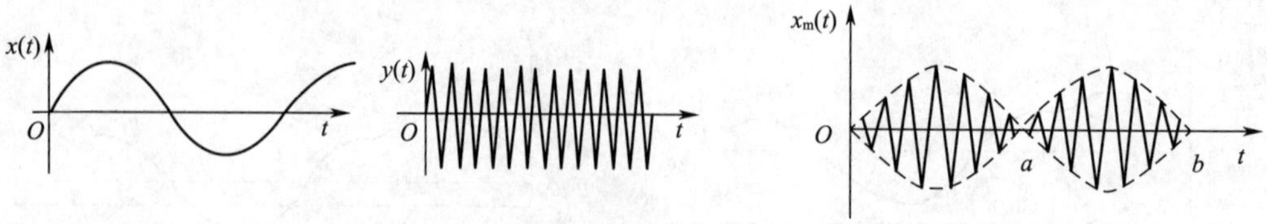

(a) 调制信号，载波、调幅波

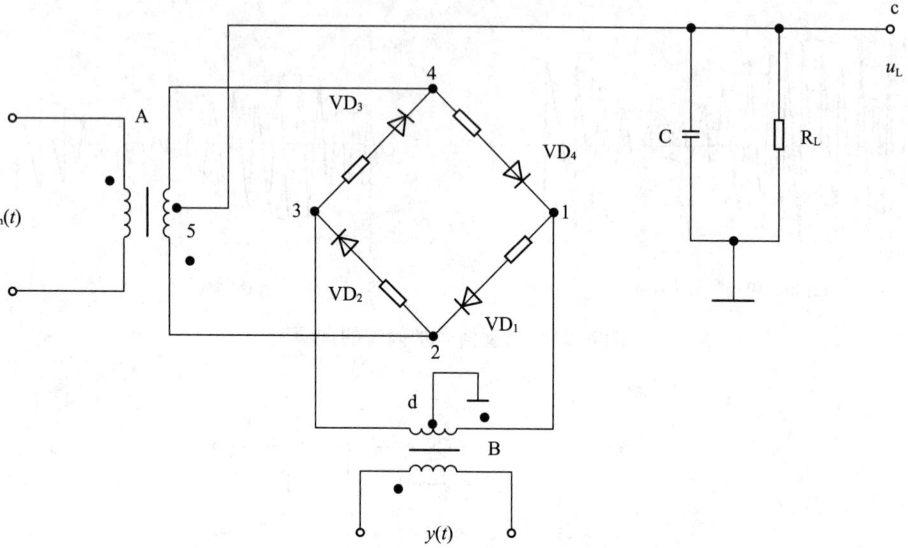

(b) 相敏检波原理

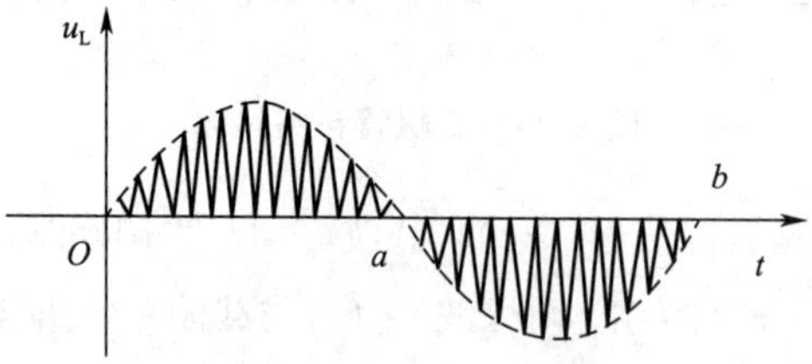

(c) 相敏检波后信号

图 8.28　相敏检波

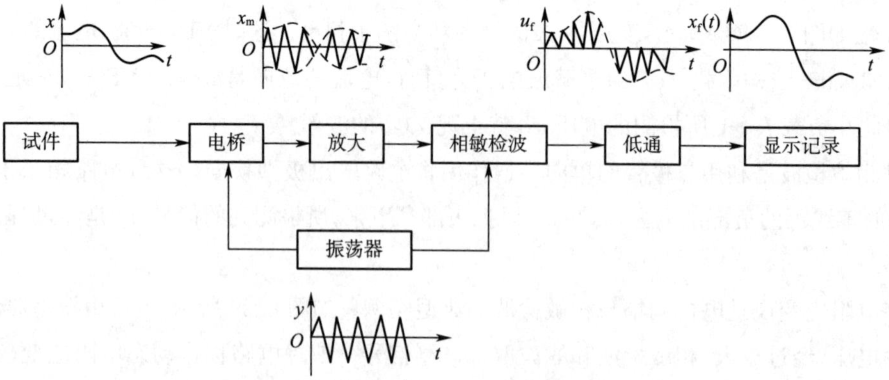

图 8.29　动态电阻应变仪方框图

8.3.2　调频及其解调

1. 调频原理及方法

调频是利用信号电压的幅值控制一个振荡器，振荡器输出的是等幅波，但其振荡频率偏移量和信号电压成正比。或者说，调频波是一种随信号 $x(t)$ 的电压幅值而变化的疏密度不同的等幅波。当信号电压为零时，调频波的频率就等于中心频率；信号电压为正值时频率提高，负值时则降低。所以调频波是随信号而变化的疏密不等的等幅波，如图 8.30 所示。

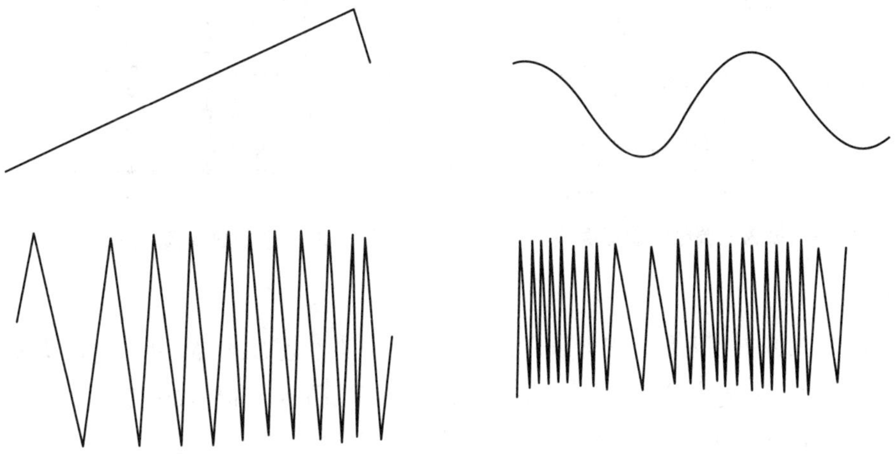

(a) 锯齿波信号　　(b) 正弦信号

图 8.30　调频波与调制信号幅值的关系

调频波的瞬时频率可表示为

$$f=f_0\pm\Delta f \tag{8.29}$$

式中　f_0——载波信号频率；

Δf——频率偏移，与调制信号 $x(t)$ 的幅值成正比。

常用的调频方法有直接调频法、电参数调频法、电压调频等。

(1)直接调频法

利用被测参数的变化直接引起传感器输出信号频率的改变，图 8.31 所示的就是一个典型例子，是用于测量力的振弦式调频传感器的原理图，其中振弦 3 的一端与支撑相连，另一端与膜片 1 相连。在外加激励作用下，振弦 3 按固有频率 ωC 振动，且 ωC 随张力 F_T 的变化而变化。振弦 3 在磁场 2 内振动时产生感应电动势，它就是受张力 F_T 调制的调频信号。

在被测量小范围变化时，电容(或电感)的变化也有与之对应的接近线性的变化。例如，在电容传感器中以电容作为调谐参数，因此，回路的振荡频率将和调谐参数的变化呈线性关系，也就是说，在小范围内，它和被测量的变化有线性关系。这种把被测量的变化直接转换为振荡频率的变化称为直接调频式测量电路，其输出也是等幅波。

(2)电参数调频法

如图 8.32 所示为一种电参数调频电路，其基本原理是首先将被测参数的变化转化为传感器的

L、R、C 的变化，将传感器线圈、电容或电阻接在一定的振荡回路中，这样被测参数的变化就会引起振荡器振荡频率的变化，输出调频信号。

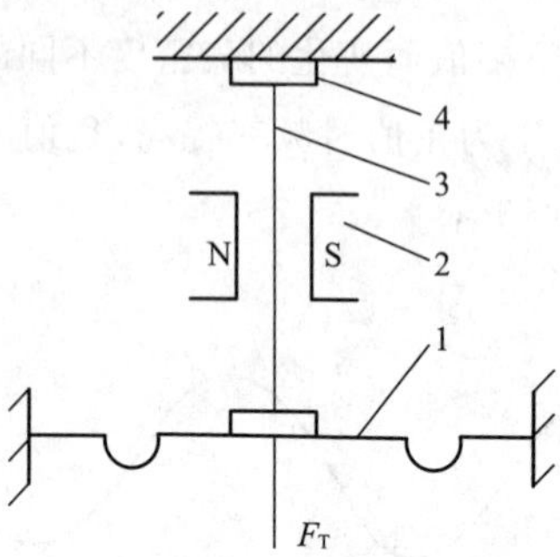

1—膜片；2—磁场；3—振弦；4—支承。

图 8.31　振弦式调频传感器原理

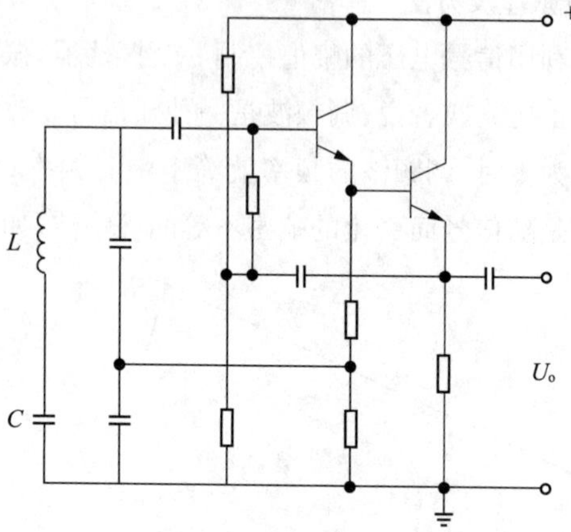

图 8.32　电参数调频电路

(3)电压调频法

电压调频法的基本原理是利用电压变化控制振荡回路参数 L、C、R，从而使振荡频率得到调制，因此又称为压控振荡器，常用的受控元件有变容二极管、晶体管和场效应管等，电压调频法常用于遥测仪器中。图 8.33 所示是一种压控振荡器的原理图。

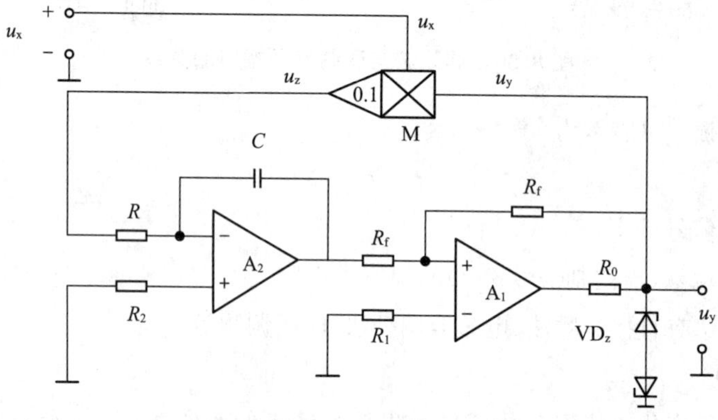

图 8.33　压控振荡器原理图

2. 调频解调方法

调频波是以正弦波频率的变化来反映被测信号的幅值变化。因此调频波的解调是先将调频波变化成调频调幅波，然后进行幅值检波。调频波的解调由鉴频器完成，通常鉴频器由线性变换电路与幅值检波构成。

图 8.34 所示是一种采用变压器耦合的谐振回路鉴频法，也是常用的鉴频法。图中 L_1、L_2 是变压器耦合的一次侧、二次侧线圈，它们和 C_1、C_2 组成并联谐振回路。u_f 为输入的调频信号，在回路的谐振频率 f_n 处，线圈 L_1、L_2 的耦合电流最大，二次侧输出电压 u_a 也最大；u_f 频率离 f_n 越远，线圈 L_1、L_2 的耦合电流越小，二次侧输出电压 u_a 也越小，从而将调频波信号频率的变化转化为电压幅值的变化。

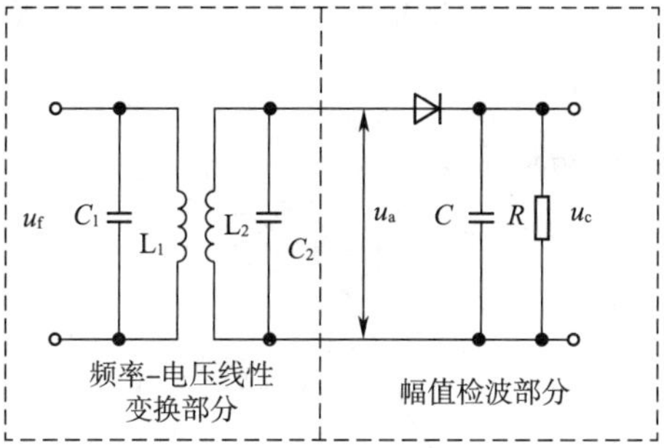

(a) 鉴频器

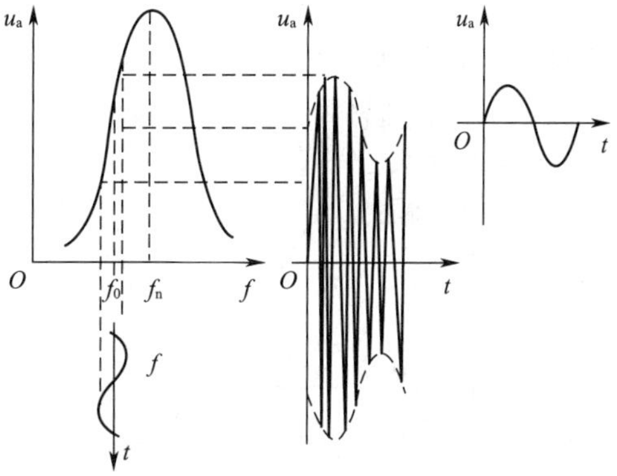

(b) 频率-电压特性曲线

图 8.34　用变压器耦合的谐振回路鉴频法

频率调制较之幅度调制的一个重要的优点是改善了信噪比。分析表明，在调幅情况下，若干扰噪声与载波同频，则有效的调幅波对干扰波的功率比，必须在 35 dB 以上。但在调频的情况下，在满足上述调幅情况下的相同性能指标时，有效的调频波对干扰波的功率比只要 6 dB 即可。（干扰波的干扰作用则主要表现在振幅之中）。

调频方法也存在着严重缺点，调频波通常要求很宽的频带，甚至为调幅所要求带宽的 20 倍；调频系统较之调幅系统复杂，因为频率调制是一种非线性调制，它不能运用叠加原理。因此，分析调频波要比分析调幅波困难，实际上，对调频波的分析是近似的。

调幅、调频技术不仅在一般检测仪表中应用，而且是工程遥测技术的重要内容。工程遥测技术对被测量的远距离测量，以现代通信方式（有线、无线通信或光通信）实现信号的发送和接收。

8.4　信号滤波电路

滤波器是一种选频装置，可以使信号中特定的频率成分通过，而极大地衰减其他频率成分。在测试装置中，利用滤波器的这种选频作用，可以滤除干扰噪声或进行频谱分析。

通过传感器获得的信号中，混淆有许多其他频率的干扰。由于干扰的存在，有时得到不正确的测量值，有时有用的信号被淹没在干扰噪声中。为了突出有用信号，抑制噪声干扰，我们就要对传感器获得的信号进行滤波。当信号通过滤波器时，信号中某些频率成分得以通过，其他频率成分的信号受到衰减或抑制。

8.4.1　滤波器的分类

滤波器的种类繁多，根据滤波器的选频作用，一般将滤波器分为四类，即低通、高通、带通和带阻滤波器；根据构成滤波器的元件类型，可分为 RC、LC 或晶体谐振滤波器；根据构成滤波器的电路性质，可分为有源滤波器和无源滤波器；根据滤波器所处理的信号性质，分为模拟滤波器和数字滤波器。

1. 低通滤波器

功能是让直流信号在指定截止频率的低频分量通过，而使高频分量有很大衰减。

如图 8.35(a)所示，从 0～f_C 频率之间，幅频特性平直，它可以使信号中低于 f_C 的频率成分几乎不受衰减地通过，而高于 f_C 的频率成分受到极大地衰减。

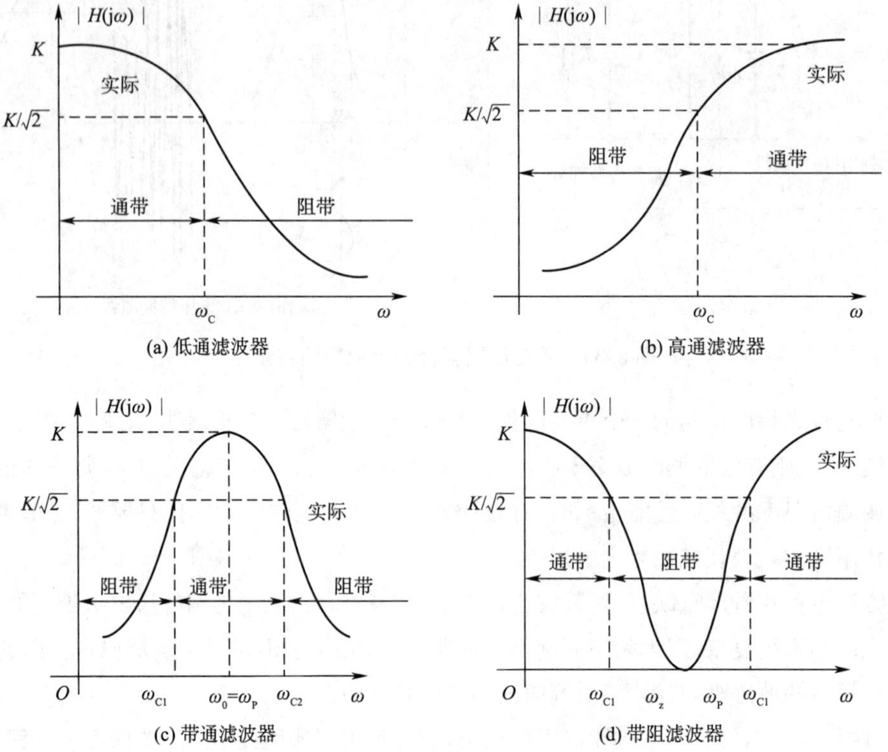

图 8.35　四种滤波器的幅频特性

2. 高通滤波器

如图 8.35(b)所示，与低通滤波相反，从频率 f_C～∞，其幅频特性平直。它使信号中高于 f_C 的频率成分几乎不受衰减地通过，而低于 f_C 的频率成分将受到极大的衰减。

3. 带通滤波器

如图 8.35(c)所示，它的通频带在 f_{C1}～f_{C2} 之间。它使信号中高于 f_{C1} 而低于 f_{C2} 的频率成分可以不受衰减地通过，而其他成分受到衰减。

4. 带阻滤波器

如图 8.35(d)所示，与带通滤波相反，阻带在频率 f_{C1}～f_{C2} 之间。它使信号中高于 f_{C1} 而低于 f_{C2} 的频率成分受到衰减，其余频率成分的信号几乎不受衰减地通过。

低通滤波器和高通滤波器是滤波器的两种最基本的形式，其他的滤波器都可以分解为其他两种类型的滤波器。例如，低通滤波器与高通滤波器的串联为带通滤波器，低通滤波器与高通滤波器的并联为带阻滤波器。

8.4.2　理想滤波器

理想滤波器是指能使通带内信号的幅值和相位都不失真，阻带内的频率成分都衰减为零的滤波器。

理想滤波器在通带内的幅频特性应为常数,相频特性的斜率为常值;在通带外的幅频特性应为零。

若滤波器的频率响应满足下列条件则称为理想低通滤波器。

$$H(f)=\begin{cases}A_0 e^{-j2\pi t_0} & -f_C<f<f_C \\ 0 & 其他\end{cases} \tag{8.30}$$

$$\varphi(f)=-2\pi f t_0 \tag{8.31}$$

如图 8.36(a)为理想低通滤波器的幅频特性图,图 8.36(b)为理想低通滤波器的相频特性图,图中频域图形以双边对称形式画出,相频图中直线斜率为 $-2\pi t_0$。这种在频域为矩形窗函数的"理想"低通滤波器的时域脉冲响应函数是正弦函数如图 8.36(c)所示。

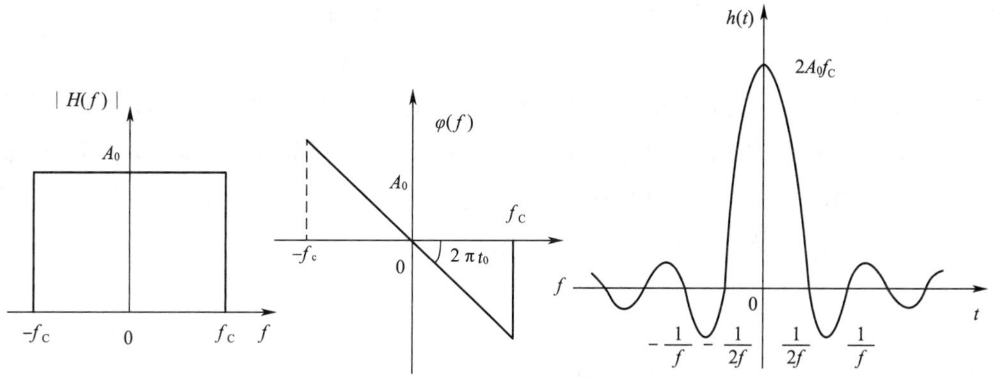

图 8.36　理想低通滤波器幅相频特性、脉冲响应函数

8.4.3　实际滤波器

理想滤波器是不存在的,在实际滤波器的幅频特性图中,通带和阻带之间应没有严格的界限。在通带和阻带之间存在一个过渡带。在过渡带内的频率成分不会被完全抑制,只会受到不同程度的衰减。当然,希望过渡带越窄越好,也就是希望对通带外的频率成分衰减得越快、越多越好。因此,在设计实际滤波器时,总是通过各种方法使其尽量逼近理想滤波器。

图 8.37 所示是一个典型的实际带通滤波器。

1. 实际滤波器的主要参数

与理想滤波器相比,实际滤波器需要用更多的概念和参数去描述它,主要参数有纹波幅度、截止频率、带宽、品质因数以及倍频程选择性等。

1)纹波幅度

在一定频率范围内,实际滤波器的幅频特性可能呈波纹变化,其波动幅度 d 与幅频特性的平均值 A_0 相比,越小越好,一般应远小于 -3 dB。

2)截止频率 f_C

幅频特性值等于 0.707 A_0 所对应的频率称为滤波器的截止频率。以 A_0 为参考值,0.707 A_0 对应于 -3 dB 点,即相对于

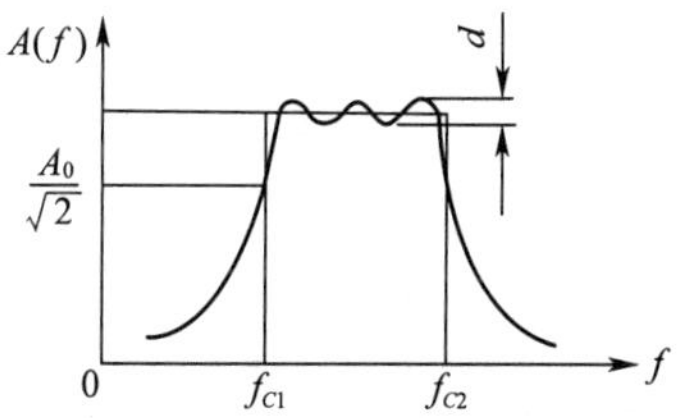

图 8.37　实际带通滤波器特性

A_0 衰减 3 dB。若以信号的幅值平方表示信号功率，则所对应的点正好是半功率点。

3)带宽 B

上下两截止频率之间的频率范围称为滤波器带宽或－3 dB 带宽，单位为 Hz。带宽决定着滤波器分离信号中相邻频率成分的能力，即频率分辨率。

4)品质因数 Q 值

在电工学中，通常用 Q 代表谐振回路的品质因数。在二阶振荡环节中，Q 值相当于谐振点的幅值增益系数，$Q=1/2\xi$（ξ 阻尼率）。对于带通滤波器，通常把中心频率 f_0（$f_0=\sqrt{f_{C1}\cdot f_{C2}}$）和带宽 B 之比称作滤波器的品质因数 Q。例如一个中心频率为 500 Hz 的滤波器，若其中－3 dB 带宽为 10 Hz，则称其 Q 值为 50。Q 值越大，表明滤波器频率分辨力越高。

5)倍频程选择性 W

在两截止频率外侧，实际滤波器有一个过渡带，这个过渡带的幅频曲线倾斜程度表明了幅频特性衰减的快慢，它决定着滤波器对带宽外频率成分衰阻的能力。通常用倍频程选择性 W 来表征。

所谓倍频程选择性，是指在上截止频率 f_{C1} 与 f_{C2} 之间，或者在下截止频率 f_{C1} 与 $0.5f_{C1}$ 之间幅频特性的衰减值，即频率变化一个倍频程时的衰减量。

$$W=-20\lg\frac{A(2f_{C2})}{A(f_{C2})} \quad 或 \quad W=-20\lg\frac{A(0.5f_{C1})}{A(f_{C1})} \tag{8.32}$$

显然，W 值越大，衰减越快，滤波器的选择性越好。

2. RC 滤波器

在检测系统中，常用 RC 滤波器。因为在这一领域中，信号频率相对来说不高。而 RC 滤波器电路简单，抗干扰性强，有较好的低频性能，并且选用标准的阻容元件，所以在检测领域中最经常用到的滤波器是 RC 滤波器。

1)无源 RC 滤波器

(1)一阶 RC 低通滤波器。RC 低通滤波器的典型电路及其幅频、相频特性如图 8.38 所示。

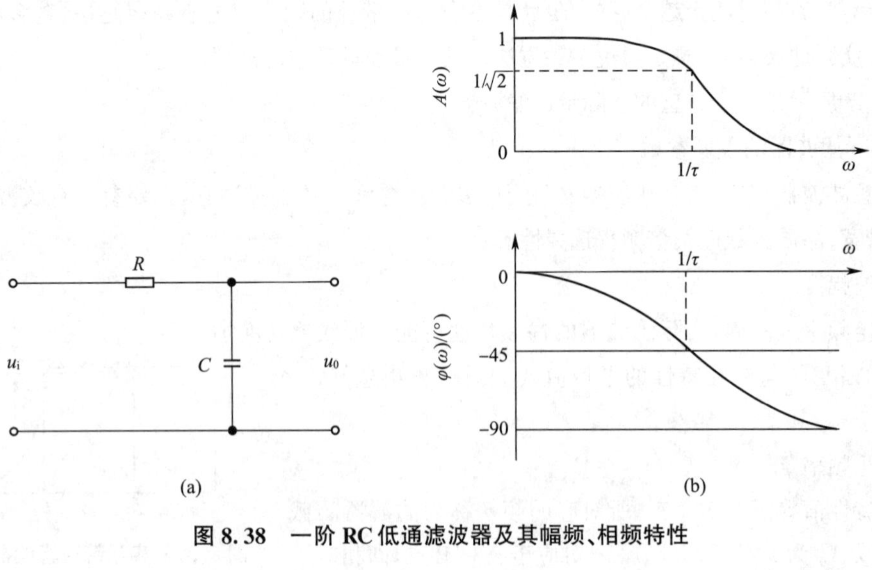

图 8.38　一阶 RC 低通滤波器及其幅频、相频特性

(2)一阶 RC 高通滤波器。图 8.39 所示为高通滤波器及其幅频、相频特性。

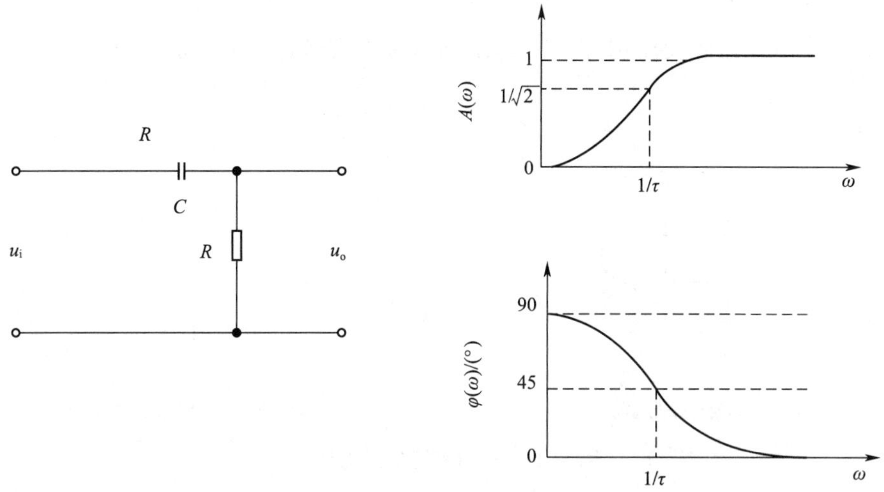

图 8.39　一阶 RC 高通滤波器及其幅频、相频特性

(3)二阶 RC 带通滤波器

带通滤波器可以看作为低通滤波器和高通滤波器的串联，其电路及其幅频、相频特性如图 8.40 所示。

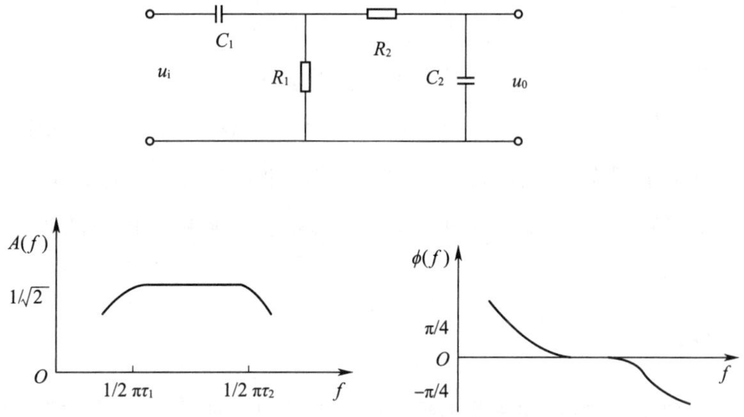

图 8.40　二阶 RC 带通滤波器及其幅频、相频特性

应注意，当高、低通两级串联时，应消除两级耦合时的相互影响，因为后一级成为前一级的"负载"，而前一级又是后一级的信号源内阻。实际上两级间常用射极输出器或者用运算放大器进行隔离。

2)有源滤波器

前面所介绍的 RC 调谐式滤波器仅由电阻、电容等无源元件构成，通常称作无源滤波器。一阶无源滤波器过渡带衰减缓慢，选择性不佳，虽然可以通过串联无源的 RC 滤波器，以提高阶次，增加在过渡带的衰减速度，但受级间耦合的影响，效果是互相削弱的，而且信号的幅值也将逐渐减弱。为了克服这些缺点，需要采用有源滤波器。

(1)一阶有源滤波器

有源滤波器采用RC网络和运算放大器组成，其中运算放大器是有源器件，既可起到级间隔离作用，又可起到对信号的放大作用，而RC网络则通常作为运算放大器的负反馈网络，如图8.41所示。

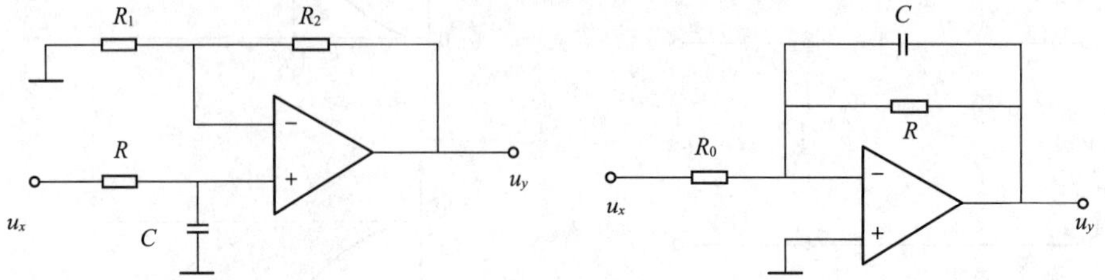

(a) 一阶同相有源低通滤波器　　(b) 一阶同相有源低通滤波器

图8.41　一阶有源低通滤波器

一阶有源滤波器虽然在隔离、增益性能方面优于无源网络，但是它仍存在着过渡带衰减缓慢的严重弱点，所以就需寻求过渡带更为陡峭的高阶滤波器。

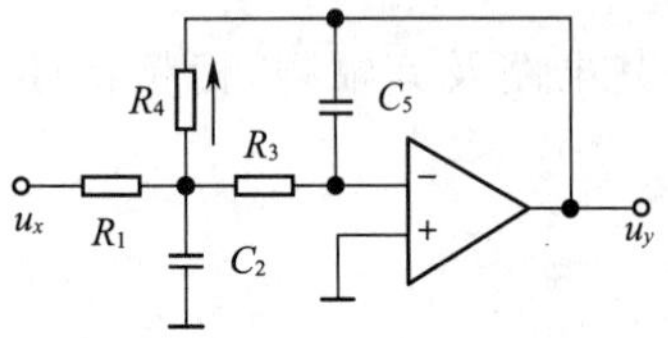

图8.42　多路负反馈二阶低通滤波器

(2)二阶有源低通滤波器。把较为复杂的*RC*网络与运算放大器组合就可以得到二阶有源滤波器。这种滤波器有多路负反馈型、有限电压放大型和状态变量型等几种类型。图8.42所示为多路负反馈二阶低通滤波器。

3. 模拟滤波器的应用

模拟滤波器在测试系统或专用仪器仪表中是一种常用的变换装置。例如带通滤波器用作频谱分析仪中的选频装置；低通滤波器用作数字信号分析系统中的抗频混滤波；高通滤波器被用于声发射检测仪中剔除低频干扰噪声；带阻滤波器用作电涡流测振仪中的滤波器等。

8.4.4　数字滤波器

数字滤波器是由数字乘法器、加法器和延时单元组成的一种装置。其功能是对输入离散信号的数字代码进行运算处理，以达到改变信号频谱的目的。由于电子计算机技术和大规模集成电路的发展，数字滤波器已可用计算机软件实现，也可用大规模集成数字硬件实时实现。数字滤波器是一个离散时间系统(按预定的算法，将输入离散时间信号转换为所要求的输出离散时间信号的特定功能装置)。应用数字滤波器处理模拟信号时，首先须对输入模拟信号进行限带、抽样和A/D转换。数字滤波器输入信号的抽样率应大于被处理信号带宽的2倍，其频率响应具有以抽样频率为间隔的周期重复特性，且以折叠频率即1/2抽样频率点呈镜像对称。为得到模拟信号，数字滤波器处理的输出数字信号须经A/D转换、平滑。数字滤波器具有高精度、高可靠性、可程控改变特性或复用、便于集成等优点。数字滤波器在语言信号处理、图像信号处理、医学生物信号处理以及其他应用领域都得到了广泛应用。数字滤波器有低通、高通、带通、带阻和全通等类型。它可以是时不变的或时变的、因果的或非因果的、线性的或非线性的。应用最广的是线性、时不变数字滤波器。图 8.43 所示为模拟滤波与数字滤波对阶跃输入的响应特性。

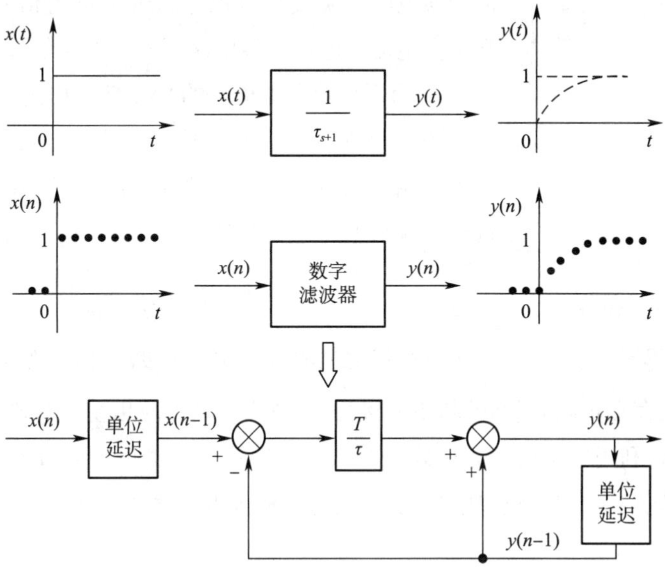

图 8.43　模拟滤波与数字滤波对阶跃输入的响应特性

8.5　信号变换电路

实际应用中，敏感元件或传感器输出的信号可能是直流电压、直流电流，也可能是交流电压、交流电流，甚至是电阻值、电容值等。

变送器是从传感器发展而来的，凡是能输出标准信号的传感器就称作变送器，标准信号是指物理量的形式和数量范围都符合国际标准的信号。由于直流信号具有不受线路中电感、电容及负载性质的影响，不存在相移问题等优点，所以国际电工委员会（IEC）将 DC 4～20 mA 的电流信号和 DC 1～5 V 的电压信号确定为过程控制系统中模拟信号的统一标准。

有了统一的信号形式和数字范围，就便于把各种变送器和其他仪表组成检测系统或调节系统，无论什么仪表或装置，只要有同样标准的输入电路或接口，就可以从各种变送器获得被测变量的信号。这样，兼容性和互换性大为提高，仪表的配套也极为方便。

输出为非标准信号的传感器，必须和特定的仪表或装置相配套，才能实现检测或调节功能。为了加强通用性和灵活性，某些传感器的输出可以靠相应的转换器把非标准信号转换成标准信号，使之与带有标准信号的输入电路或接口配套，不同的标准信号也可借助相应的转换器互相转换。例如 4～20 mA 与 0～10 mA，1～5 V 与 4～20 mA，0～5 V 与 0～10 mA 等的相互转换。

8.5.1　电压—电流转换电路

电压—电流转换电路的作用是将输入的电压信号转换成电流信号输出。当检测装置输入信号

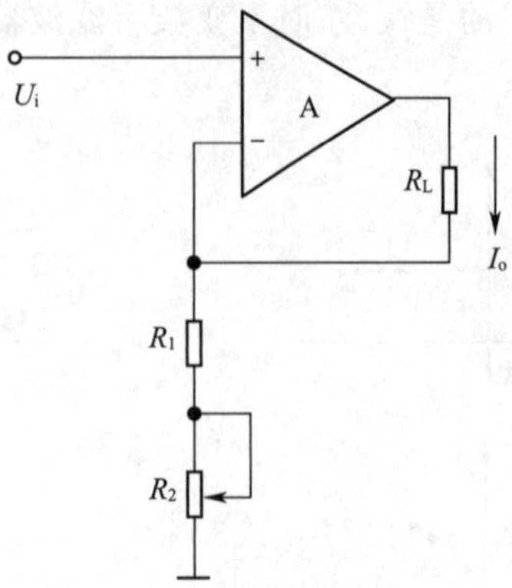

图 8.44　负载浮地型的 U/I 转换电路

为远距离现场传感器输出的电压信号时，为了有效地抑制外来杂散电压信号的干扰，常把传感器输出的电压信号经电压—电流变换电路转换成具有恒流特性的电流信号输出，而后在接收端再由电流—电压变换电路还原成电压信号。

1. 由运算放大器构成的 *U/I* 转换电路

图 8.44 所示是一个简单的电压—电流转换电路。它类似于一个同相放大器，R_L 的两端都不接地，利用虚地的概念，可得出输出电流与电压的关系为

$$I_o=\frac{U_i}{R_1+R_2} \tag{8.33}$$

负载浮地型的 U/I 转换电路具有与负载电阻 R_L 无关，恒流特性等优点，但是也存在负载必须悬浮，不能接地，不适用于某些应用场合的缺点。

如图 8.45 所示，利用单位增益运算放大器与精密运算放大器可以组成差动输入 U/I 转换电路，该电路的特点是负载电流与负载电阻无关，仅与两输入电压之差成比例。可推导出输出电流与电压的关系为

$$I_o=\frac{U_2-U_1}{R} \tag{8.34}$$

2. 专用集成 *U/I* 转换电路

目前，国内外已经生产出传感器专用的集成电压—电流变换芯片，常用的电压—电流转换集成电路如 AD639、AD694、XTR110、ZF2B20、AM462 等，为实际应用带来了方便。

图 8.46 是采用 INA105 组成差动输入 U/I 转换电路。图中的输出电流与输入差动电压的关系为

$$I_o=U_2-U_1\left(\frac{1}{25}-\frac{1}{R}\right) \tag{8.35}$$

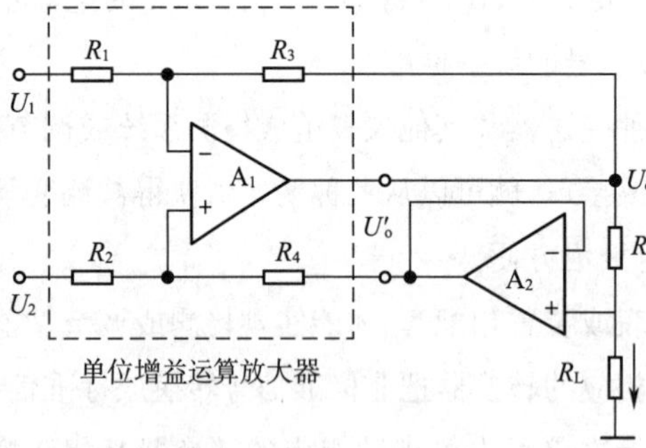

图 8.45　差动输入 U/I 转换电路

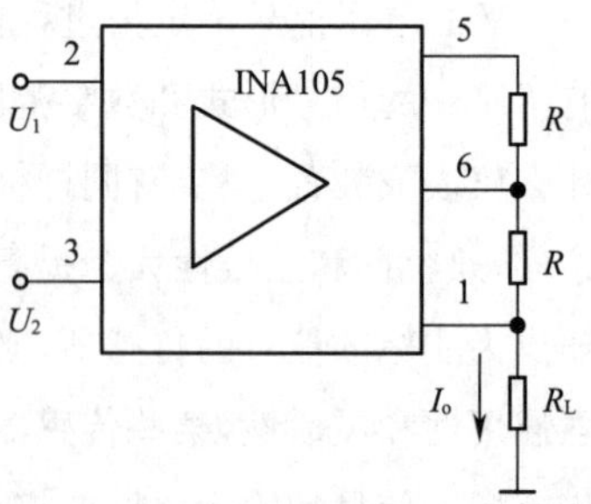

图 8.46　INA105 差动输入 U/I 转换电路

8.5.2　电流—电压转换电路

电流—电压转换电路的作用是将输入的电流信号变换成电压信号。简单方法是在输出电路中

串接精密电阻，通过测量电阻两端的电压即可完成转换，但对后续电路会产生负载效应，如图 8.47(a)所示。图 8.47(b)是采用运算放大器组成的高输入阻抗 I/U 转换电路，可提高 I/U 转换精度，其输出电压与输入电流的关系为

$$U_o=-I_iR_F \tag{8.36}$$

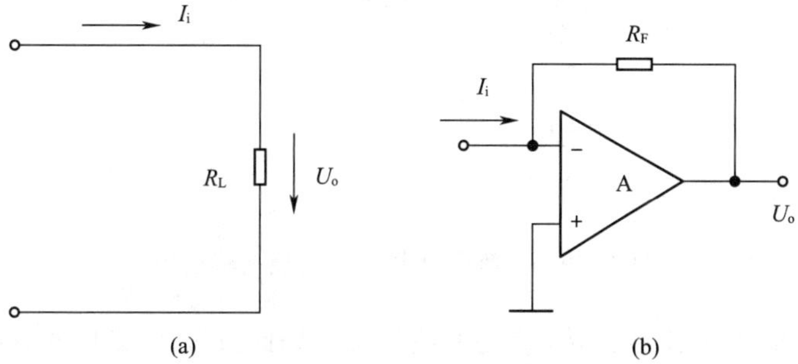

图 8.47　I/U 转换电路原理

图 8.48 所示为采用 RCV420 组成的精密 I/U 转换电路，它能将 4～20 mA 输入电流转换成 0～5 V 的电压输出。即当输入电流为 4 mA 时，变换器输出电压为 0V；当输入电流为 20 mA 时，输出电压为 5 V。

该转换电路性能良好，其增益、失调和共模抑制比都不必调制，并且有 1 个低温漂的 10 V 基准电压源。

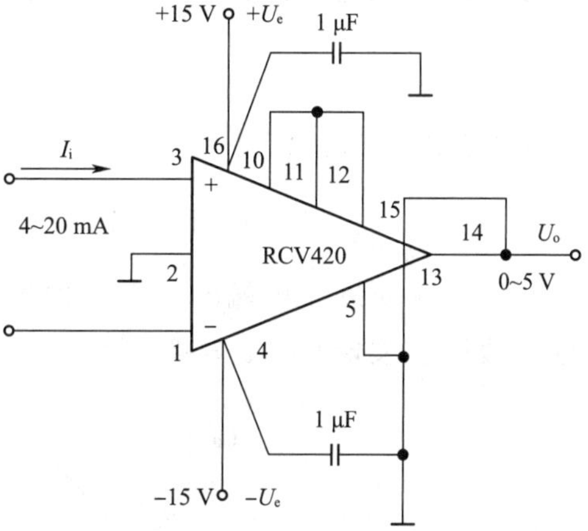

图 8.48　精密 I/U 转换电路

8.5.3　电压—频率转换电路

电流—频率转换电路的作用是实现远距离传输(调频)，或在 A/D 转换器广泛应用的基础上，对于某些要求数据长距离传输、精度要求高、资金有限场合，采用 U/F 器件代替 A/D 器件完成 A/D 转换很有实用价值。

U/F 转换电路是把电压信号转换成频率信号，精度和线性度较好，采用积分输入，应用电路简单，对外围器件性能要求不高，对环境适应能力强，转换速度不低于双积分型 A/D 器件，且价格较低。

图 8.49 所示为电荷平衡式 U/F 转换电路结构图。电路结构分成：A_l 与 RC 构成一个积分器；A_2 为零电压比较器；恒流源 I_R 和模拟开关 S 构成积分器反充电回路。

整个电路可以看作一个振荡频率受输入电压 U_i 控制的多谐振荡器，实现 U/F。当积分器的输出电压从 U_{INT} 下降至零时，零电压比较器跳变，触发单稳态定时器产生一个宽度为 t_0 的脉冲，模拟开关 S 至位置 1 接通积分器的反充电回路，使积分电容 C 充入一定量的电荷，在 t_0 期间积分器是以反充电为主，使输出电压 U_{INT} 线性上升到某一正电压。t_0 结束时，模拟开关 S 接至位置 2，即与 A_1 输出端接通。积分器处于充电过程(负积分)，积分器输出电压 U_{INT} 不断下降。当积分器输

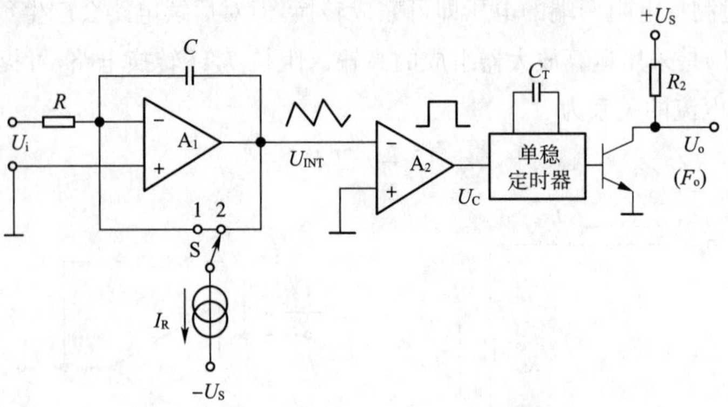

图 8.49　电荷平衡式 *U*/*F* 转换电路结构

出电压降至零时，零电压比较器翻转，重复上述过程。如此反复下去振荡不止，形成频率输出。图 8.50 为电荷平衡式 *U*/*F* 转换电路的波形图。

根据反充电的电荷量与充电的电荷量相等的电荷平衡原理，可以得出：

$$I_R \cdot t_0 = \frac{U_{INT}}{R_1} \cdot T \tag{8.37}$$

因此，输出的振荡频率为

$$F_0 = \frac{1}{T} = \frac{1}{I_R \cdot R \cdot t_0} U_{INT} \tag{8.38}$$

从式(8.38)可以看出，输出电压 U_o 的频率 F_o 与积分器输出电压 U_{INT} 成正比，也就是说，F_o 是与 U_i 成正比，实现了 *U*/*F* 转换。

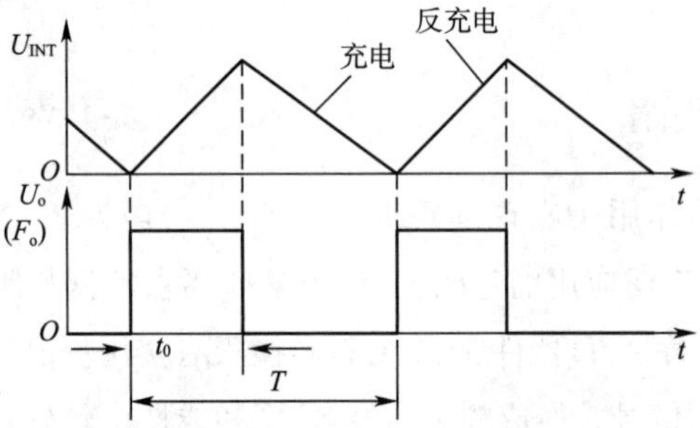

图 8.50　电荷平衡式 *U*/*F* 波形图

8.5.4　频率—电压转换电路

频率信号具有抗干扰能力强，易于远距离传送，占有总线资源少等优点，而且在 A/D 转换或 D/A 转换中，频率信号通常作为中间变量，所以，有时需要将频率信号转换成电压信号（模拟电压信号），实现频率—电压转换。

F/*U* 转换是将各种形式的频率（或周期）信号，如正弦波、三角波、扫描波等，变换成矩形波，然后经滤波取出直流电压分量。由于矩形波的直流电压分量与被测信号的频率成正比，可以通过矩形波直流电压分量的大小测定频率。

图 8.51(a)所示为 F/U 转换电路原理图。频率信号经单稳整形电路产生矩形脉冲，再将矩形波中的高次谐波用滤波器滤去，并取其直流分量，从图 8.51(b)可得：

$$U_o = E\tau \cdot f = K_V f \tag{8.39}$$

式中　K_V——频率—电压转换系数，它等于矩形脉冲面积 $E\tau$。

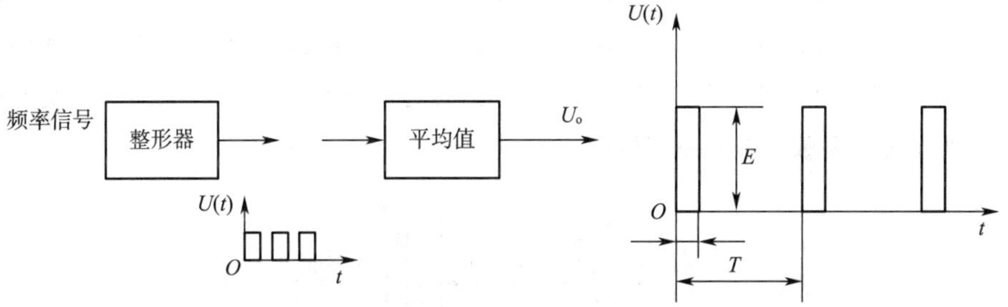

(a) 原理框图　　(b) 矩形脉冲图

图 8.51　F/U 转换电路原理图

可见，只有矩形脉冲面积 $E\tau$ 为常数，直流电压分量 U_0 才与频率 f 成正比。为了提高转换精度，必须保证整形电路所产生的脉冲面积为某一恒定值。

一般没有专门用于 F/U 转换器件，而是使用 U/F 转换器与特定的外接电路构成 F/U 转换电路。普通的集成 U/F 转换器都具有频率－电压转换功能。

图 8.52(a)所示为由 LM331—U/F 转换器构成的频率—电压转换电路。频率信号 f_{IN} 经 RC 网络接比较器阈值端(脚 6)，频率信号的脉冲下降沿使比较器触发定时器工作。经脚 1 输出的电流经 $R_L C_L$ 滤波电路，获得与频率信号 f_{IN} 成正比的输出直流电压 U_o。图 8.52(b)所示中，管脚 1 输出电流经运算放大器提供缓冲输出，并实现双极点滤波器的作用。响应时间比图 8.52(a)快得多，纹波峰值也小。但对于 200 Hz 的频率信号纹波峰值要差，应该对滤波时间常数加以调整，以满足响应时间和纹波峰值的要求。

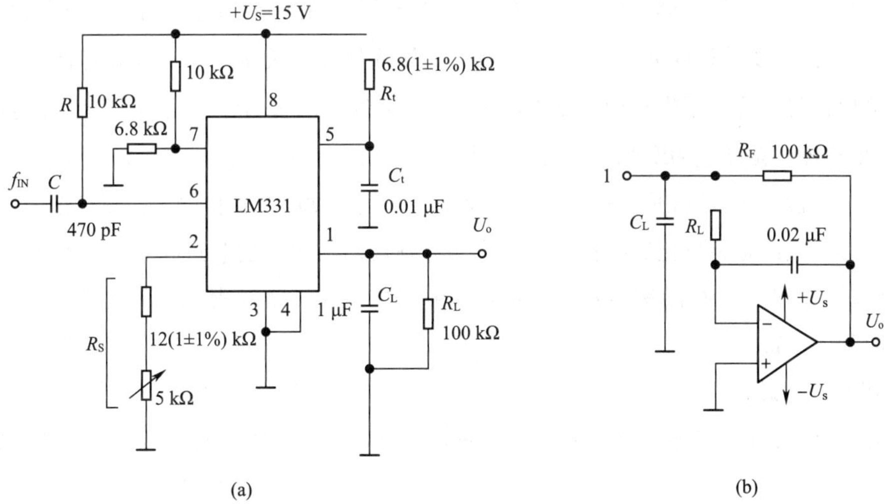

图 8.52　由 LM331—U/F 转换器构成的 F/U 转换电路

8.5.5　模数(A/D)和数模(D/A)转换器

随着数字技术,特别是信息技术的飞速发展与普及,在检测技术领域,为了提高系统的性能指标,对信号的处理广泛采用了数字计算机技术。由于传感器的输出信号大多都是模拟量,(如温度、压力、位移等),要使计算机或数字仪表能识别、处理这些信号,必须首先将这些模拟信号转换成数字信号;而经计算机分析、处理后输出的数字量也往往需要将其转换为相应模拟信号才能为执行机构所接受。这样,就需要一种能在模拟信号与数字信号之间起桥梁作用的电路——模数和数模转换器。8.53 所示为典型数字控制系统框图。

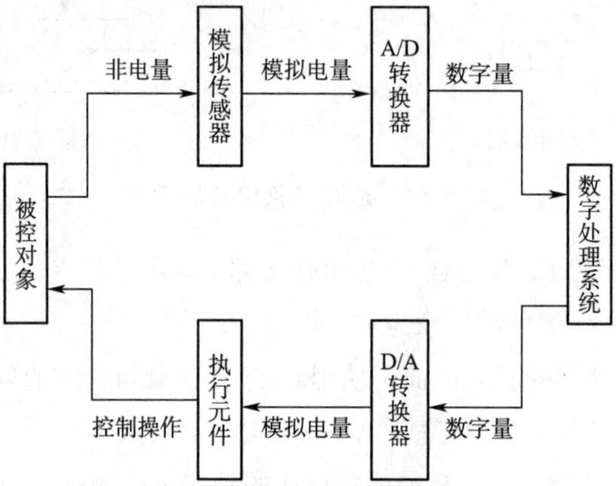

图 8.53　典型数字控制系统框图

1. 模数(A/D)转换

将模拟信号(时间和幅度均连续变化的信号)转换成数字信号(时间和幅度离散且按一定方式编码后的脉冲信号)的电路,称作模数转换器(简称 A/D 转换器或 analog to digital converter,ADC)。

模数转换的过程包括采样、保持、量化和编码四个过程。在某些特定的时刻对这种模拟信号进行测量叫作采样,只要采样脉冲频率 f_s 大于或等于输入信号中最高频率 f_m 的两倍($f_s \geqslant 2f_m$),则采样后的输出信号就能够不失真地恢复出模拟信号,如图 8.54 所示。通常采样脉冲的宽度 t_W 是很短的,故采样输出是断续的窄脉冲。要把一个采样输出信号数字化,需要将采样输出所得的瞬时模拟信号保持一段时间,这就是保持过程。量化是将连续幅度的抽样信号转换成离散时间、离散幅度的数字信号。编码是将量化后的信号编码成二进制代码输出。这些过程有些是合并进行的,例如,采样和保持就利用一个电路连续完成,量化和编码也是在转换过程中同时实现的,且所用时间又是保持时间的一部分。

2. 数模(D/A)转换

数模转换器,又称 D/A 转换器(digital to analog converter,DAC),它是把数字量转变成模拟量的器件。

D/A 转换器实质上是一个译码器(解码器)。一般常用的线性 D/A 转换器,其输出模拟电压

u_o 和输入数字量 D_n 之间成正比关系，U_{REF} 为参考电压，即

$$u_o = D_n U_{REF} \tag{8.40}$$

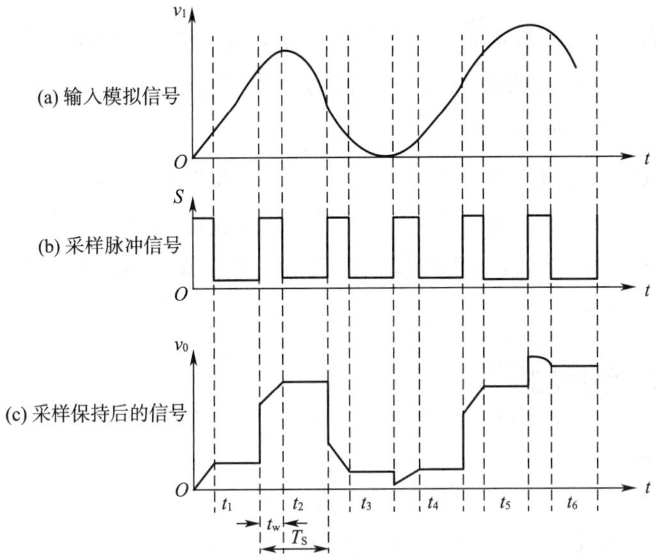

图 8.54　采样/保持电路的输出随输入变化的波形

将输入的每一位二进制代码按其权值大小转换成相应的模拟量，然后将代表各位的模拟量相加，则所得的总模拟量就与数字量成正比，这样便实现了从数字量到模拟量的转换。

$$D_n = d_{n-1} \cdot 2^{n-1} + d_{n-2} \cdot 2^{n-2} + \cdots + d_1 \cdot 2^1 + d_0 \cdot 2^0 = \sum_{i=0}^{n-1} d_i 2^i \tag{8.41}$$

$$\begin{aligned} u_o &= D_n U_{REF} \\ &= d_{n-1} \cdot 2^{n-1} \cdot U_{REF} + d_{n-2} \cdot 2^{n-2} \cdot U_{REF} + \cdots \\ &\quad + d_1 \cdot 2^1 \cdot U_{REF} + d_0 \cdot 2^0 \cdot U_{REF} \\ &= \sum_{i=0}^{n-1} d_i 2^i U_{REF} \end{aligned} \tag{8.42}$$

从式(8.42)可以看出，D/A 转换器的输出电压，等于代码为 1 的各位所对应的各分模拟电压之和。

D/A 转换器一般由数码缓冲寄存器、模拟电子开关、参考电压、解码网络和求和电路等组成。如图 8.55 所示，数字量以串行或并行方式输入，并存储在数码缓冲寄存器中；寄存器输出的每位数码驱动对应数位上的电子开关，将在解码网络中获得的相应数位权值送入求和电路；求和电路将各位权值相加，便得到与数字量对应的模拟量。

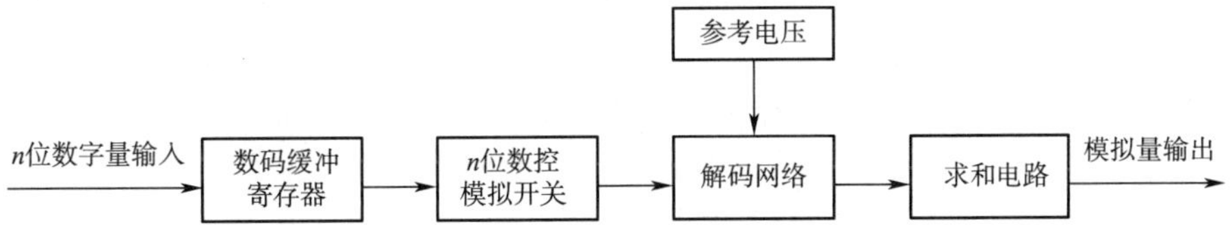

图 8.55　*n* 位 *D/A* 转换器方框图

8.6 线 性 化

大多数传感器的输出信号和被测量之间的关系是非线性的。这是由于不少传感的转换原理并非线性，其次是由于采用的电路是非线性的。可通过缩小测量范围、采用非均匀的指示刻度及增加非线性校正环节等方法来消除其影响。

通常在设计测量仪表时总希望得到均匀的指示刻度，此外，如果仪表的刻度特性为线性，就能保证仪表在整个量程内灵敏度是相同的，从而有利于分析和处理测量结果。为了保证测量仪表的输出与输入之间具有线性关系，就需要在仪表中引入一种特殊环节，用它来补偿其他环节的非线性，这就是非线性校正环节。

8.6.1 模拟量的非线性校正

1. 电桥电路的线性化

采用图 8.56 所示的电路，可以得到线性化的输出信号。

已知电桥电路的输出 $U_0=E_i f(x)$，图中电桥的激励电压 $E_i=U_R+\beta U_0'$，输出信号电压 U_0' 为

$$U_0'=A_0 E_i f(x)=A_0(U_R+\beta U_0')f(x) \tag{8.43}$$

式中 A_0——运算放大器的闭环增益。

由式(8.43)可得：

$$U_0'=\frac{A_0 U_R f(x)}{1-A_0\beta f(x)} \tag{8.44}$$

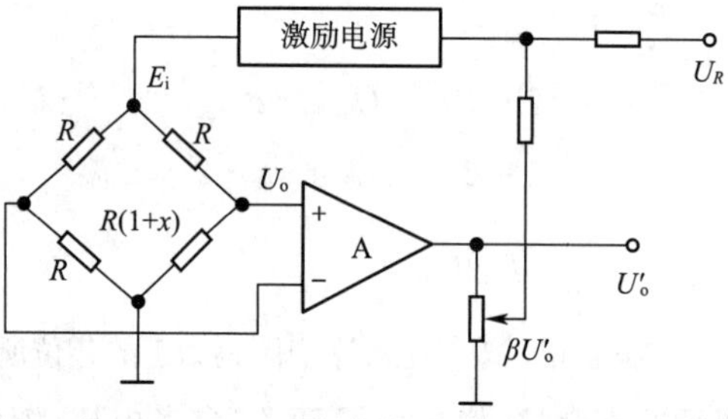

图 8.56 电桥电路线性化电路

已知电桥输出 $U_0=\dfrac{\frac{E_i}{4}}{1+\frac{x}{2}}$，式中 $x=\dfrac{\Delta R}{R}$，代入上式，可得：

$$U_0'=\frac{A_0 U_R x}{1+x\left(\frac{1}{2}-A_0\beta\right)} \tag{8.45}$$

为了消除非线性，令分母中 $A_0\beta=1/2$，即

$$U_0'=A_0 U_R x \tag{8.46}$$

此方法可被应用于类似的传感器电路。

2. 热敏电阻的非线性校正

已知热敏电阻的阻值与温度的关系为 $R_T=R_0\mathrm{e}^{B\left(\frac{1}{T}-\frac{1}{T_0}\right)}$，如果采用恒流源激励时，它的输出为

$$U_i=U_o\mathrm{e}^{\phi} \tag{8.47}$$

式中　$U_0=IR_0,\phi=B\left(\frac{1}{T}-\frac{1}{T_0}\right)$。

将这信号接入对数放大器就可以得到它的输出电压 U_0 的关系式为

$$U_0=A_0\ln\frac{U_0\mathrm{e}^{\phi}}{U_R}=A_0\left(\ln\frac{U_o}{U_R}+\phi\right) \tag{8.48}$$

即 U_0 与 ϕ 呈线性关系。

3. 折线逼近法

对于任意形式的非线性曲线，可以用折线逼近法来近似地修正。图 8.54 所示是将传感器的输出特性曲线 $y=f(x)$ 根据线性度的要求，用有限的线段来近似，然后根据各线段的斜率和转折点来设计电路。

对于任意曲线，运用折线逼近法可以写出如下关系式：

$$y=k_1x\pm k_2(x>x_1)\pm k_3(x>x_2)\pm k_4(x>x_3)\pm\cdots \tag{8.49}$$

式中，k_n 为折线的斜率，$k_n=\tan\alpha_n$；$\pm k_n(x>x_{n-1})$ 表示 $x>x_{n-1}$ 时 x 有效，前面的符号依据曲线的形状而定。

在图 8.57 中，k_2、k_4 为负，k_1、k_3 为正。基本的电路单元是一个比例放大器。与普通放大器的区别是输入量大于某一定值时有效，具体电路原理如图 8.58 所示。

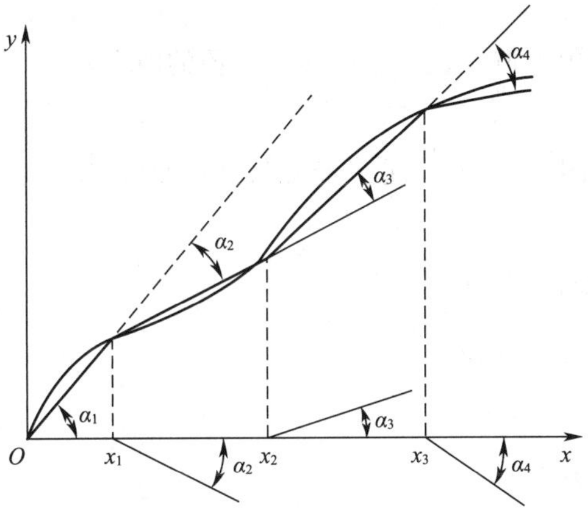

图 8.57　折线逼近法示意图

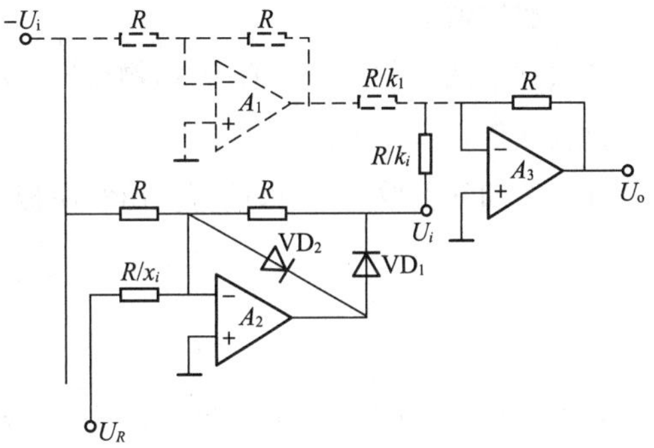

图 8.58　折线逼近法原理

8.6.2　数字量的非线性校正

如果被测量已经数字化并需要进行线性化处理，通常总是运用一些计算方法结合微处理器、存储器(ROM)和程序来实现。采用软件实现数据线性化，一般可分为计算法、查表法和插值法。

1. 计算法

当传感器的输入量与输出量之间有确定的数学表达式时，就可以采用计算法进行非线性补偿。计算法就是在软件中编制一段完整数学表达式的计算程序，当被测量经过采样、滤波和变换后，直接进入计算程序进行计算，计算后的数值再经过线性化处理而输出。

2. 查表法

把在测量范围内被测量的变化分成若干等分点，然后，由小到大顺序计算或测量出这些等分点相对应的输出数值，这些等分点和其对应的输出数据就组成一张表格，把这张数据表格存放在计算机的存储器中。软件处理方法就是在程序中编制一段查表程序，当被测量经采样、A/D 转换后，通过查表程序，直接从表中查出其对应的输出量的数值。

3. 插值法

插值法就是用一段简单的曲线，近似代替这段区间里的实际曲线，然后通过近似曲线公式计算出输出量。使用不同的近似曲线，就形成不同的插值方法。在仪表及传感器线性化中常用的插值法有线性插值法（又称为折线法）和二次插值法（又称为抛物线法）。

1)线性插值法

在传感器特性弯曲不厉害时，可以采用线性插值法。

(1)先用实验法测出传感器的输入输出特性曲线 $y=f(x)$，为慎重起见要反复测量多次。

(2)将曲线分段，选取各插值基点。

(3)根据曲线的分段，确定并算出各插值点(x_i、y_i)及相邻插值点的拟合直线的倒斜率 k_i，并存放在存储器中，设传感器的输入输出特性曲线如图 8.59 所示，k_i 值可用两点法求取。

$$k_i=\frac{x_{i+1}-x_i}{y_{i+1}-y_i} \tag{8.50}$$

(4)根据测量输出值 y，计算 $y-y_i$，查出其所在的区间(y_i，y_{i+1})，并求出该段的斜率 k_i。

2)二次插值法

二次插值法或称平方插值法、抛物线插值法。如图 8.60 所示，在传感器特性弯曲厉害时，采用二次抛物线代替直线来拟合。

在每段曲线上取三个点，便可得出对应拟合抛物线方程为

$$x\leqslant x_1,\quad y=a_0+a_1x+a_2x^2 \tag{8.51}$$

$$x_1\leqslant x\leqslant x_2,\quad y=b_0+b_1x+b_2x^2 \tag{8.52}$$

式中，各系数可以通过各段曲线上任意三点联立方程解出。

$$\begin{aligned} y_0&=a_0+a_1x_0+a_2x_0^2\\ y_1&=a_0+a_1x_1+a_2x_1^2\\ y_2&=a_0+a_1x_2+a_2x_2^2 \end{aligned} \tag{8.53}$$

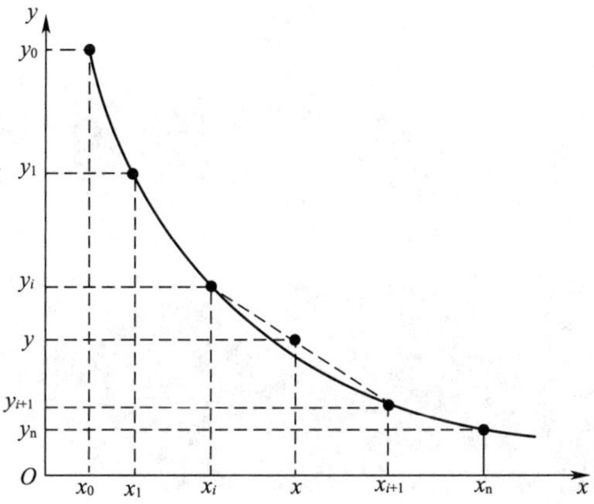

图 8.59　线性插值法

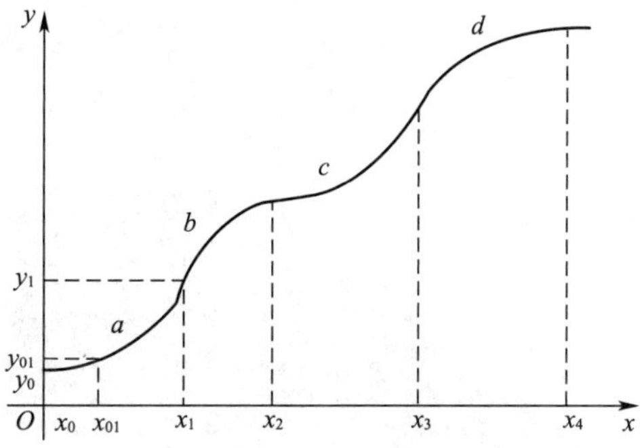

图 8.60　二次插值法

然后将这些系数和数值先存入计算机数据表区，二次插值校正程序流程如图 8.61 所示。

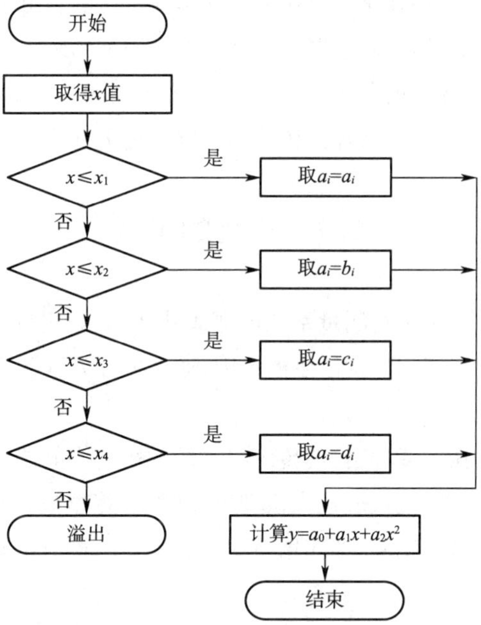

图 8.61　二次插值法校正程序流程

第 9 章 检测系统抗干扰技术

在检测装置中,测量的信息往往是以电压或电流形式传送的。由于在实际检测系统中,传感器的工作环境是比较复杂和恶劣的,检测装置受内部和外部因素的影响,使信号在传输过程的各个环节中,不可避免地要受到各种噪声的干扰,而使信号产生不同程度的畸变,即为失真,影响其正常工作。因此,必须采取有针对性的措施来提高传感器电路的抗干扰能力。

9.1 干扰的类型

干扰(也叫噪声)是指测量中来自测量系统内部或外部,影响测量装置或传输环节正常工作和测试结果的各种因素的总和。根据干扰产生的原因,通常可分为以下几种类型。

1. 机械干扰

机械干扰是由于机械的振动或冲击,使传感器系统的敏感和转换元件发生振动、变形,使连接导线发生位移,使指针发生抖动,使仪表接头松动等,这些都将影响传感器电路的正常工作。机械干扰的防护方法是采用各种减震措施,如应用专用减震弹簧—橡胶垫脚或吸振海绵垫来隔离振动与冲击对传感器的影响。

2. 热干扰

设备和元器件在工作时产生的热量所引起的温度波动以及环境温度的变化等会引起传感器电路的元器件参数发生变化,从而影响了传感器电路的正常工作。常用的热干扰防护措施有选用性能良好的组件(低温漂、低功耗、低发热)、进行温度补偿、设置热屏蔽、加强散热或采取恒温等。

3. 光干扰

半导体元器件在光线的作用下会激发出电子—空穴对,使半导体元器件产生电势或引起电阻值的变化,从而影响传感器电路的正常工作。在检测仪表中广泛使用各种半导体元件,因此半导体元器件应封装在不透光的壳体内。对于具有光敏作用的元器件,尤其要注意光的屏蔽问题。

4. 湿度干扰

环境湿度的增大会使绝缘电阻下降、漏电流增加;电介质的介电常数增加,电容量增加;吸潮后骨架膨胀使线圈阻值增加，电感量变化；应变片粘贴后，胶质变软，精度下降等。这样电路的参数就会发生变化，从而影响了传感器电路的正常工作。湿度干扰通常采用的防护措施有避免将其放在潮湿处，仪器装置定时通电加热去潮，电子器件和印制电路浸漆或用环氧树脂封灌等。

5. 化学干扰

化学物品中的酸、碱及腐蚀性气体等通过腐蚀作用损坏元器件，造成传感器电路不能正常工作。因此，必须根据使用环境对仪器进行必要的防腐措施，将关键的元器件密封并保持仪器设备的清洁和干净。

6. 尘埃干扰

环境灰尘的加重，也会造成漏电流增加，电路的参数发生改变，同样影响传感器电路的正常工作。因此，应定期对检测设备进行除尘，消除尘埃干扰对设备的影响。

7. 射线辐射干扰

射线会使气体电离、半导体激发出电子一空穴时，金属逸出电子等，从而使传感器系统的正常工作受到影响。射线辐射的防护是一种专门的技术，主要用于原子能工业等领域。

8. 电磁干扰

电和磁可以通过电路和电场对检测系统产生干扰作用，电场和磁场的变化在检测装置的有关电路中感应出干扰电动势，从而影响检测装置的正常工作。电磁干扰是检测装置中最普遍和最严重的干扰。本章将重点介绍这种干扰的抑制措施。

9.2　干扰的产生

干扰的产生主要有放电干扰和电气设备干扰两大类。

1. 放电干扰

(1)天体和天电干扰

天体干扰是由太阳或其他恒星辐射电磁波所产生的干扰。天电干扰是由雷电、大气的电离作用、火山爆发及地震等自然现象所产生的电磁波和空间电位变化所引起的干扰。

(2)电晕放电干扰

电晕放电主要来自于超高压大功率的输电线路或变压器、大功率互感器、高电压输变电设备。电晕放电具有间歇性，并产生脉冲电流。随着电晕放电过程将产生高频振荡，并辐射电磁波。其衰减特性一般与距离平方成反比的，因此对一般检测系统影响不大。

(3)火花放电干扰

自然界的雷电，电机整流子上的电火花，接触器、断路器、继电器接点在闭合和断开时产生的电火花，电蚀加工及电弧焊接过程中产生的电火花，汽车发动机的点火装置产生的电火花，以及高电压器件由于绝缘不良而引起的闪烁放电等，都是产生火花放电干扰的噪声源。火花放电会辐射频谱很宽的强烈电磁波而形成干扰源。

(4)辉光、弧光放电干扰

属于辉光放电和弧光放电的放电管(如荧光灯、霓虹灯等)具有负阻特性，当这种放电管和外接电路连接时容易引起振荡，有时可达甚高频波段。对交流供电的放电管，在半周期的起始和终止时，由于放电电流变小，也要产生再点火振荡和灭火振荡。这些现象也都构成了噪声源。

2. 电气设备干扰

(1)射频干扰

射频干扰指高频感应加热、高频介质加热、高频焊接等工业电子设备通过辐射或通过电源线给附近测量装置带来的干扰。如电视、广播、雷达及无线电收发机等对邻近电子设备造成的干扰。

(2)工频干扰

大功率输电线，甚至就是一般室内交流电源线对于输入阻抗高和灵敏度甚高的检测装置来说都是威胁很大的干扰源。在电子设备内部，由于工频感应而产生干扰，如果波形失真，则干扰更大。

(3)感应干扰

电子开关、电子管、晶闸管等大功率电子开关虽然不产生火花，但因通断速度极快，使电路电流和电压发生急剧的变化，形成冲击脉冲而成为干扰源。在一定的电路参数下还会产生阻尼振荡，构成高频干扰。

9.3　信噪比和干扰的叠加

1. 信噪比(S/N)

在测量过程中，人们不希望有噪声，但是噪声不可能完全排除，也不能用一个确定的时间函数来描述。实践中只要噪声小到不影响检测结果，是允许存在的。通常用信噪比来表示噪声（干扰）对有用信号的影响，而用噪声系数 N_F 表征器件或电路对噪声的品质因数。

信噪比(S/N)是指在信号通道中有用信号成分与噪声信号成分之比。设有用信号功率 P_S、噪声功率 P_N 或信号电压有效值 U_S、噪声电压有效值 U_N，则用分贝(dB)单位表示的信噪比为

$$S/N=10\lg\frac{P_S}{P_N}=20\lg\frac{U_S}{U_N} \tag{9.1}$$

噪声系数 N_F 是指输入信噪比与输出信噪比的比值，即

$$N_F=\frac{P_{Si}/P_{Ni}}{P_{So}/P_{So}}=\frac{\text{输入信噪比}}{\text{输出信噪比}} \tag{9.2}$$

从式(9.1)可知，信噪比越大，表示干扰对测量结果的影响越小，所以在测量过程中应尽量提高信噪比。

2. 干扰的叠加

(1)非相关干扰电压源电压的叠加

各干扰电压或干扰电流各自独立地互不干扰时，它们的总功率等于各干扰功率之和。其电压之和为

$$U_N=\sqrt{\sum U_{Ni}^2} \tag{9.3}$$

(2)两个相关干扰源电压的叠

当两个干扰电压相关时，并存在相关系数 γ 时，其总干扰电压为

$$U_N=\sqrt{U_{N1}^2+U_{N2}^2+2\gamma U_{N1}U_{N2}} \tag{9.4}$$

从式(9.4)可以看出，$\gamma=0$ 时，两干扰电压非相关；γ 在 0～1 或 −1～0 时，两干扰电压相关。

9.4　干扰信号耦合方式

干扰信号进入接收电路或测量装置内的途径，称为干扰信号的耦合方式。干扰的耦合方式主要有电磁耦合、静电电容耦合、漏电流耦合及共阻抗耦合。

1. 电磁耦合

电磁耦合(电感性耦合)是由于电路之间存在互感，使一个电路的电流变化，通过磁交变影响到另一个电路，如图 9.1 所示。

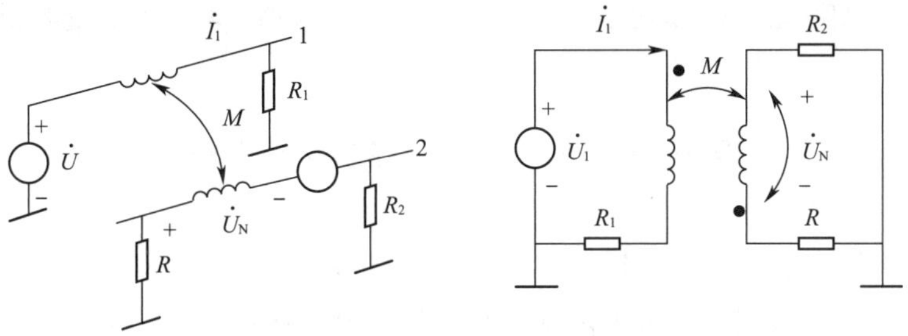

图 9.1　两个电路电磁耦合示意图和等效电路

2. 静电电容耦合

静电电容耦合是由于两个电路之间存在寄生电容，产生静电效应，使一个电路的电荷变化影响到另一个电路，如图 9.2 所示。

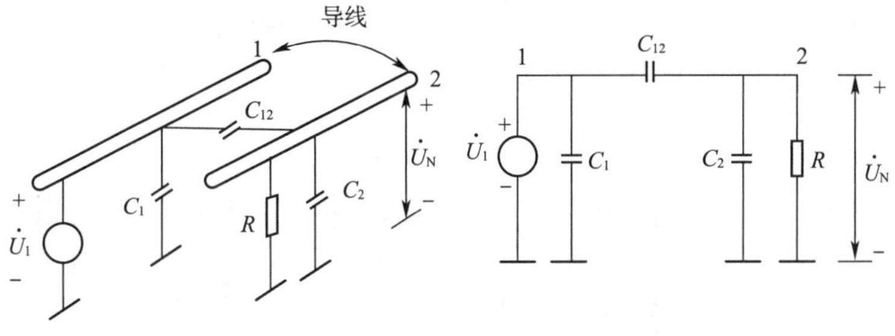

图 9.2　静电电容耦合示意图和等效电路

3. 漏电流耦合

由于绝缘不良，流经绝缘电阻的漏电流 I_N 作用于有关电路引起的干扰，称为漏电流耦合，如图 9.3 所示。

4. 共阻抗耦合

共阻抗耦合是由于两个电路间有公共阻抗，当一个电路中有电流流过时，通过共阻抗便在另一个电路上产生干扰电压，如图 9.4 所示。

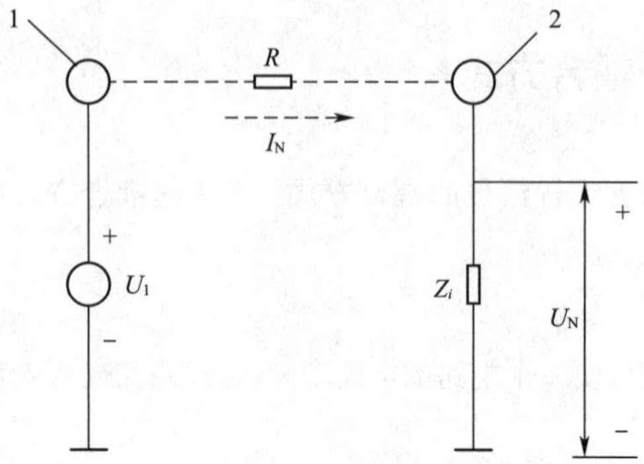

图 9.3　漏电流耦合示意图

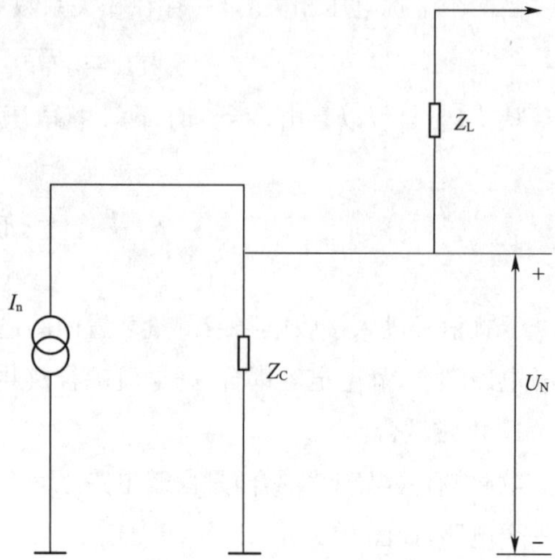

图 9.4　共阻抗耦合示意图

9.5　电子测量装置的两种干扰

各种噪声源产生的噪声,必然要通过各种耦合通道进入仪表,对测量结果引起误差。根据干扰进入测量电路方式不同,可将干扰分为差模干扰与共模干扰两种。

1. 差模干扰

差模干扰又称串模干扰,是使信号接收器的一个输入端子电位相对另一个输入端子电位发生变化,即干扰信号与有用信号叠加在一起。

差模干扰的等效电路有电压源串联和电流源并联两种形式,如图 9.5 所示。图中 U_S 及 R_S 为有用信号及内阻,U_N 表示等效干扰电压,I_N 表示等效干扰电流,R_N 表示干扰源等效阻抗,R_i 为接收器的输入电阻。

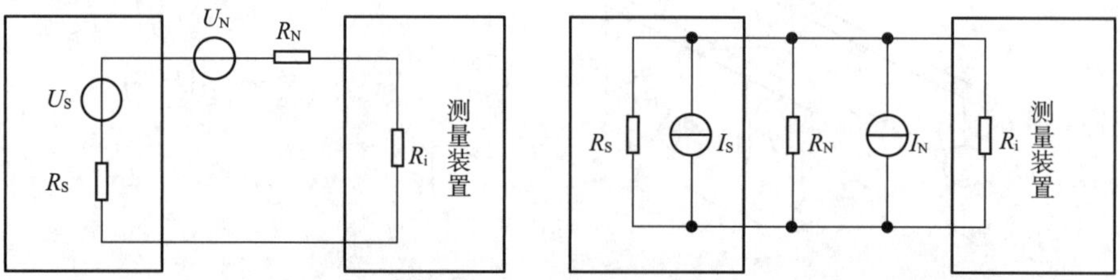

(a) 电压源串联形式　　(b) 电流源并联形式

图 9.5　差模干扰等效电路

常见到的差模干扰有:外交变磁场对传感器的一端进行电磁耦合;外高压交变电场对传感器的一端进行漏电耦合等。针对具体情况可以采用图 9.6 所示的双绞信号传输线的传感耦合端加滤波器金属隔离线屏蔽等措施来消除差模干扰。

图 9.6　消除差模干扰的措施

2. 共模干扰

共模干扰是相对于公共的电位基准地(接地点),在信号接收器的两个输入端子上同时出现的干扰。虽然它不直接影响测量结果,但是当信号接收器的输入电路参数不对称时将会引起测量误差。

共模干扰一般用等效电压源表示,如图 9.7 所示。图中 U_N 表示干扰电压源,Z_{cm1}、Z_{cm2} 表示干扰源阻抗,Z_1、Z_2 表示信号传输线阻抗,Z_{s1}、Z_{s2} 表示信号传输线对地漏阻抗。

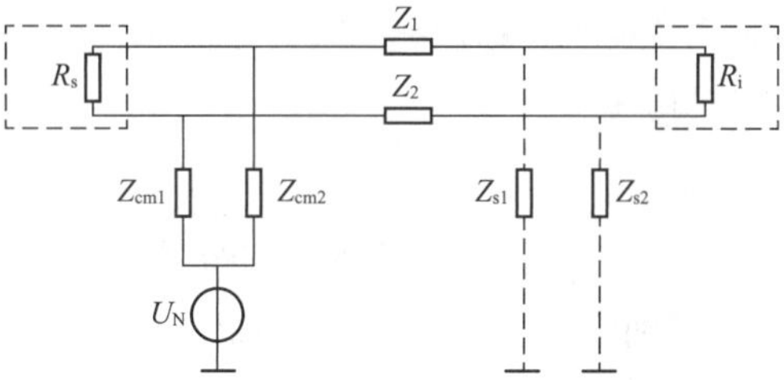

图 9.7　共模干扰等效电路

常见的共模干扰耦合有下面几种:在测试系统附近有大功率电气设备、因绝缘不良漏电、三相动力电网负载不平衡、零线有较大的电流时,都存在着较大的地电流和地电位差,这时若测试系统有两个以上的接地点,则地电位差就会成共模干扰。当电器设备的绝缘性能不良时,动力电源会通过漏电阻耦合到测试系统的信号回路形成干扰。在交流供电的电子仪表中,动力电源会通过电流变压器的一次、二次绕组间的杂散电容、整流滤波电路、信号电路与地之间的杂散电容构成回路,形成工频共模干扰。总之,为了消除共模干扰可采用对称的信号接收器的输入电路和加强导线绝缘的办法。

3. 共模抑制比

共模抑制比是指作用于电路(或系统)的共模干扰信号与电路(或系统)在该共模干扰下转换为差模信号的之比。共模干扰抑制比是表征测量系统对共模干扰的抑制能力的量,表达式为

$$K_{CMR}=20\lg\frac{U_{cm}}{U_{cd}} \tag{9.5}$$

式中　U_{cm}——作用于检测系统共模干扰信号；

U_{cd}——检测系统在该共模干扰下转换为差模信号。

共模抑制比也可以定义为系统的差模增益与共模增益之比，即

$$K_{CMR}=20\lg\frac{k_d}{k_c} \tag{9.6}$$

式中　k_d——差模增益；

k_c——共模增益。

以上两种定义都说明，共模干扰抑制比是检测装置对共模干扰抑制能力的量度。K_{CMR} 值越高，说明检测装置对共模干扰的抑制能力越强。

9.6　常用抑制干扰措施

9.6.1　电磁干扰的传播途径

电磁干扰必须同时具备干扰源、干扰途径和敏感接收器三个因素，所以消除或减弱电磁干扰的方法针对三方面因素，采取以下三方面的措施。

1. 消除或抑制干扰源

使产生干扰的电气设备远离检测装置；对继电器、接触器、断路器等采取触点灭弧措施或改用无触点开关；消除电路中的虚焊、假接等。

2. 破坏干扰途径

提高绝缘性能，采用变压器、光电耦合器隔离以切断“路”径；利用退耦、滤波、选频等电路手段引导干扰信号转移；改变接地形式消除共阻抗耦合干扰途径；对数字信号可采用鉴别、限幅、整形等信号处理方法切断干扰途径。

3. 削弱接收电路对干扰的敏感性

例如电路中的选频措施可以削弱对全频带噪声的敏感性，负反馈可以有效削弱内部噪声源，其他如对信号采用绞线传输或差动输入电路等。

9.6.2　几种电磁兼容控制技术

抗电磁干扰技术有时又称为电磁兼容控制技术。可采用破坏干扰途径和削弱检测系统电路对干扰的敏感性等方法，常用的抗干扰措施有屏蔽、接地、浮置、滤波、光电隔离等技术。

1. 屏蔽技术

屏蔽一般指的是电磁屏蔽。所谓电磁屏蔽是利用铜或铝等低阻性材料制成的容器，将需要防护的部分包起来或者是用导磁性良好的铁磁性材料制成的容器将要防护的部分包起来，从而抑制该容器外的干扰与噪声对容器内电路的影响。屏蔽可以显著地减小静电（电容性耦合）或互感（电感性）耦合的作用。

屏蔽可分为静电屏蔽、电磁屏蔽和低频磁屏蔽等几种。根据不同的对象，使用不同的屏蔽

方式。

1)静电屏蔽

静电屏蔽是用铜或铝(有些设备虽然用工程塑料做外壳,但内部贴有金属薄膜)等导电性良好的金属为材料制作成封闭的金属容器,并与地线连接,把需要屏蔽的电路置于其中,使外部干扰电场的电力场不影响其内部的电路,反之,内部电路产生的电力线也无法影响外电路。静电屏蔽的容器壁上允许有较小的孔洞(作为引线孔或调试孔)它对屏蔽的影响不大。

使用静电屏蔽时,应注意屏蔽体必须接地,否则虽然导体内无电力线,但导体外仍有电力线,导体仍受到影响,起不到静电屏蔽的作用。比如,在电源变压器的一次、二次侧绕组之间插入一个梳齿形薄铜皮并将它接地,以此来防止两绕组间的静电耦合;开关电源采用带孔的屏蔽外壳,既可散热,又可防止电磁干扰外泄,仪器设备的屏蔽外壳必须接地。图 9.8 所示为开关电源的带孔屏蔽外壳。图 9.9 所示为电缆常用的 4 对双绞扭屏蔽线。

图 9.8　开关电源的带孔屏蔽外壳

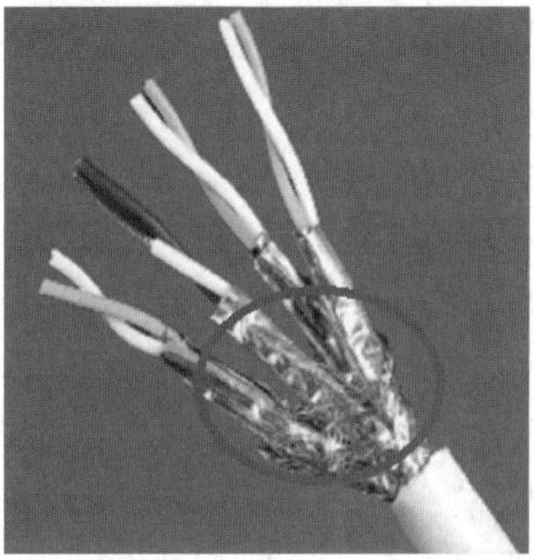

图 9.9　电缆常用的 4 对双绞扭屏蔽线

2)电磁屏蔽

电磁屏蔽是采用导电良好的金属材料做成屏蔽层,将被保护的电路包围在其中,它屏蔽的干扰对象是高频(40 kHz 以上)磁场。干扰源产生的高频磁场遇到导电良好的电磁屏蔽层时,就在其外表面感应出同频率的电涡流,从而消耗了高频干扰源磁场的能量。其次,电涡流也将产生一个新的磁场,抵消了一部分干扰磁场的能量,从而使电磁屏蔽层内部的电路免受高频干扰磁场的影响。在生活中我们常见的孕妇防辐射服就是电磁屏蔽的一个典型应用,如图 9.10 所示。

若将电磁屏蔽层接地,则同时兼有静电屏蔽的作用。也就是说,用导电良好的金属材料做成的接地电磁屏蔽层,同时起到电磁屏蔽和静电屏蔽两种作用。

3)低频磁屏蔽

在低频磁场中,电涡流作用不明显,因此通常采用坡莫合金之类的对低频磁通有高导磁系数的材料(同时要有一定的厚度,以减少磁阻),以便让低频干扰磁力线只从磁阻很小的磁屏蔽层上通过,使低频磁屏蔽层内部的电路免受低频磁场耦合干扰的影响。有时还将屏蔽线穿在接地的铁质蛇皮管或普通铁管内,同时达到静电屏蔽和低频屏蔽的目的。多数仪器的外壳采用导磁材料(例如铁质机壳)作屏蔽层,起到低频磁屏蔽的作用,如图 9.11 所示。

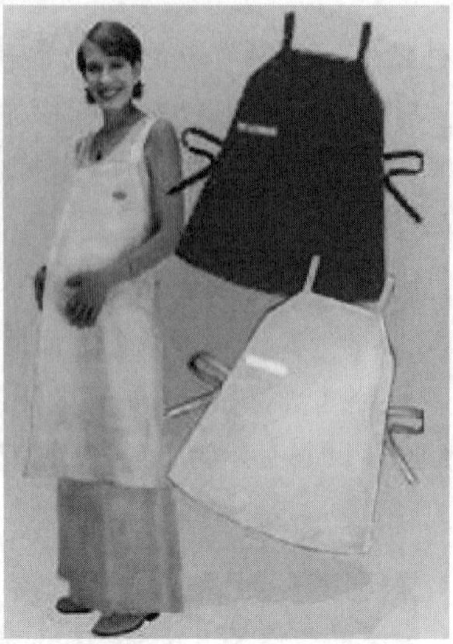

图 9.10　电磁屏蔽应用

图 9.11　低频磁屏蔽应用

2. 接地技术

检测装置电路接地首先是为了安全，其次是为信号电压提供了一个基准电位，另外就是静电屏蔽的需要。在这里主要研究用接地技术来抑制噪声干扰。

1)接地线的种类

在检测装置中，主要有保护接地线、信号地线、信号源地线和负载接地线等四种接地线，一般应分别设置，以消除各地线之间的相互干扰。

(1)保护接地线

保护接地线是指出于安全防护的目的将检测装置的外壳屏蔽层接地用的地线。将装置的机壳和底盘接大地，接地电阻在 10 Ω 以下(计算机房等要求 4 Ω 以下)。

(2)信号地线

信号地线只是检测装置的输入与输出的零信号电位公共线，除特别情况之外，一般与真正大地是隔绝的。信号地线分为两种分别是模拟信号地线和数字信号地线，因前者信号较弱，故对地线要求较高，而后者则要求可低些。

(3)信号源地线

传感器可看作是测量装置的信号源，多数情况下信号较为微弱，通常传感器安装在生产设备现场，而测量装置设在离现场一定距离的控制室内，从测量装置的角度看，可以认为传感器的公共参考端就是信号源地线，它必须与测量装置进行正确的连接才能提高整个检测系统的抗干扰能力；

(4)负载接地线

负载的电流一般都比前级信号电流大得多，负载地线上的电流有可能干扰前级微弱的信号，因此负载地线必须与其他信号地线分开。例如，若误将喇叭的负极(接地线)与扩音机话筒的屏蔽线碰在一起，就相当于负载地线与信号地线合并，可能引起啸叫。又如当负载是继电器时，继电器触点闭合和断开的瞬间经常产生电火花，容易反馈到前级，造成干扰，因此应正确连接。

2)一点接地

为了使屏蔽在防护检测装置不受外界电场的电容性或电阻性漏电影响时充分发挥作用，应将屏蔽线接到大地上。但是大地各处电位很不一致，如果一个测量系统在两点接地，因两接地点不易获得同一电位，从而对两点(多点)接地电路造成干扰。这时的电位是装置输入端共模干扰电压的主要来源。因此，对一个测量电路只能一点接地。

(1)单级电路一点接地

图9.12所示为单级电路的一点接地，电路中的7个点若分别接地，不同接地点间会产生干扰电压，应在一点接地。

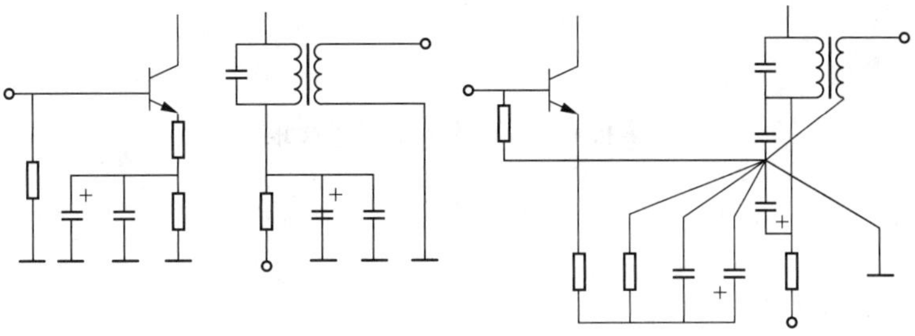

(a)　(b)

图9.12　单级电路的一点接地

(2)多级电路一点接地

图9.13(a)所示为多级电路一点接地的接地形式，虽然避免了多点接地可能产生的干扰，但当各级电平相差较大时，会产生较大的地电流干扰。图9.13(b)所示采用的分别接地方式适用于低频电路。

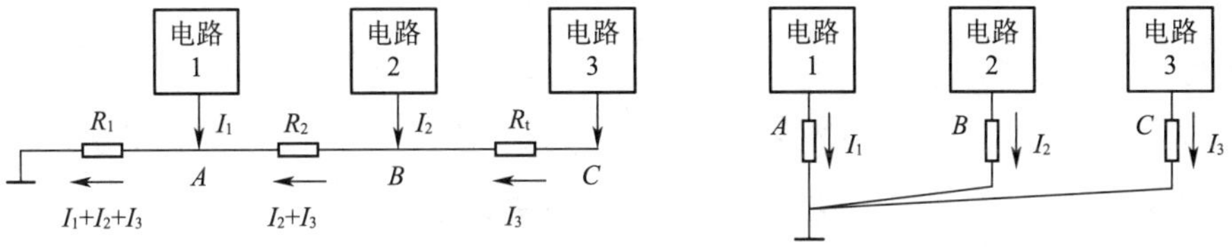

(a)　(b)

图9.13　多级电路一点接地

(3)测量装置的两点接地

图9.14所示为两点接地对测量装置的影响。图中U_S、R_S为信号电压及其内阻，R_1、R_2为传输线的等效电阻，R_i为放大器的输入电阻，U_G、R_G为两接地点间的地电位差和地电阻。

例如，当$U_G=100$ mV，$R_G=0.1\ \Omega$，$R_S=1$ kΩ，$R_1=R_2=1\ \Omega$，$R_i=10$ kΩ时，代入公式(9.7)

$$U_N=\frac{R_i}{R_i+R_1+R_S}\frac{R_2}{R_2+R_G}U_G \tag{9.7}$$

通过计算，则放大器输入端的噪声电压U_N为90 mV，即100 mV的地电位差都几乎加在放大器的输入端上。

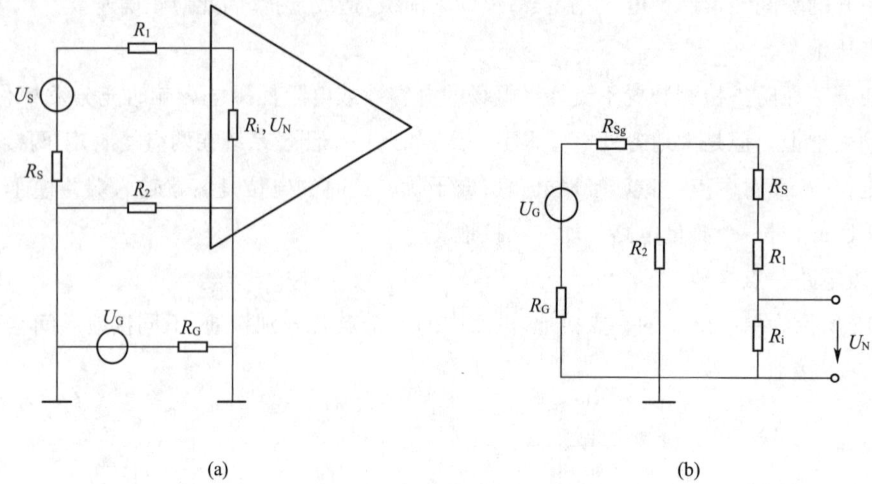

图 9.14　测量装置的两点接地

为了解决上述问题，可采用一点接地，即保持信号源与地隔离，如 9.14(b)所示。图中 $R_{sg}=2\ \mathrm{M\Omega}$，其他参数与图 9.14(a)所示相同，代入公式计算得 U_N 为 45.5 μV。由此可见，干扰情况比信号源直接接地时大有改善。

(4)测量系统接地

通常在检测装置中至少要有三种分开的地线，即信号地线、保护地线和电源地线，如图 9.15 所示。若设备使用交流电源时，则交流电源地线应和保护地线相连。图中三条地线应连在一起并通过一点接地。使用这种接地方式可以避免公共地线各点电位不均匀所产生的干扰。

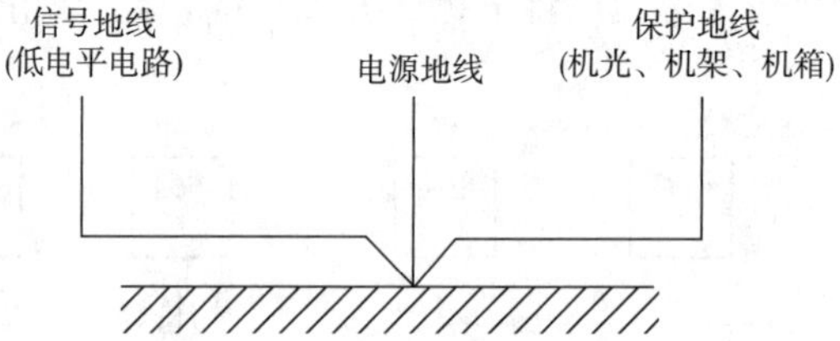

图 9.15　三种电源分开设置图

3)多点接地

一般来说，系统内印制电路板接地的基本原则是高频电路应就近多点接地，低频电路应一点接地。

通常，频率在 1 MHz 以下，可用一点接地；而高于 10 MHz 时，则应多点接地。在 1～10 MHz 之间时，如果采用一点接地的方式，其地线长度就不要超过波长的 1/20。否则，应采用多点接地的方式，如图 9.16 所示。

3. 浮置

浮置又称浮空、浮接，它指的检测装置的输入信号放大器公共线，既不接机壳也不接大地，如图 9.17 所示。这种被浮置的检测装置的测量电路与机壳或大地之间无直流联系，阻断了干扰电路的通路，明显地加大了测量电路放大器公共线与地(或机壳)之间的阻抗，因此浮置与接地相比能大大减小共模干扰电流。

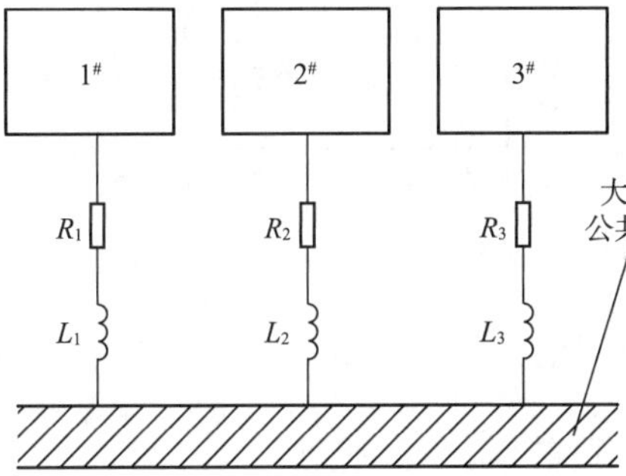

图 9.16 大面积多点接地

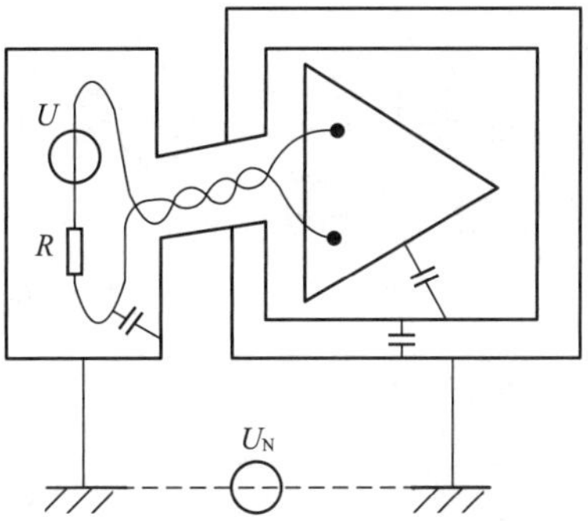

图 9.17 浮置示意图

4. 滤波

滤波器是一种只允许某频带信号通过或只阻止某一频带信号通过的电路，是抑制噪声干扰最有效的手段之一。下面分别介绍在检测设备中的各种滤波器。

1)交流电源进线对称滤波器

任何使用交流电源的检测装置，噪声经电源线传导耦合到测量电路中去，对检测装置工作造成干扰是最明显的。为了抑制这种噪声干扰，在交流电源进线端子间加装滤波器，后面的图 9.18(a)为线间电压滤波器、图 9.18(b)为线间电压和对地电压滤波器、图 9.18(c)为简化的线间电压和对地电压滤波器。这种高频干扰电压对称滤波器，对于抑制中波段的高频噪声干扰是很有效的。

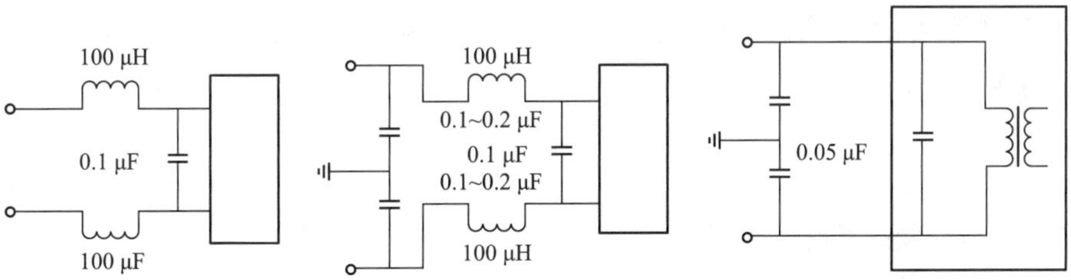

(a) 线间电压滤波器 (b) 线间电压和对地电压滤波器 (c) 简化的线间电压和对地电压滤波器

图 9.18 高频干扰电压对称滤波器

图 9.19 是低频干扰电压滤波电路。此电路对抑制因电源波形失真而含有较多高次谐波的干扰很有效。

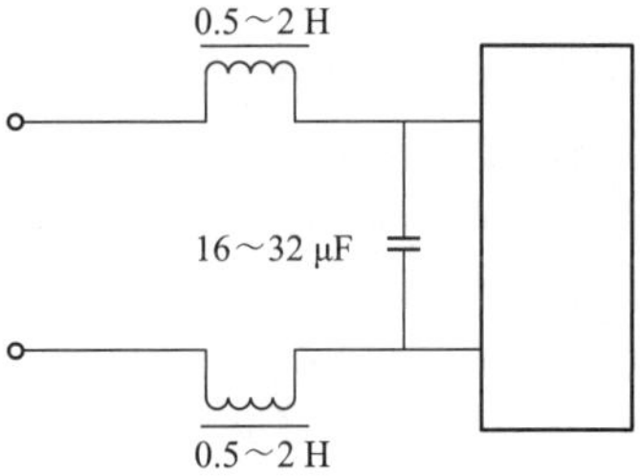

图 9.19 低频干扰电压对称滤波器

2)直流电源输出的滤波器

直流电源往往是检测装置几个电路公用的。为了减弱经公用电源内阻在电路之间形成的噪声耦合，对直流电源输出需加高低频成分的滤波器，如图 9.20 所示。

3)退耦滤波器

当一个直流电源对几个电路同时供电时，为了避免通过电源内阻造成几个电路之间互相干扰，应在每个电路的直流电源进线与地线之间加装退耦滤波器。如图 9.21 所示，其中图 9.21(a)是

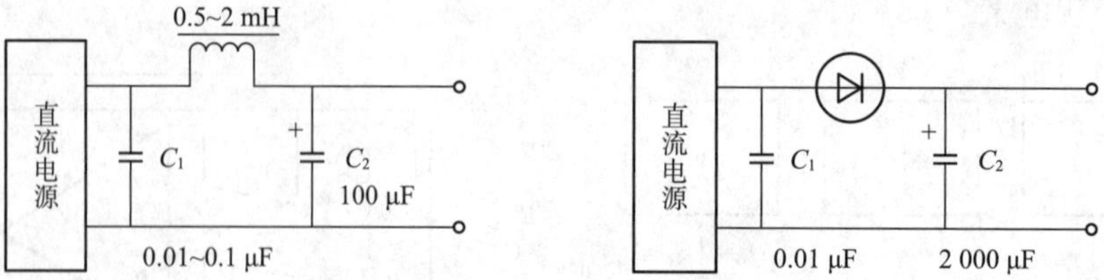

图 9.20　直流电源输出的滤波器

R-*C* 退耦滤波器、图 9.21(b)是 *L*-*C* 退耦滤波器的示意图。应注意，*L*-*C* 滤波器有一个谐振频率，其值为

$$f_r = \frac{1}{2\pi\sqrt{LC}} \tag{9.8}$$

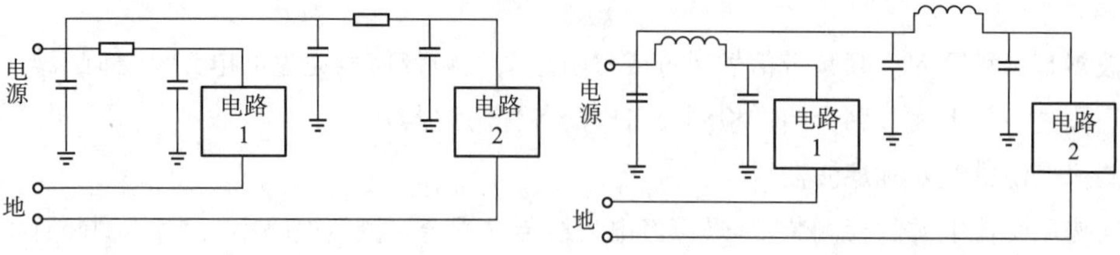

(a) *R*-*C*退耦滤波器示意图　　(b) *L*-*C*退耦滤波器示意图

图 9.21　退耦滤波器的示意图

在这个谐振频率 f_r 上，经滤波器传输过去的信号，比没有滤波器时还要大。因此，必须将这个谐振频率取在电路的通频带之外。在谐振频率 f_r 下，滤波器的增益与阻尼系数 ξ 成反比。*L*-*C* 滤波器的阻尼系数为

$$\xi = \frac{R}{2}\sqrt{\frac{C}{L}} \tag{9.9}$$

式中　*R*——电感线圈的等效电阻。

为了把谐振时的增益限制在 2 dB 以下，应取 $\xi > 0.5$。对于一台多级放大器，各放大级之间会通过电源的内阻抗产生耦合干扰。因此，多级放大器的级间及供电必须进行退耦滤波，可采用 *R*-*C* 退耦滤波器。由于电解电容在频率较高时呈现电感特性，所以退耦电容常由两个电容并联组成。一个为电解电容，起低频退耦作用；另一个为小容量的非电解电容，起高频退耦作用。

5. 光电耦合

目前，检测系统越来越多地采用光耦合器（也俗称作光电耦合器或光耦）来提高系统的抗共模干扰能力。

光耦合器是一种电—光—电耦合器件，它的输入量是电流，输出量也是电流，可是两者之间从电气上看却是绝缘的，如图 9.22 所示。发光二极管一般采用砷化镓红外发光二极管，而光敏元件可以是光敏二极管、光敏三极管、达林顿管，甚至可以是光敏双向晶闸管、光敏集成电路等，发光二极管与光敏元件的轴线对准并保持一定的间隙。

当有电流流入发光二极管时，它即发射红外光，光敏元件受红外光照射后，产生相应的光电流，

这样实现了以光为媒介的电信号的传输。

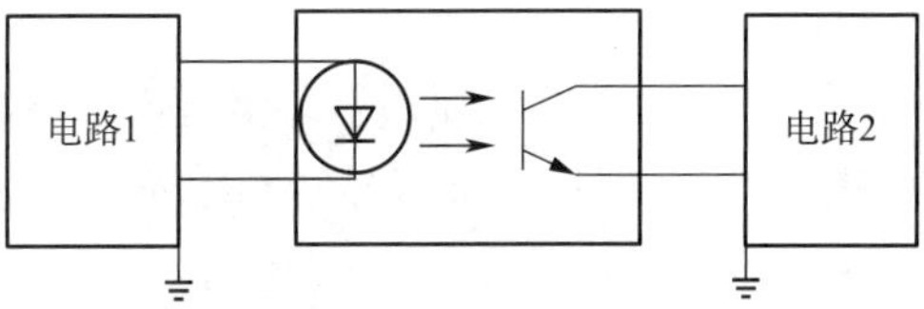

图 9.22　光电耦合器

6. 信号隔离

信号在传输过程中会遇到各种各样的干扰，为保证信号稳定，使用信号隔离器尤为重要。

1)信号隔离器原理

目前，信号隔离(变换)器从隔离方式上主要分为变压器隔离方式，光电隔离方式和变压器与光电联合隔离方式等几种。

信号隔离器至今已有多年的历史，早期的信号隔离器都是采用变压器隔离方式，它的特点是性能稳定，寿命长，带负载能力强，隔离强度高，但电路复杂，制作工艺要求更高。

随着电子技术的发展，近些年来逐渐出现了利用光耦合器(optical coupler)生产的光电式隔离器，它的特点是性能稳定，抗干扰能力强，而且线路简单，成本低廉，但相对于变压器隔离方式寿命略短。

在一些现场干扰较大，工艺要求较高场合出现了变压器与光电联合方式的信号隔离器，它的隔离能力、抗无线射频和电磁干扰能力更强。

信号隔离器的原理如图 9.23 所示，隔离器实现了输入对输出对电源对地的四端三重隔离电路设计，因此无须系统接地线路，给设计及现场施工带来极大方便。也正是由于这种信号线路无须共地的设计，使得检测和控制回路信号的稳定性和抗干扰能力增强，从而提高了整个系统的可靠性。另外，这种隔离器产品除具备极强的滤波能力外，还有更强的信号处理能力，能够接受并处理热电偶、热电阻、频率等各种信号。

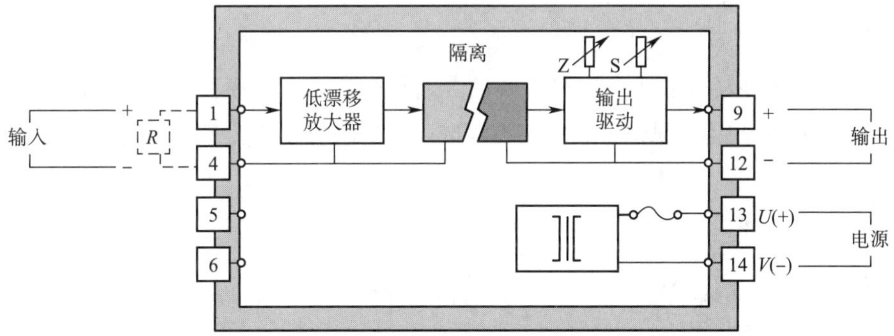

图 9.23　信号隔离器的原理

2)信号隔离(变换)器的应用举例

(1)隔离输入/输出信号

这是信号隔离器最主要的功能。信号隔离器一方面能解决接地环路和设备互联时产生的地线参考点不同的问题,另一方面能有效地去除线路在传输过程中可能受到的无线射频和电磁干扰问题。

在图 9.24 中,两台现场设备(1#和 2#仪表)向 PLC/DCS 传送模拟信号,同时 PLC/DCS 向另外两台现场设备(3#和 4#仪表)发出模拟信号进行显示和控制。在这套系统中,理想的状态是:位于现场的 1#、2#设备与位于主控室的 PLC/DCS 的参考“地”电位完全相等,而且传输过程中不存在任何干扰,这样才能保证 PLC/DCS 接收正确。但现实情况是这种“理想状态”很难实现。举例来说,假设 1#和 2#设备输入的信号为 DC 0～10 V 的模拟信号。我们在现场测量两者的信号也完全正确。1#设备的“地”与 PLC/DCS 的“地”相等,而 2#设备比它们的“地”电位高 0.1 V,这样 PLC/DCS 接收到 1#设备的信号为 0～10 V,而接收到的 2#设备的信号为 0.1～10.1 V,显然误差产生了。特别是在多级互联的串联设备中,这种误差会变得非常大。如果我们简单地把 1#,2#设备的“地”线在 PLC/DCS 处汇合连接,那么这 0.1 V 的电压会施加在 PLC/DCS 的“地”线上,有可能损坏 PLC/DCS 的局部“地”线。同样,在输出端的 3#,4#设备也会出现类似的情况。由此引起的信号传输干扰问题在现场调试中比较常见。

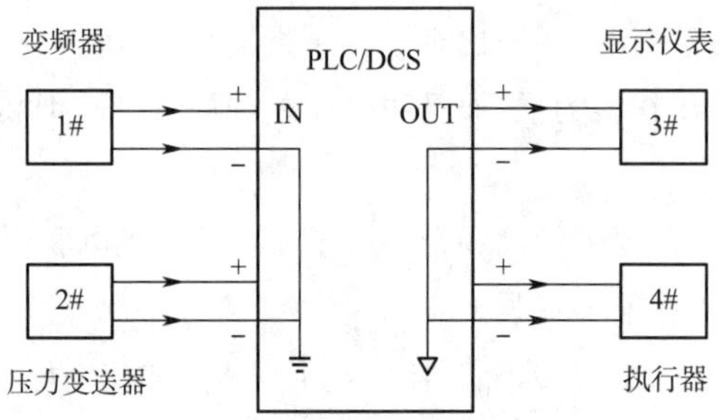

图 9.24 隔离器在设备间的连接

解决上述问题的最好办法就是在输入端和输出端分别加上信号隔离器。从信号隔离器的原理图可以看出,它信号隔离器具有使输入/输出信号在电气上完全隔离的特点。换句话讲,现场输入设备与主控接收设备间不存在共“地”,那么输入信号不管是 0～10 V,或是带有哪怕+10 V 干扰的 10～20 V 的信号,经过隔离器后均变为 0～10 V 的标准信号。例如某地铁线路施工调试过程中,当现场温信号接入国外某著名品牌 PLC 系统的 8 通道模拟量输入模板后,温度数据乱跳,根本无法控制,但在现场进行单点测试时又很稳定也很准确。这时可以在信号的传输环节增加信号隔离器,如图 9.25 所示,故障就消失了。

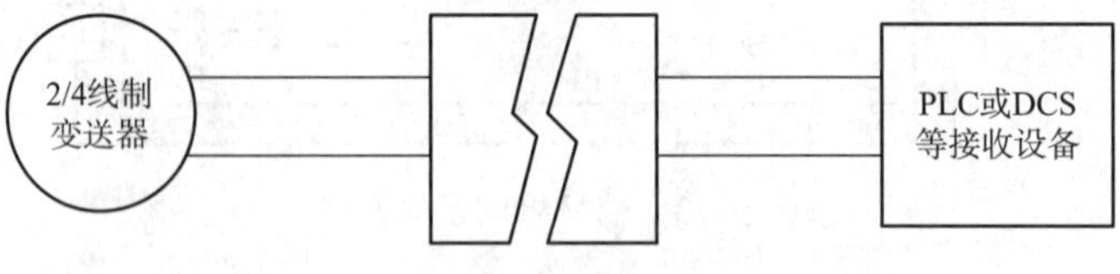

图 9.25 信号的传输环节增加信号隔离器

(2)信号隔离分配

在实际应用中,我们经常遇到将一个变送器信号接入两个或两个以上接收装置的情况,若采用串联环路，则环路中任一处开路都会造成整个环路上的仪表无信号，同时负载电阻之和很容易超过变送器的负载能力，所以一般不采用这种方式。通常采用的方式是在环路中串接一个电阻，再将负载并联在电阻上以取得电压信号，如串接一个 250 Ω 电阻将 4～20 mA 电流信号转换成 1～5 V 电压信号，如图 9.26 所示。

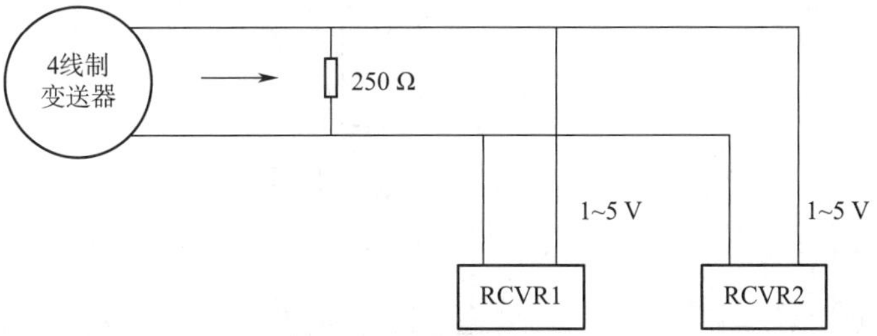

图 9.26　串接电阻的应用

这种方式虽然能避开开路及负载能力等问题，但却存在以下不足：

①由于电阻本身难以达到高精度，加之存在接线端电阻以及电阻发热引起阻抗升高等因素，所以电压信号较难保证高精度；

②通过串联电阻取电压信号方法是以假定接收设备的输入阻抗无穷大为理想前提的，所以接收设备的输入阻抗必然对信号的测量产生误差，而且，并联设备数目越多，误差越大；

③导线越长，电阻的电压降越大，对实际电压信号的影响也越大，因此信号传输距离不能太长；

④由于 RFI/EMI（无线射频/电磁干扰）的信号容易与电压信号叠加，所以该连接易受无线射频/电磁干扰。

解决以上问题的理想方案就是使用信号（隔离）分配器，信号（隔离）分配器精度高、隔离能力强，可以解决以上各种问题，接线方式如图 9.27 所示。

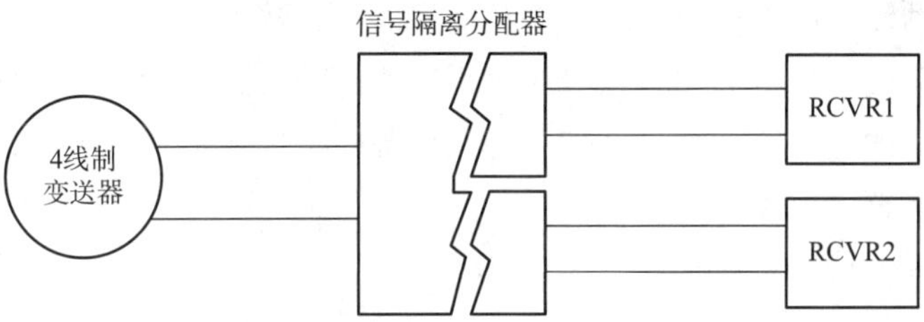

图 9.27　信号（隔离）分配器的应用

图 9.27 中，两输出信号既可相同也可互异，变送器、RCVR（接收设备）间完全隔离。任一接收设备出现故障，不会影响整个环路及另一套设备。

（3）避免电源冲突

有时现场仪表在配套时，由于协调不力，产生了如下情况：接收设备（如某些 PLC/DCS 输入模板）的信号接入端带有 24V 电源（即我们常说的两线制接口），而现场为 4 线制变送器，输出信号为有源信号，因此，来自于现场的 4 线制变送器输出信号与来自于接收装置的两线制电源信号就会发生冲突。

解决的方法是接入输出环路供电型隔离器，它通过信号输出线由接收设备供电，并将现场 4 线制变送器的有源信号经隔离后输出给接收设备，这样不仅避免了电源冲突，而且还对信号实行了隔离，如图 9.28 所示。

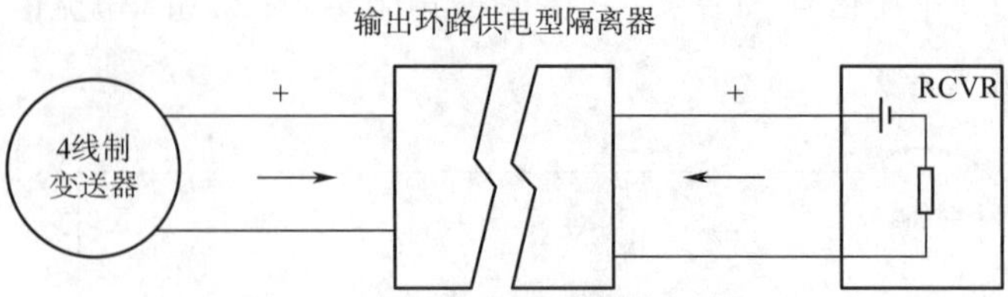

图 9.28　供电型隔离器的应用

(4)提供电源并隔离

4 线制外部供电型信号隔离器，又叫隔离配电器，具有向 2 线制变送器供电的功能，由此可以免去为变送器再配置电源的麻烦。并且也提供了信号隔离功能，如图 9.29 所示。

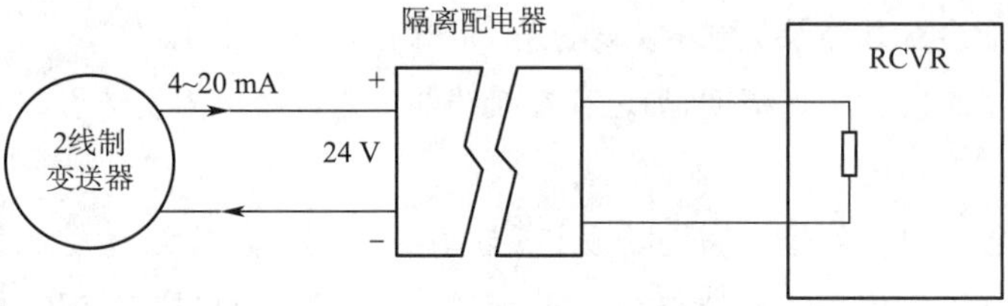

图 9.29　隔离配电器的应用

(5)信号转换并隔离

上述介绍的所有隔离器都带有信号转换功能，可接收如直流标准（或非标准）信号、热电偶信号、热电阻信号、电位计信号，甚至交流信号等，并可以输出用户需要的各种信号。

3)智能型信号隔离器

随着技术的不断进步，市场上出现了许多智能型信号隔离器，它除具有常规信号隔离器的优异性能外，特加入了 CPU 控制单元，具有现场可编程功能（即万能输入型）及通信功能。这种高智能的信号隔离器有很高的应用灵活性，可以有效地减少备件库存数量，降低资金积压。这种智能型的信号隔离器必将成为这一领域的主流。

4)地铁应用的典型信号隔离器

图 9.30　SBWZ/R 系列信号隔离器

现以北京地铁某线路应用的 SBWZ/R 系列信号隔离器为例，简单介绍其主要的应用情况。该信号隔离器如图 9.30 所示，主要与 PLC/DCS 等工业测控系统配合使用，用来完善和补充系统模拟 I/O 插件功能，增加系统适用性和现场环境下的可靠性。本产品按国际电磁兼容性标准设计，采用国际上同行业公认的调制式变压器隔离技术，完成输入、输出、电源的相互隔离。在模块内部电路设计上，以低功耗，低温漂技术为基础，采用高品质元器件，使产品能够长期稳定工作，同时产品设有输入保护、干扰抑制、隔离等功能。

第10章 仪表日常维护

10.1 仪表日常维护要求

城市轨道交通各个控制系统中所应用的过程检测与控制仪表的日常维护是十分重要的工作，它是保证轨道交通正常运营的关键所在。仪表日常维护保养体现出全面质量管理预防为先的思想，仪表维护人员应当认真做好仪表的日常维护工作，保证仪表正常运行。仪表日常维护重点包括日常巡检、定期润滑、定期排污、保温伴热和PLC/DCS系统的日常维护等几个方面。

1. 日常巡检

仪表维护人员一般都有自己所辖仪表维护保养责任区，根据所辖责任区仪表分布情况，选定最佳巡回检查路线，每天至少巡回检查一次，巡回检查时，仪表维护人员应向当班运营人员了解仪表显示及运行情况，具体巡检内容包括：

(1)查看仪表指示、记录是否正常、现场一次仪表(变送器)指示和控制室显示仪表、调节仪表指示值是否变化一致，调节器输出指示和调节阀阀位是否一致等；

(2)查看仪表电源电压是否在规定范围内，气源是否达到额定值；

(3)检查仪表保温、伴热状况；

(4)检查仪表本体和连接件损坏和腐蚀情况；

(5)检查仪表和工艺接口泄漏情况；

(6)查看仪表完好状况。

2. 定期润滑

定期润滑也是仪表维护人员日常工作的内容。定期润滑的周期根据具体情况确定，一般一个月或者一个季度均可。重要定期润滑的仪表和部件如下：

(1)椭圆齿轮流量计、转子流量计等现场指示部分齿轮传动部件；

(2)气动长行程执行机构的传动部件；

(3)气动凸轮挠曲阀传动部件；

(4)气动切断球阀转动部件；

(5)气动蝶阀转动部件；

(6)调节阀椭圆形压盖上的毡垫；

(7)保护箱、保温箱的门轴。

此外，固定用的双头螺栓，外露的丝扣以及其他恶劣环境下固定仪表、调节阀等使用的螺栓、丝扣，外露部分应涂上黑铅油（石墨粉加黄油），防止丝扣锈蚀，拆装困难。

3. 定期排污

定期排污主要有两项工作，其一是排污，其二是定期进行吹洗。这项工作应因地制宜，并不是所有过程检测仪表都需要定期排污。

1)排污

排污主要是针对差压变送器、压力变送器、浮筒液位计等仪表，由于测量介质含有粉尘、油垢、微小颗粒等在导压管内沉积（或在取压阀内沉积），直接或间接影响测量。排污周期可由仪表维护人员根据实践自行确定。定期排污应注意事项如下：

(1)排污前，必须和运营人员联系，取得运营人员确认后才能进行；

(2)流量、压力或液位调节系统排污前，应先将自动切换到手动，保证调节阀的开度不变；

(3)对于差压变送器，排污前先将三阀组正、负压阀关死；

(4)排污阀下放置容器，慢慢打开正、负压导压管排污阀，使物料和污物进入容器，防止物料直接排入地沟，否则，不仅污染环境，而且造成浪费；

(5)开启三阀组正负取压阀，拧松差压变送器本体上排污（排气）螺钉进行排污，排污完成后拧紧螺钉；

(6)观察现场指示仪表，直至输出正常，若是调节系统，将手动切换为自动。

2)吹洗

吹洗是利用吹气或冲液使被测介质与仪表部件或测量管线不直接接触，以确保测量仪表实施测量的一种方法，吹气是通过测量管线向测量对象连续定量地吹入气体。冲液是通过测量管线向测量对象连续定量地冲入液体。

4. 保温伴热

检查仪表保温伴热，是仪表维护人员日常维护工作的内容之一，它关系到节约能源，防止仪表冻坏，保证仪表测量系统正常运行，是仪表维护不可忽视的一项工作。

这项工作的地区性、季节性比较强。冬天，仪表维护人员巡回检查应观察仪表保温状况，检查安装在工艺设备与管线上的仪表，如椭圆齿轮流量计、电磁流量计、漩涡流量计（涡街流量计）、涡轮流量计、质量流量计、法兰式差压变送器、浮筒液位计和调节阀等保温状况，观察保温材料是否脱落，是否被雨水打湿造成保温材料不起作用。个别仪表需要保温伴热时，要检查伴热状况，发现问题及时处理。

还要检查差压变送器和压力变送器导压管线保温情况，检查保温箱保温情况。差压变送器和压力变送器导压管内物料由于处在静止状态，有时除保温以外尚须伴热，伴热一般为电伴热和蒸汽伴热。对于电伴热应重点检查电源电压、温度设定值等参数，温度值的设定应根据被测介质的特性设定,以被测介质不被汽化且不结晶(结冰)为宜,保证仪表正常运行。

5. PLC/DCS 系统的日常维护

随着计算机技术在城市轨道交通领域越来越广泛的应用和发展,PLC/DCS 系统在生产过程中越来越重要。系统中的任一环节出现问题,均会导致系统部分功能失效或引发控制系统故障,严重时会导致整个控制系统的瘫痪。因此 PLC/DCS 系统维护人员要做好日常维护,做到预防维护,以保障系统正常运行。

1)PLC/DCS 系统的日常维护

(1)检查设备室空调设备运行情况,保证室温变化小于等于±5 ℃,避免由于温度、湿度急剧变化导致在系统设备上的凝露;

(2)检查 UPS 电源运行状况和负荷;

(3)检查控制柜内通风、散热状况,重点检查排风扇运行情况,出现噪声增加现象时,应及时对风扇轴承润滑,并及时清理滤网;

(4)检查控制柜内电源、所有模板、通信部件运行状况,当指示灯出现异常情况时,应及时排除故障;

(5)检查端子接线、安全栅、继电器等辅助部件的运行状况,发现问题及时处理;

(6)各操作员站及控制站的滤网要经常清洗;

(7)尽量避免电磁场对系统的干扰,避免移动运行中的操作员站、显示器等,避免拉动或碰伤设备连接电缆和通信电缆等;

(8)做好控制子目录文件的备份,各自控回路的 PID 参数、调节器正反作用等系统数据记录工作;

(9)检查操作员站、显示器、鼠标、键盘等硬件是否完好,实时监控工作是否正常;

(10)查看故障诊断画面,是否有故障提示;

(11)检查历史数据存储介质的剩余空间,空间不足时,应及时将历史数据备份到外部存储器。

系统上电后,通信接头不能与机柜等导电体相碰,互为冗余的通信线、通信接头不能碰在一起,以免烧坏通信网卡。

2)预防性维护

每年应利用大修进行一次预防性的维护,以掌握系统运行状态,消除故障隐患。大修期间对 PLC/DCS 系统应进行彻底的维护,内容包括:

(1)操作站、控制站停电检修。包括工控机内部、控制站机箱、I/O 机柜、电源箱等部件的灰尘清理;

(2)UPS 电源维护、系统供电线路检修;

(3)接地系统检修,包括端子检查、对地电阻测试;

(4)现场设备检修,具体做法可参照有关设备说明书。

大修后系统维护负责人应确认条件具备方可上电,并应严格遵照上电步骤进行。

3)常见故障维护

(1)PLC/DCS 系统具有丰富的自诊断功能。根据报警,可以直接找到故障点,并且还可通过报警的消除来验证维修结果；

(2)通信接头接触不良会引起通信故障,确认通信接头接触不良后,可以利用工具重做接头;通信线破损应及时更换;

(3)某个卡件故障灯闪烁或者卡件上全部数据都为零,可能的原因是组态信息有错、卡件处于备用状态而冗余端子连接线未接、卡件本身故障、该槽位没有组态信息等;

(4)当某一显示状态异常或报警时,我们可以先找到反映此状态的仪表,然后顺着信号向上传递的方向,用仪器逐一检查信号的正误,直到查出故障所在。

10.2 仪表就地校准

就地校准也就是安装在现场仪表的校准。大量的仪表安装在现场,对这些仪表进行现场校准是经常进行的。对仪表进行现场校准是仪表日常维修工作的范畴,一般说现场校准仪表只是对示值误差的确认。

1. 差压变送器就地校准

差压变送器分为气动、电动两大类,城市轨道交通各个领域广泛采用差压变送器,大多用来与节流装置配用测量流量,也有的用来测量液位或其他参数。大量的差压变送器在生产现场使用,多数情况校准都在现场进行。

1)工具与仪表

现场校准差压变送器一般不需要将变送器拆下。先关闭引压管正负压阀,打开平衡阀,卸下正负压排气孔堵头,气压信号可以从变送器正压侧经校表接嘴进入,负压侧通大气。校准用的工具无特殊要求,有 150 mm、200 mm(8 英寸、10 英寸)的常用扳手及仪表维护人员配用的工具即可。做校准用的标准器,其误差限应是被校表误差限的 1/3、1/10。

校准差压变送器需用的器具见表 10.1。

表 10.1 校准差压变送器需用的器具

名 称	规格及型号	单 位	数 量
数字压力表	量程视被校仪表的量程定	台	1
精密电流表	0～30 mA	台	1
气源减压阀	—	只	1
气动定值器	—	只	1
气源管三通	Φ6(Φ8)	只	1
胶管或钢管	Φ6(Φ8)	m	—
电线	若干米	—	—
校表接嘴	—	—	—

2)接线

首先将仪表退出在线运行,再进行接线工作。如果仪表不易取下,则仪表校准时可结合实际情况连接，如气动表可不另接气源，电动表可不另接电源等。电动差压变送器校准接线原理如图 10.1 所示。

对于高差压的差压变送器，输入信号可由活塞压力计提供。现场校表时直接用现场的电源。

3）主要操作步骤

电动差压变送器的校准步骤：

（1）基本误差校准

①关闭引压管正、负压阀，打开平衡阀；

②按图 10.1 接好校准线路；

③卸去正、负侧排气堵头；

④用空气将正负压室内的残液从排气堵头经放空堵头吹净；

⑤检查确认后接通电源；

⑥经校表接嘴向正压侧排气孔加信号。选变送器测量范围或输出信号的 0、25%、50%、75%、100%等 5 个点为标准值进行校准；

⑦平稳地输出差压信号，读取各点相应的实测值；

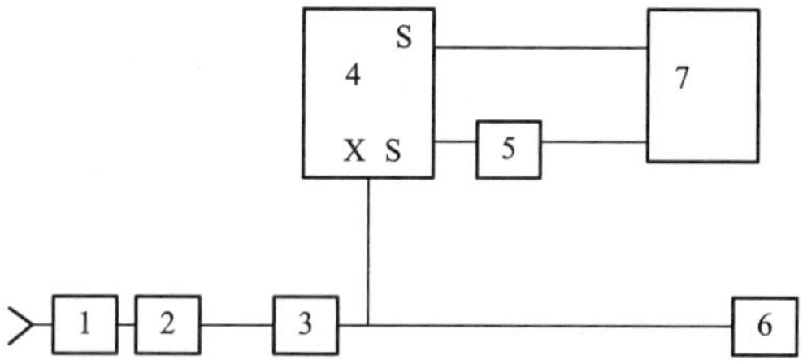

1—气源切断阀；2—减压阀；3—气动定值器；4—被校表；
5—精密电流表；6—数字压力计；7—供电电源；X—输入；S—输出。

图 10.1　电动差压变送器的校准接线原理

⑧使输出信号上升到上限值的 105%保持 1 min，然后逐渐使输出信号减少到最少，读取各点相应的实测值；

⑨计算基本误差：

$$\text{正行程误差}\ \delta_Z=(A_z-A_o)/16\times100\% \tag{10.1}$$

$$\text{反行程误差}\ \delta_F=(A_F+A_o)/16\times100\% \tag{10.2}$$

式中　δ_Z——正行程基本误差，%；

δ_F——反行程基本误差，%；

A_z——正行程时输出实测值，mA；

A_F——反行程时输出实测值，mA；

A_o——输出信号公称值，mA；

16——输出信号的上、下限之差，mA。

电动差压变送器的允许基本误差不得超过变送器规定的精度等级。

(2)回程误差的校准

在同一点测得正、反行程实测值之差的绝对值，即为电动差压变送器的回程误差。

回程误差的计算：

$$A_H = |A_Z - A_F| \tag{10.3}$$

式中 A_H——电动差压变送器的回程误差，mA；

A_Z——正行程时输出信号的实测值，mA；

A_F——反行程时输出信号的实测值，mA。

电动差压变送器的回程误差不得超过变送器规定允许差绝对值。

(3)填写校准记录

电动差压变送器校准表格形式见表 10.2。

表 10.2　电动差压变送器校准表

单位　　　　　　　　　　仪表名称
规格型号　　　　　　　　精度等级
测量范围　　　　　　　　制造厂
出厂编号

输出信号		输出公称值/kPa	输出实测值		误差/kPa		回程误差/kPa
%	kPa		正	反	正	反	
0							
25							
50							
75							
100							

允许基本误差：　　　　　　　　最大基本误差：
允许回程误差：　　　　　　　　最大回程误差：
校准人：　　　　　　　　　　　审核人：　　　　　　年　月　日

下面以西安仪表厂 1151DP 型差压变送器为例，说明校准的主要过程。

(1)准备及接管连接

①关闭三阀组正、负压阀，打开平衡阀；

②取下正压侧排气堵头，并在堵头位置接上校表接嘴；

③打开下方排气/排液阀，吹扫残物、残液后关死排气、排液阀；

④接上压力信号源及数字压力计；

⑤卸开二次表的输入端子(只卸一端)，串上标准电流表。

此时仪表接线状态如图 10.2 所示。

(2)校准

①基本误差及回程误差的校准。

将差压测量值分别置于规定测量值的 0、25％、50％、75％、100％各点，并记录下输出对应于各

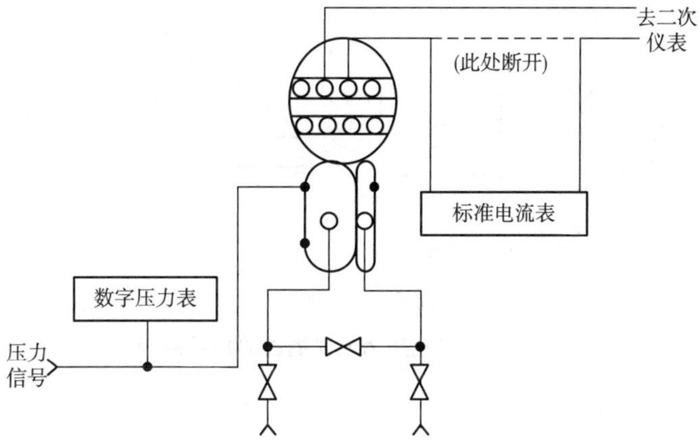

图 10.2 1151DP 型差压变送器的校准

点的实际值。计算基本误差,实际输出值之差对输出值的范围(16 mA)的百分率即为基本误差。

②回程误差的校准。

使测量值略超过测量最高值(如 105%),然后依次将测量输入值分别置于 100%、75%、50%、25%、0 各点,并记录下输出对应于各点的实际值。计算回程误差,变送器各点正反行程输出实测值之差的绝对值即为回程误差。

③静态误差校准。

现场校准一般不校静态误差,只确定是否存在静态误差即可。

2. 压力变送器就地校准

压力变送器是将压力转变成 4~20 mA 电流信号的仪表,压力变送器分为气动、电动两大类,压力变送器在城市轨道交通领域广泛采用。就地对压力变送器的校准也是经常进行的。

1)工具与仪器

现场校准压力变送器不须拆下,也不需要特殊的工具,常用的工具包括 200 mm、250 mm(8 英寸、10 英寸)的扳手及仪表维护人员配用的工具即可。校准用仪器的误差限为被校表误差限的 1/3~1/10。校准压力变送器需要的器具见表 10.3。

表 10.3 校准压力变送器常用器具

名 称	规格型号	单 位	数 量	备 注
活塞压力计	YS-60 或 YS-600	台	1	按被校表量程选用
数字压力计	—	台	1	按被校表量程选用
精密电流表	0~30 mA	台	1	—
胶管或钢管	—	m	1	—
电线	—	—	若干米	—

2)接线

电动压力变送器校准接线原理如图 10.3 所示。

3)操作步骤

电动压力变送器的校准步骤如下:

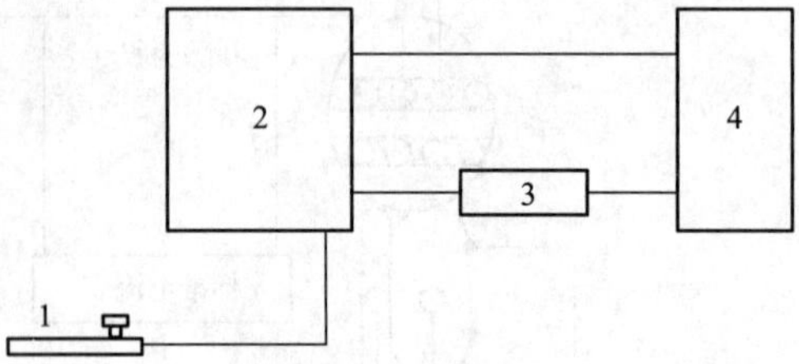

1—活塞压力计；2—被校表；3—精密电流表；4—DC 24 V 电源。

图 10.3 电动压力变送器校验接线原理

(1)基本误差的校准

①关闭引压管入变送器的阀，断开原引压管接头，接上活塞压力计，按图接好校准线路；

②经检查确认无误后通电；

③选压力变送器测量范围或输出信号的 0、25%、50%、75%、100%5 个点为标准值进行校准；

④用活塞压力计平稳增加到压力信号，读取各点相应实测值。

⑤使输出信号上升到上限的 105%处保持 1 min，然后逐渐使输出的信号减少到最小值，读取各点相应的实测值；

⑥计算基本误差：

$$正行程误差\ \delta_Z=(A_z-A_o)/16\times 100\% \tag{10.4}$$

$$反行程误差\ \delta_F=(A_F+A_o)/16\times 100\% \tag{10.5}$$

式中 δ_Z——正行程基本误差，%；

δ_F——反行程基本误差，%；

A_z——正行程时输出实测值，mA；

A_F——反行程时输出实测值，mA；

A_o——输出信号公称值，mA；

16——输出信号的上、下限之差，mA。

电动压力变送器的允许基本误差不得超过变送器规定的精度等级。

(2)回程误差的校准

在同一点测得正、反行程实测值之差的绝对值，即为电动压力变送器的回程误差。

回程误差的计算：

$$A_H=|A_Z-A_F| \tag{10.6}$$

式中 A_H——电动差压变送器的回程误差，mA；

A_Z——正行程时输出信号的实测值，mA；

A_F——反行程时输出信号的实测值，mA。

电动压力变送器的回程误差不得超过变送器规定允许基本误差。

(3)填写校准记录

电动压力变送器校准表格形式见表 10.4。

表 10.4　电动压力变送器校准表格

单位			仪表名称			
规格型号			精度等级			
测量范围			制造厂			
出厂编号						

基本误差、回程误差

输出信号		输出公称值/kPa	输出实测值		误差/kPa		回程误差/kPa
%	kPa		正	反	正	反	
0							
25							
50							
75							
100							

允许基本误差：　　　　最大基本误差：
允许回程误差：　　　　最大回程误差：
校准人：　　　　审核人：　　　　年　月　日

3. 调节阀(附阀门定位器)**现场校准**

调节阀在调节系统中是执行机构，阀门的动作受调节器控制，同时阀门的动作也直接影响工艺参数的变化，所以除了现场装有副线的调节阀可以经副线将调节阀切出运行状态进行校准外，其余都只能在停运状态下才能校准。为了提高调节性能，调节阀往往装有阀门定位器，在一般情况下调节阀都是连同阀门定位器一起校准的。阀门定位器分为气动和电动两种。

1)工具与仪器

调节阀带阀门定位器及其他附件，机械结构比较复杂，零部件也比较多，所以要求配置的工具比较齐全。要求有套筒扳手、内六角扳手(200～375 mm)、各种规格的活动扳手以及仪表维护人员日常使用的工具，必要时还应配 0.5 t 的葫芦。使用仪器见表 10.5。

表 10.5　调节阀现场使校准使用仪器

数字压力计	0～160 kPa	2 台
气动定值器	—	1 台
精密电流表	0～30 mA	1 台
电流信号发生器	—	1 台

2)接线及校准步骤

带气动阀门定位器的调节阀校准按照如下步骤进行：

(1)接线

按图 10.4 所示接配管线。接通气源调整定值器，使其输出(数字压力计 1)为 20 kPa，观察阀门行程是否在起始位置(最大行程位置)。调整定值器输出到 100 kPa，观察阀门行程是否达到最大(起始位置)。图中数字压力计 2 作为监视定位器输出用。

(2)步骤

①选输入信号压力 20 kPa、40 kPa、60 kPa、80 kPa、100 kPa 5 各点进行校准；

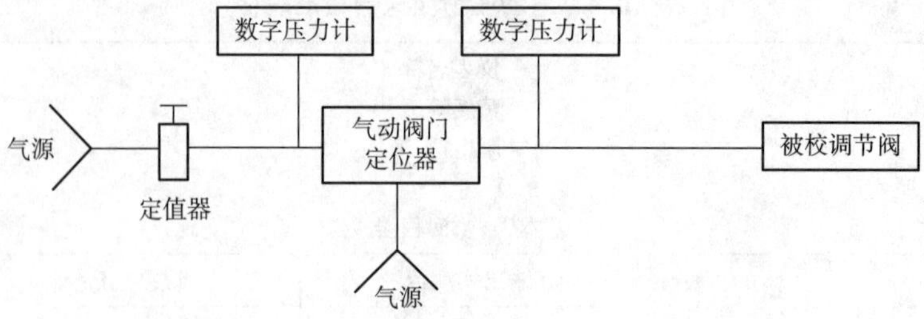

图 10.4　带气动阀门定位器的调节阀校准原理

②对应阀位指示应为 0、25%、50%、75%、100%；

③正、反两个方向进行校准。阀位指示如以全行程(mm)乘上刻度百分数，即能得到行程的毫米数。

带电气阀门定位器的调节阀调准步骤如下：

(1)接线

按图 10.5 所示接配管线。图中数字压力计作监视定位器输出用。

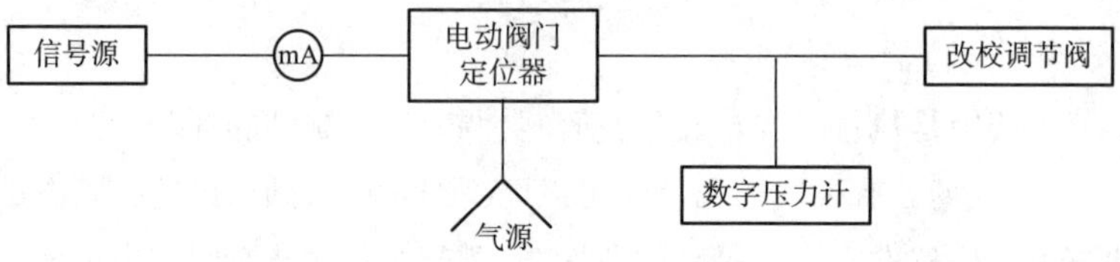

图 10.5　带电气阀门定位器的调节阀校准原理

先送入 4 mA 的输入信号，观察数字压力计是否为 20 kPa，阀门行程是否在起始位置(最大行程位置)。再将输入信号调整到 20 mA，观察数字压力计是否为 100 kPa，阀门行程是否达到最大(起始位置)。

(2)步骤

①选输入信号为 4 mA、8 mA、12 mA、16 mA、20 mA 5 个点校准；

②对应阀门指示应为 0、25%、50%、75%、100%；

③正、反两个方向进行校准。阀位指示如以全行程(mm)乘上刻度百分数，即能得到行程的毫米数。

在对调节阀校准中，因是现场校准，阀门已经装在使用位置，所以有的项目如气密性试验等无法进行。在定位器和调节阀联动校准过程中，如发现定位器工作不正常，则应将定位器取下单独校准。

10.3　仪表常见故障及排除

所谓仪表故障，大致可分为两类，一类是仪表自身故障，另一类是系统故障，是生产过程中仪表检测与控制系统出现的故障。

第一类故障，由于故障现象比较明确，处理方法相对比较简单，对于这类故障，仪表检修人员总结出一套仪表故障判断的10类方法，分别如下。

(1)调查法，通过对故障现象和它产生发展过程的调查了解，分析判断故障原因；

(2)直观检查法，不用任何测试仪器，通过人的感官(眼、耳、鼻、手)去观察发现故障；

(3)断路法，将所怀疑的部分与整机或单元电路断开，看故障可否消失，从而判定故障所在；

(4)短路法，将所怀疑发生故障的某级电路或元器件暂时短接，观察故障状态有无变化来断定故障部位；

(5)替换法，通过更换某些元器件或线路板以确定故障在某一部位；

(6)分部法，在查找故障的过程中，将电路和电气部件分成几个部分，以查明故障原因；

(7)人体干扰法，人身处在杂乱的电磁场中(包括交流电网产生的电磁场)，会感应出微弱的低频电动势(近几十至几百微伏)。当人手接触到仪器仪表某些电路时，电路就会发生反应，利用这一原理可以简单地判断电路某些故障部位；

(8)电压法，电压法就是用万用表(或其他电压表)适当量程测量怀疑部分，分测交流电压和直流电压两种；

(9)电流法，电流法分直接测量和间接测量两种。直接测量是将电路断开后串入电流表，测出电流值与仪表正常状态下数值相比较，从而判断故障。间接测量不断开电路，测出电阻上的压降，根据电阻值计算出近似的电流值，多用于晶体管元件电流的测量；

(10)电阻法，电阻检查法即在不通电的情况下，用万用表电阻挡检查仪器仪表整机电路和部分电路的输入输出电阻是否正常，电容器是否击穿或漏电，电感线圈、变压器有无断线、短路等。

对于第二类仪表故障，即生产过程中检测控制系统中出现的仪表故障，比较复杂，从故障处理的重要性、复杂性和故障处理的基础知识三个方面来说明。

1)故障处理的重要性

城市轨道交通控制系统庞杂，环节众多，在运营过程中经常出现仪表故障现象，由于检测与控制系统是由若干个仪表(或元件)通过电缆(或管缆)组合而成，究竟是哪一个环节出现故障，一时很难判定。如何正确判断，及时处理仪表故障，直接关系到轨道交通运营的安全与稳定，同时也最能反映出仪表维护人员、仪表技师实际工作能力和业务水平。

2)故障处理的复杂性

城市轨道交通控制系统自动化水平很高，各个机电控制系统的正常运行与检测仪表休戚相关，维护人员通过检测仪表显示各类工艺参数，诸如温度、流量、压力和液位等来判断控制系统是否正常，根据仪表指示来判断控制系统是否运行稳定。仪表指示出现异常现象(指示偏高、偏低，不变化、不稳定等)，本身包含两种因素，一是工艺因素，仪表忠实地反映出工艺异常情况；二是仪表因素，由于仪表(测量系统)某一环节故障而出现工艺参数误指示。这两种因素总是混淆在一起，很难马上判断出来，这就增加了仪表故障处理的复杂性。

3)故障处理的基础知识

仪表维护人员要准确判断仪表故障，除多年的实践经验积累外，必须对仪表的工作原理、结构、性能特点相当熟悉。另外要熟悉测量控制系统中每一个环节、应对工艺流程的物理化学特性、主要控制设备的特性有所了解，这能帮助仪表维护人员拓宽思路，有助于分析和判断故障。

10.3.1　温度检测故障判断分析与处理

温度检测最常见的故障现象就是温度指示不正常，指示(记录)偏高、偏低或者是温度指示变化缓慢，甚至没有温度指示。温度检测元件最常用的是热电偶和热电阻。现以热电偶作为测温元件进行阐述。

这里分析的故障是正常生产过程中的热电偶故障，热电偶安装过程中的故障，诸如热电偶安装型号不对、热电偶和补偿导线不配套以及补偿导线极性相反等故障现象可以排除。温度检测故障判断流程如图 10.6 所示。

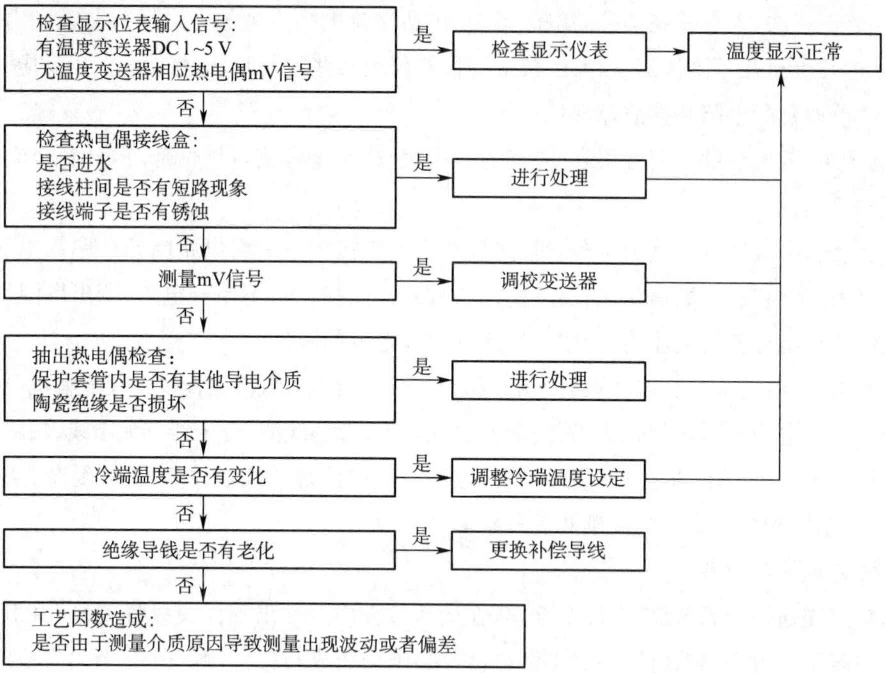

图 10.6　温度检测故障判断流程图

10.3.2　流量检测故障判断分析与处理

流量检测比较复杂，有气体、蒸汽和液体不同的工艺介质，又有质量流量和体积流量之分。体积流量受到温度和压力影响，在测量时要注意温压补偿。流量测量方法很多，诸如容积法、节流法、速度法、电磁法等。测量的仪表种类亦很多。不同的测量方法，不同的仪器仪表，其出现的故障各不相同。作为流量检测系统，其故障现象最终都表现为流量指示不正常，只是偏高或偏低，或者没有指示等现象，所以流量检测故障判断的思路大致相差不多。现以差压变送器为例，如图 10.7 所示，阐述了流量检测故障判断流程。

10.3.3　压力检测与控制系统故障处理

压力检测是城市轨道交通各个系统中应用非常普遍的检测物理量。各个控制系统的压力指示经常会出现不正常，如压力偏高、偏低或无压力显示等，需要仪表维护人员尽快给予处理。

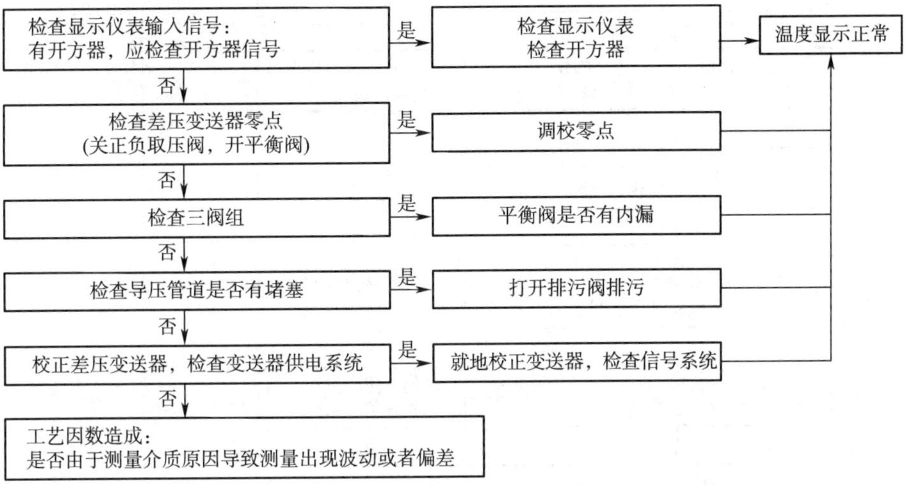

图 10.7　流量检测故障判断流程

在处理故障时应向运营人员了解故障情况，并了解工艺情况，如被测介质情况，机泵类型，简单工艺流程等，之后再进行故障处理。故障处理可以按照图 10.8 所示思路进行判断和检查。

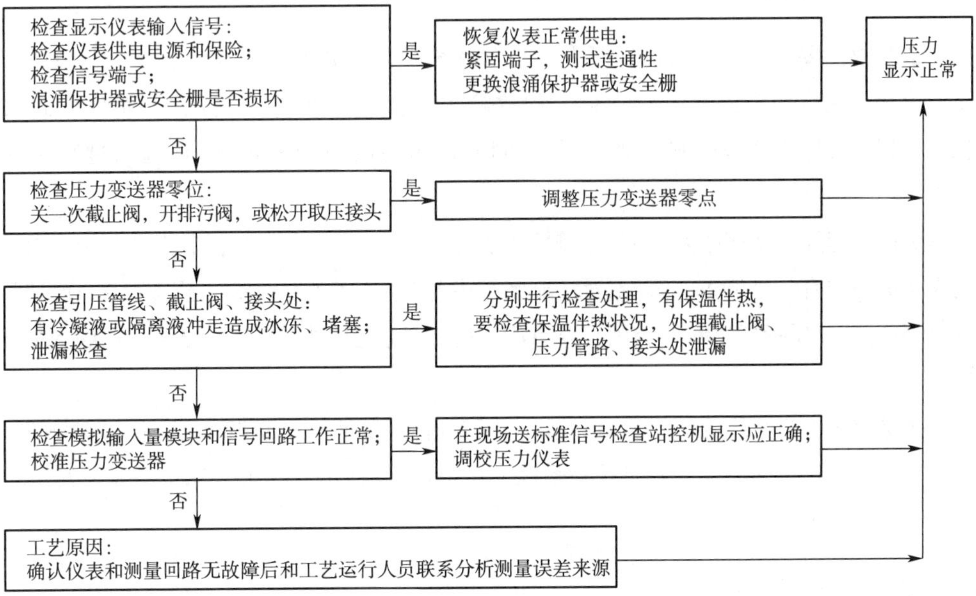

图 10.8　压力检测故障判断流程

10.3.4　液位检测故障判断分析与处理

液位检测故障和流量、温度、压力检测一样，其故障现象也可概括为液位指示不正常。液位测量仪表有浮力式、电容式、差压式、超声波、雷达等，测量仪表虽然不同，但故障判断思路却相差不多。现以电动浮筒液位变送器为例加以说明，液位检测故障判断流程如图 10.9 所示：

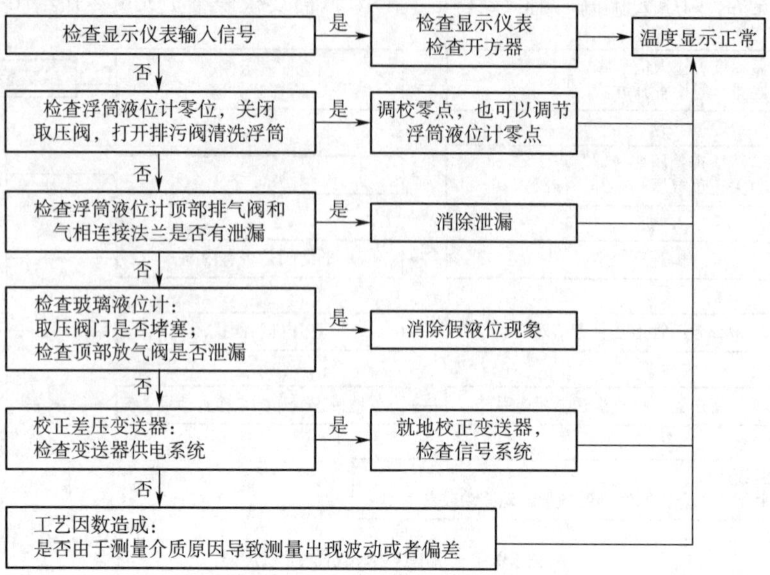

图 10.9　液位检测故障判断流程

10.3.5　简单控制系统故障判断分析与处理

控制系统故障要比监测系统故障复杂。控制系统是在检测系统的基础上加上调节单元和执行单元形成一个闭合回路。不但检测系统的故障现象控制系统都承袭过来，而且控制系统自身的控制原理、控制理论和控制规律，也是控制系统出现故障的复杂性，远远超过相应的监测系统。

要熟练地处理控制系统故障，除对检测系统熟悉外，必须要有一定的控制系统知识。对控制系统的组成在头脑中有一个清晰的影像、对控制系统中各个单元，如变送器、调节器、调节阀等特性要熟知，控制系统的品质指标以及影响因素要有所了解。具备了这些知识，才能熟练地处理控制系统的故障。

现以流量简单控制系统为例，控制系统由差压变送器、单回路指示调节器、带电器阀门定位器的启动薄膜调节阀组成。故障现象是控制系统不稳定，流量指示波动大。简单控制系统故障判断流程如图 10.10 所示：

10.3.6　调节阀故障处理

电动调节阀在城市轨道交通 BAS 系统有较多的应用，由于其使用电源及可实现设备的调节，因此非常方便，又节约建立气源压力站的费用，还减少了维修工作量。电动调节阀由电动执行机构和调节阀连接组合后经过机械连接装配、调试安装构成。

电动调节阀的工作电源一般为 DC 24 V，AC 220 V，或者 AC 380 V 等电压等级。其通过接收工业自动化控制系统的信号（如 4～20 mA）来驱动阀门改变阀芯和阀座之间的截面积大小控制管道介质的流量、温度、压力等工艺参数，从而实现自动化调节功能。

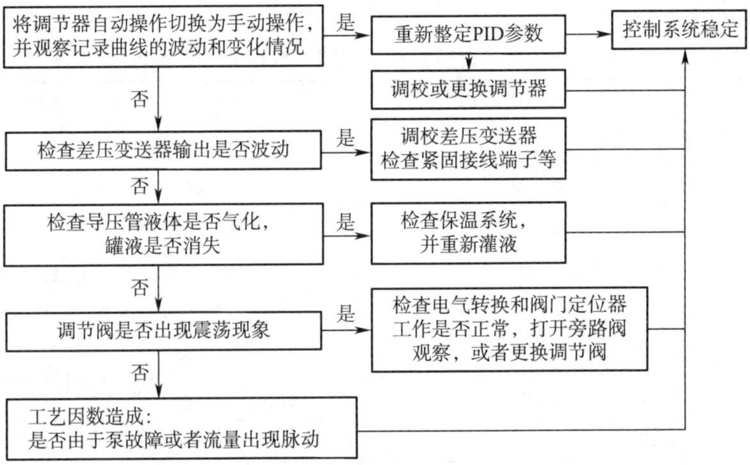

图 10.10 简单控制系统故障判断流程

电动调节阀在安装时要注意阀门的安装位置、高度、进出口方向必须符合设计要求，连接应牢固紧密。阀门可用各种形式的端部与管路连接。其中最主要的连接方式有螺纹、法兰及焊接连接。法兰连接时，若温度超过 350 ℃时，由于螺栓、法兰和垫片蠕变松弛，应选择耐高温螺栓材料。阀门安装前必须进行外观检查，阀门的铭牌应符合现行国家标准《工业阀门标志》(GB/T 12220—2005)的规定。在进行强度试验时，试验压力为公称压力的 1.5 倍，持续时间不少于 5 min，阀门的壳体、填料应无渗漏。在进行严密性试验时，试验压力为公称压力的 1.1 倍；试验压力在试验持续的时间内应保持不变，持续时间不少于 5 min，以阀瓣密封面无渗漏为合格。

电动调节阀常见故障处理方法如下：

(1)电机不转

主要原因为电机线圈烧坏。如使用环境不良，进水或渗透有腐蚀性的气体而造成短路或电机转子卡死不动，电机线圈就发热、烧坏。

判断故障方法为用万用表测量电机引出线正、反和零线之间的电阻，正常值约为 160 Ω，如偏差过大或过小，就证明线圈已烧坏。

(2)两个微动开关位置不当

当调节阀动作时，带动反馈连杆移动，行程至零点和满度时，微动开关应关闭，使电流不会流过电机，从而达到保护电机的目的。如微动开关位置过开，使阀杆动作已达零点或满度时仍不能断开，电流继续通过电机，但此时电机已无法转动，将会造成电机堵转烧坏。

处理方法是移动微动开关位置，使之与阀杆行程位置相对应。

(3)分相电容失效或被击穿。分相电容如果坏了，电机不会启动。

(4)电动调节阀一动作就引起保险丝熔断

原因为电机线圈漆包线绝缘漆脱落，线圈绕组与阀体短路，或者分相电容容量过大。根据制造厂家的出厂标准，各种规格型号的调节阀使用的分相电容有相应的容量。分相电容过大，启动电流就大。

判断方法为将交流电流表与电机引出线串接，测出其电流数值。

电动调节阀其他常见故障的处理方法和原因见表 10.6。

表 10.6　电动调节阀常见故障的处理方法和原因

常见故障	产生原因	预防和排除的方法
电机不启动	没有输入电源	接通电源
	断线或导线接触不良	改换电线或正确接好导线
	电源电压不符或电压低	用仪器检查电压
	热保护动作(周围温度高或使用频率高)	降低周围温度,降低使用频率或灵敏度
	电力电容器被击穿	更换电力电容器
	输入信号错误	更换输入信号选择
在自动运行途中自行停止	因过大负载而过载保护	检查调节阀排除过负载
	热保护动作	和前项相同
	调节阀里面咬住异物	即使手动操作也很费劲,拆卸阀
	填料压盖过分拧紧	试一试松动压盖
手动操作费劲	填料压盖过分拧紧	试一试松动压盖
	阀门内部发生意外	拆卸阀门检查
没显示开度信号	开度信号线接触不良或断线	检查开度信号线的连接
开度信号达不到全闭	电位器安装不良,检查电位器安装情况	
用限位开关电机不停止	上下限给定凸轮调整不良	重新调整
	限位器接触不良	更换限位开关
控制灵敏度降低电机力矩减少	电机电压不足	用仪器检查电压,使之正常
	电源电压低或不符	
振荡	灵敏度过高	调整灵敏度电位器,降低灵敏度

参 考 文 献

[1] 胡向东,传感器与检测技术[M].4 版.北京:机械工业出版社,2021.

[2] 陈文仪,王巧兰,吴安岚. 现代传感技术与应用 [M]. 北京:清华大学出版社,2021.

[3] 徐科军. 传感器与检测技术 [M]. 北京:电子工业出版社,2021.

[4] 赵燕. 传感器原理及应用 [M]. 北京:北京大学出版社,2010.

[5] 武昌俊. 自动检测技术及应用 [M]. 北京:机械工业出版社,2010.

[6] 周润景,李茂泉. 常用传感器技术及应用[M].2 版.北京:电子工业出版社,2020.

[7] 梁森,欧阳三泰,王侃夫. 自动检测与转换技术[M]. 北京:机械工业出版社,2008.

[8] 刘伟. 传感器原理及实用技术 [M]. 北京:电子工业出版社,2009.

[9] 刘丽华. 自动检测技术及应用[M]. 北京:清华大学出版社,2009.